《松荫课子图》
徐达章

画家描绘自己在督导儿子阅读国学经典，画面人物塑造精到、色彩和谐、父爱情殷、学子专注……共同营造出朴真优雅的境界。该画不仅是徐达章人物作品的巅峰之作，还与徐悲鸿后来的《天女散花图》一起成为中国近代人物画史上的重要作品。

徐达章与徐悲鸿

唐培勇 著

中国出版集团
研究出版社

图书在版编目（CIP）数据

徐达章与徐悲鸿 / 唐培勇著 . -- 北京 : 研究出版社 , 2022.1

ISBN 978-7-5199-1130-0

Ⅰ . ①徐… Ⅱ . ①唐… Ⅲ . ①徐达章－人物研究 Ⅳ . ① K825.72

中国版本图书馆 CIP 数据核字（2021）第 260591 号

出 品 人：赵卜慧
责任编辑：张立明

徐达章与徐悲鸿

作 者	唐培勇
出版发行	研究出版社
地 址	北京市朝阳区安定门外安华里 504 号 A 座（100011）
电 话	010-64217619 64217612（发行中心）
网 址	www.yanjiuchubanshe.com
经 销	新华书店
印 刷	北京中科印刷有限公司
版 次	2022 年 1 月第 1 版 2022 年 1 月第 1 次印刷
开 本	710 毫米 ×1000 毫米 1/16
印 张	29
字 数	426 千字
书 号	ISBN 978-7-5199-1130-0
定 价	128.00 元

目　次

我的祖父达章公

记得父亲生前每年除夕全家一起吃年夜饭时，他都要在墙上挂上祖父达章公的肖像，那是他根据记忆所做的油画，同时他还会在桌上郑重地摆上两份餐具，满怀深情地说："父亲，这是您的，母亲，这是您的。"那种虔诚与感激到现在仍然清晰得像在眼前。

父亲是江南布衣，饱学之士，作为一位学贯中西，不论是在中国画、素描、油画的哪个领域，也不论什么题材，是人物还是花鸟、山水、动物，都能卓越超群的艺术家，他最感谢自己的两位老师，一位是法国美术协会的领袖达仰，另一位就是以中国文学经典和诗书画印将他培养成为一位年轻有为、出类拔萃的美术老师的父亲达章公。

达章公于诗书画印无所不精，他的《松荫课子图》中人物的比例之精准、动态之天然，关系之生动，景物与人物之和谐令人赞叹，该画在欧洲展出时，

序作者介绍：徐庆平，1946年出生，籍贯江苏省宜兴市。艺术大师徐悲鸿哲嗣。巴黎大学美术学博士。曾任中央美术学院教授、中央美术学院学术委员会委员。现为中国人民大学徐悲鸿艺术研究院院长、教授、博士研究生导师，北京徐悲鸿纪念馆馆长，教育部全国高校艺术类教学指导委员会委员。享受政府特殊津贴。

中国人民政治协商会议第九届至第十一届全国委员会委员。

法国报刊曾给予极高评价。画上的诗既体现了画家在晚清没落、凋敝的社会环境中，清正自守，以诗画自娱还自砺的心境，也包含着对儿子“读书务本励躬行”的殷切期望，诗句朴实、高雅而真切，令人读之不忘。他在家乡遭遇水灾后，无法维持全家生计，只得带着13岁的儿子行走江湖，过着为人画祖宗像、写榜书、刻印章的流浪落拓生涯，终于自己染了重病，于盛年之时辞世，却也将“在山穷水尽的时候而能自拔、方不为懦”的精神与本领一起亲授给了同处逆境之中的儿子。

我在上中学之时，时常翻阅祖父的印谱——一本用线订的巴掌大小的册子。我至今仍记得其中印文的结体与刀法极具个人特点，含义尤其令人难忘，如“半耕半读半渔樵”“小隐屺亭桥畔”“剑胆琴心”“闲来写幅丹青卖，不用人间造孽钱”……达章公艺术上最可贵之处在于他的真诚、挚爱，以及他对师法造化的崇尚与无畏。他证明了满怀激情地观察、记录和描绘自然是绝对行之有效的创作方法，他“独喜描写所见”“肆忘于山水之间，宴如也”。超强的记忆能力使他能把自己喜爱的绘画默画下来。这一方法，更准确地说是这种对于自然造化的热爱和表现欲，被先君悲鸿公继承与发扬，并影响了无数的美术学子。

应该说，无论是专业画家、艺术学子或是人民大众，对先君悲鸿公的了解或研究都早已是很广泛和深入了。相比之下，对于达章公如何承继中华文化优秀传统的了解可谓知之甚少，对于他的研究专著目前尚无。然而，我的博士研究生唐培勇，自2007年毕业入徐悲鸿纪念馆工作以来，就致力于徐悲鸿研究工作，近年来，又在徐达章研究方面一直努力探索，如今终于要出版他的研究成果了，这无疑是很有意义的。

培勇多次往来上海、合肥、宜兴等地走访学习，终于搜集到了包括《计亭徐氏宗谱》、徐达章文论册集《草创之》、徐达章墨彩画《群仙图》和册页组画《荆溪十景图》之图像等一手资料，在此基础上依据史实，进行了客观而扎实的研究，特别是对于先君早年搜集到的十余幅达章公的绘画，更是逐幅细致分析，将其与肆情抒怀的书法、古劲隽逸的篆刻、特别是他凝达感深的诗文、书稿一起研究，使达章公的形象逐渐完整而鲜活。达章公的文论册集《草创之》是他对《论语》《诗经》《孟子》《楚辞》《易经》等传统经典的具体阐释，这和他在作为私塾先生的教学过程中对韩愈、朱熹所代表的中华文化的把握和体会一起，直接影响了先君悲鸿公日后对艺术道路的选择和他对东西文化各自优点的判断和学习。在21世纪中华民族走向全面复兴的伟大时代，对徐悲鸿所受教育的研究无疑提供了一个新的角度，应该会给对徐悲鸿的研究工作带来重要的借鉴与启迪。

徐庆平

2020年12月18日

序　言

唐培勇将他的书稿打印并装订好交给我，名之《徐达章与徐悲鸿》，给我的感觉更像博士论文。截至目前关于徐悲鸿的研究论文及著述浩繁，对其父亲徐达章的研究则愈加显得缺失，培勇作为徐庆平院长的博士研究生和徐悲鸿纪念馆的副研究员，其徐达章研究的出炉不无顺理成章之宜。

长期以来“中西合璧”似成学界对徐悲鸿的定论，虽然对其言必“中西”，其实更加强调的却是其中的“西”，诚然，包括透视、解剖在内的素描以及光色理念是徐悲鸿艺术不可或缺的重要组成部分，它们皆来自徐悲鸿对西方绘画的精研和吸收，这是事实。但长久以来学界对徐悲鸿的主要诟病也正出于此，其实这在一定程度上是由于忽视甚至无视徐悲鸿艺术的“中”使然，我们恰恰应该在强调徐悲鸿的“西”的同时，充分体认包括绘画在内的中国传统文化才是徐悲鸿艺术的核心和根基，在读了培勇的书稿后此观点更得以深入证实。而为徐悲鸿打牢传统文化根基的老师正是他的父亲徐达章，在我看来这正是本书的最大意义所在。

序作者介绍：徐里，全国政协委员、中国文联全委、中国美术家协会党组书记、常务副主席、秘书长，中国文联美术中心主任、中国美协艺术委员会主任、国家重大题材美术创作委员会主任、全国美展总评委、全国政协书画室副主任、中国国际交流协会副会长，博士研究生导师。

在证实此事的同时，本书还彰显出了另一个鲜明的特征，那就是以实际史料为论据的论述风格。本书还将史料用于还原当时的生活和时代环境，尤其是据史料而对徐达章的父亲徐砚耕及祖父徐万源、宜兴徐氏始祖复古公及计亭始祖淡斋公、宜兴民俗传统文化及理学研究承续、宜兴文化艺术史等的追溯，无形中使徐达章的人物形象更加鲜活和感人。此外，组织配合以史料的运用，更加凸显出史料的多重价值。书中虽然从诗词、书法、国画、篆刻、金石文字、国学、教育、著述、族彦、辑谱助祠、孝友、睦族、耕作、交游以及流浪等各个方面对徐达章进行了广泛的描绘，角度不可谓不广，信息量不可谓不大，但是全书明确以徐达章的绘画为主线，这不仅收到形散神聚的组织功效，更是有力地强调出了徐达章作为画家的本色，而做一位“有裨世道人心”的画家正是徐达章对自己的最终定位，而要求徐悲鸿做一位“超越前辈的画家”又是徐达章对自己儿子的临终冥望，如今事实已经证明，徐达章和徐悲鸿父子二人最终也的确担当起了“画家”二字。

此外，出于深入分析徐达章绘画作品的需要，作者适时提出对于徐达章以及徐悲鸿艺术和教育的独到见解，其中亦不乏可圈可点之处。比如人物画之于徐达章绘画艺术的核心价值及其在近代人物画史中的意义、徐达章人物画《松荫课子图》与徐悲鸿《天女散花图》的承续关系及二者在人物画方面之美术史意义、徐达章山水画对马远、夏圭意境在超长竖式构图上的敢于创新和成功探索、徐达章书法与朱熹《城南唱和诗》的渊源、徐达章对徐悲鸿美育教育的内涵、徐达章对徐悲鸿教育的早教优势、徐达章父爱教育的启示意义等。

在民族传统文化越来越得到重视的当下中国，本书除了在艺术上具有的专业学术价值外，其通过阐述徐达章对徐悲鸿之国学加全方位美育教育的成功，对当下弘扬传统艺术和文化亦起到了有益的助推作用。结合当前“中华美育”，尤其是“儿童美育教育”之现实需要，本书第四画所重点阐述的徐达章特色美育教育，正好为我们提供了一个重要的成功范例，其借鉴意义是不言而喻的。尤其是徐悲鸿的国学传统文化精神在其绘画艺术中展现出的核心和基础作用，对于在当前“中华美育”的具体实践中，如何确立和加强传统国学文化之核心价值和基础地位，不无启示作用，此现实意义也正是本书所传达的徐达章文化价值之所在。

徐里

2020 年 9 月 21 日

作者序

徐达章（1869—1913）世出宜兴徐氏望族，他们共同的远祖伯益系黄帝后裔，伯益次子若木因助大禹治水有功受封于和徐州接壤的泗上之地，建立徐国，后世琮（cóng）又被升封为东海侯，继而又获封地于郯城，并建东海侯国（古徐国），号“郯”，自夏商以来累世袭侯爵。周穆王时，古徐国君诞因功被封为徐偃王，后因其势力急剧增长而反遭周穆王讨伐，长子亡故，徐偃王因怜悯徐氏子民而弃战，携民避入武源山中，后世子孙绵延哲嗣。元末明初至徐友孙（号复古，族称复古公）时，始迁宜兴石桥以避战乱，复古公即宜兴徐氏一世祖，四世祖徐刚（号淡斋，族称淡斋公）又迁屺亭桥，淡斋公即为屺亭始祖。十八世孙徐达章，特将其父亲徐砚耕所筑院宅中的一间小屋辟为书房，并尊名为“淡我斋”（本书以下亦将“淡我斋”作为徐达章整个宅院的统称），其实亦是表达对屺亭始祖“淡斋公”的尊崇。他不仅在此诗书丹青，更在此设塾课徒，尤其是“淡我斋”里还走出了一位享誉世界的绘画大师徐悲鸿（1895—1953），这着实令其祖屋熠熠生辉。

然而成就大师绝非仅凭天赋才华这么简单，本书亦欲寻溯徐悲鸿成功的缘由。通过剖析，发现徐悲鸿大师的成功首在其三世审美之家传和五世耕读之积学。此外徐氏宗族千年侯王之气尚存，徐悲鸿亦有印章“东海王孙”，以示敬宗崇祖。徐氏后人迁居宜兴，其百年仁德文化之积淀亦向每一位子孙输送着丰厚营养，比如十世祖上徐腾蛟（官至大参，故称“大参公”）的名句“掌中铁管苍生命，头上霜花社稷忧”，足可彪炳百代子孙。然而中华民族兼济天下之圣贤文化精神，更是徐悲鸿作为一位中国艺术家须臾不可脱离的生命根源。无论家庭传承、宗族积淀还是国家和民族精神，都是成就大师不可或缺的前提条件，最为关键的是将这一切学养传授给徐悲鸿的正是他的父亲徐达章，这也是本书的核心之所在。

文中，我们把徐达章和儿子徐悲鸿还原于清末民初的历史环境中，以期对徐达章的生活、个性、学养、思想、命运等，有一个更加信实和清晰的了解。尤其是对徐达章绘画及其教育的重点剖析，可重新体察他在中国近代人物画历史上的成就、贡献和应有的地位，深刻认识其在徐悲鸿成长为大师的前期奠基过程中不可替代的关键作用。

徐达章是一名画家，这是本书开篇即直奔其最重要的代表作《松荫课子图》的原因。本书藉此着重分析了他的人物画艺术特色和造型能力，以及对徐悲鸿人物画的重要影响。可以说，徐达章先受父亲徐砚耕的艺术审美影响，后醉心于绘画，并在人物画上实现了突破，虽然他只是出于自娱而喜画人物，但却造就了儿子人物画的强势发展，最终由徐悲鸿振兴和改变了尔后中国人物画的发展轨迹。此并非徐悲鸿一人的功劳，事实上是他与祖上三代艺术积累的共同结果，而徐达章人物画的奠基作用尤为功不可没。然而徐达章对徐悲鸿的影响不仅仅局限于绘画，而是涉及国学文化、书法、篆刻、诗词文赋、宗族德行等各个方面。所以本书又从徐达章的儒学、诗书画印之美学、宗族功德、教育特色等角度全面展开描述和分析，并皆以事实为依据，最终还原出他的鲜活形象，由此更深入地了解徐达章的学识、艺术和教育特点及其意义。

唐培勇

2019年11月于北京徐悲鸿纪念馆

第一画　挥毫落纸如云烟

引　言

徐悲鸿的父亲徐达章，清朝同治八年（1869）生于江苏宜兴屺亭桥，民国二年（1913）去世。生前，他以书画闻名乡里，虽然其人物画成就为最高，但他一生最辉煌的业绩却是把儿子培养成了画家。然而就他本身自修而言，最深厚的则是其儒学，他于学问上讲求“敏而好学”和“闲先圣之道”，在治国理念上主张“民为邦本”和“保民而王”的传统儒家思想（这些将在第三画中具体剖析）。他痴心“儒道”之至，就连其名字“达章”也是源出《孟子·尽心章句（上）》之语：“流水之为物也，不盈科不行；君子之志于道也，不成章不达。”[①] 即使如此，徐达章的最爱也并非儒学，而是绘画，作为书画家，他还据《孟子·尽心章句（上）》之语特意篆刻图章“不成章不达”以明志，此图章在他现存的绘画作品中时有钤印。

100多年后的今天，为什么再次提起徐达章呢？首要原因在于他是徐悲鸿的父亲，并进而知道徐悲鸿的爷爷叫徐砚耕（1831—1900）。所以由于绘画大师徐悲鸿的著名，而知其父亲徐达章，乃至爷爷徐砚耕，这是今人的逻辑。然而事实却是，徐砚耕当年避太平军归来，经过多年努力才在塘河岸边、屺亭桥畔盖得一椽板房，重新过上了稳定的生活，同治八年（1869）得子徐达章，光绪二十一年（1895）孙子徐寿康（徐悲鸿原名）亦在此降生。由于徐砚耕一生勤奋，好诗书歌咏，乐金石修养，这使徐达章从小受父影响得以建立坚实的文化基础和良好的艺术修养，后来徐达章不仅有志圣贤儒学，还酷爱书画，继而将其所学悉数传授给了儿子徐悲鸿……

即便读罢本书，在人们心中徐悲鸿仍会是祖孙三人中最重要的那一位，这已经无法改变。然而本书的重点在于其父徐达章，虽然儿子的名气依然形影不离，但是无论徐悲鸿多么举世闻名，也无法取代父亲占据本书之首要位

---

① （战国）孟子 著：《孟子》、弘丰 译注，中国文联出版社2016年版，第316页。

置。这绝非因为徐达章是父亲而能优先，根本原因在于徐达章继承了徐砚耕的传统文化和审美之家学，继而传授给了徐悲鸿。徐悲鸿日后留学欧洲学习西画，终成一代艺术大师，然而起决定性作用的恰恰是父亲的教育。如果没有父亲所赐予的传统文化和艺术修养作为根基，即便后来仍会有留洋画家徐寿康的美名，也不会如艺术大师徐悲鸿的名字这样令人动容了。那么整个近代中国美术史和美术教育就会是另一个样子，当然这只是如果，并非现实。由是，后来同样出自屺亭本族的画家徐焕如，在其《徐悲鸿——中国近代美术现实主义的先驱》一文中说："徐悲鸿在其父严格的言传身教中获得了中国画、书法、金石以及旧体文学的较为广泛的基础，他是以一个天赋艺术才华的青年进入社会生活的。"[①] 徐焕如又在《我的叔父徐悲鸿》一文中进一步指出：徐悲鸿"师承了达章叔公师法造化的创作特色，也继承了达章叔公孜孜不倦勇于艺术实践的创造精神，以及一丝不苟，严于要求的治学精神和创作作风。这些艺术上的重要规律，从达章叔公开始，在悲鸿叔这一代美术宗师身上有了突出的发展，并结出了丰硕的果实。"[②] 徐达章之于徐悲鸿的意义已不言而喻，此亦本书的核心内涵之一。

对徐达章和徐悲鸿两代画家而言，绘画是其生命之根本。既然如此，那么徐达章传世的首要代表作《松荫课子图》理应先被了解和分析。

松荫课子情

徐达章当年以书画双绝闻名乡里，绘画题材极其广泛，其山水画和花鸟画，皆笔墨精炼，感情真挚，意境深远，但是就全国绘画语境而言尚达不到个性鲜明，甚至独树一帜的程度。不过他的人物画却功到自然成，不仅在当地称绝，就是放眼全国也属于佼佼者，尤其在人物画久已颓败的清末，更是

① 中国人民政治协商会议江苏省宜兴县委员会文史资料研究委员会 编：《宜兴文史资料第十二辑》，一九八七年七月，第 124 页。

② 中国人民政治协商会议全国委员会文史资料研究委员会 编：《徐悲鸿》，文史资料出版社 1983 年版，第 211 页。

意义非凡，这从《松荫课子图》（图 1）中突出的人物造型即可见一斑。可以说徐达章最主要的艺术成就正在于其人物画领域，这也是徐达章绘画艺术的重要价值所在。

徐达章画人像与当地传统风俗和生活需求不无关系，当年在民间除了有一定的画像需求外，据《中国地方志集成·嘉庆增修宜兴县旧志》(以下简称《宜兴县旧志》）记载当地有“除夕供祖先像，帖春联门神，以白垩画地作方胜及弓箭之形……”[①]之风俗，所谓在地面画方胜之形，即画两个重叠而相连的斜方形，寓意“同心”，除夕画方胜意在祈福平安。而画弓箭之形则意在“封年”，“年”在远古时期是指恶兽，在门外画线和弓箭射向外面，意在阻挡“年兽”和辟邪镇煞。尤其是白石灰本身乃灼炼而成，在《易经》中属“离”卦，“离”为火，性刚燥，所以能使鬼魂、煞邪、恶气等无法穿透，能在新年里保一方平安。此风俗在中国很多地方已流传千年，如今大都失传，但山西稷山县汾河南岸一带至今还流传着除夕用白灰“画院子”的风俗。徐达章在除夕用不用白灰画院子，已无从得知，但是他给很多家庭画过祖先像是毋庸置疑的。另外宜兴各地众多的道观、寺院、学宫和书院也有一定的书画需求，尤其是道观、寺院以及庙宇、宗祠等，常常需要配备人物雕塑和人物画像。当然徐达章一生致力于人物画，远非为了满足民间需求，而是出于对人物画的笃爱，他的人物画也不仅仅满足和局限于当地传统技艺的传续，而是注重学习和吸收历代画家的优长，此外他还尤其专注和擅长于写生以及默写。作为一个农民，他在三十七岁时就画出了人物画佳作《松荫课子图》，这很是难得，该作品虽然脱胎于传统人物画，是画家遵循中国传统艺术“师法造化”原则的结晶，但在写真性造型和提炼生活上皆有所突破，具有一定的现实主义品质和意义。该画可以说是徐达章个人生活、情感和思想的纪实，不仅在绘画语言上肃穆高雅和富于开拓性，其题词及书法的深蕴和印章的情思精粹，无不中庸整严，朴实无华。在《松荫课子图》中，徐达章动用了自己几乎全部的写真造型技法和能力，精心地描绘出了包括自己在内的四位家庭成员，当然不是为了自赏而描绘，而是有主题的，那就是他一生中最为重要的事业

① 《中国地方志集成·嘉庆增修宜兴县旧志》，江苏古籍出版社 1991 年版，第 48 页。

图 1 《松荫课子图》（清）徐达章 作

1905 年，国画，纸本设色，51.5×81cm，装裱尺寸 65×188cm，北京徐悲鸿纪念馆藏和心愿——课子。而“课子”又何尝不是徐达章最重要的现实生活呢？事实上，从 1900 年以来，至创作《松荫课子图》的 1905 年，已经是他辛勤教育儿子的第六个年头了。画家在画面中表现的也正是自己在本家院子里教读儿子的一个典型场面，虽然画中是徐达章教读自己的儿子徐悲鸿，但他此前早已是当地有名的私塾先生，经年以来他授徒众多，乡间向其请教者络绎不绝，传承儒学久已是他神圣的文化使命，所以该画自然也是徐达章经年课徒生涯的自写照——中华天下父母骨子里那望子成龙的心愿和憧憬虔于双眸，诚在体面，父爱身教流于笔端，溢出画外。该画的现实主义特色，除了体现在描绘自己的核心使命和日常生活之外，还有更深一层的含义，即对宜兴当时文化和生态环境的现实反映。据《宜兴县旧志》“疆域志・风俗”条目记载本县：“寰宇记云，人性佶直，黎庶淳逊，敏于习文，疏于用武。东坡卜居记云，地偏俗俭。朱晦菴学记云，县人学子知所向慕。旧志云，不事浮华，罕为商贾，耕稼自给，三魁之邑（宋熙宁癸丑邵材试开封第一，邵刚试礼部第一，佘中廷试第一，故一邑三魁），士尚儒术，搢绅代不乏人，男子不远游，妇女不出中门，士夫不衣文绣，不乘舆马，其俗多尚吟咏，喜于送旧……”[①]可见无论是徐达章性情的刚直，还是生活的俭朴，更有他对儒学的笃深，甚或包括他的父亲徐砚耕的好吟咏及琢磨学问，都是有深厚的县学文化支撑的。又据县志“疆域志・土产・木之属”记载中，居首的即是“松柏”，其中亦少不了“竹”，并进一步言竹“种类极多，惟毛竹、刚竹、水竹用最广，馀有慈竹、筋竹、淡竹、护基竹、斑竹、紫竹、篌竹、木竹等种。”[②]画家在《松荫课子图》背景的表现中除了徐达章自家的庭院和书房外，最重要的就是松树和竹子了。其中多束竹枝散布于画面的左、下、右，显得应变灵巧，有穿针引线、左右逢源的联络作用。与竹子不同的是，松树顶天立地，体量颇巨，不仅丰富了画面右侧的构图，还增加了画面重心的动荡感，画面顶端的些许虬枝，与画面下部形成缜密的呼应，其左端的下斜之势既巧妙地呼应了画面左缘的竹枝和竹篱，又避免了画面左上部的空洞，画家对松竹的描绘着实不

① 《中国地方志集成・嘉庆增修宜兴县旧志》，江苏古籍出版社 1991 年版，第 47 页。

② 《中国地方志集成・嘉庆增修宜兴县旧志》，江苏古籍出版社 1991 年版，第 51 页。

无对宜兴当时自然生态环境客观表达之效，尤其是在徐达章住家向南不远处的祖坟地——桃花坟边上就有大片的松林，所以《松荫课子图》里的背景也是其日常生活内容的重现。另外在《宜兴县旧志》“疆域志·土产·器用之物”条目里有载：“竹簟（dàn）、竹箩（出张渚北川）、竹筐、竹桌椅……茗壶……”[①]而在《松荫课子图》中对竹子的器物亦有所表现，比如最显眼的是画面左下的竹篱，徐悲鸿所伏书桌上的笔筒应为竹筒，笔筒里的笔杆亦似竹质物品，还有徐达章所坐藤椅的座垫亦是竹条制品，其手持的羽扇的把柄竹质感觉亦颇浓郁。

如果从绘画技法上寻根溯源，徐达章的人物画可以上追到宋画，但更多的是受到明清人物画家唐寅、上官周、华喦（yán）、黄慎、吴友如、任伯年等人的影响。其中受任伯年的影响颇深，这是因为徐达章对任伯年无比推崇，以至于经常观摩并默写他的画作，徐悲鸿曾在《任伯年评传》中说：“忆吾童时有一日，先君入城，归仿伯年《斩树钟馗》一幅，树作小鬼形，盘根错节，盖在城中所见伯年佳作也。”[②]徐达章不但虚心向任伯年学习，并且进而影响到了儿子，当年徐寿康“每次随父亲进城时，必至画店观赏石涛、八大及任伯年等人之作，回家后凭记忆默写。在父亲的殷勤教导和勇于创新的前辈画家熏陶下，他打下了中国绘画的坚实基础。”[③]后来徐悲鸿对任伯年的喜爱可以说终生不渝，他“深爱任伯年的画，认为任的画‘笔墨精炼，色彩和谐，有意到笔随之趣，予人以美妙自然之感’。所以无论他在上海，还是在北京，画斋一有任伯年的画，就送给他选购。”[④]当然，除了吸收前人成果，徐达章的人物画主要还是建立在其独立观察、思考和写生训练之上的。徐悲鸿在其自述中曾说其父：“独喜描写所见，如鸡、犬、牛、羊、村、树、猫、花。尤为好写人物，自由父母、姊妹（先君无兄弟），至于邻佣、乞丐，皆

① 《中国地方志集成·嘉庆增修宜兴县旧志》，江苏古籍出版社1991年版，第52页。

② 王震、徐伯阳 编：《徐悲鸿艺术文集》，宁夏人民出版社1994年版，第594页。

③ 徐悲鸿纪念馆 编：《艺坛巨匠徐悲鸿》，中国和平出版社出版1995年版，第6页。

④ 中国人民政治协商会议江苏省宜兴县委员会文史资料研究委员会 编：《宜兴文史资料第十二辑》，一九八七年七月，第138页。

曲意刻画，纵其拟仿。”[1]所以说徐达章在人物画方面倾力最多，积淀最为深厚，也最具创造性。

就徐达章所生活的清朝而言，其于人物画领域虽然与中国人物画史上最鼎盛的朝代尚有距离，但也不乏可圈可点之处，能画人物的画家也不下百人，其中较突出的人物画家有萧云从、禹之鼎、焦秉贞、金廷标、丁观鹏、姚文瀚、上官周、黄慎、罗聘、费丹旭、苏六朋、任熊、任熏、任预等。但是到了清朝末年，特别是自任伯年以后，人物画则极度衰微，并且颓势一直延续到新中国成立前。徐悲鸿亦曾在其《解放后之中国绘画》一文中说：“解放前全国能作人物者大约不超过二十人，今能写人民生活者当超过一百人”。尤其是徐达章所处的 20 世纪初，能画人物的画家少之又少，除了齐白石外，仅有樊虚、汪琨、钱慧安、吴昌桂、陆恢、余震、王一厅、吴昌硕等屈指可数的几个人而已，况且像齐白石和吴昌硕，虽然也能画人物，但是却以花鸟画为主。在此背景下，自学成才的徐达章及其人物画，越发显得难能可贵。

当时徐达章不仅“好写人物”，且在师法前人传统的基础上，形成了更强的造型意识和更趋丰富的手段，其人物造型的综合能力终于在前人经验的基础上有所突破，达到了一个新的高度。即使说其人物画在一定程度上代表了当时江南人物画发展的新高度也不为过。据此，徐达章的《松荫课子图》在中国近代人物画史上应该占据一席之地。如果具体地分析一下该画，此观点就会更加令人信服。

画中共绘四个人物，儿子处前，父亲居中，父子两人占据了画面的主要位置，徐悲鸿的两位小妹处画面右上一隅，居次要位置以填充画面。技法上采用的主要还是中国传统人物画线描加色彩晕染的造型手段，但是却赋予了一定的体面感甚或质感。服饰刻画上线描的运用力求线条简洁有力，虽不繁杂，却蕴含着丰富的变化，起到以少胜多的功效。其中，采用钉头鼠尾描来画人物的肩和臂，既坚实又松弛不紧张，用铁线描表现人体关节和衣服褶皱处，加强了用线的丰富性。父亲腿部深浅浓淡变化之混描的运用，恰当地表现出了虚实的内涵。人物面部钩线更为工细，眼睛、鼻子、嘴巴的钩线肯定、

① 王震、徐伯阳 编：《徐悲鸿艺术文集》，宁夏人民出版社 1994 年版，第 119 页。

准确、富于弹性。尤其是儿子以及小妹面部的轮廓线，高古游丝的笔意甚浓，柔韧流畅，筋力绵匀，纸笔停当，笔墨精妙。其中三个孩童面部五官钩线的精微以及面部肤色的晕染等表现，无不符合儿童粉嫩清纯、轻柔润弹的肌肤质感。这些传统的人物造型手段源远流长，并非特殊。关键是在简洁的线描和晕染之上，徐达章又赋予其更具时代性的造型因素和功能，是他在前人基础上，经过长期观察、写生和创作逐渐摸索和归纳后，形成的一套完整的综合造型能力、理念和追求。于是画中显示出较前人更深入的造型表现，四个人物诚然以传统的线条和晕染为主，但是同时形成了完整的新造型体系，具体来讲还有以下新的造型内涵：

首先，画中人物比例结构的准确，能经得起现代艺用解剖学的检验。比如身体的长度基本符合中国人七头身的比例特征。脸上五官也描绘细致、比例准确，眼睛的高低及宽度、鼻子的长度及鼻翼的宽度、嘴巴的高度及宽度、眉毛的位置以及两只眼睛之间的距离，甚至都达到了现代艺术解剖学的要求，连耳朵的位置也基本符合从眉毛到鼻底的基本规律，尤其是画面右侧徐悲鸿两个小妹的面部虽然偏程式化一些，但是一个四分之三侧和一个全侧的面部，其五官透视变化的表现简直达到精准的程度。另外，父亲上下嘴唇的表现都具体到位且各有特征，鼻唇沟和人中也都有表现。在父亲和儿子的鼻子塑造上虽然略显雷同，但是从鼻头、鼻翼、鼻孔、鼻梁、包括鼻根都观察细微，表现精到。更可贵的是还表现出了颧骨、眉弓、额骨、下颌骨、颞骨、甚至颧弓，包括对喉头都有精细的刻画。面部肌肉表现出了颧肌、口轮匝肌、眼轮匝肌、咬肌、额肌、甚至颞肌。可见，面部的刻画是徐达章人物画头等重要的课题，几乎穷其一生都在为之观察、写生、思考和钻研。和面部刻画相比，手部的表现则显简单一些，但从父亲执扇的左手食指来看，也有较深入的观察，其指节的表现也是坚实肯定的。虽然面部是重点，但徐达章对人物全身的整体观察和研究也是极其深入的，从画中可以看出，在身体其他部位的表现上，即便是透过衣服，也是结构完整比例准确的，尤其是各个关节的重点部位都有清晰的理解和深入的刻画。比如父亲和儿子的头颈关系、颈肩关系、肩膀和上臂的关系都刻画得自然贴切，父亲和儿子各个肘部的转折以及上臂与前臂的比例也都表现妥当，父亲的双膝表达得也很精彩，整个身体的动态和谐自然，尤其是徐达章隐含着的左手腕部、腰部、甚至脚踝的部位都表现得准确无误。还有抱古琴的小妹隐含的肩颈、抚脸的左手及左臂的肘部、持琴的右手、腰部以及膝部无不比例准确、动态天然，甚至能令人想象得出其被古琴遮挡的右臂肘部的形态。

徐达章人物画虽然吸收了包括上官周、吴友如、任伯年等人在内的前人成果，但是其最丰富、细微和深入的结构表现，仅从前人那里是难有更多现成经验可寻的，只能靠自己在长期观察、写生和创作中慢慢积累和总结而得。徐达章 1905 年创作《松荫课子图》，此时徐悲鸿已 10 周岁，画中儿子略呈头大身小和面容平滑细腻的感觉，符合他的年龄特征（图 2）。该年徐达章 37 岁，画中父亲的面部结构比较鲜明，凹凸感更强，这些特点的把握都表达出了他的真实年龄感，两个小妹的年龄特征也掌握在合理的范围内。尤其是人物性格特征上，徐悲鸿读经时的专注和庄重、父亲督学时的严肃和端正、小妹表情的娇媚和诡秘，徐达章都拿捏得恰到好处。从该画的构图来看，画中人物以稳定的三角形为主，父亲的身躯和头部处在画面的中央，双腿和右臂皆向其右侧斜出，于是原本安坐的人体有了动态，使构图静中寓动，避免了单调和呆板。

其次，该画的人物造型，还有与传统绘画及审美有机融合的一面。徐达章将他深谙的人物比例结构的准确、人物动态的自然、甚至人物性格和精神内涵的表达，与其气韵生动的笔墨线条、典雅的随类赋彩、一定程度上的明暗变化、甚至些微的体面转折等各种因素，都完美地结合在了一起，这不仅使其人物画更加真实可信，同时还具有典雅、清朗、淡然和高古的特征，也使画面更有亲和感。人物造型呈现出的最终面貌具有坚实感，且富于完整性和系统性特征。可以说，无论是人物比例结构的完整准确、造型的坚实、还是在通过面部表情而充分表现人物内在精神世界等方面，《松荫课子图》在某种程度上达到了中国近代人物画史上的一个新高度。

另外，在绘画之外，徐达章的从艺根基是极其深广的。他在国学上远涉《易经》《诗经》以及先秦诸子，深受儒释道中国传统文化的影响，当然其儒学尤为坚深，从《论语》《孟子》《大学》《中庸》、汉代公羊学、宋朝朱熹理学直至清末在地域上近在咫尺的常州学派，他都乐其吟咏，专于钻研。诗词上除了传统的唐诗宋词的营养外，元代散曲名家冯子振、明朝唐伯虎、清朝桐城派诗人刘大櫆、清末扬州八怪诗词，甚至包括画家黄公望、吴云、华喦等人的诗词，他都有所涉猎，所以徐达章的文学修养是极好的。然而，书法也是他所酷爱的，《计亭徐氏宗谱》（图 3）中载录有徐达章撰写的《苍源公铭并序》（图 4），他在文中说自己于“汉晋唐宋以来真行篆隶诸金石碑文，无不极意临摹，而尤喜于颜鲁公家庙碑铭”[①] 另外他还受到扬州八怪书法的极大影响，尤其是郑板桥。但对其影响最深远的还是来自于二王的帖学。不过由于其理学上对朱熹研究颇深，以至于书法上也一度醉心于斯，尤其是早期书法受朱熹的影响极大，并且还将此影响延续到了徐悲鸿早年的书法上。当然说到朱熹对徐达章的全面影响，那是极为深刻的，甚至在《松荫课子图》的画面中都不无反映，其核心意义在作品名字里就已经被强调出来了，即“课子”，也就是教儿子读书的意思，关键是作为朱熹崇拜者的徐达章，平日里除了以朱熹言行为准则外，其教育思想和方法也都继承朱熹。朱熹对儿童的教育有专门研究并著有《童蒙须知》，他还就教育教学作有《训学斋规》，其言：“凡读书，须整顿几案，令洁净端正，将书册齐整顿放，正身体，对书册详缓，看字仔细分明。读之须得字字响亮，不可误一字，不可少一字，不可多一字，不可倒一字，不可牵强暗记，只是要多诵遍数，自然上口，久远不忘。古人云：‘读书千遍，其义自见。’谓读得熟，则不待解说，自晓其义。余尝谓，读书有‘三到’，谓心到，眼到，口到。心不在此，则眼不看仔细，心眼即不专一，却只漫浪诵读，决不能记，记亦不能久也。”[②] 徐达章自然相当清楚朱熹的读书方法和教学要求，由此我们看到《松荫课子图》中的“课子”主题之表现简直可以说是朱熹《训学斋规》的绘画版本。画中徐达章正在督导儿子读书，果然是“整顿几案”至“洁净端正”，不仅几案上的书、笔筒、砚台、小笔洗、瓷花瓶、甚至小绿植都“齐整顿放”，

① 《计亭徐氏宗谱·卷七下》徐达章 撰《苍源公铭并序》。

② 卜耕：《理学宗师朱熹传》，作家出版社 2016 年版，第 295 页。

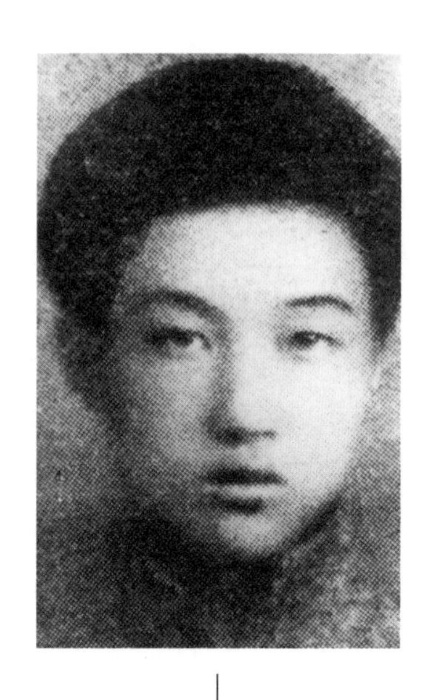

图 2　现存徐悲鸿最早照片，17 岁

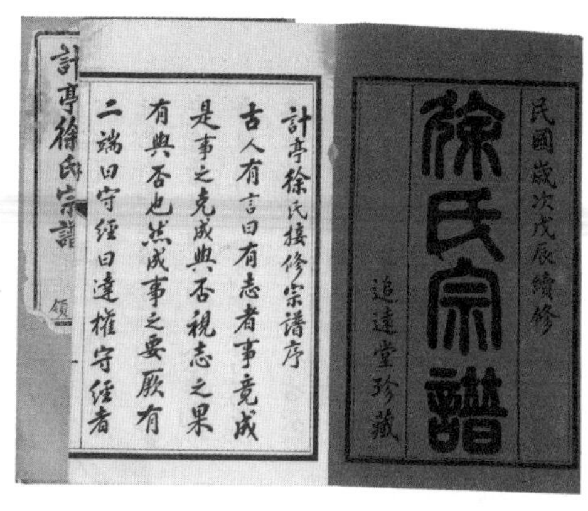

图 3　《计亭徐氏宗谱》孤本，线装，　个人收藏

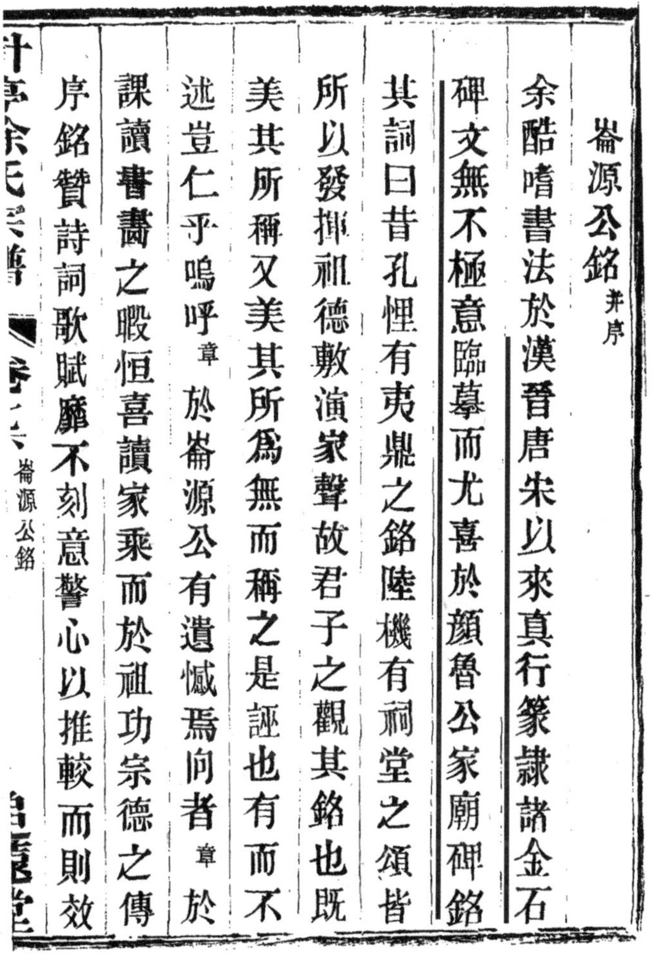

崙源公銘 并序

余酷嗜書法於漢晉唐宋以來真行篆隸諸金石
碑文無不極意臨摹而尤喜於顏魯公家廟碑銘
其詞曰昔孔悝有夷鼎之銘陸機有祠堂之頌皆
所以發揮祖德敷演家聲故君子之觀其銘也既
美其所稱又美其所爲無而稱之是誣也有而不
述豈仁乎嗚呼章於崙源公有遺憾焉向者章於
課讀書畫之暇恒喜讀家乘而於祖功宗德之傳
序銘贊詩詞歌賦靡不刻意警心以推較而則效

图 4 《苍源公铭并序》徐达章 撰，1907 年

就连身后“淡我斋”里的摞摞线装经书和画轴的摆放都井然有序。再看小寿康的读书状态，只见他既“正身体”又“书册详缓”，我们有理由相信小寿康“看字”定会“仔细分明”，读经时亦能“字字响亮”，想必不仅儿子读经能做到“心到，眼到，口到”，作为老师的父亲指导儿子时也定是“心到，眼到，口到”，可谓以身示范。后来徐悲鸿在自述中也曾经说他少时是在父亲“严督”之下读书的，与其对应的是徐达章在画面题诗中亦不忘叮咛“切愿康儿勤学问，读书务本励躬行”，由此可以想象当时父亲对儿子是怎样的一个要求了。真是功夫不负有心人，徐寿康“勤奋出智慧，两年以后，他居然把《诗经》《论语》《左传》和《礼记》中的大部分章节，背得滚瓜烂熟。”①最终结果也正是后人所看到的——成长为绘画大师的徐悲鸿，国学极其深厚是其一大显著特征，他少时读过的经典，比如《诗经》《论语》《左传》《孟子》《中庸》《楚辞》《史记》《礼记》《淮南子》等，无不成为他一生取之不尽、用之不竭的书画创作的艺术源泉，甚至在画面上题写国学经典的原文章句时能信手拈来，徐悲鸿在这方面的名作不胜枚举，比如《风雨鸡鸣》《田横五百士》《傒我后》《国殇》等，这方面的更多作品将在第四画再行详述。通过这些作品也足见当年父亲的教读之谨严，以至于徐悲鸿对经典的很多内容不仅“久远不忘”，更能“自晓其义”……

除了以上对文化的追求外，绘画当然更是徐达章生命的一部分，其绘画虽然上追宋法，但是明清文人画对他的影响也是很大的，尤其是宜兴地处苏杭文化艺术发达的核心区域，受到扬州八怪的影响势在必然。然而不管他的绘画及书法师自何处，他的文化思想源流哪般，他的文化自信和艺术自主，才是主导其艺术高度的决定性因素。具体来讲，这表现在其绘画上就是坚守“师法造化”的艺术理念，他坚持用自己的眼睛观察造物，用自己的内心体悟现实，用自己的画笔忠实描写生活。表现在他的人物画上，就是其人物画造型开始具有坚实感，可信度明显增强，表现的内容也更加丰富且具有整体感和系统性，尤其是在对人物性格和精神内涵的挖掘上达到了前所未有的深

① 中国人民政治协商会议江苏省宜兴县委员会文史资料研究委员会 编：《宜兴文史资料第十二辑》，一九八七年七月，第8页。

度。这方面的突出表现，如果站在当时小镇上乡亲们的欣赏角度来说，就是徐达章的人物画易懂且传神，令观者如同遇到身边的乡亲和生活一般感到自然而贴切，用徐悲鸿的话说即："鲜有 Conrontion 而特多真气。"[①]

关于徐达章的人物画，还有一点值得一提，就是徐悲鸿曾经在其《悲鸿自述》中说："时吾宜有名画师毕臣周者，先君幼时所雅慕，不谓日后其艺突过之也。"[②] 据江苏府县志辑《光绪宜兴·溪县新志·光宣宜荆续志》（以下简称《光宣宜荆续志》）记载，毕臣周"字笠渔，周铁桥人，有异禀，颖悟绝伦。及长，美丰仪，谈吐隽妙，好绘事，自山水、人物、花卉，莫不临摹。泛览探索古人神髓，尤工写真，无不逼肖。里中自廖君可创水染之法，笪（dá）恒山衍其绪，朱起真、吴衡章辈承之，至道光末寖成绝学，臣周心摹手追，遂驾而上之，以故声誉鹊起，江浙达官贵人俱书币遣使……"[③] 由此看来，毕臣周富含写真特征的人物画，一度影响了少年徐达章是可以确定的。然而后来徐达章经过了艰苦卓绝的锤炼之后，其人物画无论是在比例准确、观察深入、造型坚实、动态自然、生活情趣、内在精神表现等方面，都不同程度地超越了毕臣周。我们在此仅仅比较一下徐达章《松荫课子图》和毕臣周《桐前小憩》（图 5）中两个儿童肖像的各自表现就清楚了，《松荫课子图》中读书儿童的面部（图 6-1）刻画，经得起现代艺用透视解剖学的检验。而从写真的角度来讲，《桐前小憩》中儿童（图 6-2）的五官比例都是不够准确的。眉毛到眼睛的距离过宽，鼻子只有鼻翼和鼻头，没有鼻根和鼻梁，其长度短到仅仅等于眉毛到眼睛的距离；两只眼睛左右分得太开，靠鼻子填满两眼之间的空间，结果导致鼻子显得超宽；鼻子以下的嘴部几乎占据了整个面部的一半，结果导致几乎没有了面颊；特别是其五官的造型，比起前者的细致入微来，显得比较粗糙和含糊，眼睛几乎没有上下眼睑，两个鼻翼模棱两可，下嘴唇几乎没有厚度，但上唇却明显过厚；没有脖颈概念的表现则是比较致命的缺陷，而前者则将头颈肩的关系皆表现得贴切自然；其面容年龄也显得

① 王震、徐伯阳 编：《徐悲鸿艺术文集》，宁夏人民出版社 1994 年版，第 120 页。
② 王震、徐伯阳 编：《徐悲鸿艺术文集》，宁夏人民出版社 1994 年版，第 119—120 页。
③ 《光绪宜兴·溪县新志·光宣宜荆续志》，江苏古籍出版社出版，第 546 页。

图 5 《桐前小憩》（清）毕臣周 作
1882 年，国画，绢本设色，徐悲鸿纪念馆收藏

图 6-1 《松荫课子图》局部，徐达章 作

图 6-2 《桐前小憩》局部，毕臣周 作

偏大，而前者却恰当地表现出了徐寿康读经岁月的童龄特征；最重要的是在人物精神面貌的表达上，前者将读书时的严肃认真和聪慧表现得更加到位和令人信服……另外，《桐前小憩》中儿童的前臂，如果除去手的部分，其长度几乎接近于零，这在徐达章的人物画中则是不可能出现的。还有就是徐寿康的额头、面颊、下巴甚至太阳穴，外眼角、内眼角、眼白、虹膜、瞳孔、甚至泪腺，鼻根、鼻梁、鼻翼、鼻头乃至鼻孔，上唇、下唇、嘴角甚至人中，外耳轮、内耳轮、耳垂甚至耳屏，眉头、眉心、眉梢等，无不表现得明确具体、自然贴切。一个主要靠自学成才的农民，肖像画达到如此精细的程度，其背后付出的艰辛可想而知。

然而徐达章将其文化、艺术、包括道德思想等，方方面面，当然包括人物画，都悉数传授给了儿子，由此徐悲鸿很早就掌握了中国绘画的发展脉络，尤其对中国人物画的发展了然于胸，他对当时中国人物画的极端颓败更是痛心疾首，并且以无比的文化自信和艺术自主精神，发誓振兴中国人物画，早在1916年，还在上海打拼的21岁的徐悲鸿就对好友盛成说：“我宁可到野外去写生，完全地拜大自然做老师，也绝不愿抄袭前人不变的章法。”[①]正是基于此等早熟的心智和深沉而独立的艺术精神，徐悲鸿才从一开始就能超越门户之见和国别之分，以前所未有的心胸、眼界和高度，力拓艺术发展的新征程，真正做到了胸怀万有和海纳百川，最终主导了中国近现代绘画艺术及教育的发展主流，徐悲鸿在1947年所撰《新国画建立之步骤》中说：“故建立新国画，既非改良，亦非中西合璧，仅直接师法造化而已。”[②]然而徐悲鸿还曾在1919年1月1日上午出席画法研究会为其主办的欢送（留法）会上致答谢词说：“承诸位会员欢送，甚不敢当。今且远行，请勉与诸君一言其得失。凡美术之发达，必赖其倡导之机关。今（北京）大学之画会，一美术倡导机关也。学者更能于所学上竭一生精力以研究，即并驾欧美名家，亦非难事。发达又其余矣。”[③]这貌似是对与会者的嘉誉，冥冥中却是对自

① 王震 编著：《徐悲鸿年谱长编》，上海画报出版社2006年版，第15页。

② 王震、徐伯阳 编：《徐悲鸿艺术文集》，宁夏人民出版社1994年版，第510页。

③ 王震 编著：《徐悲鸿年谱长编》，上海画报出版社2006年版，第29页。

己未来人生方向和国家蓝图的描绘。当然此时年轻的徐悲鸿已经笃定，中国人物画要想突破眼前的发展瓶颈，向西方取经势在必行。而事实也是如此，虽然说徐达章的中国人物画绝对不受西方肖像画影响并不现实，但是在他的绘画里，中国画传统仍旧占支配地位，其《松荫课子图》之所以在人物画上取得突破，主要是靠他对绘画的热爱和尊崇，靠他长期专注于观察和乐此不疲的创作实践，靠感性的慢慢积累和升华，可以说是对宋画精神的承续。虽然 1905 年创作《松荫课子图》后，徐达章继续作画不辍，尤其是 1908 年家乡发生水灾后，生活艰难的乡亲纷纷出走他乡，徐达章也带领儿子谋食江湖，父子俩继续以鬻字卖画为生，“那时只有城市才有人像摄影，所以他们经常为人画肖像。这对少年的徐悲鸿来说，是一种极严格的考验，对他日后在人物画方面的卓越成就有重大影响。”[①] 尤其是给富人画肖像画，不仅是作为画师的父子二人必须面对的巨大生存考验，也是继续锻炼和提高人物画技艺的特殊机会，这对一般画师来说却是不曾有的机会，想必父子俩在肖像画上会有更多的体会和进一步的提高，然而 1909 年底徐达章染病返乡后卧床不起，中途虽然几次欲强起作画，但终究再难握笔。即使他还能继续作画，还能继续提高技艺，我们也可以想象，徐达章欲创作超越《松荫课子图》的新作，其难度也必定是极高的。所以我们看到，在纯粹的中国传统人物画范畴内，此时此刻的徐达章甚至包括徐悲鸿在内的人物画发展空间已是极其有限了 。

可见《松荫课子图》从传统中来、追寻宋法而承上，又师法自然造化、推陈出新而启下。如同徐达章本人淡去一切芳华一样，他的人物画亦表现出沉静无欲、不事张扬，所以对当时荆宜绘画界并没有产生多少实际影响。在其自身之外，徐达章只是把其所学和所得，统统直接传授给儿子而已。所以徐达章人物画是在后来经由徐悲鸿而间接地影响后世中国人物画的。这是因为徐达章在教授徐悲鸿绘画的过程中，不仅仅教授了徐悲鸿人物画技法，更重要的是教授徐悲鸿用自己的眼睛观察，用自己的心体验生活，尤其是“师法造化”的传统美学精神。父子俩共同喜爱着人物画，都喜欢描写所见，重

---

① 徐悲鸿纪念馆 编：《艺坛巨匠徐悲鸿》，中国和平出版社出版 1995 年版，第 6 页。

视写生，尤其好写现实生活里的各色人等……甚至在谋食江湖期间，父子俩亦不无给人画像的“社会实践”活动和广泛吸取西方写实绘画营养等，这一切让徐悲鸿从父亲处学到的绘画技能以及美学思想，都在现实生活中接受了严酷的考验和磨炼……所以徐悲鸿从小就被徐达章训练了其写生造型能力、观察和思维能力，更提高着徐悲鸿的审美水平和思想境界，塑造着他强烈的人文情怀和高尚的精神品格……徐达章去世后，徐悲鸿先是拜父亲人物画积学所赐而终于立足上海，由《仓颉像》开始影响上海画界。经过游学日本后，徐悲鸿又远上北平，承蒙北大校长蔡元培之请，担任北京大学画法研究会导师（图 7），且以教授人物画为主，自此徐悲鸿的人物画已经开始实质性影响中国人物画画坛了，这当然也可以说是徐达章的人物画开始对北方画界产生间接影响。

俗话说长江后浪推前浪，徐达章和徐悲鸿在人物画上肯定都是要寻求突破的，即便这很难。但后来真正继续实现超越的也正是儿子。还是在北京期间，徐悲鸿没有辜负父亲的厚望而“青出于蓝”，终于在绘画上更上一层楼，尤其是在人物画方面，在父亲的基础上，徐悲鸿终于百尺竿头更进一步，有了新的超越，最终创作出中国人物画史上具有里程碑意义的作品《天女散花图》（图 8）。该画是徐悲鸿 1918 年 4 月，为京剧大师梅兰芳先生革新代表作《天女散花》所作的彩绘写照，无论从造型能力、写神境界还是色彩与造型的完美结合上，都达到了唐宋以来人物画的新高度，代表了当时中国传统人物画的高水平，虽然“天女”仍旧保留了中国传统人物画的内涵，但更多地吸收了西方写实绘画的营养也是不争的事实。此时的徐悲鸿除了技术取得进步，理论也趋于成熟，在完成《天女散花图》后的当年 5 月，他率领画法研究会会员二十二人赴文华殿参观书画展，发表《评文华殿所藏书画》，表现出了自己广博的知识和独到的见解。不久，他又在画法研究会演讲《中国画改良之方法》，痛批当时画坛泥古仿古之风气，指出“守旧”是当前中国画学已颓败之极的原因，并以当今之中国画比千年前的先祖退步极大而感到奇耻大辱，并对改良中国画开出了自己的药方：“古法之佳者守之，垂绝者继之，

图 7　1918 年徐悲鸿被聘为北京大学画法研究会导师时的师生合影，后排右 5 为徐悲鸿

图8 《天女散花图》 徐悲鸿作，1918年，国画，绢本设色，53×95cm，梅兰芳纪念馆藏

不佳者改之，未足者增之，西方画之可采入者融之。”[①] 可见《天女散花图》既是中国人物绘画史上的一个新高度，也是徐悲鸿在父亲影响下于基本绘画技术、审美观念、美术理论、文化精神、人格品质达到系统性成熟的标志。然而中国人物画欲继续前行，道路又在何方呢？此时此刻的徐悲鸿已是站在了继往开来的新十字路口。

遥想创作《天女散花图》之初的徐悲鸿，作为一个刚过弱冠的年轻人，何以达到如此高度？这其实是徐悲鸿集合父子两代人的人物画探索的共同结果。此时徐悲鸿的绘画技术、审美观念、美术理论、文化精神、人格品质基本上尚未完全超越徐达章，只是在个别方面对父亲有所超越，比如在西画造型的引入和画面显现的立体感方面，所以说徐悲鸿在出国留学前，已经在初步吸收西方画的基础上走出了一条变革传统人物画的成功之路，这实际上也是父亲一生于人物画努力进取和超越传统之继续前行的成果。这个时期，本质上也正是徐达章人物画借助徐悲鸿而开始产生社会影响力了。

徐达章与徐悲鸿父子的《松荫课子图》和《天女散花图》作为中国近代人物画的主要代表，父子同台唱和，前后呼应，可谓珠联璧合，与人物画大师任伯年一起形成了中国人物画传统体系里最后的中坚力量。以徐悲鸿为代表的近代中国人物画，到《天女散花图》为止，虽然已经在一定程度上吸收了西洋画法，但是中国传统仍旧占据相当地位。而自《天女散花图》之后，中国人物画走向了新的发展方向，发生了翻天覆地的变化，即“中西融萃”。传奇的是，虽然这个艰巨的任务历史性地落在了徐悲鸿的身上，但实际上最初是一对从民间走来的父子画痴，以民族文化和传统艺术为根基，父亲开拓在先，儿子站在父亲的肩膀上，继承父业于后，父子俩前赴后继，终于承接了中国人物画发展的历史使命，徐悲鸿也在这个过程中成长为一代艺术大师。可见成功不是随随便便能实现的，它需要方方面面的条件，背后是几代人的努力甚至是整个民族精神追求的旨归，中国近代人物画的发展，其实就是整个国家和民族救亡图存发展的缩影，不乏凤凰涅盘般的悲壮和崇高。

徐达章去世后，《松荫课子图》一直被儿子随身携带，待徐悲鸿去世后，

① 王震、徐伯阳 编：《徐悲鸿艺术文集》，宁夏人民出版社 1994 年版，第 11—12 页。

其夫人廖静文（图 9）女士将他的绘画作品 1200 多幅、唐宋元明清以来的收藏 1100 多幅、文献资料等文物共计万余件，甚至包括自家的四合院全部捐献给了国家，其中就包括《松荫课子图》在内的徐达章作品共 13 幅，现在作为徐达章与徐悲鸿之间父子情深见证的《松荫课子图》，依然完好地保存在北京徐悲鸿纪念馆的仓库内。作品从底部的草石到顶端的松针，从左侧的疏朗空灵到右边的充盈致密，从案几到琴剑，从竹篱到经书，从谨严的表情到端庄的坐姿，无不悉心描绘，用情抒写，一笔一色皆诉说“爱子”之心。不仅绘出了父亲对儿子当下的一时之“爱”，更是绘尽了画面背后父亲现实生活和事业的中心、甚或其生命的本质——课子。这是一代儒生抚育后代的文化使命，正是中国传统文化中的望子成龙的精确体现。画面具体情景是徐达章正在教徐悲鸿读眼前的一本经书，而现实生活中，出现在画中案几上和书房中的摞摞经书，父亲都已逐一教读，事实上截至《松荫课子图》完成的 1905 年，徐悲鸿已经在父亲的严格督学下，读完了《三字经》《千字文》《百家姓》《诗经》《论语》《易经》《左传》《大学》《中庸》，甚至还涉猎了《唐诗》《宋词》《楚辞》《史记》等。其间父亲还教习徐悲鸿各家碑帖，尤其是《颜鲁公家庙碑》……画中的此时此刻，徐悲鸿已经是乡间有名的小书画家了，平日里已经可以作父亲的绘画小助手了，过年时已经能为乡亲书写春联，于是和绘画一样“他的书法也在村上出了名，每逢春节，亲朋好友和街坊四邻都纷纷前来请他写春联,邻里乡亲都称他是‘屺亭桥的小才子’。”[1]更关键的是，长期以来徐达章不是教自己的儿子仅仅做个亦步亦趋的画匠，而是教授徐悲鸿用自己的眼睛观察，用自己的智慧思考，表现真实的自我，尤其是用儒家文化培养儿子忧国忧民的担当、悲天悯人的情怀、达善天下的思想、自强不息的君子之风……这颗鞠躬尽瘁死而后已的父爱之心，就这么坦然地表现在了《松荫课子图》之中，没有半点虚假和私心杂念。这正是该画在技法之外表现出的更高理想和精神，是画作的真正灵魂，所以画面纯净而超然——那课子之心依然“淡我”，了无杂尘，一心圣贤而已。所以，在

① 中国人民政治协商会议江苏省宜兴县委员会文史资料研究委员会 编：《宜兴文史资料第十二辑》，一九八七年七月，第 9 页。

图 9 《徐夫人像》 徐悲鸿 作

1943 年，素描，纸，19.4×22cm，北京徐悲鸿纪念馆藏爱父的哺育下，徐悲鸿一生亦忧民族如念父，报祖国如事亲，育生徒如抚子，慷爱悌以济天下。在艺术国度里，徐悲鸿疾首于国艺的衰微，耻痛于四王的裹足退行，古守唐宋，今取西法，独尊造化自然，其力逮诸己的强大内力，更显中华远祖自强不息精神的回归和民族龙马文化的源远流续。然而，这一切的一切都蕴含着徐达章那伟大的父爱。

徐达章的人物画，远承唐宋人物画本真，亦续扬州八怪华喦、黄慎等人特色，近取任伯年之旨，还一度受到毕臣周的影响，但是徐达章更注重以现实为师、慧眼观察、孤心思考、笔墨诸己，终于形成自己完整的写真造型体系，将中国传统人物画在观察入微、造型求实和贴近生活等方面又向前推进了一步。一个濒临破产、挣扎在温饱线上的农民，基于酷爱传统书画艺术而不离不弃，达此境界，着实难能可贵。令人悲伤的是几年后，刚逾不惑之年的徐达章就染病去世。又不无欣慰的是，他刚成年的儿子徐悲鸿完全接住了父师亲传的文化精神之接力棒……

徐达章去世后，《松荫课子图》自然是属于徐悲鸿个人的宝贵文化遗产和精神财富，1933 年他还曾经携带该画参加巴黎中国美术展览会，当时就挂在展厅的第一位置上，由是徐达章亦承载起了中西文化交流的使命。站在西方人的角度来看，《松荫课子图》作为他们理解传统中国人物画的一个有益桥梁，是极其恰当的。西方人会轻松辨出人物造型中比例的准确、人体初步的透视解剖蕴含，明暗和体面转折虽然稍弱，但是还是信实可感的。关键是他们同时还会体认到线条和色彩晕染在中国人物画造型上的重要地位，另外画面表现出的墨色和七彩竟能和谐共雅的特点，对研究了几百年色彩学的西方画家来说，肯定是个不小的新课题……后来徐悲鸿受欧洲多国邀请依次举办画展，最终于 1934 年 7 月 31 日从莫斯科动身回国，8 月 17 日乘皇后号轮船抵达上海新关码头，此后国内多家报纸对徐悲鸿的欧洲文化之旅作了相关报道，1934 年《新光（北平）》日报第 20 期第 2 页则将徐达章的《松荫课子图》特别刊出（图 10），于是该画再次进入了国人的视界。

遥想当年，徐达章曾经一度靠给当地人画绣像画维持生计，最后几年仍旧靠给人画像在无锡等周边地区谋生。可以说他的一生与人物画、肖像画结下了不解之缘，这诚然与其爱好相投，若说人物画就是徐达章的生命所在，亦不为过。当然徐达章俱皆擅长各种题材的绘画，和历史上同样擅长人物画的明朝画家唐寅、清朝扬州八怪黄慎等一样，同时还擅长山水画，然而同时作为人物画家的他们，都有一个共通的特点，就是在他们的山水画里，往往有众多的人物点缀其间，人物活动使画面顿生鲜活和灵动，这实属自然。于是我们能看到，徐达章也经常在山水画里视需要点缀一些人物，或独钓寒江，或三五茶歇，或群集闹市，或指点江山，或云游天涯……他们都姿态随境生异，面容似或可掬，信手成形，任色为景……

徐达章在人物画上达到的既典雅清和，又信实写真的高超境界，非经过长期艰苦磨炼的付出而不可得，眼睛要不断地探究以提高观察能力，必须因地制宜地经常写生以训练和提高手上功夫，尤其要用自己的脑子思考以提高脑力和审美，可以想象其人物画工程的浩大。然而他的使命中还有比此更浩大的工程等待他去完成，那就是如何把人物画传授给自己的儿子。结果是，徐悲鸿的人物画完全发端于父亲徐达章，比如今天我们还能看到他的一幅早期的人物画《祖先像》（图 11），无论面部塑造还是服饰刻画，都是对徐达章肖像画艺术的继承和延续。今天我们猜度中类似徐悲鸿早期《祖先像》的徐达章肖像画，亦如我们能亲眼目睹的《松荫课子图》里的人物形象，其基于写生和写真基础上的个人特色必定是很突出的。然而，幸运的是，徐达章存世的另一幅人物画《群仙图》（图 12）（钤印：白文方印“徐氏达章长寿”，朱文方印“羡成之诗书画印”），能够让我们一窥徐达章比之《松荫课子图》更早的基于中国传统人物画的艺术来源和表现，由此画我们可以了解到徐达章更早期的人物画的状貌特征、艺术理念和文化传承。

《群仙图》是徐达章早年创作的一幅中堂画，虽然其写真性造型特征尚不及《松荫课子图》显著，但在扎实的传统人物画基础上其写真造型仍旧有所加强。画中人物形貌各异、动态自然和谐、色彩淡雅、技法纯熟、笔运活脱、飘须舞甲、走线如丝。画中描绘的是中国传统文化里的众多神仙形象，画中包括童子在内共有十二个人物，我们先来追溯一下徐达章人物画的大致渊源。徐达章作为当地著名画家，尤其是作为一位毕生孜孜于人物画的画家，经常

兩種愛情之間

北平同生美術照像部

图 10　1934 年《新光（北平）》日报第 20 期第 2 页

图 11　《祖先像》徐悲鸿 作
早期，国画，纸本设色，67×127cm，北京徐悲鸿纪念馆藏

图 12 《群仙图》（清）徐达章 作

早期，国画，纸本设色，80×149cm，宜兴市美术馆（宜兴徐悲鸿纪念馆）藏收到当地众多寺庙、道观、学宫、祠堂的邀请而创作人物画是必然的。所以当画中最下也是处于前景中的两个动作激烈的人物闯入我们眼帘的时候，就会让我们自然联想到水陆画像甚或佛教法会的场景。中国民间每每隆重举办法会，诵经设斋，悬挂道释神像，以超度亡灵。在布置法事道场时，往往要在内坛两侧分别悬挂上堂、下堂各十幅水陆画像。上堂十幅为十方常住一切诸佛、一切尊法、一切诸菩萨僧等。下堂十幅则为十方法界、四禅四空，六欲天、天曹圣众、五岳四渎福德等诸神。水陆画大多工笔重彩，多用正红正绿等正色，敷彩丰富鲜艳、浓重富丽、明快而少沉郁。极其重视线条、勾勒和渲染，画工细腻谨严，不仅毫发入微，就连衣服上的大小图案和纹样都画得十分精细，这从徐达章《群仙图》中最前面两个人物的表现中就可见一斑，只是在色彩上徐达章一改富丽重彩之风，而是更倾向于雅墨淡彩而已。另外，水陆画人物形象往往会呈现主观设计特点，有较为固定的传统模式，佛、菩萨、明王像、诸天、护法等一众神仙，大都严格遵照议轨和传统的固定画法。其程序包括起稿、勾线、着色三步骤，匠师将其总结为“一朽（用炭条打稿，行话为“摊活”）、二落（勾线，行话叫“落墨”）、三成（着色完成，行话为“成管活”）”，然而从《群仙图》线描用笔运转的活脱自然来看，徐达章应该是将“一朽”与“二落”合并了，这也说明了其人物画技法之娴熟。再者水陆画的构图形式主要有拱卫式和平行式两种，前者采取将主要神祇居于中间，次要神祇围绕主要神祇来布局的方式，后者则相反。然而徐达章的《群仙图》画面正中为空，人物天然聚散，没有一个绝对的中心人物，不过其分上中下的高低层次同时亦具前中后的深度关系，这虽然与平行式类同，却非三层均匀布置画面，布局如此高妙，使画面更显丰富自然。但观音菩萨与两个童子正处在远而高的位置上，对下面众神仙形成统辖之势，这实际上成了画面的精神中心。看来徐达章主动采取了更为自由灵活的构图方式。然而这不过是从水陆画角度分析的结果，实际上徐达章仅仅是由水陆画开端，然后借由神仙实现对现实中人本及生活的自然表现而已。该画无论在整体还是细节方面都明显不同于水陆画。所以，除了最前面的两个人物外，其他所有人物的服饰和容貌表情都朴实随和，尤其色彩上趋向淡雅，并且与传统水陆画多采用平涂不同，徐达章是将色、墨、笔高度融合在了一起，形成了一定的体面塑造之内涵，同时又融合了潇洒的写意笔墨精神。尤其是整体上人物呈现的聚散各异自然交流的表现极为妥帖，在不经意间将作品由水陆画自然转化成了反映民俗生活的文人画。事实也是如此，徐达章人物画除了向包括水陆画以及年画、版画甚至道观寺庙雕塑等民俗艺术吸取营养外，还广泛学习历代优秀人物画家的艺术特色，本书第四画我们还将从绘画、诗词以及篆刻等多个角度，推知徐达章触及的人物画画家之众，其中包括明清的唐寅、上官周、黄慎、华喦、吴友如、任伯年等。比如清代著名画家上官周以其人物画最为著名，晚清画人都深受他的影响，这是历史事实，在他的众多学生中，受其影响最大的当属扬州画派的黄慎。特别是上官周晚年据史料创作的《晚笑堂画传》，自乾隆八年问世以来一直是后人学习人物画的临摹范本，可以说《晚笑堂画传》是晚清人物画家的必修课目。徐达章身居宜兴，由于扬州和上海皆近在咫尺，所以深受扬州八怪和海派画家的影响亦是理所当然的。然而在清末，作为人物画家的徐达章对广为传世的上官周的“经典教材”不可能视而不见，研习上官周理应是徐达章必修课目。果然，在其《群仙图》中可以发见上官周的踪迹，比如将《群仙图》中戴蓝帽的神仙（图 13）与上官周《庐山观莲图》（图 14）中的人物的面部（图 15）作一对比，不难发现他们的面貌特征有一定的渊源，由此上官周人物画的影响力可见一斑。如此看来当我们面对徐达章的《群仙图》时，最容易感受到的是画中鲜明的传统人物画特色、浓郁的宜兴地方文化风俗和古色古香的清末生活气息，通过以上对徐达章人物画来源的分析后，这一切就都不难理解了。

若对画面作更进一步深入分析，则发现该画还具有以下四大显著特色。

首先是精致而真切的人物造型特征。画中人物众多，其面容丰富且姿态各异，但整体上和谐自然，显示出画家深厚的人物画功底和娴熟的笔墨技法。从人物面部塑造上看，除了五官比例无一不准外，甚至从今天的透视、解剖学的角度看，也是基本符合的。从人体结构上看，除个别地方稍有偏差外，大都精确，比如各位神仙的腰、膝、肘以及头颈肩的关系等，都各得其所。而人物面部既有左右半侧面，亦有正面和全侧面，很是丰富。人体姿态亦多

图 13 《群仙图》人物局部，徐达章 作

图 15 《庐山观莲图》人物局部，上官周 作

图 14 《庐山观莲图》（清）上官周 作

变，尤其是人物面部倾向与身姿的搭配、甚或人与人之间的互相交流等全都处理得自然而妥帖。足见徐达章对人物画超强的驾驭能力，但他不是为了肖像而画人物，而是具备全面的人物画艺术素养，能游刃有余地表现人物之间的感情和精神交流，这一点尤其可贵。

其次是其色墨同形的艺术特色较为显著，《群仙图》以传统笔墨为主，施以淡雅色彩，且色墨同形，笔墨互济，无论行笔还是用色用墨皆一丝不苟。首先从面部用色来看，整幅画各个人物的面部色彩富于变化，有黑白深浅的变化，有红蓝素紫的变化，比如最下面和最右侧两个人物面部的用色都是倾向红色的，持剑人物面部则略显蓝色，是所有人物中最冷的面色，持扇和持刀人物面带紫色，最上面的菩萨白衣素面，几无色彩倾向。尤其是最下面的人物面部晕红，与他的红袖、红裤以及风火轮的红焰和谐统一，其头饰及鞋子上的几笔石绿在铠甲、胡须甚至鞭锏的暖棕色的承接之下，使此人物形象在色彩上的表现最为丰富而和谐，然而画家最后用整幅画里最浓重的墨色绘就飞旋的飘带，在风火轮的配搭之下，如同敦煌飞天般托起了整个众仙际会之净域云海的画面。关键是画家将七彩与墨色皆统一在其娴熟的人物造型当中，可见其高超的色彩驾驭能力。

再次，显著的空间感是该画的独到之处。虽然画家在众多人物的前后遮挡关系上描绘精到，在三个童子的穿插安排上也巧妙自然，这些无疑都很好地表现出了一定的空间感，但更重要的是画家通过虚实之艺术手法营造出了自在、完整的信实空间，从人物面部刻画上看，处在最前面的人物面部刻画最为坚实和细致，随着距离的由近及远，人物面部刻画逐渐趋向简洁，到了最远处的观音菩萨及童子，面部刻画则最为清秀素雅，这符合近实远虚的视觉艺术规律。就连画面右上部的善财童子的双脚，亦是近处的刻画细致，远处的一只似入云雾而至虚无。从服饰的角度看亦然，只见最近处人物的铠甲、飘带及其神器等皆描绘精到信实，越到远处，人物服饰越概括，同样是观音菩萨的服饰最为朴素轻柔，旁边仅着红肚兜的善财童子的服饰已至极简。该画在色彩上的虚实表现也基本符合以上的规律，从红色的运用上分析，最近处人物的铠甲和风火轮与最远处善财童子的肚兜用色，体现了红色在远近虚实上的客观变化，这与现代的色彩透视学不无相合之理。总之，《群仙图》无论在各神仙的面部刻画、服饰描绘、还是色彩透视关系上，都体现出了客观的虚实规律，由此形成了视觉上的空间感。另外，画中除了最前面的两位神仙外，其余人物的下部皆作隐形处理，给人云气缭绕之感，加之人物衣袖和飘带的飞舞、菩萨手中杨柳枝的轻柔、甚至包括最下面风火轮的飞驰以及画面最顶端的天堂鸟的大尺度旋绕，这一切无不强化着云淡风清的空灵境界，加之佛教神仙"观音菩萨"那居高而度的大爱无边，画面形成了除却视觉空间之外的更加广阔和感人的心灵境域，这是一个存在于中国人文化生活里的无限广博的精神世界。

最后，匠心独运的险绝构图，显示出徐达章非凡的艺术素质和美学修养。画面整体构图呈现为一标准的菱形（如图16中深蓝色线形），如果将菱形从中间再画一水平线（如图16中浅蓝色线），则又把菱形分为上下两个三角形，上部三角形实际上以菩萨和两个童子为主，分量较轻，下部呈倒三角形态势，共牵涉九个人物形象，分量较重。这种下重上轻的组织形式有一定的稳定构图作用。另外，全画中的所有人物，单看时皆处于动态当中，每个人物的动态都很丰富，他们貌似各行其是，实又相互交流，画中各个人物活动又聚合成整体上的自然和谐，形成美妙的动态语言。尤其是人物组合上形成大的菱形和三角形，然而，无论是整体上的菱形，还是下部的倒三角形，都是不稳定的构图，本该使画面动势强烈以至失衡，但画面给人的最终感觉却是"四平八稳"，由此，徐达章绘画在构图上的审美可见一斑。然而，这险绝的不稳定构图是如何使人获得稳定感的呢？其主要原因有三：第一是最上面的菩萨形象和最下面的罗汉形象形成了一条上下贯通的稳定轴线，稳住了画面的中轴；第二是画面中部的八个人物形象在局部又形成了一个矩形而切入菱形当中，形成画面上下居中的稳定矩形结构，矩形加中轴线正好组成一个"中"字（如图16中粉色线形）；第三个因素比较微妙，就是画面左下的两枚印章，对整个构图起到了巧妙的支撑作用，甚至与画面左上的"天堂鸟"一起，既突破了整体构图之大势，避免了单调，又起到了丰富构图的作用，如果从画面右上的善财童子处向上再转向左画线而连接菩萨的头部和

图 16　徐达章《群仙图》构图基本形分析图

天堂鸟、从童子向下穿过居右的两个神仙连线达到画面底部后再向左连接风火轮和印章，然后再向上连接持葫芦的童子和天堂鸟，则会形成接近五边形的类似块状的新稳定构图态势（如图16中橙黄色线形），它其实是在由人物形成的不稳定的菱形构图之下的隐形构图，由此使菱形人物构图重新稳固起来。它们虽然不起眼，但愈显构图之精妙。

至此，我们基本得出以《松荫课子图》和《群仙图》为代表的徐达章人物画，除了继承传统艺术的特征外，还极具个性特征。总体上看，其个体造型虽然还不具备如同西方绘画一样的科学性，但他仍旧在传统绘画注重感性呈现的基础上，依靠自己客观理性的观察和不懈的写生锤炼，最终朝着理性的方向推进了一大步，就是在这个前提下，可以说徐达章的人物画是包括肖像和整个躯体在内的完整塑造，是完整性、系统性和理性的结合。当然这个理性本质上还是源自对“师法自然”这一中国传统艺术原则的深化，与西方的科学理性不能等同。除了具有个性化的理性特征外，徐达章人物画还有追述生活的通俗性以及在此基础上表现出来的朴实自然的审美观，为了更有效地表达某种通俗生活，徐达章的人物画始终不离色彩这个视觉和生活现实，形成其人物画色墨融合的造型特征，努力而精心地寻求明快的色墨配搭和清新的质地把握，使其人物画更可观、可触、可感，更加令人感到信实。这同样与西方基于科学的色彩学不可同日而语，而是与吸收任伯年人物画特色有密切关系，然而徐达章与任伯年又有所不同的是，他更喜用淡雅色系，可以说他的人物画提高了淡雅色彩的语言效力，这更多的是出于对色彩本能的审美，绝非西方的光色概念。正是在其具有个性的色彩理性和生活通俗性的基础上，孕育了徐达章人物画整体创作中朴素的现实主义品质，在融入画家美好愿望和文化精神后，形成画面最为感人的一幕。所以，徐达章人物画亦彰显了他永不退缩的探究精神。他不仅自己如此，还把此精神和所有积学全部传授给了儿子，徐悲鸿也正是在因父亲授予而初具的理性塑造、朴实通俗的色墨光鲜之美以及忠于心源的对现实主义的不懈求索等艺术积淀的帮助下，得以顺利涉越中西艺术的海洋，真正步入了西方艺术的殿堂，为中国艺术真正做到海纳百川、与时俱进引领了方向，作出了榜样，徐悲鸿最终也成长为有国际影响力的艺术大师。然而徐达章对徐悲鸿的系统教育尤其功不可没：

徐达章正式教授儿子学画是在1903年，教学内容首先就是“每日饭后临摹吴友如《点石斋画报》的人物画一幅……吴友如是清朝末年著名的插图画家，能在尺幅之中描绘亭台楼阁、虫鱼鸟兽、奇花异卉甚至千军万马。徐悲鸿把他作为启蒙老师。但父亲更著意让徐悲鸿写生，画父母、兄弟、邻人、乞丐……等。”[①] 可见，徐达章教授儿子画画，从一开始就把人物画作为重点，所以徐悲鸿日后能够对振兴中国人物画作出突出贡献，那也是情理之中的事情了。当然徐达章对儿子的艺术教育并非局限于人物画，而是全面的传统绘画教育，后来徐悲鸿夫人廖静文也曾说：“徐悲鸿每次随父亲进城时，必至画店观赏石涛、八大及任伯年等人之作，回家后凭记忆默写。在父亲的殷勤教导和勇于创新的前辈画家熏陶下，他打下了中国绘画的坚实基础。”[②] 在此我们发现了影响徐悲鸿一生的默写之法的来源，可见他在父亲的指导下除了大量写生外，还经常默写，蒋行知（宜兴市文学协会会长）整理的《徐悲鸿在家乡》一文中曾记叙，在达章公住宅“河对岸有个老太因病去世没有留下照片和画像。她的小辈遗憾万分，就用宜兴妇女的哭调唱着：‘长辈去世无照片，儿女肝肠寸寸断……’哭声很感动人，而且从外地赶来的小辈更责备家中的兄弟姐妹，由此大吵起来。悲鸿看到此情此景，心中很难过，等丧家吵过之后，他手捧一卷纸送到这办丧事的人家，进门先行一鞠躬，叫过公公、伯伯……然后说道：‘我这里有一幅像，你们看看。’打开画卷，大家一看，惊喜地说：‘这幅人像画的就是我家去世的老太，是谁画的？我们要重谢那位先生。’徐悲鸿说：‘唐老太天天在河边淘米洗菜，我天天看见她的相貌，我把她默画出来的。’悲鸿的回答，更让人惊讶不已，美誉遍传当时。后来有人做了一首顺口溜赞扬徐悲鸿，‘小小徐寿康，一副聪明相，栋梁材料好，令名天下扬。’”[③] 可见默写也是徐悲鸿从小练就的童子功。果然，

① 任甫孟：《一代画圣徐悲鸿传》，天工书局1999年版，第16页。

② 徐悲鸿纪念馆 编：《艺坛巨匠徐悲鸿》，中国和平出版社1999年版1995年版，第6页。

③ 中国人民政治协商会议江苏省宜兴县委员会文史资料研究委员会 编：《宜兴文史资料第十二辑》，一九八七年七月，第9页。

徐悲鸿日后的很多创作，如《巴之贫妇》、《巴人汲水》等人物画，马、狮等众多动物画，都是背着画出来的，真正做到了“胸有成竹”，此等功力就是靠徐达章早年经常带他默写而练就的，可见默写对徐悲鸿造型能力的发展起到了极为重要的作用。徐悲鸿从小跟随父亲练就的默写能力在他后来的留学欧洲期间又得到了进一步加强，他在《悲鸿自述》中曾述及留法期间他的恩师达仰“令吾于每一精究之课竟，默背一次，记其特征，然后再与对象相较，而正其差，则所得愈坚实矣。”[①] 当徐悲鸿回国投入艺术教育的时候，默写也是他在教学中的重点内容之一。徐悲鸿在后来的素描教学中非常强调记忆“要点”，他常常要求学员“画后还要背出来，并和写生的习作对照……他对写生习作提出这样的要求，是因为他对中国传统艺术深有素养，他的国画人物、动物，多数没有素描写生稿，实际上是背出来的……他要求出现在画面上的形象都是作者已经理解到的，是心中有数的，也就是说要‘胸有成竹’，而不是‘依样画葫芦’地照抄。”[②] 卢开祥也在其《为了祖国的美术事业——忆徐悲鸿先生》一文中叙述徐悲鸿的“背书、默画理相同”的观点：“徐先生说：‘读书要背书，画画要默画，这是同样的道理。画插图的基本功，就是要有背画的本领。’徐先生规定：在学校的学生，每周的素描作业完成后，要增加半天时间将本周的素描作业默背出来，要求轮廓和明暗调子大致准确。日积月累，就会在头脑中有比较丰富的形象资料。徐先生要求学生们在看戏、看电影以后，能把最感人的场面、人物、色调、气氛……默写出来。徐先生还要求学生们将出去看到的景物的最美好的第一眼印象记住，回来后能将这种印象描画出来。如果一个学生能做到这些，可以肯定他将来一定能成为一个很有前途、很有出息的画家。他指出：有了这一重要的基本功，将来无论画什么，搞任何创作，都能脱离模特儿，得心应手地画出你所需要的任何形象。如果要搞一幅大的主题性创作，模特儿还是离不开的。因为记忆的东西是不够精确的，只有对照模特儿才能达到具体、准确。如果是起画稿、画插图或

① 王震 徐伯阳 编：《徐悲鸿艺术文集》，宁夏人民出版社 1994 年版，第 129 页。

② 艾中信：《徐悲鸿研究》，中国大百科全书出版社 2007 年版，第 59 页。

是连环画，有了默画的本领，就能驾轻就熟，愉快而又顺利地完成任务。”[1]然而徐悲鸿时有对默写更加深入具体的论述，他曾经在《钟志先生惠鉴奉》中说自己“推行默写方法，即凡研究一星期素描，在星期五日，费半小时时间，用一小纸默出，将记忆所及尽量背画出来，翌日对对象改正，（必要的）自画像亦然。三四次后，诸生皆能默写自己，且能神似，加强想象力，无过于此。请先生亦在中大实施，可得三倍效力也（一年抵三年因一课抵三课）。”徐悲鸿在中央美术学院任职期间还曾说过：“默写最重要，因可缩短学习时期。”至此，徐悲鸿发端自其父亲的默写对其一生的艺术活动产生的深远影响可见一斑。

由于对人物画的用功尤深，所以在徐悲鸿艺术道路上的几乎每个阶段，人物画都有着最为抢眼的表现。1997年7月11日《工人日报》刊载署名吴海发（无锡作家）之《太湖孕育的艺术巨子——瞻仰徐悲鸿宜兴故居》，文中述道：“悲鸿的父亲达章先生是民间画师，悲鸿的艺术才能在10岁时便初露峥嵘。有一年农历二月初八，乡间例行举办传统庙会，庙会上需用一幅菩萨画像立轴。会期在即，接了这活计的徐达章外出没有归来，画催得紧，徐悲鸿便代父画了立轴送去，人们称道菩萨画得栩栩如生，却不知是一个11岁孩子三个晚上的急就之作。这便是徐悲鸿的处女作。”[2]再有1912年，徐悲鸿在《时事新报》所附画报上发表应征作品白描戏剧画《时迁偷鸡》（图17），并获得了二等奖。“这个小小报刊的二等奖其实真算不上什么，但对一个初出茅庐的喜爱美术的年轻人来说却如同黑夜中的一束光明，它给了徐悲鸿信心和希望，唤起了青年徐悲鸿对外面世界的憧憬和向往。”[3]虽然画中人物处于极其难把握的角度，但仍做到了造型概括有力，动态生动灵活，形象逼真，线条流畅洒脱，表情幽默，在当时人物画极其衰微的情势下，有着戛戛独造的意味。是年他还“创作《存照》，画一个头戴红缨帽、身穿马

---

① 中国人民政治协商会议江苏省宜兴县委员会文史资料研究委员会 编：《宜兴文史资料第十二辑》，一九八七年七月，第55页。

② 吴海发：《太湖孕育的艺术巨子——瞻仰徐悲鸿宜兴故居》，载《工人日报》1997年7月11日第六版，文化周刊。

③ 吕立新：《徐悲鸿从画师到大师》，北京出版集团北京出版社2011年版，第16页。

蹄袖清装礼服的人物造像，显露了画国画人物的能力。”[①] 后来他在宜兴县立初级女子师范教书时，他的第一课画的也是人物画《木兰从军图》，木兰手牵一匹高大骏马，英姿飒爽，这引起了女学生的自豪感和学画的兴趣，徐悲鸿受到大家交口称赞。尤其是在徐悲鸿后来闯荡上海期间，虽然画马赢得了高剑父的肯定，但离开人物画的徐悲鸿仍旧寸步难行，他终究还是以人物画成功立足上海的。1915 年 11 月初，“经黄警顽提议和帮助，绘制一套《谭腿图说》体育挂图，由中华图书馆出版，后印成一本三十六开的小册子。又给高剑父、高奇峰兄弟创办的审美书馆绘春夏秋冬四幅五彩花鸟屏条和一幅水墨钟馗像、一幅素描观音，后者是作为样品的试笔，曾被印在一本书名《天下太平》的封面左上角”[②]1916 年 2 月 2 日，农历除夕，应高奇峰之约，徐悲鸿再次为审美书馆画仕女图四幅。因为知道四幅仕女图完成后，高奇峰会有所报酬，所以画作还是在愉悦的心情下开始的，经七日完成，其间用仅存两个小洋每日买粢饭一团，画到第五日的时候完全断粮，徐悲鸿不得不在两日不食的状态下坚持完成创作，完成后又在雨雪交加中将作品交到审美书馆。在返回的途中，饥寒交迫的徐悲鸿，只能选择先填饱肚子，抉择之下被迫脱下身上单薄的布衫，走进黑沉沉的当铺……再后来徐悲鸿由于画《仓颉像》（图 18）而被苍圣明智大学聘为美术教授，从此徐悲鸿开始一步步走向最终的辉煌，这已经是我们耳熟能详的故事了……

再看徐达章的《松荫课子图》，还有其难能可贵的一点，就是其传统色彩美学与人物色彩塑造法的结合，画中各肖像已经初步显露出色彩造型的端倪，尤其是图中父亲的面部刻画，其初步的色彩造型、出于直觉的光感以及来自实践经验的朴素解剖结构等，都结合得几近完美，造型已显细致入微和坚实有力，其实此特征在他的《群仙图》中亦早有表现。徐达章在色彩方面的知识丰富，修养坚深，并且在对儿子实施教育之初，对色彩亦极其重视。1903 年，当徐达章开始正式教儿子画画时，就是“每天午饭后，临摹吴友如

① 王震 编著：《徐悲鸿年谱长编》，上海画报出版社 2006 年版，第 6 页。
② 王震 编著：《徐悲鸿年谱长编 》，上海画报出版社 2006 年版，第 13 页。

的石印界画人物一张，并逐渐学习着色。”[1]可见，在徐悲鸿学画之初就与人物画同时进行的正是色彩训练。后来，徐悲鸿在随父亲谋食江湖之时，又有机会接触到西洋画，并在父亲教授的传统色彩学基础上，进而吸收西洋画色彩造型方法，加诸自己的努力，初步掌握了色彩造型，可以说实现了他学艺以来的最大历史性突破。这在徐悲鸿少年时创作的水彩系列作品中可以得到证明，虽然尚显初级，但仍显示出其走向茫茫未来的坚实脚印。它们是现今由宜兴徐悲鸿纪念馆收藏的《敬姜》（图 19）、《孟德曜》（图 20）、《勾践夫人》（图 21）和《少妇坐像》（图 22）。这四幅人物画的动态都自然贴切、结构清晰、比例准确，特别是五官的表现很到位。还有一个值得称道的特点是，其故事情节的艺术表现能力超出一般，彰显出了徐悲鸿长期坚持人物写生而积累的传达生活内涵的深厚功力。然而最后我们格外强调的就是以上四幅人物画在色彩上的不俗表现，想必此前徐达章早已在潜移默化中把传统绘画的色彩学传授给了儿子，并在长期的观察和训练中，提高儿子的色彩敏感度和审美水平。然而在以上四幅人物画中，徐悲鸿的色彩表现已经超越了传统绘画的艺术范畴，虽然不如留学后的色彩造型深刻和娴熟，但是其色彩已经开始与人物初步的透视、解剖、结构、光影明暗进行结合了。这已与传统的随类赋彩有极大的不同，是对全新的色彩语言的学习和运用，当然主要是向西画借鉴的结果。但是徐达章为他传授的传统色彩美学和审美，却构成了他以后艺术实践中的色彩基底。只有认识到这一点，我们才能真正理解后来徐悲鸿人物画《读》（图 23）于其油彩中，仍能透露出强烈的中国传统色彩美学的内涵。甚至从徐悲鸿早年留学巴黎期间创作的《箫声》（图 24）中，亦能感受到那股扑面而来的独具东方韵味的色彩审美情调。

最终，徐悲鸿在父亲为其打下的坚实人物画基础之上，又经过了 8 年留欧之人物画造型的艰苦训练，其人物画精髓融入血液，人本精神深入骨髓，以至于他曾在《任伯年评传》一文中说：“学画必须从人物入手，且必须能画人像，方见工力。及火候纯青，则能挥写自如，游行自在。比之行步，惯

---

① 王震 编著：《徐悲鸿年谱长编 》，上海画报出版社 2006 年版，第 4 页。

图 17 《时迁偷鸡》徐悲鸿 作
1912 年，国画，北京徐悲鸿纪念馆藏

图 18 《仓颉像》徐悲鸿 作
1916 年，水彩，纸本

图 19 《敬姜》徐悲鸿 作
早期，水彩画，纸本，48×59cm，宜兴徐悲鸿纪念馆藏

图 20 《孟德曜》徐悲鸿 作
早期 纸本 水彩画 47.5× 58.5cm，宜兴徐悲鸿纪念馆藏

图 21 《勾践夫人》徐悲鸿 作

早期 水彩画 纸本 48× 61cm，宜兴徐悲鸿纪念馆藏

图 22 《少妇坐像》徐悲鸿 作

早期，水彩画，纸本，48×61cm，宜兴徐悲鸿纪念馆藏

图 23 《读》徐悲鸿 作

1943 年，油画，布，61×101cm，北京徐悲鸿纪念馆藏

图 24 《箫声》徐悲鸿 作

1926 年，油画，布，39×80cm，北京徐悲鸿纪念馆藏

径登山，则走平地时便觉分外优游，行所无事。”①

《松荫课子图》作为徐达章的人物画代表之作，除了塑造了四个人物之外还绘有松树、竹子、篱笆、桌椅、书斋、笔砚、书画等，在此还有一点需要特别强调的是背景中两个小妹手里所持的道具，其中一个是剑，另一个则是古琴，如果说松树和竹子是对画家清俊高洁的君子之气的隐喻的话，那么剑和琴则是徐达章对自己的情志胆识以及任侠儒雅风范的象征性表达，剑和琴寓意“剑胆琴心”，是有其丰富传统文化内涵的，尤指刚柔相济、侠骨柔肠、哀而不伤、激而不烈等人类特定的思想精神。而徐达章在《松荫课子图》中除了首重塑造人物形象外，也用剑和琴构成了画面的第二思想中心，是徐达章两袖清风、一腔热血、一介书生“剑胆琴心”本色的自写，只不过被人物的表达所掩盖而已。徐达章最后在画面题词中亦再次强调了这一点：“琴剑自娱还自砺，寸心千古永怀真。”当然，除了绘画和题词外，他还曾特创作篆刻“儿女心肠，英雄肝胆”，虽然言词不同，艺术形式各异，但“剑胆琴心”的精神本质却殊途同归。

然而如果透过《松荫课子图》，可以看到其背后蕴藏着一个父亲无所不用其极的良苦用心，其笔下的线条、色彩、氛围、饰物、坐姿、肃穆、端庄、题词、印章……无不笔笔诸己，事事走心，充满对儿子的殷切期望和生生爱怜，以至于徐达章在该画的题款中直书“切愿康儿勤学问，读书务本励躬行”，谆谆之情，溢于言表。然而题款中，除了富含对儿子的爱和期望外，徐达章还写到自己“平生淡泊是天真”，且题款开首也言：“光绪三十有一年岁次己巳中秋之月，淡我斋主人自绘并题”。这除了指出《松荫课子图》的创作时间为 1905 年（光绪三十有一年岁次己巳）农历 8 月（中秋之月）外，他还特意提及的“淡我斋”指的是他家中的一间小书房，他的小书房以及整个庭院虽然普通且贫寒，但在有儒雅古风的徐达章眼里，却亦犹胜书香门第。徐达章特将其书房命名为“淡我斋”，既是对其先祖“淡斋公”的尊崇，亦是其整个人生的自写照。徐达章淡泊的一生，的确从“淡我斋”中起始，亦在“淡我斋”里终止……

① 王震、徐伯阳 编：《徐悲鸿艺术文集》，宁夏人民出版社 1994 年版，第 593 页。

淡泊人生

遥想清朝末年，太湖以西三十里，荆溪之北，塘河之畔，有一个小镇叫屺亭桥（图 25），它东面是秀美的屺山，往南可到宜兴县城，往北则是和桥，屺亭桥镇有着数十户人家，塘河刚好把它分成上下塘两部分，河东是上塘，河西为下塘，一座弓形大桥把它们连成一体，这座桥就是屺亭桥（图 26）。塘河乃自溧阳至宜兴的漕运要道，据《宜兴县旧志》记载，它从宜兴城南的东关口“一路北行，经高桥、三里桥、十里牌桥、孙婆桥、屺亭桥、塘濆桥、和桥、栅头桥、钟溪桥，至五洞桥入阳湖界，自县至此共计五十二里”[①]徐达章的“淡我斋”就坐落于屺亭桥西侧塘河岸边，现实中的“淡我斋”（图 27）在本书初始即已述及，是由斋主徐达章的父亲徐砚耕早年所造，遂成祖孙三人吟诗书画的地方，所以徐达章有时候直接称呼它为“淡我书斋”，其前面是面临塘河的两间向阳朝东门面房，此书斋即沿门面房南墙向西进入后院及各居室途中的一个小房间，“书房的前面是一个小天井，里面种着一棵桂圆树。再往里有几间住人的内室和一个小小的菜园，里面种着瓜菜和一株紫玉兰和玉簪花。”[②]屺亭桥是小镇繁华的中心，临街而望徐达章的居所（图 28），据徐焕如在其《我的叔父徐悲鸿》一文中说：“是一个两开间门面的房子，临街向着塘河，每天这个镇上繁忙的生活景象，弓形大桥上的早市，塘河里来往的行船，吼叫着突突而去的小汽轮，都将摄入画家的视线，感受着时代和生活的律动。每年正月十五调马灯，耍狮子，玩龙灯，七月半放河灯，秋天迎神赛会，这些民间文艺演出，因为屺亭桥是中心，都有突出的反映。”[③]

然而除了现实中的“淡我斋”，当年徐达章还有其理想和精神中的“淡

① 《中国地方志集成·嘉庆增修宜兴县旧志》，江苏古籍出版社 1991 年版，第 37 页。

② 中国人民政治协商会议全国委员会文史资料研究委员会 编：《徐悲鸿》，文史资料出版社 1983 年版，第 208 页。

③ 中国人民政治协商会议全国委员会文史资料研究委员会 编：《徐悲鸿》，文史资料出版社 1983 年版，第 208 页。

图 25　徐悲鸿家乡屺亭桥镇（南向拍摄）

图 26　早年的屺亭桥（北向拍摄）

图 27　2018 年徐悲鸿故居复建后的“淡我斋”。门上悬挂徐悲鸿夫人廖静文手书“淡我斋”

我斋”，那又该是什么样子呢？今天的人们从他存世的两幅画中尚可窥其一斑。

在第一画中已提及的《松荫课子图》（图 1）的右上角（图 29），“淡我斋”就被描绘成了斋主理想和精神中的教读书房，室内帏幔依依，一套套的古本线装木版经书足足有四摞之多，室外徐悲鸿正在伏案读经，徐达章坐在藤椅上督学，仪态端庄，儒雅自信，俨然一位饱读诗书，济世课徒的儒生。

徐达章儒学深厚，但是作为传统文化人，不受道家影响也是不可能的，他也兼具道家思想，尤其心怀归隐之意，正如光绪二十九年（1903）癸卯举人童斐于 1907 年所撰《赠成之徐君序》（图 30）中所言：“成之徐君，吾乡之隐君子也……”[①] 可见徐达章的隐逸之心已为时人熟知。

徐达章的隐逸思想在他另一幅国画里亦有突出表现，这就是他的山水画代表作《白乐天隐居香山》（图 31）（款识：“白乐天隐居香山，尝有诗云：万山回绕一峰深，到此常修苦行心，自扫雪中归鹿迹，天明恐有猎人寻。恻隐之心溢于言表，扩而充之仁不可胜用也。阳羡成之，徐达章谨写，并志以启后学云。”钤印，右上白文方印“诗酒生涯”，左下一为朱文圆印“成之金石诗书画”左下二为朱文方印“徐达章”）画中主人公是他敬重的唐朝诗人白居易，这位大诗人曾经写过一首七言绝句《送李校书趂（zhēn）寒食归宜兴山居》：“人见腾腾诗酒客，不忧生计似君稀。到舍将何作寒食，满船惟载树荫归。”[②] 然而徐达章在该画中所描绘的景点，并非宜兴当地之山，而是他从来没有去过的洛阳龙门香山，正是白居易曾经隐居的地方。只见深山幽僻之处，几椽茅屋平添生色，室内右侧雅色盈幔，书桌上安放经书几本，书香萦绕，这本是画境中白居易的书房（图 32），但何尝不是徐达章归隐精神里的“淡我斋”呢？其与《松荫课子图》中的书房一起，让人们得以领略徐达章思想和精神中的“淡我斋”之风貌。

再看徐达章的山水画《白乐天隐居香山》，意境清和，笔法自由纯熟，其超逸的快笔，前后挥洒，左右化机，画家信手间绘出了位于左前景之山跟

① 《计亭徐氏宗谱·卷四》，童斐 撰《赠成之徐君序》。

② 《中国地方志集成·嘉庆增修宜兴县旧志》，江苏古籍出版社 1991 年版，第 483 页。

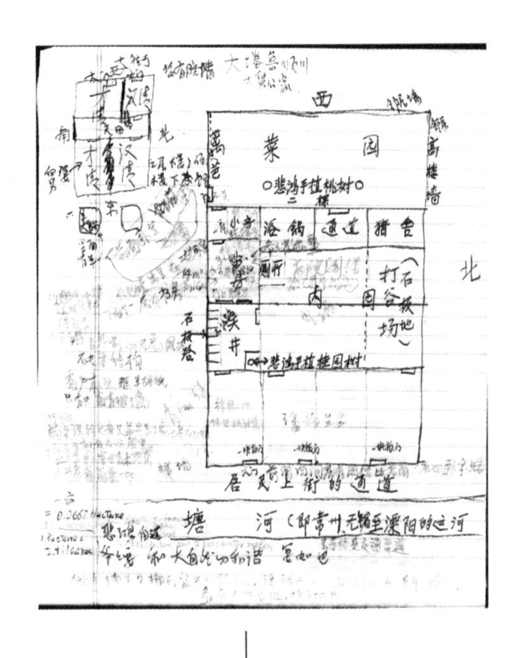

图 28　徐达章老宅布局结构图，潘楠生绘，资料来源于徐芳芳

图 29　徐达章《松荫课子图》局部

贈成之徐君序

行善於人所不見之處謂之隱德易稱潛龍詩美宥
密古昔聖賢於不覩不聞之地咸致其兢兢焉降及
後世惟恐才美之不外見乃務爲表暴以博取世俗
之譽則德薄故也成之徐君吾鄉之隱君子也余初
見其書法遒逸有神采以爲是風雅士歲戊戌復見
其爲人作傳眞形神逼肖而筆力尤婉勁以爲是精
於藝術者也及與之言乃知余向所見之大謬蓋成
之固砥節礪行而以先儒語錄爲法守捄行誠篤無

下耕分　十八世

图 30　《赠成之徐君序》，（清末民初）童斐　撰，1907 年

图 31 《白乐天隐居香山》（清）徐达章 作，年代不详，国画，墨彩，轴纸，48.5×168cm，装裱尺寸 66×262cm，北京徐悲鸿纪念馆藏

图 32 徐达章《白乐天隐居香山》局部

的陡峭、右前景之兀石的块垒、远景之山脊的耸升以及远峰虚和的高渺，于是万山回绕，幽谷天成。寥廓间彬彬植株亭亭而立，如临风君子，皑皑里几椽茅舍坦然自处，却究竟无意升堂，只是归者仁心所向之境而已，如此即自成画面的中景。竖长构图的采用，彰显了高大淡云之下，径幽山耸，万山回绕间几椽草舍闲散道边。只见雪后的香山深处，信佛归隐、自号香山居士的大诗人白居易，手持扫帚在扫除雪地上归鹿的足迹，以防第二天猎人寻迹捕鹿。这一特定的故事内涵，原本并非白居易所为，而是唐代诗人陆甫皇之诗《仁隐者》中对另一位隐士及意境的描绘，诗云：

万山回绕一峰深，到此常修苦行心。
自扫雪中归鹿迹，天明恐有猎人寻。

经过徐达章巧妙地安排，把诗境中仁慈的主人公换成唐朝大诗人白乐天、即白居易。这也是画中唯一的人物描绘，虽然在群山中人物显得很小，但是却起到了统领画面的核心作用，其造型信实，比例准确，动态自然，虽然在一定程度上吸收了任伯年的人物画特征，但总体上主要还是信乎诸己。

该画在色彩表现上也是颇具匠心，除了树上几点深色外，全幅再无深重墨笔，山是乳银色的，天则是铅灰色的，画面浑和而苍茫，除了墨色外，茅舍里蓝色经书和些微玫瑰色的帏幔，以及树林枝头上几抹蓝灰，甚至包括山石间株木上隐约的赭色，在色彩上，从冷暖两个角度起到了加强画面清冷之主题的作用。然而全画最强的色彩当属白乐天身着的一块披肩的橙朱色，它给整幅画面在色彩上带来的并非雪中送炭的暖意，而是起到了反衬凝寒的雪上加霜作用。虽然整幅画基本上用单一墨色完成，但就是那极其有限的几笔色彩点缀，自然而贴切，画家对色彩的理解、控制和把握从中可见一斑。然而这并不是色彩的全部，其题款的朱文印章与画面中人物衣服上的橙朱色相，也形成呼应，还有题款中字体的深黑色，也进一步加强了与白雪的对比。另外，题款布势的右高左低的斜势与画面右上的山势相协，对层层叠山的高远也有加强作用。徐达章的山水画直接影响了徐悲鸿，其后来的《诸老图》《西山古松柏》（图 179）甚至是《晴岚翠嶂》等从体制、笔墨运用到意境把握等方面都对该画不无借鉴。

其实徐达章把描绘陆甫皇的诗境与白居易隐居香山的生活合二为一，最终目的在于自喻自况，显露出了自己隐逸和笃学的心迹，由此可见，徐达章兼具道家思想的一面也是不言而喻的。童斐称之为隐君子，事实上并非虚言。然而现实中徐达章还要生活于尘世当中，以种田、课徒、卖画等来养家糊口，尤其是儿子徐寿康的诞生，更使“淡我斋”成为徐达章真实的乐巢，他无法也无须进入《白乐天隐居香山》图中那理想世界里的精神居舍。如此说来，徐达章的归隐之心如何安放呢？他的高明在于有自己更为深广的归隐之所，事实上徐达章以田为山，以诗书画印为林，一椽板房美其名曰“淡我斋”就是他的归隐学海。徐达章的这一思想，在其一方印章中表现得再清楚不过了，那就是呈五边形的白文印章“小隐屺亭桥畔”（图 33），这方印章目前只有在《松荫课子图》的右下角出现过一次。

尽管徐寿康的降生给“淡我斋”凭添了一份天伦之乐，即使其物质生活一直匮乏，但是徐达章依然是那个淡泊名利、思想高标纯洁、精神富足的归隐君子而已。

然而“淡我斋”的全部意义中，想必还有另一层尊祖敬宗的含义。徐达章一世祖名讳徐友孙（图 34），号复古，族称复古公，在徐氏宗谱里为其特撰“赞曰”（图 35）言：“温乎其质，肃乎其容，衣冠古处，忠厚遗风，石桥缔造，聿兴吾忠，百世瞻仰，惟复古公。”[①] 可见作为宜兴徐氏之祖的徐友孙温厚质朴，衣着古肃，元末明初为避战乱，复古公始迁来宜兴石桥，其四世单传孙名叫徐刚（图 36），字干学，号淡斋，所以人称其为“淡斋公”，据《计亭徐氏宗谱》记载“淡斋公”乃“君用长子，自邵墅石桥里始迁计亭，成化间以人材征地官从事。生于宣德八年甲寅正月十三日，卒于宏治十七年甲子三月十六日，享年七十有一……”[②] “淡斋公”秉性孝友，小时候见自己的父亲勤学博古，自己也立志读书，聪明颖锐，触目成诵。弱冠之年就闻

① 《计亭徐氏宗谱・卷一》，《像赞》之《复古公遗像及赞曰》。

② 《计亭徐氏宗谱・卷三》，《始祖一世至五世世表》。

图 33　徐达章篆刻印章“小隐屺亭桥畔”，《松荫课子图》钤印

图 34　徐友孙（复古公）像，宜兴徐氏一世祖，《计亭徐氏宗谱》载图

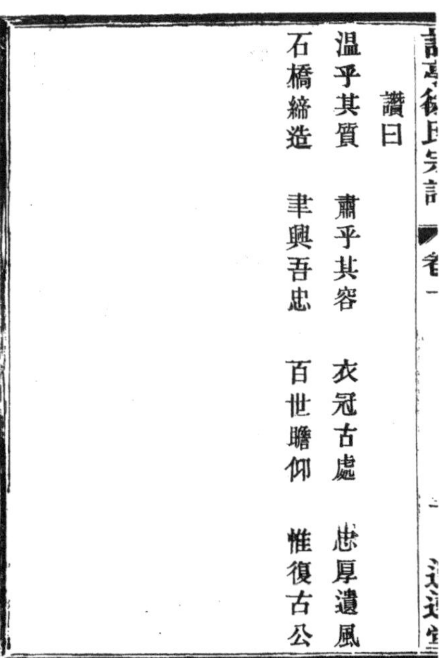

讚曰

温乎其質　肅乎其容　衣冠古處　悳厚遺風

石橋締造　聿興吾忠　百世瞻仰　惟復古公

图 35　《计亭徐氏宗谱》复古公“赞曰”

名乡里。但是他主张："读书贵明体达用，非徒猎取科名也。"[1]于是淡斋公"潜心理学。参经术。凡天文地理，礼乐兵刑及薄书钱谷，无不洞悉。"[2]曾经一度进京城谋事并被授予地官从事，但是他却秉持"士君子不由科甲出身，乃以异路耶"[3]的理念而终不就。返乡后，"淡斋公"由于念及与弟弟守斋公共居一宅，由于子侄越来越多，居所越发拥挤，于是商议分居。按照常理，长子不出老宅，但是"淡斋公"不忍心强求弟弟搬家，就自己迁居计亭，由此计亭徐氏自"淡斋公"始蕃衍不绝。徐氏宗谱为其特撰"赞曰"（图37）言："帝曰于维地官从事，予嘉乃德，佥曰咈哉，匪忝厥德忝厥职而，乃浮云富贵。弁（biàn）髦簪绂（fú），噫嘻，咄咄三纂（zuǎn），龙飞奚忍，以一官蠖屈，归去来兮。植计亭之桑梓，衍远条之椒实，彼也靖难伤心，于四十年之白发萧萧，此也明伦垂裕乎？千百世之螽斯蛰蛰。"[4]"淡斋公"弃京师之赐，视富贵如浮云，其嘉德明伦之本跃然纸上。徐达章与祖上"淡斋公"的思想极为相像，皆无意科名，情淡志坚，孝友族宜，尤其是志同理学，可谓祖孙同道。徐达章特将自家书房取名"淡我斋"，难道不是出于对四世祖"淡斋公"之渊博学识和孝友德行的尊崇吗？

"淡我斋"本初是由徐达章的父亲徐砚耕自建而成，它也成了徐砚耕多舛命运的见证者。徐氏宗谱《赠徐砚耕翁七十寿序》（图38）记载他"少承祖父之家传，家道康济，迨粤逆乱至，资产荡然，母妻弟妹相继俱没，而身陷于贼，当此之时，存亡未卜，安知犹有今日之休也。夫以翁之有妻而至无妻，无妻而复有妻，且有子有孙而又富其寿仁，知翁之所以获此者，必有在也。"[5]两次被太平军俘获而终皆逃脱的徐砚耕，于同治四年复归计亭，孑然一身，建屋续娶。在继娶吴氏的助力下，逐步恢复生活，据《砚耕徐公暨配丁吴二孺人合传》（图39）记载徐砚耕"继配志安公女吴孺人……操井臼，

---

① 《计亭徐氏宗谱·卷三》，徐坚 撰《淡斋公传》。

② 《计亭徐氏宗谱·卷三》，徐坚 撰《淡斋公传》。

③ 《计亭徐氏宗谱·卷三》，徐坚 撰《淡斋公传》。

④ 《计亭徐氏宗谱·卷一》，《像赞》之《淡斋公遗像及赞曰》。

⑤ 《计亭徐氏宗谱·卷四》，周泽仁 撰《赠徐砚耕翁七十寿序》。

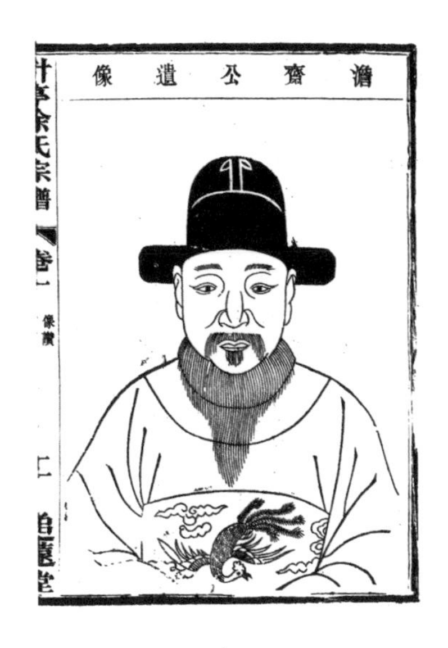

图 36　徐刚（淡斋公）像，宜兴徐氏计亭一世祖，《计亭徐氏宗谱》载图

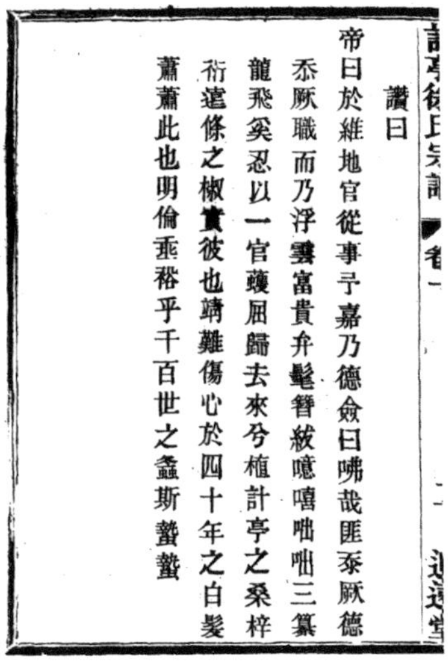

贊曰
帝曰於維地官從事予嘉乃德僉曰咈哉匪忝厥德
忝厥職而乃浮雲富貴弁髦簪紱噫嘻咄咄三簋
龍飛奚忍以一官蠖屈歸去來兮植計亭之桑梓
衍遠條之椒實彼也靖難傷心於四十年之白髮
蕭蕭此也明倫垂裕乎千百世之螽斯蟄蟄

計亭徐氏宗譜 卷一 追遠堂

图 37　《计亭徐氏宗谱》淡斋公“赞曰”

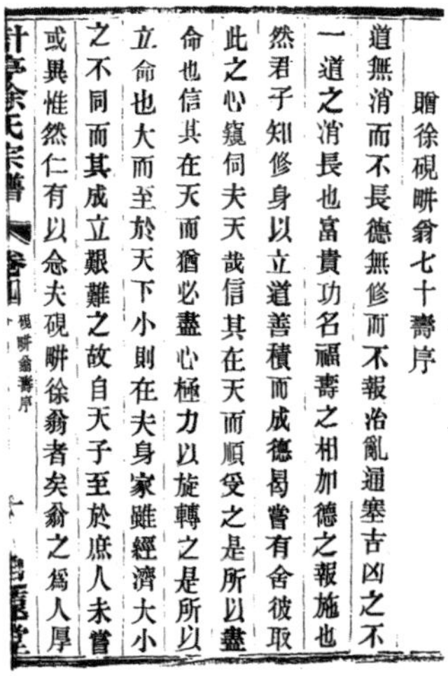

贈徐硯畊翁七十壽序
道無消而不長德無修而不報治亂通塞吉凶之不
一道之消長也富貴功名福壽之相加德之報施也
然君子知修身以立道善積而成德曷嘗有舍彼取
此之心窺伺夫天哉信其在天而順受之是所以盡
命也信其在天而猶必盡心極力以旋轉之是所以
立命也大而至於天下小則在夫身家雖經濟大小
之不同而其成立艱難之故自天子至於庶人未嘗
或異惟然仁有以念夫硯畊徐翁者矣翁之為人厚

計亭徐氏宗譜 卷四 硯畊翁壽序 追遠堂

图 38　《赠徐砚耕翁七十寿序》，周泽仁撰 1900 年

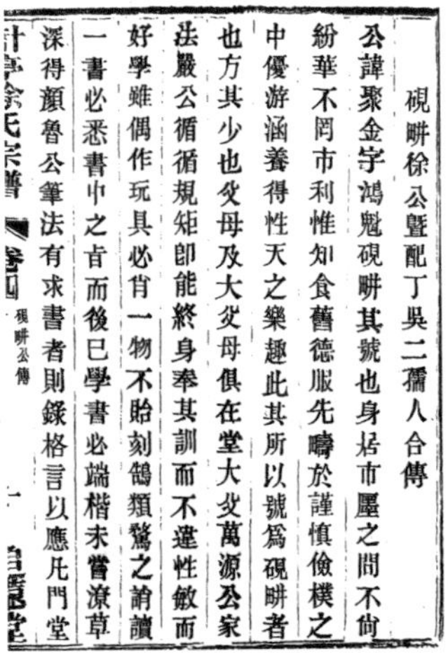

硯畊徐公暨配丁吳二孺人合傳
公諱聚金字鴻魁硯畊其號也身居市廛之間不尚
紛華不罔市利惟知食舊德服先疇於謹慎儉樸之
中優游涵養得性天之樂趣此其所以號為硯畊者
也方其少也父母及大父母俱在堂大父萬源公家
法嚴公循循規矩即能終身奉其訓而不違性敏而
好學雖偶作玩具必肖一物不貽刻鵠類鶩之誚讀
一書必悉書中之旨而後已學書必端楷未嘗潦草
深得顏魯公筆法有求書者則錄格言以應凡門堂

計亭徐氏宗譜 卷四 硯畊公傳 一 追遠堂

图 39　《砚耕徐公暨配丁吴二孺人合传》，赵乃宣 撰，1907 年

勤纺织，有亡黾勉，力相不逮，卒能光照旧业，孺人与有力焉 。”[1] 同治八年己巳 1869 年 11 月初 6 日辰时，“淡我斋”终于迎来了第一个小生命——徐达章。更可喜的是，二十六年后的光绪二十一年乙未 1895 年 5 月 26 日子时，孙子徐寿康亦诞生于此。徐砚耕虽然永远无从知晓自己的孙子与后来的艺坛巨匠徐悲鸿有什么瓜葛，但是此时他老人家的幸福指数诚然达到了峰值……

徐达章出生在“淡我斋”，生长在“淡我斋”，他一生也淡泊隐逸、乐于君子儒道，其成因虽然复杂，但是其父亲徐砚耕的影响仍是决定性的因素。父亲“维古道自乐”的志趣对徐达章的影响最为深远。据徐达章好友周泽仁于光绪二十六年（1900）庚子春仲（农历 2 月）所譔《佑观公传》（图 40）所载：“砚耕翁处己待人，一主于忠厚，居虽近市，杜门不出，唯古道自乐。今年已七旬，曾不见其入茶肆酒肆。”[2]（图 41）

在父亲的影响下，徐达章不仅也酷爱金石书画，更以儒道圣贤之学为志趣，除了自己颐养性情博古通今外，他还在“淡我斋”里设塾课徒，志在“裨益世道人心”。1901 年春，好友赵乃宣在其所撰《屺山高赠徐君成之五言古诗》（图 42）中赞徐达章“捐资成人美，尽心课生徒”[3] 徐悲鸿后来也怀念自己的父亲说：“先君为人敦笃，慈祥恺悌，群遣子弟从学，习画问字者多夥（huǒ）。”[4] 可见，徐达章不仅经常捐资助人，乐善好施，还由于学问深，为人忠厚朴实，尽心授徒，所以大家都争相把孩子送到他办的塾室里读书，向他请教字画的人也很多。然而在徐达章众多的生徒里面，最成功的却是自己的儿子徐悲鸿。未曾想，从实为普通民宅的“淡我斋”里竟然能走出一位绘画大师，作为徐悲鸿的老师，斋主徐达章理应是一位赫赫有名的大家名师，否则怎么能令小小的“淡我斋”如此熠熠生辉呢？

事实上斋主虽然并非天下闻名的大师名家，但他的确以书画双绝闻名乡里，他从小受家庭的熏陶，国学文化坚深，艺术修养和审美也着实不俗。未

---

① 《计亭徐氏宗谱·卷四》，赵乃宣 撰《砚耕徐公暨配丁吴二孺人合传》。

② 《计亭徐氏宗谱·卷四》，周泽仁 撰《佑观公传》。

③ 《计亭徐氏宗谱·卷四》，赵乃宣 撰《屺山高赠徐君成之五言古诗》。

④ 王震、徐伯阳 编：《徐悲鸿艺术文集》，宁夏人民出版社 1994 年版，第 120 页。

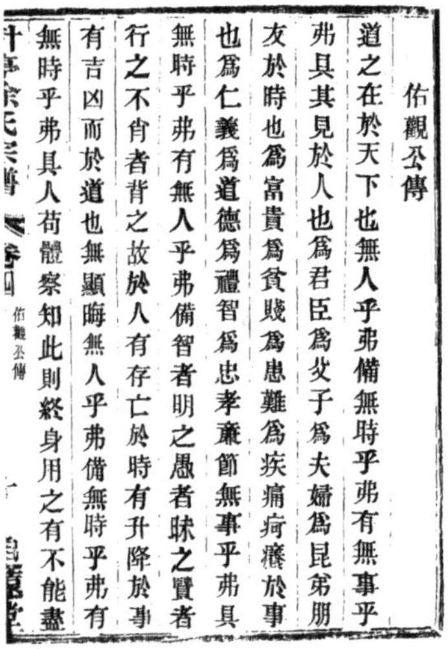

佑觀公傳

道之在於天下也無人乎弗備無時乎弗有無事乎弗具其見於人也爲君臣爲父子爲夫婦爲昆弟朋友於時也爲富貴爲貧賤爲患難爲疾痛疴癢於事也爲仁義爲道德爲禮智爲忠孝廉節無事乎弗具無時乎弗有無人乎弗備智者明之愚者昧之賢者行之不肖者背之故於人有存亡於時有升降於事有吉凶而於道也無顯晦無人乎弗備無時乎弗有無時乎弗具人苟體察知此則終身用之有不能盡

图 40 《佑观公传》首页，周泽仁 撰，1900 年

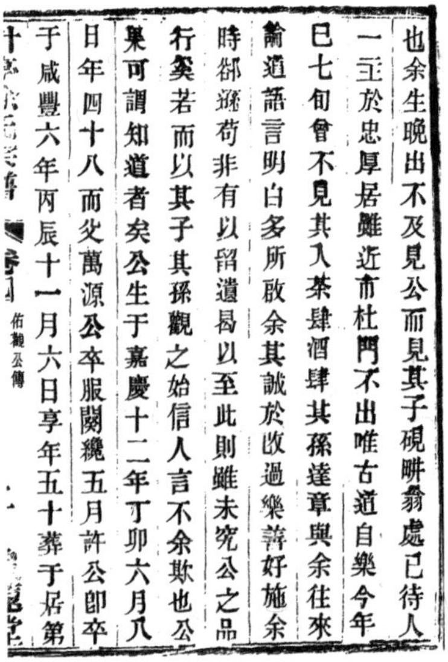

也余生晚出不及見公而見其子硯畊翁處已待人一主於忠厚居雖近市杜門不出唯古道自樂今年已七旬曾不見其入茶肆酒肆其孫達章與余往來論道語言明白多所啟余其誠於改過樂善好施余時郄遜苟非有以留遺曷以至此則雖未究公之品行矣若而以其子其孫觀之始信人言不余欺也公巢可謂知道者矣公生于嘉慶十二年丁卯六月八日年四十八而父萬源公卒服闋繼五月許公卽卒于咸豐六年丙辰十一月六日享年五十葬于居第

图 41 《佑观公传》三页，周泽仁 撰

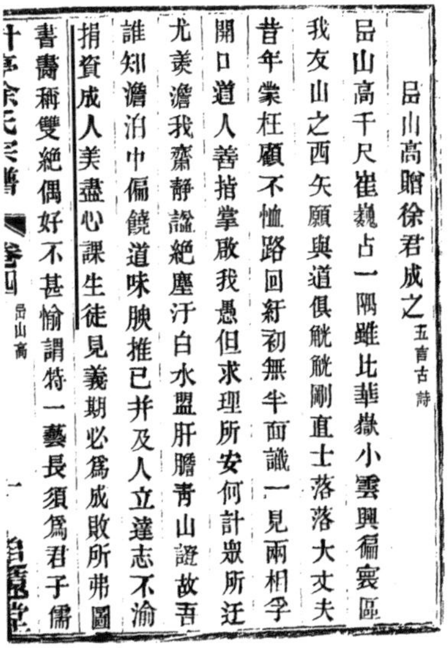

岊山高贈徐君成之 五言古詩

岊山高千尺崔巍占一隅雖比華嶽小雲興徧寰區我友山之西矢願與道俱觥觥剛直士落落大丈夫昔年棠枉顧不恤路回紆初無半面識一見兩相孚開口道人善指掌啟我愚但求理所安何計衆所迂尤羡澹我齋靜謐絕塵汙白水盟肝膽青山證故吾誰知澹泊中偏饒道味腴推己并及人立達志不渝捐資成人美盡心課生徒見義期必爲成敗所弗圖書壽稱雙絕偶好不甚愉謂特一藝長須爲君子儒

图 42 《岊山高赠徐君成之五言古诗》首页，赵乃宣 撰，1901 年

及而立之时，就连当朝光绪黄帝的老师、官至二品的礼部右侍郎徐致靖（《辞海》载1844—1918年，世出江苏宜兴徐氏望族，字子静，晚号仅叟，光绪二年进士，侍读学士，礼部右侍郎。）也曾经一度对他十分关注。徐致靖祖籍江苏宜兴，据说戊戌变法前夕，徐致靖曾因事回宜兴老家小居，其间他发现徐达章年纪轻轻却颖脱不俗，尤擅绘画，其作品笔墨诸己、胸臆嘉许、意境别致，有纯朴自然之风，朗朗的造型彰显出浓厚的生活气息，他的篆刻也不错，诗书画印皆能，更难能可贵的是徐达章学养匪浅，思想也开明，他醉心儒家经典，并对理学颇有研究，尤其是还特别重视教育，颇得徐致靖的喜爱，值此变法在即，急需人才之际，一度产生欲带徐达章去京城的构想，但是世事难料，1898年光绪帝推动的维新变法失败，光绪皇帝被囚禁瀛台，徐致靖居戊戌七君子之首，被判“斩立决（死刑，立即执行）”，后改“绞监候（死刑，缓期执行）”，最后归隐杭州……前此，徐致靖回宜兴期间，还曾经带来左宗棠的对联一幅，馈赠族人，被视为珍贵墨宝，后来徐达章特为此对联配绘水墨白梅一幅，以示做人正气，名曰《眉叺（yǐ）尺》（约40×120cm），徐达章的画和左宗棠的对联珠联璧合，在20世纪50年代“破四旧”之前一直挂在徐鹤琛（徐氏宗子，徐上达之孙）家正堂，据宜兴徐悲鸿故居陈列馆馆长蒋祖德回忆，白梅从画面右上向左下伸展，并用隶书在画面上部题写“眉叺尺”三字，由于题字写得大，在画面上特别显明，令观者无不印象深刻。

如同徐致靖对徐达章的关注，后来徐致靖的侄子徐子明（1888—1972年，出生于江苏宜兴徐氏望族，原名徐佩铣，字子明，后改名徐光。前后执教共计五十余年，遗稿由其子徐弃疾、爱女徐令音编辑成《宜兴徐子明先生遗稿》）对徐悲鸿也心存关照。徐子明生于宜兴城，父亲徐斐英也是有卓识之士。徐子明是宜兴最早的留美学子，先后赴美国威斯康辛大学、德国海德堡大学留学，获取博士学位，精通六国文字，学贯中西，古罗马史、西欧文史、传统儒学、先秦百家，无一不精。1914年，“一战”爆发，徐子明转道荷兰回国，任上海复旦大学德文教师。借工作之便，曾经介绍徐悲鸿往上海复旦大学校长李登辉处谋职，但是没有成功。当年徐子明陪同徐悲鸿来到校长面前时，校长十分诧异，用耳语对徐子明说：“他年轻得像个孩子，如何能工作呢？”[1]徐子明热烈地争辩说：“只要他有才艺，你何必计较他的年龄呀！”[2]徐子明转而介绍徐悲鸿去找《小说月报》编辑恽铁樵。“徐悲鸿挟了自己的画和徐子明的信去见恽铁樵，很受青睐。”[3]但介绍工作之事最终仍旧无果。1915年徐子明又应国立北京大学之聘，北上执教，后来就与徐悲鸿断了联系，这些都是后话。

虽然徐达章承其家学，好吟咏，并以书画双绝闻名乡里。不过徐达章却自视其书画为小技，仅以其娱乐乡里。他诚然也在小镇上鬻字卖画，但是想以此奢求富足甚至小康，无异于自断财路，因为大家都喜欢他的画，只要向其索取，他总是有求必应。邻里乡亲凡有祝寿、娶亲、乔迁喜事的，他更是亲自送上自己的得意之作以示祝贺。“当时宜兴民间有很多人家挂着徐达章画的凭条山水，或中堂‘八仙过海’等作品”[4]其实徐达章仅仅是在一段时期内，除了耕种自己的七亩田地外，靠给人作绣像画补贴家用，勉强维持生计罢了。因为当时照相尚未普及，画工细致的绣像画在民间尤显重要，老年人用绣像留给后人作纪念，婚丧喜庆也少不了请人画像。

徐达章自己不事科举，但尊儒重教，为人正直善良，且具有真才实学、品味高，所以在方圆百里都较有名，自家旁边塘河上的屺亭桥实为武宜运河段的活水码头，水陆交通方便，一时间登门拜访者众多。徐达章还喜欢交游，到处寻师访友。他还经常出入河东屺亭桥桥头下的“四瑞堂”，这里曾经是前代学士讲学的地方，当下则成了与朋友经常会集论道的议事茶楼。另外，他还常常出入当时秀才举子聚集的屺山下之“文昌阁”，在此与地方乡贤谈经论道，莫不欢心。其间与县庠生谢承霖交笃，其膝下小女与徐悲鸿年纪相仿，乖巧可爱，她家住景美村，经常随父到屺亭桥来，每当父亲与徐达章伯父在“淡我斋”里促膝畅谈时，便可得机与徐寿康哥哥玩耍，双方父母也是看在眼里，乐在内心，于是定下娃娃亲，是谓徐寿康初聘，不幸的是后来谢家小女突然

---

① 徐悲鸿纪念馆 编：《艺坛巨匠徐悲鸿》，中国和平出版社1995年版，第6页。

② 徐悲鸿纪念馆 编：《艺坛巨匠徐悲鸿》，中国和平出版社1995年版，第6页。

③ 徐悲鸿纪念馆 编：《艺坛巨匠徐悲鸿》，中国和平出版社1995年版，第6页。

④ 任甫孟：《一代画圣徐悲鸿传》，天工书局1999年版，第14页。

暴病身亡，此乃徐寿康首尝人生伤悲。

徐达章虽然乐与庠生结亲，却不愿和官府往来。有一次，他听说县令下乡访贤，要来“淡我斋”看望他，他就立即躲进深山密林的寺庙里去了。据《光宣宜荆续志》记载（图 43）：“徐达章，字成之，计亭桥人，工书画，宜兴令万立钧器之。”[①] 当时的宜兴县县令即万立钧，据《光宣宜荆续志》记载：“万立钧，字肖围，江西南昌人，以进士官刑曹改外铨授宜兴县知县……利病民生疾苦，而因以为治，又捐廉创设静存斋小课，以经史诗赋，倡多士，文风丕变……听讼明敏，一讯辄立决，无待再狱者……立钧为治，勇于任事而豪于用财，尝捐巨资创设恤农会，贷籽种以济贫民，筑邮塘闸，时其启闭，以利农田，民为立碑筑亭颂德。”[②] 万立钧于光绪十六年七月和光绪二十年八月两任宜兴县令。县志中也特别提到，万立钧“爱才重士，盖天性也”[③]，看来这位办学助农、断案明敏、爱才重士的县令对“淡我斋”主人关注已久，欲造访“淡我斋”绝非一时兴起。

此外，“淡我斋”主人除了勤耕乐读，就是诗书画印，对仕途名利则敬而远之，淡泊终生，实至名归。他不仅在生活中践行着淡泊，在艺术作品里也时刻挥写着隐逸自在，既是高洁的君子，又具有隐逸淡泊的心志。他每每用画笔挥写胸中隐逸之情，犹如其山水画《白乐天隐居香山》（图 31），在山体树石的皴法多变中展现性情的丰富，用天空晕染的层次感来表现坦荡，以树叶和灌丛简洁率真的点染而发微，施笔随形幻化而不失意趣，格调清新，笔墨淋漓，气贯通达，韵味隽永……借此徐达章的归隐之心已表露无疑。然而事实上，生活中的徐达章无法真正归隐山林，而是沉浸于诗书画印之间，以娱性情，实乃精神中的归隐山林。此精神隐逸之情在其四君子题材的作品中也有隐晦的表达，且更耐人寻味。

如在其国画《晚花》（图 44）（款识：“平生不肯趋炎热，故向霜中放晚花。亭桥写”。钤印白文长印“淡中有味”、白文方印“徐达章”，朱文圆印“成

① 《光绪宜兴·溪县新志·光宣宜荆续志》，江苏古籍出版社 1991 年版，第 546 页。

② 《光绪宜兴·溪县新志·光宣宜荆续志》，江苏古籍出版社 1991 年版，第 466 页。

③ 《光绪宜兴·溪县新志·光宣宜荆续志》，江苏古籍出版社 1991 年版，第 466 页。

任福英字卓夫宦遊浙江巡撫楊昌濬重其才委司糧臺
軍裝諸務著勞勤保舉知縣以積勞咯血卒福英善屬文
工書法有北碑風格所至縑素塡委一皆應之市中爲之
紙貴云
許聘之字石田茫溪里人坿貢生工隸書能詩著有未灰
詩艸吳舉人協心序之楊光鎬字卓堂芳圩里人增貢生
善書得右軍率更遺意徐達章字成之岳亭橋人工書畫
宜興令萬立鈞器之
崔僑蘭右人有勇力闇嘗步湖濱遇四壯夫舉覆舟弗能
勝僑起曳舟行泥淖中里許始釋之夙工書蘭山嘴祠山
光宣宜荆續志 卷九中 藝術 仝
廟中咸靈顯赫額乃其手蹟人皆以爲工
畢臣周字笠漁周鐵橋人生有異稟穎悟絕倫及長美丰
儀談吐儁妙好繪事自山水人物花卉莫不臨摹汎覽探
索古人神髓尤工寫眞無不逼肖里中自廖君可創水染
之法笪恆山衍其緒朱起貞吳衡章輩承之至道光末寖
成絕學臣周心摹手追遂駕而上之以故聲譽鵲起江浙
達官具書幣遣使走逐無虛日咸豐初從毘陵江春甫遊
江善花卉而臣周故已先工翎毛由是畫學益進粵寇之
難臣周糾同志結義團殺賊復佐名公幕府克復宜興顧
成功不居蕭然遠引其在戎幕嘗繪虎帳談兵圖深得小

李將軍東丹王遺意又嘗爲白蕩葛氏作瀟湘八景圖張
之堂壁數年矣一日葛氏置酒宴客臣周與焉忽從主人
索紙筆繪山市晴嵐圖俾易舊製人問故曰山市猶海市
也舊作寶之不將爲識者所笑乎其心思縝密如此通音
律善度曲聽者莫不傾倒卒年僅五十寸縑尺幅人爭寶
之
史霞初號溥泉其先有名鑑宗者於順治間自金壇遷宜
興霞初爲縣計吏然績學敦行而於雅曲尤有神悟咸同
間鄉先正如萬處士貢鏐任廣文光奇任中丞道鎔陳廣
文任暘輩均嫺音律翕然奉爲祭酒道鎔贈詩有氣靜則
光宣宜荆續志 卷九中 藝術 仝
神怡子曾和汝唱長笛倚樓聲造化元機暢之句任暘贈
詩有頻將扇輕點猶會古涼州之句道鎔初攝浙藩以禮
延致勸之仕謝歸吾邑自 國初遺老娛情詞曲流風未
艾霞初於音韻反切之學九宮宮商之變悉能探析精妙
以廣其傳而品格尤爲高峻云
陳其偉字楙生錫光孫少時遭粵寇難流離失學亂平後
攺而習畫工花鳥艸蟲樹木而墨梅爲尤高同時如任中
丞道鎔陳司訓任暘皆工墨梅論者以爲骨幹蒼勁氣韻
生動人力獨到終遜其偉一籌云晚年畫懶於作色以淡
墨寫梧桐松柏之屬尤有味外味顧識者較少存作不多

546

图 43 《光绪宜兴 · 溪县新志 · 光宣宜荆续志》第 546 页，含徐达章条

之号曰亭桥”，白文长印“飞花”。）中，画家借几笔简洁的小斧劈，绘就孤荒嶙峋的秋石，一枝盎然的秋菊从顽石侧下生发而出。于菊花之外，无叶萧枝，点苔皴石，更显乾坤元清。整幅画在构图上严整简洁，怪石大势左倾，成簇的菊花则又反向整体右斜，菊花和石头之间的枯枝起到聚中的作用，同时填补了中间的空缺，只有右上的枯枝和怪石的右下一角破势而出，但是并没有打破整体上的聚中大势，反而起到了丰富构图的关键作用。石头的皴擦点染自然和谐，简洁而富于质感，花簇聚合，生机盎然，菊花运笔的枯涩与叶子用墨的润泽形成对比，几支含苞待放的花蕾点缀其间，更添自在天然。画面中包括题词在内，充分发挥出了墨分五色的表现力，此外唯一的朱红色来自四方用章，其印章也有方形、圆形和长形之分，尤其是右下的“飞花”即与左上的落款和钤印形成呼应，还很好地烘托了主题，一个飞字更显生动鲜活。尤其画上题句：“平生不肯趋炎热，故向霜中放晚花”，足见其性情的孤高。钤印白文长印“淡中有味”尽显其追求的品极。无论从画风的素洁、题诗的清高、还是印文的淡然，无不流露出画家淡泊隐逸之情。

徐达章的另一幅菊花图《淡花》（图 45）（钤印：朱文圆印“成之金石诗书画”、白文印“达章长印”、朱文印“淡我道人成之四十以后作”、白文朱印“兴到笔随”。）君子之风亦然，画中几个对比用得恰到好处，首先是主次对比，这既表现在花和木的形态对比上，又表现在花和木的墨色对比上，几簇菊叶和数枝枯木施以浓墨，衬托出了花的淡雅。再加上竹子与菊花的对比，还有构图上的造势与呼应，菊簇与右上枝条树干的离而相应，菊花之间的分而欲合，三支菊干的俯仰交汇，各因素皆归统一和谐。尤其是该画色彩平和，质而不艳，使淡者更馨，雅者愈丽，写尽高淡风雅之情态。其落款题诗：“百花开放逐春阳，我到开时气候凉。只为道人心爱淡，淡花写处乐弥长。”如此高孤的诗意，与图中菊花的纯净、钤印的旁白一起，都明白无误地表现出画家恬淡无为，独自崇尚、品味、享受着个中淡泊清空。足见画家终究以诗画自娱，隐逸于市井之间。画家于诗中以“道人”自居，此“道”在《淡花》中当有“道家”之意，但其实还有“佛道”和“儒道”的含义。然而，其“儒道”尤为博厚，这将在第二画中再述。

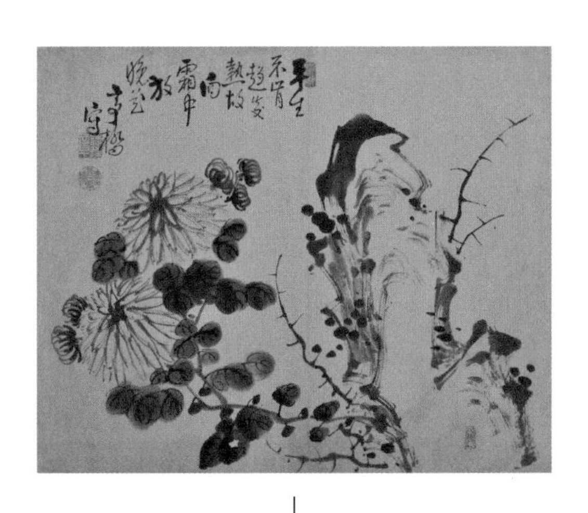

图 44 《晚花》（清）徐达章 作
年代不详，国画，纸本墨彩，34×42cm，装裱尺寸，45.5×51.5cm，北京徐悲鸿纪念馆藏

图 45 《淡花》（清）徐达章 作
1908 年，国画，纸本墨彩，39×146.5cm，装裱尺寸，53×242cm，北京徐悲鸿纪念馆藏

《素梅》（图 46）（款识：“原与孤清迴算邻，分甘投老万山深，任他红紫多颜色，不为繁华易素心。光绪二十有四季夜夏之吉，亭桥徐达章作。”钤印：白文方印“徐达章”、朱文圆印“成之号曰亭桥”、朱文长印：“暗香迹影”、白文长印“铁石心肠”。）则是徐达章现存的唯一一幅梅花图，整幅画除了盘龙一般的虬干用墨较浓郁外，其余皆水墨清淡，会心间写就那萧枝随风曳、梅蘂吐素心、知恩本墨玄、不慕紫朱蓝的恬淡画境，此亦是徐达章质朴宁静的内心世界的自我表达。

《幽芳》（图 47）（款识：“生于幽谷，不以无人而不芳，徐达章写意。”钤印：白文长印“王者之香”、白文方印“臣达章印”、朱文方印“成之”。）画中婷兰如临风君子，芳华自溢。幽谷兰馨，独芳清淡。君清幽邂，辞杼映机。从构图上看，画面下部密中还疏，上部松而不空。右下的题词俊秀大方，气定神闲，题词的形状多呈现出方与直，比如“生”、“不”、“而”、“芳”四字形成了一条直线，但取斜插之势而入画，“徐达章写”四字则垂直而立，这与绘兰时所用线条上的非弧即曲形成对比。然而诗画对韵，似儒道倾心，辞墨互谦，又如渔樵归晚，楼台朔望。然而徐达章的《幽芳》还有其现实主义的一面，因为该图并非画家凭空想象的，而是对宜兴“桃溪之兰”中“夏兰”的真情描绘。

所谓的“桃溪之兰”，在当地远近诸山谷中皆有，并且有春夏秋三个品种，当时宜兴有“好事家每遇花时，则设譺会，以第其高下。”[1] 而徐达章之《幽芳》正是其中的“夏兰”，其每一茎上花可有六枚至十六枚不等，白心者最为珍贵，据吴骞（字槎（chá）客，号兔床、愚谷，清朝海宁人，著名藏书家，家有拜经楼。著有《国山碑考》、《桃溪客语》、《拜经楼诗集》）所撰《桃溪客语》记载：“夏兰即蕙也，一茎花自六七至十五六，品与春兰略同，素心者，尤珍贵。”[2]，对此，吴骞在其《桃溪客语》里还讲了两个故事，

---

① 吴骞 撰，王云五 主编：《桃溪客语》，商务印书馆发行，中华民国二十八年十二月初版，第四页。

② 吴骞 撰，王云五 主编：《桃溪客语》，商务印书馆发行，中华民国二十八年十二月初版，第四页。

图 46　《素梅》（清）徐达章 作

1898 年，国画，纸本墨彩，轴纸，34×40cm，装裱尺寸，47×54.5cm，北京徐悲鸿纪念馆藏

图 47　《幽芳》（清）徐达章 作

年代不详，国画，纸本墨彩，轴纸，34×40cm，装裱尺寸，47×54.5cm，北京徐悲鸿纪念馆藏

一个是说当时有一位山僧得到了一株蕙兰，乃宜兴之“夏兰”，茎上有十余朵花，每朵花有十余个花瓣，并且每个花瓣上又各有一个红点，花心还是纯白的。该山僧携其出售，整个市场上都能闻到花香，但是见到者都以为是一株怪花，没有人能鉴识它，最后山僧竟不收钱而去。其实山僧所得之兰乃夏兰的异种，尤其难得。另一个故事说，云南有一种兰每朵有九个花瓣，名叫“滇兰”，陈子文太守曾经为苕溪的一位好友作《滇兰图》，赋诗云：“异质固须劳胜赏，奇材真是出天工。不因远笔收图貌，谁信炎花九叶藂（cóng）。”[①]笔者进一步解释说，滇兰虽然有九个花瓣，但是每一茎上只有一朵花，其实它是春兰的变种而已，并非真正的夏兰。然而宜兴“春兰”和“秋兰”是什么样子的呢？据《桃溪客语》所述，春兰也叫草兰，每一茎上有一朵花，也有每一茎上两朵花的，俗称“并头兰”或“重兰”，“瓣以荷花为上，柳叶为下，玉板为优，蜡板为次，心有纯素、及桃腮、鹤顶红、西施吐舌，等目。大要素心而荷花瓣者，为上品……秋兰形同春兰，叶短阔而柔，香过春夏二兰，颇不易得。”[②]由此可知，因为春兰和秋兰外形相同，并且叶子都呈宽阔而短的形状，所以与徐达章《幽芳》之兰不符，而《幽芳》中每茎的花朵数目皆清晰可辨，无论是绽放的花朵还是待放的花苞，最少的一枝有六朵，其他几枝则达到八朵，所以说，徐达章《幽芳》之兰正是出自宜兴的纯正夏兰。由此，徐达章观察之细、描绘之精、对生活的热爱和感触之深，可见一斑，其绘画的现实主义艺术观由此亦得彰显。描绘“桃溪之兰”的画家除了徐达章外，还有明代画家文征明（初名壁，字征明，后更字征仲，号衡山、停云，今江苏吴县人，祖籍衡山，故号衡山居士，人称文衡山），只不过他是以七言绝句来歌咏《盆兰》：“丛兰携自荆溪上，小盎春深自著花。宾客清闲尘土远，晓窗亲试案头茶。”[③]

---

① 吴骞 撰，王云五 主编：《桃溪客语》，商务印书馆发行，中华民国二十八年十二月初版，第四页。

② 吴骞 撰，王云五 主编：《桃溪客语》，商务印书馆发行，中华民国二十八年十二月初版，第四—五页。

③ 《荆溪外纪》，（明）沈敕（明常州府宜兴人，字克寅）编辑，二十五卷，明嘉靖二十四年刻本，卷六。

说到宜兴的兰花，不得不提“石兰渚”，亦名“石兰山”或“兰山”，是太湖西畔的一座小山，实为楚山余脉深入太湖的部分，因入湖而多石，故称其为“石渚”，又称“石兰渚”。据《舆地志》记载：“石兰山斗入太湖五里，南曰大兰山，北曰小兰山，旧多产兰，故名。”唐代王徽有七言绝句《石兰渚》：“风暖烟消野岸边，石兰花发满晴川。花间流水潺潺去，飘得残春上钓船。”[①] 明代项麒则有五言绝句《石兰渚》“逶迤石兰渚，兰香浓欲滴。念彼种兰人，徘徊日将夕。”[②] 另外，历代以来有关石兰渚的诗词不在少数，其中包括明代夏瑄的五言《石兰渚》，唐代施肩吾的五言《兰渚泊》，等等。

当然，除了兰花之外，徐达章描绘的菊花和梅花也都与宜兴有密切关系，都有客观反映现实生活的一面。而事实上宜兴四季花开，美不胜收，无时不在撩拨着文人雅士的诗情画意，这不，明代顾云龙（文征明学生）就有七言古风诗《寓宜兴看花》：

荆溪之头春满园，桃花李花相斗开。
夜来风雨如相妒，零落韶华更可怜。
去年此日他乡住，今岁今朝仍客寄。
含愁默默对花神，故园桃李开犹未。
忆昔花间芳谯开，良朋三五赏花来。
狂歌洞酌竟长日，但醉即眠花下苔。
今朝独倚花间树，只看春鸟鸣还戏。
去年今年荏苒过，花落花开春欲去。
闻道长安花更多，何当跃马花前过。
相逢或有荆溪客，为问荆溪花若何。[③]

以上顾云龙诗中之“荆溪客”尚且如此，作为画家和荆溪主人的徐达章

① 《荆溪外纪》，（明）沈敕（明常州府宜兴人，字克寅）编辑，二十五卷，明嘉靖二十四年刻本，卷六。

② 《荆溪外纪》，（明）沈敕（明常州府宜兴人，字克寅）编辑，二十五卷，明嘉靖二十四年刻本，卷二。

③ 《荆溪外纪》，（明）沈敕（明常州府宜兴人，字克寅）编辑，二十五卷，明嘉靖二十四年刻本，卷八。

怎么能不为荆溪之美行丹青歌咏呢？以上四幅花卉即他借家乡不同季节的花而言志抒情，然而生活中除了花外，宜兴的松和竹亦是他托物言志的表现对象。比如在《松荫课子图》和《白乐天隐居香山》中都有对松的描绘，今天尚能看到的徐达章写竹的作品亦有《坚贞图》和《丛竹图》（图 192）两幅。

徐达章的国画《坚贞图》（图 48-1）（款识：光绪岁次庚子中秋，应守诚贤契铭座，成之徐达章写意，钤印，右上为白文朱印“高节可师”，最下为白文印“不成章不达”和朱文印“成之号曰亭桥”）中以斧劈皴画就的奇石如同嶙峋而矍铄的老人，竹子也状态瘦挺，竹节硕大，更显坚毅遒劲，竹叶朔风，如君子携翁，其中不无扬州八怪之郑板桥的影响。动静结合，杂序互掺，画面既充满了动因，却又稳正无比。众多交错的倒三角形成了丰富的构图关系。浓墨写就的三簇叶子构成画面上部的显三角关系（图 48-2 橙色线形），画面下部的怪石基本上也是倒三角关系（图 48-2 黑色线形）。然而左下的几笔虚草的半圆形（图 48-2 黄色线形）不仅支撑住了构图上的大三角，还和右下两株呈平行状态的老竹一同，打破了三角之大势，且形成上下呼应之态。怪石与右下角呈斜势的两根老竹，各去左右，其下合而上开之状，造成画面强烈的动势，但是下部却因聚合而稳固。如果去掉左下的几笔寥寥虚草，那么左侧的奇石、右侧的老干与中间挺拔的竹冠形成的巨大倒三角形（图 48-2 紫色线形），就成了极不稳定的结构，这一切都使画面于朗朗虚清的风貌下，爆发出了强烈的动感。尤其是中间三竹又在整幅画面大三角里形成了一个更加锐长的内三角（图 48-2 红色线形），使画面中心变得坚定。画面上部的三簇浓墨竹叶与夹杂其间的一簇淡墨竹叶又形成了一个隐含的倒立梯形（图 48-2 蓝色线形），极具变幻。这种环环相扣的动因，既使画面动势无以复加，又使画面构成丰富多彩。加之地表上的稍事点墨，打破了竹石线条的单调，可谓言简意赅，笔墨经济，语言精妙。款识：“坚贞图，光绪岁次庚子中秋，应守诚贤契，铭座，成之，徐达章写意。”尤其从落款中得知该画是应“守诚”的请求而作，因为“ 贤契”是长辈对子侄辈或先生对门生弟子的爱称，而“铭座”是指一个隽永珍藏的纪念或一份独特贴心的礼物的意思，所以该画是徐达章作为长辈，以高风挺竹之彬彬有节为礼，

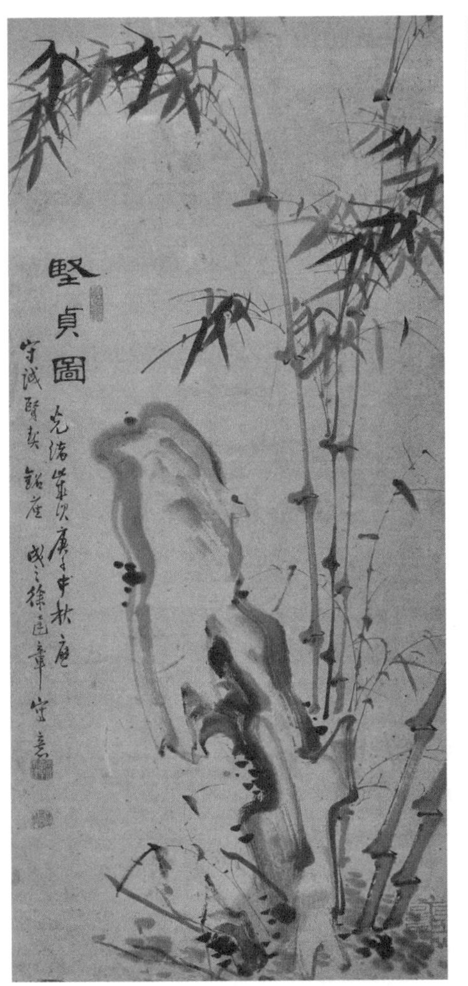

图 48-1 《坚贞图》（清）徐达章作 1900 年，国画，水墨，轴纸，40×91cm，北京徐悲鸿纪念馆藏

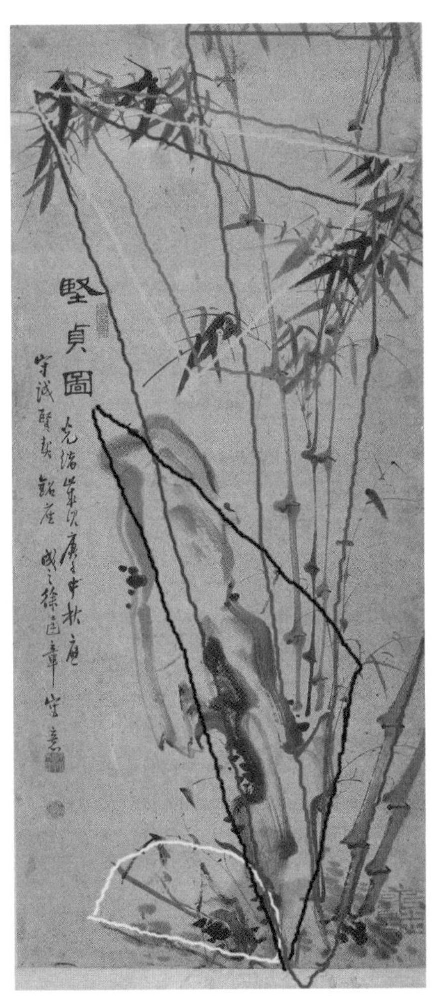

图 48-2 徐达章《坚贞图》构图基本形分析图

勉励“守诚”晚辈以期“坚贞”之志。奇石怪而不癖，尽显坚毅虚心，与画家为人正直，刚正不阿却又侠肝义胆的品格如出一辙。

徐达章如此淡泊，除了常作四君子图以彰君子之志外，还寄情山水，尤其是宜兴的美丽山川，生活于此地令他宴如忘怀，正如徐悲鸿所述：“先君讳达章……无所师承，一宗造物……肆忘于山水之间，宴如也。”[①] 自古就有“阳羡山水甲江南”美誉的宜兴，其秀美风光如诗似画，明代陆时雍（字仲昭，桐乡人，明文学家，文学理论家）作七言八句诗《与胡祖贻话阳羡山水》：

久怀阳羡溪山好，今日逢君话更真。

地隔太湖劳梦寐（予家湖州宜兴止隔湖水），神游罨画出风尘。

百年坡老祠中意，一竅（qiào）张公洞里春。

归去便容吾借胜，汲泉煮茗谢芳邻。[②]

清代藏书家周广业（字勤圃，好耕崖，海宁伊桥人，乾隆四十八年举人）特为《桃溪客语》所纂《序》中言：“昔倪迂家于祇陀，屡游荆溪，题咏甚多，余最爱其题画赠王光大云：荆南山色青如染，卜筑正当溪水南。浪舞渔舟鸥泛泛，雪消沙渚柳毵（sān）毵。凉轩枫叶晴云缀，秋浦荷花落日酣。旧宅不归幽梦远，吴松聊结小禅龛。读之觉荆溪胜慨。”[③]

然而画中有诗，诗中有画，宜兴如画的美色，自古就吸引着众多文人墨客前来游历，周王庙内的《水因寺贞义女碑》，就是唐朝书法家李阳冰和大诗人李白精诚合作的见证。李白还另作有五言古诗《赠从孙义兴宰铭》：

天子思茂宰，天枝得英才。朗然清秋月，独出映吴台。落笔生绮绣，操刀振风雷。蠖（huò）屈虽百里，鹏骞望三台。退食无外事，琴堂向山开。绿水寂以闲，白云有时来。河阳富奇藻，彭泽纵名杯。所恨不见之，犹

① 王震、徐伯阳 编：《徐悲鸿艺术文集》，宁夏人民出版社 1994 年版，第 119—120 页。

② 《荆溪外纪》，（明）沈敕（明常州府宜兴人，字克寅）编辑，二十五卷，明嘉靖二十四年刻本，卷七。

③ 吴骞 撰，王云五 主编：《桃溪客语》，商务印书馆发行，中华民国二十八年十二月初版，桃溪客语序第一页。

如仰昭回。元恶皆滔天，疲人散幽草。惊川无活鳞，举邑罕遗老。誓雪会稽耻，将奔宛陵道。亚相素所重，投刃应桑林。独坐伤激扬，神融一开襟。弦歌欣再理，和乐醉人心。蠹（dù）政除害马，倾巢有归禽。壶浆候君来，聚舞若讴吟。农人弃蓑笠，蚕女堕簪缨。欢笑相拜贺，则知惠爱深。历职吾所闻，称贤尔为最。化洽一邦上，名驰三江外。峻节贯云霄，通方堪远大。能文变风俗，好客留轩盖。他日一来游，因之严光濑。[①]

盛唐的边塞诗人王昌龄和晚唐诗人李商隐对荆溪亦情有独钟，于是王昌龄有作五言古风诗《东溪玩日》：

月从断山口，遥吐柴门端。
万木纷空霁，流阴中夜攒。
光连虚象白，气与风露寒。
谷静秋泉响，岩深青霭残。
澄清入幽梦，影破抱空峦。
恍忽琴窗里，松溪晓思难。[②]

李商隐亦作五言古风诗《西溪》：

怅望西溪水，潺湲奈尔何？
不惊春物少，只觉夕阳多。
色染妖娆柳，光含窈窕萝。
人间从到海，天上莫为河。
凤女弹瑶瑟，龙孙撼玉珂。

---

① 《荆溪外纪》，（明）沈敕（明常州府宜兴人，字克寅）编辑，二十五卷，明嘉靖二十四年刻本，卷四。

② 《荆溪外纪》，（明）沈敕（明常州府宜兴人，字克寅）编辑，二十五卷，明嘉靖二十四年刻本，卷四。

京华他夜梦，好好寄云波。[1]

另外，宋代名贯一时的大家黄庭坚、米芾、曾几、尤袤，元代赵孟頫、张雨、王蒙、陈汝言，明清时期的沈周、文征明、唐寅、仇英、张弼、董其昌、王翚、恽寿平、王穉登、陈鸿寿等，无不多次到宜兴游历访古。

然而除了短暂游历者之外，历代名家亦不乏长期寓居宜兴者，比如唐代有以草书见长的宰相陆希声、善书大字的诗人顾况、有六朝风韵美誉的书法家兼诗人杜牧，宋代有未第时曾蛰居在宜兴善卷寺苦读的丞相李纲和大文豪苏东坡，包括元代画家无锡人倪瓒等，都先后长期隐居宜兴，并且都留有《题荆溪》等诗词歌咏，盛赞阳羡之美。比如倪瓒的《题荆溪》："荆溪清远地，水秀石幽贞。谁识怀归者，终朝愦（kuì）愦情。"[2]此外还有元朝画家王蒙所题《陈维允荆溪图》："太湖西畔树离离，故国溪山入梦思。辽鹤未归人世换，岁时谁祭斩蛟祠。"[3]

唐宋之际的杜牧和苏轼在宜兴更是家喻户晓，据《桃溪客语》记载，杜牧与李侍郎（即李幼卿，字长夫，唐太子庶子）在阳羡叙旧述怀，遂成"长句四韵云：'冥鸿不下非无意，塞马归来是偶然。紫绶公卿今放旷，白头郎吏尚留连。终南山下抛泉石，阳羡溪头买钓船。欲与明公操几杖，头闻休去是何年？'"[4]杜牧又作诗《酬歙州刺史邢群》云："明时刀尺君须用，幽处田园我有涯。一壑风烟阳羡里，解龟休去路非赊。"[5]随后，吴骞在其《桃溪客语》中继续写道："（杜牧）其他题咏尚多，即此数篇观之，牧之之眷

---

① 《荆溪外纪》，（明）沈敕（明常州府宜兴人，字克寅）编辑，二十五卷，明嘉靖二十四年刻本，卷四。

② 《荆溪外纪》，（明）沈敕（明常州府宜兴人，字克寅）编辑，二十五卷，明嘉靖二十四年刻本，卷二。

③ 《中国地方志集成·嘉庆增修宜兴县旧志》，江苏古籍出版社 1991 年版，第 483 页。

④ 吴骞 撰，王云五 主编：《桃溪客语》，商务印书馆发行，中华民国二十八年十二月初版，第八页。

⑤ 吴骞 撰，王云五 主编：《桃溪客语》，商务印书馆发行，中华民国二十八年十二月初版，第八页。

眷于斯土也至矣。”[1]

然而，“牧之水榭”在宜兴更是广为人知。据《宜兴县旧志》记载：“杜牧，字牧之，京兆万年人，太和二年进士。工诗文兼谙练兵事，历官史馆修撰。尝殖产宜兴，构水榭于荆溪北涓，题咏颇多。”[2]除了以上提到的杜牧的《酬歙州刺史邢群》诗云：“一壑风烟阳羡里，解龟归去路非赊。”以及寄李侍郎诗云：“终南山下抛泉石，阳羡溪头买钓船。”之外，杜牧在其《许七侍御弃官东归潇洒江南颇闻自适高秋企望》中不仅诗言：“他年雪中棹，阳羡访吾庐。”[3]还在诗后自注道：“于宜兴，近有水榭。”[4]然而关于水榭的具体位置，据《宜兴县旧志》记载：“按王志于杜桥下注云，在大东门外，酒务后四十步，俗称蝦蟇（má）桥，本名土桥，因邑人王东辅治地得巨木板周布其下，相传为杜牧之水榭，故址。朱志又云，杜桥在东岳庙西，以杜牧之水榭故名，今皆不可定。”[5]可见对于杜牧之水榭的地址古亦说法不一。然而，在杜牧之外，历代文人为之赋诗题咏者甚夥，比如：

元代倪瓒有《题杜牧之水榭四首》：

我到荆溪已十日，欲寻水榭问樊川。
重居寺里闭门坐，奈此春风日日颠。

水榭平居我所思，看山不足倚阑时。
写将黄叶溪头路，政比风流外史时。

杜榭风烟几夕晖，沙头鸥鸟自忘机。
扁舟坐载铜官色，多是坡仙访旧诗。

---

① 吴骞 撰，王云五 主编：《桃溪客语》，商务印书馆发行，中华民国二十八年十二月初版，第八页。

② 《中国地方志集成·嘉庆增修宜兴县旧志》，江苏古籍出版社 1991 年版，第 342 页。

③ 《中国地方志集成·嘉庆增修宜兴县旧志》，江苏古籍出版社 1991 年版，第 375 页。

④ 《中国地方志集成·嘉庆增修宜兴县旧志》，江苏古籍出版社 1991 年版，第 375 页。

⑤ 《中国地方志集成·嘉庆增修宜兴县旧志》，江苏古籍出版社 1991 年版，第 375 页。

山接苏田岚翠净，溪连杜榭水云开。
年来惯作荆南梦，今日披图又一回。[①]

明代宜兴人许岂凡（字大就，副贡生，少贫奇慧，不求仕进，工诗善文）作有《杜牧之水榭》：

阳羡泉同罨画溪，两溪榆柳列渔矶。
台空旧说任公钓，榭去犹传杜紫薇。
紫薇十载扬州住，风流跌宕何豪举。
赢得青楼薄倖名，晚来阳羡花深处。
槛外多开射鸭兰，䴔䴖（jiāo jīng）菰蒋满晴川。
春深涨发桃花水，十里荷香好放船。
门前流水旧时湾，碧玉簪抽雨后山。
蔚蓝天净明如镜，小杜曾经照玉颜。[②]

另有无名氏特作六言截句《牧之水榭》：

罨画溪头问渡，铜官山下寻僧。
水榭风桥曲曲，枫林云磴层层。[③]

然而与宜兴联系最为密切的当属宋代文豪苏东坡了，据《宜兴县旧志》载言："苏轼，字子瞻，眉州眉山人，嘉祐二年与蒋之奇同第，宴琼林时坐相接，遂约卜居阳羡，又以甥女妻同年进士单锡，属以问田。元丰七年三月，自黄

① 《荆溪外纪》，（明）沈敕（明常州府宜兴人，字克寅）编辑，二十五卷，明嘉靖二十四年刻本，卷六。

② 《中国地方志集成·嘉庆增修宜兴县旧志》，江苏古籍出版社 1991 年版，第 463 页。

③ 《中国地方志集成·嘉庆增修宜兴县旧志》，江苏古籍出版社 1991 年版，第 482 页。

州量移汝州，九月间抵宜兴馆通真观侧郭知训提举宅，十月二日书橘颂贴。八年正月行至泗州道中，上表乞居常州，云先有薄田在宜兴，粗给饘（zhān）粥，被旨从所请，回次扬州有归宜兴，留题竹西寺诗，后谪岭南时，命子迈迨将家居宜兴。绍圣二年，于惠州寄以诗云‘寄语阳羡儿，并语长头弟，门户各努力，先期毕租税’，阳羡儿谓迈，长头弟为迨也，少子过后亦来居，过孙岘（xiàn）乾道中，为大府寺丞尚居宜兴（参苏长公全集，周必大橘颂贴跋）。”[1] 上文中所提蒋之奇（字颖叔）和单锡（字君赐）同为宜兴人，且与苏轼皆仁宗嘉祐二年进士，而由于苏轼爱贤，将姊之女嫁给了单锡，苏轼每至宜兴，即寓居其家。作为唐宋八大家之一的苏轼，自然为宜兴留下了众多诗词：

《凤栖梧－荆溪写景》：山秀芙蓉，溪明罨画。真游洞泬（jué）沧波下。临风慨想斩蛟人。长桥千载犹横跨。 解珮投簪，求田问舍。黄鸡白酒渔樵社。元龙非复少时豪，耳根洗尽功名话。[2]

《题双楠轩－慕容辉所居》：南轩前头两佳木，先生抚翫（wàn）常不足。尤爱薰风五月初，白银花开光照屋。[3]

《乞常州义兴居住得请》：上书得便宜，归老湖山曲。躬耕二顷田，自种十年木。[4]

《次韵蒋颖叔》：月明惊鹊未安枝，一棹飘然影自随。江上秋风无限浪，枕中春梦不多时。琼林花草闻前语，罨画溪山指后期。岂敢便为鸡黍约，玉堂金殿要论思。[5]

《寄陈述古》：惠泉山下土如濡，阳羡溪头米胜珠。卖剑买牛吾欲老，杀鸡为黍子来无。地偏不信容高盖，俗俭真堪著腐儒。莫怪江南苦留滞，经

① 《中国地方志集成·嘉庆增修宜兴县旧志》，江苏古籍出版社 1991 年版，第 343 页。
② 《中国地方志集成·嘉庆增修宜兴县旧志》，江苏古籍出版社 1991 年版，第 486 页。
③ 《中国地方志集成·嘉庆增修宜兴县旧志》，江苏古籍出版社 1991 年版，第 483 页。
④ 《中国地方志集成·嘉庆增修宜兴县旧志》，江苏古籍出版社 1991 年版，第 480 页。
⑤ 《中国地方志集成·嘉庆增修宜兴县旧志》，江苏古籍出版社 1991 年版，第 472—473 页。

营生计一身迂。[①]

《望湖》：八月渡长湖，萧条景物疏。西风片帆急，暮霭一山孤。许国心犹在，匡时术已虚。岷峨家万里，投老得归无。[②]

《戏谓之调水符》：欺谩久成俗，关市有契繻。谁知南山下，取水亦置符。古人辨淄渑，皎若鹤与凫。吾今既谢此，但视符有无。常恐汲水人，智出符之馀。多防竟无及，弃置为长吁。[③]

七言古风《次张秉道韵》：

荆溪老父愁三害，下斩长蛟本无赖。平生倔强韩退之，文字犹为鳄鱼戒。石门之役万金耳，首鼠不为吾已隘。江湖开塞古有数，两鹄飞来告成坏。劝农使者非常人，一言已破黎民骇。上饶使君更超逸，坐睨浮山如累块。髯张乃我结袜生，诗酒淋漓出狂怪。我作水衡生作丞，他日归朝同此拜。[④]

《满庭芳－余至南都蒙恩放归阳羡》：

归去来兮，清溪无底，上有千仞嵯峨。画楼东畔，天远夕阳多。老去君恩未报，空回首，弹铗悲歌。船头转，长风万里，归马注平坡。　　无何。何处是，银潢尽处，天女停梭。问何事人间，久戏风波。顾谓同来稚子，应烂汝，腰下长柯。青衫破，群仙笑我，千缕挂烟蓑。[⑤]

苏轼还在宜兴置办田产，《宜兴县旧志》记载：“苏东坡别业在县北五十里，滆湖塘头。”[⑥]最终他在宜兴买田讲学，并在阳羡作《菩萨蛮》：

买田阳羡吾将老，从初只为溪山好。来往一虚舟，聊从造物游。

有书仍懒著，且漫歌归去。筋力不辞诗，要须风雨时。[⑦]

苏东坡还手书著名的《楚颂帖》，此帖亦称《种橘帖》或《买田阳羡帖》，

---

① 《荆溪外纪》，（明）沈敕（明常州府宜兴人，字克寅）编辑，二十五卷，明嘉靖二十四年刻本，卷七。

② 《中国地方志集成·嘉庆增修宜兴县旧志》，江苏古籍出版社 1991 年版，第 469 页。

③ 《中国地方志集成·嘉庆增修宜兴县旧志》，江苏古籍出版社 1991 年版，第 456 页。

④ 《荆溪外纪》，（明）沈敕（明常州府宜兴人，字克寅）编辑，二十五卷，明嘉靖二十四年刻本，卷八。

⑤ 《中国地方志集成·嘉庆增修宜兴县旧志》，江苏古籍出版社 1991 年版，第 489 页。

⑥ 《中国地方志集成·嘉庆增修宜兴县旧志》，江苏古籍出版社 1991 年版，第 377 页。

⑦ 《中国地方志集成·嘉庆增修宜兴县旧志》，江苏古籍出版社 1991 年版，第 486 页。

在《宜兴县旧志》中有收录，名《入荆溪题》（按此所谓种橘帖也，周益公跋谓元丰七年十月二日写此帖）：

吾来阳羡，船入荆溪，意思豁然。如恰平生之欲，逝将归老，殆是前缘。王逸少云，我卒当以乐死，殆非虚言。吾性好种植，能手自接果木，尤好栽橘。阳羡在洞庭上，柑橘栽至易得。当买一小园，种柑橘三百本。屈原作，吾园若成，当作一亭，名之曰楚颂。[①]

自此东坡的人生理想和审美情怀归宿阳羡，逝将终老。如此看来，肆意其间、宴如忘怀的徐达章不正与其精神相合吗？如此眷恋之境，除了诗情，怎么能缺少画意呢？

徐悲鸿在《悲鸿自述》中还言："室虽陋，吾先君方自幸南山为屏，塘河为带，日月照临，霜雪益景，渔樵为侣，鸡犬唱答，造化赋予之丰美无尽也。"[②]可见对生活中的徐达章来说，事事走心，触目皆景，他欣赏并陶醉于宜兴的山山水水，一草一木，何止是喜欢，简直是庆幸自己能生在宜兴，长在宜兴。他对生活没有苛求，精神世界富足丰满，他满足于鸡犬禾渔的朴素生活，每天目濡心染着宜兴的灵秀和丰美，倘佯于灵府中满满的图境，醉心于精神的大宴，品味富比王公的"美"餐，以至于其心腹终究无法独享，于是走彩行墨以沐其手——根据家乡实景和古代文人题咏而作十帧工笔山水《荆溪十景图》（图 49），于是诗画交融的美图跃然纸上。据《宜兴县旧志》记载："荆溪在县南，？以近荆南山得名，上通芜湖，下注震泽，汉书谓中江，出芜湖西南，东至阳羡即此溪也。周处斩蛟在此，自明中叶后，水口阻隘，其流日淤，唐杜牧尝作水榭于是溪之上，宋苏轼又欲买田种橘其间，盖山水致为佳胜。"[③]明代文征明有《荆溪道中》："扁舟十里下荆溪，落日苍凉草树低。绝巘（yǎn）凝晖知积翠，晚风吹水欲流澌。行逢曲渚常疑断，遥听荒鸡近却迷。一片沙

---

① 《中国地方志集成·嘉庆增修宜兴县旧志》，江苏古籍出版社 1991 年版，第 444 页。

② 王震、徐伯阳 编：《徐悲鸿艺术文集》，宁夏人民出版社 1994 年版，第 119 页。

③ 《中国地方志集成·嘉庆增修宜兴县旧志》，江苏古籍出版社 1991 年版，第 37 页。

图 49　《荆溪十景图》册页，（清）徐达章 作

每幅皆纸本设色，宣纸托裱，27.7×31.5cm，朱文印“徐达章印”（0.6×0.6cm）朱文印“成之”（0.5×0.6cm），宜兴市档案馆收藏

鸥明似雪，背人飞过野塘西。”[①]另据《光宣宜荆续志》记载：“铜官山、玉女潭，宜兴佳山水，铜官玉女尤为众所艳称，夫铜官之峰，兴云降雨，瑰变万状，洵为一邑鉅观，玉女潭所在直部娄耳，然而雄伟之形，幽奥之迹，奇绝处正不相下，每当日丽风和，天清云净，或推窗而望，或凭栏而窥，俯仰游历，如入画图，虽小李将军金碧山水，无以过之。故世传宜兴十景曰蛟桥夜月，曰龙池晓云，曰阳羡茶泉，曰画溪花浪，曰国山烟寺，曰洴浰（音品力）雪蓑，曰张公福地，曰周侯古祠，而以铜峰叠翠，玉潭凝碧冠之。”[②]而徐达章的荆溪十景只是在顺序上有所不同而已，它们分别是：阳羡茶泉、画溪花浪、铜峰叠翠、周侯古祠、龙池晓云、玉潭凝碧、蛟桥夜月、张公福地、国山烟寺、洴浰雪蓑。

荆溪十景之一　阳羡茶泉（图 50）

徐达章“荆溪十景”的第一幅即《阳羡茶泉》，所绘正是著名的唐贡茶和金沙泉产地唐贡山。据《宜兴县旧志》记载：“唐贡山在县东南三十五里，临罨画溪，以唐时产茶入贡故名，金沙泉即在其下。”[③]图中山峰萦绕，瀑水流欢，树植掩映其间，庙舍隐现左右。山间五个人物的出现，突显生活情调。该系列作品的全部十幅画与徐达章之前的山水画相比，有几个特点比较突出，首先是构图上一改之前的竖长形制，而采取几乎正方的构图，这与明朝唐寅部分作品（图 51）构图，特别是景色视角等很相似，这也反映出画家追求正常视觉习惯的朴实态度。当然除了构图上的类同外，其山石表现的钩而少皴、界画的洒脱和人物塑造的简雅，皆掺有唐寅的影响。可见其《荆溪十景图》的基本笔墨特征和景色的视觉感受度等方面，都有对唐寅不同程度的借鉴。其次是《阳羡茶泉》中的景物不同于他之前多数作品的以表达高远为主，而是重在表现景色的平远或深远。再次是画家一反往常的文人画风格，从绘画语言到景色选取再到整体氛围，都追求平凡通俗和恬淡随和。所以这一通俗易懂的画风和富于真情实感的画面，极其符合大众的欣赏习惯。

① 《中国地方志集成·嘉庆增修宜兴县旧志》，江苏古籍出版社 1991 年版，第 474 页。

② 《光绪宜兴·溪县新志·光宣宜荆续志》，江苏古籍出版社 1991 年，第 327 页。

③ 《中国地方志集成·嘉庆增修宜兴县旧志》，江苏古籍出版社 1991 年版，第 29—30 页。

图 50 《荆溪十景之一·阳羡茶泉》（清）徐达章作，国画，纸本设色，宣纸托裱，27.7×31.5cm。宜兴市档案馆藏

图 51 《山水之六》（明）唐寅作，纸本，墨色，共 13 幅，北京徐悲鸿纪念馆藏

然而徐达章的《阳羡茶泉》更重要的艺术价值还在于其中的人物表现。虽然人物在画面中皆显渺小，但是画家却将其表现得一丝不苟。中景里的三人，错落闲坐，右人正向，左人侧斜，中间之人则全侧，皆情态可掬，似在清谈。特别是近景中的两个人物（图 52），无论是比例的准确，还是动态的自然和谐，都表现得恰到好处。即使从人物的解剖结构上分析也是无懈可击的，比如挑水人物的肩肘、腰臀、膝踝都清晰可辨，尤其是他劳动时的含胸屈膝和撑臂担桶的姿态，表现得活灵活现，最难能可贵的是他头首的前探和微昂，方寸间眉鼻似显，弹指里语应骑者。骑者举鞭欲策间寻声回首，寒暄随行，其头颈的一百八十度拧转、胸腹的九十度侧应、臀股的些微侧倾，尤其是左手的前置和右手倔强般的后摆，无不与劲步尾随其后的担夫力衔气接，神投韵合。加上对驴子的刻画，更显画家法度的谨严，无论是驴子蹄尾耳唇的练达，还是其蹬踏摇曳的负轻，都显示出徐达章对生活的熟稔于肺腑和对艺术的孜孜索求。另外从该画对驴子的表现上已经足以看出，徐达章对动物画的研究喜爱程度之深，这同时让我们探得了徐悲鸿喜爱并擅长动物画的根源。在父亲的影响和教导下，徐悲鸿对动物的喜好和用功一点也不亚于父亲，尤其是“徐悲鸿从小酷爱画马。为了画奔跑的马，他偶然见到马匹便紧跟不舍，观察马的雄姿和神态。有两回，由于他聚精会神眼睛只顾盯住奔跑中的马，竟忘记了道路上的凹凸不平，结果自己跌了跤把腿脚和脸都磕破了，鲜血直流，他没有喊一声疼，爬起来还是继续追赶已经跑远了的马……徐悲鸿画马入了迷，在他的卧室里，画稿琳琅满目，有奔跑的马，饮水的马，吃草的马，嘶鸣的马，单马，双马，群马……他似乎生活在马的世界里。”[①] 在父亲刚刚去世时，徐悲鸿身上的担子很重，以致亲朋好友都为他的生活担忧，“后经姑夫陈德宝的介绍，到高塍镇南小学当图画教员，学校就在姑夫的庄子上，离高塍南端一箭之地。他姑夫家是个种田大户，养了几条耕牛，徐悲鸿住在那里，真是一大意外收获，为他描绘水乡农村风光创造了条件。他每值学校放学或课余时间，就到田里去看耕牛耕田、耙田、戽（hù）水，他经常独自静坐在

① 中国人民政治协商会议江苏省宜兴县委员会文史资料研究委员会 编：《宜兴文史资料第十二辑》，一九八七年七月，第 9—10 页。

图 52 《荆溪十景之一 · 阳羡茶泉》局部

牛车棚里仔细观察耕牛推车带水时的各种姿态，如痴如醉。有时他还用鞭子赶牛，水车飞得象白龙似的；有时赶得牛发犟脾气，抵角怒视；有时趁牛休息时，他亲自放牧或是把牛赶下河去洗冷浴，忽儿又把牛赶上岸来。田里的农民看了哈哈大笑，都说徐悲鸿在学校里教书清闲，做个牧童倌倒不错。谁能知道这里就是他画牛画马的哺育之地呢？”[①]可见早年徐悲鸿对动物画的投入和成就俱皆超过父亲亦是情理之中的事。当然，徐达章《阳羡茶泉》的重点并非在于动物而在于表现风景，然而其人物表达的丰富动态和贴切的故事情节表现却成为一大亮点，可谓无心插柳柳成荫，这体现出了与《松荫课子图》重在人物造型和探究人物精神内涵的相同旨归，可谓是珠联璧合之作。尤其是阳羡茶泉里的人物纯粹是信手写出的，意到笔随之间轻松而就，可见其功力之深厚。

徐达章图中既然描绘的是阳羡茶泉，就不得不提起久已闻名于世的阳羡茶，元末明初顾禄（字谨中，今上海松江人）有描绘采茶风情的七言古风诗《采茶》：“山中昨夜雷鸣谷，蓓蕾初生细如粟。邻家女儿催晓妆，结伴采茶春始忙。年年望此供门户，宁惜将身犯豺虎。深林绝壑到处过，归来竞比谁得多。可怜辛苦不得吃，焙干贩与湖南客。”[②]清朝藏书家吴骞在《桃溪客语》中亦有记述：“荆南茶，惟茗岭为最，以此岭绝高峻，受风露独深也。茶最先莲心，次毛尖，次白毫，次花香，大抵毛尖为胜。至阳羡岕茶，夙推庙前庙后（俗传汉光武庙，任安上茂才云，本茶宿庙，以宿秀音同致讹）。一片舒之，可得茶一瓯（ōu），又若君山县脚岭所产者，唐时修贡，均绝响久矣。”[③]足见吴骞对阳羡的熟知及其对茶研究之深。

其实宜兴文化昌达弥久，不仅在于文人荟萃、诗文书画浸染，其墨与茶亦是享誉天下，以至书画名家对此颂咏不绝。据吴骞《桃溪客语》载录元朝

① 中国人民政治协商会议江苏省宜兴县委员会文史资料研究委员会 编：《宜兴文史资料第十二辑》，一九八七年七月，第 11 页。

② 《荆溪外纪》，（明）沈敕（明常州府宜兴人，字克寅）编辑，二十五卷，明嘉靖二十四年刻本，卷八。

③ 吴骞 撰，王云五 主编：《桃溪客语》，商务印书馆发行，中华民国二十八年十二月初版，第三页。

宜兴人于材仲，工制墨，与杜清碧（武夷）和朱万初（豫章）齐名。另外宜兴擅制墨者还有“吴国良、湯生、李文远、吴善，竝（bìng）荆南造墨能手”[①]宜兴制墨盛于元朝，其后宜兴墨则不可得。然而阳羡茶则自汉代有史记载以来，至今不衰。和倪元镇（倪瓒）屡次赠诗于制墨者一样，除了徐达章的丹青美图外，历代许多文人墨客皆不吝笔墨而对阳羡茶予以盛赞。虽然宜兴生产茶叶的记载可以追溯到东汉末年，至今依然盛行不衰，但其极盛是在唐代，当时宜兴以进贡阳羡茶而尤为著名，据《唐宜兴县新修茶舍记》碑刻记载，义兴贡茶乃唐朝御史大夫李栖筠（字贞一，唐朝中期名臣，约 764—768 年任常州刺史）驻守常州时，有一位山僧特向他献上了当地上等茗茶，在会客品茶时，在场的一位上宾陆羽（字鸿渐，唐代著名茶学家，被誉为“茶仙”，尊为“茶圣”，祀为“茶神”）品后，认为其芬香甘辣的品质，超越其他地方的茶叶，提议推荐给当朝圣上，李栖筠听从了陆羽的建议，首次就进贡阳羡茶万两，从此阳羡茶成了著名的贡茶。为了方便修贡，还在罨画溪专门设立了“茶舍”，并且每年需要征选相关人员达两千余人，据《桃溪客语》载：“唐世义兴贡茶，自羽与栖筠始，据羽言，是茶亦其辣，今之赏阳羡茶者，多未知也。”[②]无论如何，自唐起，历代文人茗客好阳羡茶者皆不吝笔墨，对其歌咏唱和，于是唐代李郢有《茶山贡焙歌》：

使君爱客情无已，客在金台价无比。春风三月贡茶时，尽逐红旌到山里。焙中清晓朱门开，筐箱渐见新芽来。凌烟触露不停采，官家赤印连帖催。朝饥暮匐谁兴哀，喧阗竞纳不盈掬。一时一饷还成堆，蒸之馥之香胜梅。研膏架动轰如雷，茶成拜表贡天子。万人争啖春山摧，驿骑鞭声砉（huā/xū）流电。半夜驱夫谁复见，十日王程路四千。到时须及清明宴，吾君可谓纳谏君。谏官不谏何由闻，九重城里虽玉食。天涯吏役长纷纷，使君忧民惨容色。就焙尝茶坐诸客，几回到口重咨嗟。嫩绿鲜芳出何力，山中有酒亦有歌。乐营房

① 吴骞 撰，王云五 主编：《桃溪客语》，商务印书馆发行，中华民国二十八年十二月初版，第七页至第八页。

② 吴骞 撰，王云五 主编：《桃溪客语》，商务印书馆发行，中华民国二十八年十二月初版，第二一页。

户皆仙娥，仙房十队酒百斛。金丝晏馔随经过，使君是日忧思多。客亦无言征绮罗，殷勤绕焙复长叹。官府例成竟如何！吴民吴民莫憔悴，使君作相期苏尔。①

然而谈到宜兴和唐代怎么能不让人联想起“牧之水榭”的主人呢？在当地杜牧与宜兴的关系可谓妇孺皆知。杜牧与宜兴茶亦结下了不解之缘，他在宜兴曾经作五言八句《茶山下作》：

春风最窈窕，日晚柳村西。
娇云光占岫（xiù），健水鸣分溪。
燎岩野花远，戛愁幽鸟啼（tí）。
把酒坐芳草，亦有佳人携。②
杜牧还另有七言绝句《茶山下题草市》：
倚溪侵岭多高树，夸酒书旗有小楼。
惊起鸳鸯岂无恨，一双飞去却回头。③

然而杜牧久负盛名的金句“泉嫩黄金涌，牙香紫壁裁”另出自他的《题茶山》：

山实东南秀，茶称瑞草魁。剖符虽俗吏，修贡亦仙才。
溪尽停蛮棹，旗张卓翠苔。柳村穿窈窕，松涧渡喧豗，
等级云峰峻，宽平洞府开。拂天闻笑语，特地见楼台。
泉嫩黄金涌，牙香紫璧裁。拜章期沃日，轻骑疾奔雷。
舞袖岚侵涧，歌声谷答回。磬清藏叶鸟，雪艳照潭梅。
好是全家到，兼为奉诏来。树阴香作帐，花径落成堆。

① 《中国地方志集成·嘉庆增修宜兴县旧志》，江苏古籍出版社 1991 年版，第 464 页。

② 《荆溪外纪》，（明）沈敕（明常州府宜兴人，字克寅）编辑，二十五卷，明嘉靖二十四年刻本，卷三。

③ 《中国地方志集成·嘉庆增修宜兴县旧志》，江苏古籍出版社 1991 年版，第 483 页。

景物残三月，登临怆一杯。重游难自克，俯首入尘埃。[①]

杜牧诗中之“泉嫩黄金涌”指阳羡茶山下的金沙泉，是当年专用煎茶良泉，所以唐代与阳羡茶必须同时上贡的还有金沙泉水。杜牧还告诉我们：“此泉修贡时出，罢贡即绝，今其迹久淹。”[②]

作为“茶亚圣”的唐朝另一位诗人卢仝怎么可能对宜兴茶无动于衷呢？于是他亦作《茶歌》：

日高丈五睡正浓，军将打门惊周公。口传谏议送书信，
白绢斜封三道印。开缄宛见谏议面，手阅月团三百片。
闻道新年入山里，蛰虫惊动春风起。天子须尝阳羡茶，
百草不敢先开花。仁风暗结珠蓓蕾，先春抽出黄金芽。
摘鲜焙芳旋封裹，至精至好且不奢。至尊之馀合王公，
何事便到山人家。柴门反关无俗客，纱帽笼头自煎吃。
碧云引风吹不断，白花浮光凝碗面。一碗喉吻润，
二碗破孤闷。三碗搜枯肠，惟有文字五千卷。四碗发轻汗，
平生不平事，尽向毛孔散。五碗肌骨清，六碗通仙灵。
七碗吃不得也，唯觉两腋习习清风生。蓬莱山，在何处。
玉川子，乘此清风欲归去。山上群仙司下土，
地位清高隔风雨。安知百万亿苍生命，
堕颠崖受辛苦。便从谏议问苍生，到头合得苏息否？[③]

卢仝的名句“天子须尝阳羡茶，百草不敢先开花”与杜牧的“泉嫩黄金

① 吴骞 撰，王云五 主编：《桃溪客语》，商务印书馆发行，中华民国二十八年十二月初版，第八页。

② 吴骞 撰，王云五 主编：《桃溪客语》，商务印书馆发行，中华民国二十八年十二月初版，第七页。

③ 《荆溪外纪》，（明）沈敕（明常州府宜兴人，字克寅）编辑，二十五卷，明嘉靖二十四年刻本，卷十。

涌，牙香紫璧裁”，不仅久已融入天下喜好品茗者的茶道功夫，还成为在后世茶诗中的“标品”，比如明朝方逢时就曾经创作有七言诗《阳羡茶泉》：

一泓飞雪落晴峰，万树流云散晓空。
采处喜逢金粟长，汲来惊见玉花浓。
乘风便可游三岛，锡贡应先上九重。
欲识山中清绝处，试将标品问卢仝。[①]

方逢时《阳羡茶泉》中的卢仝只是“标”，其中真正的“品”正是卢仝《茶歌》中“天子须尝阳羡茶，百草不敢先开花”的旨归。

在明代，除了方逢时外，唐伯虎亦有诗赞《阳羡茶》：

千金良夜万金花，占尽东风有几家。
门前主人能好事，手中杯酒不须赊。
碧纱笼罩层层翠，紫竹支持叠叠霞。
新乐调成蝴蝶曲，低檐将散蜜蜂衙。
清明争插西河柳，谷雨初来阳羡茶。
两美四难俱备足，晨鸡欢笑到昏鸦。[②]

作为明代著名画家的唐伯虎就这样，弹指一挥间，以诗文《阳羡茶》与后进徐达章的国画《阳羡茶泉》，在文图唱和之间产生了会心的交集。

荆溪十景之二　画溪花浪（图 53）

丁蜀镇均山脚下、汤渡至湖父镇青龙湾之间有画溪河，古称“罨（yǎn）画溪”。据《宜兴县旧志》记载：“罨画溪在县东南三十六里，本名东溪，任昉诗有‘长溪水东舍’之句，故名。东舍溪又名东泻溪，陆希声君阳遁叟记名之曰蒙溪，又言山居在东溪之上，自注云‘溪两岸多竹藤花，映溪远望

① 《中国地方志集成·嘉庆增修宜兴县旧志》，江苏古籍出版社 1991 年版，第 475 页。

② 古人咏阳羡（宜兴）（2016-09-23 13:47:13）。

图 53　《荆溪十景之二 · 画溪花浪》（清）徐达章 作

国画，纸本设色，宣纸托裱，27.7×31.5cm。宜兴市档案馆藏

如画’，遂名曰罨画溪。周必大归庐陵日记所云‘山色如画，溪水绀绿’也。又因独孤及诗名曰五云溪，今俗呼曰山溪。”[①] 溪水曲曲折折，每当阳春三月，两岸万藤花开，桃红柳绿，花浪碧流，十里飘香，画溪的诗情画意，令诗人歌咏，使画家丹青。

唐朝进士、监察御史许浑作《紫藤》赞赏画溪：

绿蔓秾阴紫袖低，客来留坐小堂西。
醉中掩瑟无人会，家近江南罨画溪。[②]

陆游亦赞“罨画溪”而作《寄题邵云隐二首》：

兴尽当年句曲秋，却归罨画弄扁舟。
有时信脚来沙际，拾得残雪补破裘。

尚嫌句漏养丹砂，况种刘郎去后花。
罨画溪头云万叠，不知何处是君家。[③]

明代任名臣亦作七言诗《画溪花浪 》以示赞美：

青山曲曲抱溪回，十里藤花送酒杯。
啼鸟过时红欲碎，游鱼沫处绿成堆。
纹疑西子颦中见，艳逐鱼人问后来。
独有锦江差可拟，携撙应得恣徘徊。[④]

① 《中国地方志集成·嘉庆增修宜兴县旧志》，江苏古籍出版社 1991 年版，第 395 页。

② 《荆溪外纪》，（明）沈敕（明常州府宜兴人，字克寅）编辑，二十五卷，明嘉靖二十四年刻本，卷六。

③ 《荆溪外纪》，（明）沈敕（明常州府宜兴人，字克寅）编辑，二十五卷，明嘉靖二十四年刻本，卷六。

④ 《中国地方志集成·嘉庆增修宜兴县旧志》，江苏古籍出版社 1991 年版，第 476 页。

人言“画溪花浪”可以与“苏堤春晓”媲美，此言不虚。

徐达章的《画溪花浪》与其他九幅最大的不同在于，前者最大限度地表现出了平远的意境，而其他九幅主要表现深远。所以《画溪花浪》全幅画面几无遮拦，山水承平。天空一望无际，水波浩淼无边。高低起伏的丘陵舒缓铺陈，迂回曲折的流水波光坦荡。画面主要从山、树、波浪、以及人和舟四个方面来表达景色的寥廓和无限遥远。其中山和树一体，分前景、中景、中远景、远景几部分，其近景的土石、树木和枝节以及水草和植被的表现最为丰富和深入，其次是中景。中景直到远景则越来越简洁虚和，直至远山的轮廓隐入水天一色当中。水波的表现虽然是用传统的笔法写就，似乎平平无奇，但是其虚实相间的用笔，恰当地表现出了水体温柔的质感和浮涌的动态，尤其是局部还有一些似涌非涌、渐趋平静的水面杂糅其间，令人顿感贴切自然。另外，水波的大小、面积也表现得近大远小，其用笔也是虚实相间，使水面产生由近及远的距离感。最后水面上作业的三舟及渔民的近实远虚继续加强着景深。

总之，画家用极其简洁的描绘和言简意赅的笔法，表现出了疏朗、静谧、平和、寥廓和深邃的画境，画出了罨画溪青山绿水的本色。正如在元朝人汤霖（字伯雨）眼里，罨画溪本身就如王维的山水画一般美不胜收，于是他作七言绝句《宿罨画溪》：

一宿山溪候雨晴，鸊（pì）鹈（tí）飞起短榔鸣。
青山夹岸花临水，人在王维画里游。[①]

作为明代绘画大师的沈周（字启南，号石田、白石翁，长洲人）亦没有错过罨画溪的如画美景，他不仅有描绘“荆溪最佳处”的画卷（《题石田画卷寄沈时目易发山居佳兴》）以及《张公洞图》等绘画作品，还特作七言古风诗《泛罨画溪》：

① 《荆溪外纪》，（明）沈敕（明常州府宜兴人，字克寅）编辑，二十五卷，明嘉靖二十四年刻本，卷六。

长溪碧衍玉光净，树夹两岸俱倒映。
群峰树杪髻螺出，一一随行似相媵（yìng）。
小舟贴水天上坐，了见须眉落秋镜。
溪当比我怀尚澄，地固不凡游亦胜。
舷歌偶尔及沧浪，野鸟忽飞鱼忽泳。
中流手洗白磁觥，一勺分清空百病。
喜闻秋潦转澄莹，健在能寻不妨更。[①]

如此，徐达章与画业先贤沈周不期而遇罨画溪否？

荆溪十景之三　铜峰叠翠（图 54）

徐悲鸿的夫人廖静文曾经在其《徐悲鸿传》中记述道："悲鸿的母亲像许多善良的农村妇女那样，迷信神明。在斋戒的日子里，母亲总要穿上浆洗干净的蓝布衫，带着他登上树木葱茏的南山，去寺庙里进香朝拜。"[②]这里提到的南山指的就是荆溪十景之一的铜官山，旧名君山，处荆溪之南，又名荆南山，地处宜兴城西南十余里，号称"苏南第一峰"。实为翠峰叠嶂、苍松翠竹、氿帆桃源之佳境。昔日苏东坡寓居宜兴时曾遨游此山，乐而忘返。"斗酒诗百篇"的唐代大诗人李白，兴游铜官山后，畅饮挥毫，写下《铜官山醉后绝句》"我爱铜官乐，千年未拟还。要须回舞袖，拂尽五松山。"元代赵孟頫也曾经游览过铜官山，亦留有五言古诗《游南山憩山下人家》：

驱马南山阳，下马望绝巘（yǎn）。
解衣坐盘桓，言就蓬庐偃。
非无扳援力，兴尽自应返。
天高喧风息，木落岁华晚。

---

① 《荆溪外纪》，（明）沈敕（明常州府宜兴人，字克寅）编辑，二十五卷，明嘉靖二十四年刻本，卷八。

② 廖静文：《徐悲鸿传》，中国青年出版社 2010 年版，第 8 页。

图 54　《荆溪十景之三 · 铜峰叠翠》（清）徐达章 作

国画，纸本设色，宣纸托裱，27.7×31.5cm。宜兴市档案馆藏

势阻乏遐观，趣得心自远。
不有君子辞，何用抒缱绻。[①]

然而意犹未尽的赵孟頫，后来又赋七言八句诗再赞南山，是谓《游南山次韵》：

绝顶清秋淩翠烟，登临应费酒如川。
平生能著几两屐，负郭何须二顷田。
初日出云光射地，双溪入湖波接天。
升高望远我所爱，青壁有路何当缘。[②]

明代宜兴人蒋如奇（字一先，号盘初，明末书法家，万历四十四年进士）吟《铜峰叠翠》曰："湖心影浸留云湿，天外孤峰落日寒"。与蒋如奇唱和的宜兴同乡还有潘宗洛（字书原，号巢云，康熙二十七年进士，官至湖南巡抚），他作有《铜峰叠翠》：

嵯峨不与众山邻，远睹云根接地轮。
依县作屏横翠黛，绕溪浮影压金鳞。
层层雨洗天同色，曲曲风回谷应春。
我欲往寻袁令迹，薜萝环接石苔新。[③]

诗中提及的"袁令"乃东汉爱民如子的阳羡县令袁玘。

徐达章的《铜峰叠翠》主要是在近景和中景里表达深远，笔墨皴擦间略施青绿，水波荡漾的湖面穿插其中，和谐自然。俯仰各异的树木、隐约林间

① 《中国地方志集成·嘉庆增修宜兴县旧志》，江苏古籍出版社 1991 年版，第 456 页。

② 《荆溪外纪》，（明）沈敕（明常州府宜兴人，字克寅）编辑，二十五卷，明嘉靖二十四年刻本，卷七。

③ 《中国地方志集成·嘉庆增修宜兴县旧志》，江苏古籍出版社 1991 年版，第 478 页。

的舍宇、小桥渔舟，构成现实中朴素的生活场景，亦是画家精神追求里幸福和快乐的旨归。尤其是画中众多的人物活动，有的正在收网，有的正欲撒网，有的在查看渔情，有的正在携网登桥而去……使画面生机盎然。在构图上，舟中多人分别两两聚集处于左、右、上三个方向，唯有一桥上行人单独处下，呈聚中有散的状态，重点在于所有人物的势态都指向了中间的水域，所以画面中间最空的地方反而成了实际上的重心所在，显示出画家的高妙审美。更重要的是其中四个人物衣着的蓝色，分别显示出深、浅、淡的变化，这既从构图上填补了水域的空荡，更从色彩上呼应了山水画的青绿特质。而其他三个摇船人物衣服的淡赭或蓝紫色，与山根虚和的暖色一起，很好地避免了青绿的单调。

荆溪十景之四　周侯古祠（图 55）

明朝任名臣诗《周侯古祠》云：

> 仗节惟余土一邱，千年剑履此中幽。
> 西戎藜藿生前恨，落日牛羊冢上愁。
> 射虎亭荒风日烈，斩蛟桥在水仍流。
> 可怜祠庙浑如昔，古木阴阴集暮鸠。[①]

该诗描写的就是荆溪十景之一的“周侯古祠”，是晋平将军周处的家庙，又称“英烈庙”、“周孝侯庙”，位于宜兴城内东庙巷，荆溪之南，铜峰以北，肃穆清雅，建于公元 299 年，即西晋惠帝元康九年（一说南唐建隆年间），距今已有 1700 多年历史，庙中原来有块横匾，上书“阳羡第一人物”六个大字。周处（234—297）字子隐，宜兴芳桥人，孝侯。他有“阳羡第一人物”之称，少时勇武好斗，为害乡里，他与山上的老虎以及水里的蛟龙被当地老百姓合称为“三害”。后来周处改过自新，射虎斩蛟，折节读书。关于斩蛟之事有各种说法，而最令人信实的乃《桃溪客语》中所述：“祖台之志怪云，义兴郡渚长桥下，有苍蛟吞啖人，周处执剑桥侧，司久之，遇出，于是悬自桥上，

① 《中国地方志集成·嘉庆增修宜兴县旧志》，江苏古籍出版社 1991 年版，第 476 页。

图 55 《荆溪十景之四 · 周侯古祠》（清）徐达章 作

国画，纸本设色，宣纸托裱，27.7×31.5cm。宜兴市档案馆藏

投下桥背而剡焉，蛟中数创，流血丹溪，自郡渚至太湖句浦乃死。古今载孝侯斩蛟事，类多迂诞，惟此似得其实。”[①] 后来，周处任东吴东观左丞，后历任西晋新平太守、广汉太守、散骑常侍、御史中丞。周处纠劾不避权贵，为官刚直，所以屡屡受到排挤。尤其是梁王司马肜（róng/chēn）违法，周处严格依法“结论”，使其怀恨，后来羌族齐万年叛乱，朝臣讨厌周处刚直者力荐他西征，隶属于夏侯骏，征西大将军则为司马肜，周处不畏惧而往，决意战死。在司马肜的命令和夏侯骏的逼迫下，周处率五千将士向齐万年进攻，而此时士兵没有吃饭，且后援已被司马肜断绝，周处慷慨赋诗《征西自赋》：“去去世事已，策马观西戎。藜藿甘粱黍，期之克令终。”[②] 随后周处与将士全力而战，从早晨至傍晚杀敌过万，箭尽粮绝，但是卢播、解系不来救援，手下劝其撤退，然而周处按剑怒目说：“此是吾效节授命之日，何以退？为我为大臣以身殉国不亦可乎？”[③] 周处终战死沙场，之后被追赠为平西将军，封清流亭侯，谥曰孝侯。陆机（261—303 年，字士衡，西晋文学家、书法家）特为其书《孝侯墓碑铭记》曰：“君讳处，字子隐，义兴阳羡人也……簪绂扬名台阁标著，风化之美奏课为能。亭亭孤美，灼灼横劭。徇高位于身前，思垂名于身后……射兽功犹见显，刺蛟名乃远扬，忠烈道自克修，义节情还永布……”[④] 除了陆机，在文学上与陆机并称“潘江陆海”的潘安（247—300 年，本名潘安岳，字安仁，西晋文学家、政治家）当然不会缺席，他亦有四言绝句《咏周处》：“周殉师令，身膏齐斧。人之云亡，贞节克举。”[⑤] 周处生前不仅仅是弃恶励志、尽忠报国的典型，他还亲自撰写了《阳羡风土记》，记录了阳羡一带的岁时、祭祀等风俗民情以及地理状况、饮食、特产等，是

① 吴骞 撰，王云五 主编：《桃溪客语》，商务印书馆发行，中华民国二十八年十二月初版，第一七页。

② 《荆溪外纪》，（明）沈敕（明常州府宜兴人，字克寅）编辑，二十五卷，明嘉靖二十四年刻本，卷二。

③ 《中国地方志集成·嘉庆增修宜兴县旧志》，江苏古籍出版社 1991 年版，第 429 页。

④ 《中国地方志集成·嘉庆增修宜兴县旧志》，江苏古籍出版社 1991 年版，第 428 页。

⑤ 《荆溪外纪》，（明）沈敕（明常州府宜兴人，字克寅）编辑，二十五卷，明嘉靖二十四年刻本，卷一。

中国最早记述地方习俗和风土民情的著作之一。

古往今来，无数文人墨客敬仰阳羡巨子周处，留下许多名篇佳作。唐代礼部尚书权德舆曾拜谒周王庙，留有“英威今寂寞，陈迹对崇丘。壮志清风在，荒坟白日愁”的诗句。南宋刘宰（字平国，号漫塘病叟，镇江金坛人，绍熙元年进士）亦作《周侯古祠》：

庙宇巍峨对古坟，将军英气宛如存。
当时改行除民害，历代封功沐宠恩。
虎穴云埋山寂寞，蛟溪波冷月黄昏。
我来吊古追行乐，驻马花前酹一樽。[①]

诗中“追行乐”三个字正是刚正不阿、洁身自好的知识分子最好的人生选择，徐达章“淡花写处乐弥长”的追求与此是一致的。我们的大诗人李白也不为权贵“摧眉折腰”，所以“须行即骑访名山”而“追行乐”去也。

徐达章创作的荆溪十景之四即为《周侯古祠》，除了和以上几幅景色具有相同的生活情趣和精神追求外，该画兼具显明的界画特色。徐达章的界画除了受吴友如影响巨大外，还有一重要部分来源于宋法。从图中除了可以看出画家对楼台屋宇表达的娴熟外，还能从中感受到画家对古代英雄的敬重和告慰。古祠内外的挺挺松柏和祠后远处的高耸塔尖，似乎在共同暗示着周侯崇高的精神。另外画面右部与庙宇、佛塔、树石、道院之间表现出深远的景深。而画面的左侧寥寥几笔，于水天开阔间再现的是平远的茫茫。一段宜兴城墙的恢宏似乎正承接着这历史的深远回响，三艘小船愈淡愈远，负载的是平生的河长。

荆溪十景之五　龙池晓云（图 56）

相传“茶圣”陆羽曾到宜兴采茶，尤其是在宜兴城西南七十里许，有山名叫阴岭，相传唐代诗人、“茶亚圣”卢仝曾来此山种茶，遂改称茗岭。唐

---

① 《荆溪外纪》，（明）沈敕（明常州府宜兴人，字克寅）编辑，二十五卷，明嘉靖二十四年刻本，卷七。

图 56　《荆溪十景之五 · 龙池晓云》（清）徐达章 作

国画，纸本设色，宣纸托裱，27.7×31.5cm。宜兴市档案馆藏

代宰相陆希声也一度寓居宜兴，常常到茗岭一带游玩。

茗岭有龙池山，高岩上有清代蒋景祁仿苏东坡书“龙池晓云”四字。高峰峻岭间林木苍翳，风景秀美。山间有龙池，池中有蝾螈如小龙游于其中，昂头摆尾。龙池山上又有一奇石，相传每当晓日出海时分，此石有一股蒸气飞腾于空中，晨光映射之下，远望犹如五彩云霞，奇象罕见。

明代万历四十八年举人、宜兴人万濯（字行远，号紫函）作有《龙池晓云》：

松径千重入翠微，杉风春老落缁衣。
阁招海日红堪掇，榼贮岩云白欲飞。
兰若已沉禅月影，蒲团犹映梵灯辉。
禹门佳景今仍在，钵里池龙上玉矶。[①]

清朝阳羡词派领袖陈维崧表弟、宜兴布衣词人曹亮武（字渭公，号南耕），其作品具有缠绵婉约的特色，同时也具有阳羡词人所共通的苍郁沉雄的风格。曾作《登龙池绝顶望白云岩》：

玉阳台畔凭虚阁，万叠晴峦瞰五湖。
人近天都低落日，帆连秋水亚飞凫。
生涯能几穿游屐，云物高寒入画图。
为问白云深护处，池中还有蛰龙无。

徐达章所绘荆溪十景之五《龙池晓云》，是十景中最富奇幻色彩的一幅，满纸的云雾缭绕之中，青绿诸峰兀立其间，佛院楼台时隐时现，两位“仙人”悠游潇洒，是否处于世俗中的徐达章终究不灭隐逸情怀？吴骞在其《桃溪客语》里亦言：“龙池晓云，为宜兴八景之一，山在桃溪东十里，峰峦耸峭，

① 《中国地方志集成·嘉庆增修宜兴县旧志》，江苏古籍出版社 1991 年版，第 476 页。

岩壑杳冥，真栖神之胜地也。”[1]

荆溪十景之六 玉潭凝碧（图 57）

宜兴玉女山，也叫莲子山，山中倚绝壁间有一潭，郭沫若称“截山一角、自然成趣”，留下“天下第一潭”的感慨。相传天庭玉女曾在此修炼，故取名玉女潭。唐朝古文运动先驱、散文家独孤及有五言绝句《题玉女潭》：“碧玉徒强名，冰壶难比德。惟当夕照心，可并奫（yūn）沦色。”[2] 据《宜兴县旧志》记载：“玉女潭去张公洞二里，广逾百尺，旧传玉女修炼于此。潭倚绝壁，从壁顶下三四折方及，潭深不可穷，投丝一絇（qú）未及底，岩光绿可染衣，水作碧琉璃色，石压叠皆画理，灌木出壁罅，掩映渺若霄际，唐权德舆称阳羡佳山水此为首也，明嘉靖间溧阳史际建玉光阁于潭之阳，又建玉潭仙院于其上，勅赐庙额，遣尚书祝蠡（lí/xǐ）于此，文征明为之记记。”[3] 其源头活水，深不见底，大旱不竭，清绿映蓝，莹洁如碧玉凝固，故称“玉潭凝碧”。四周毛竹旺盛，四季皆绿，水光山色，早在唐朝，始建成风景名胜，到明代达到极盛。唐朝礼部尚书权德舆盛赞其为“阳羡佳山水，以此为首也。”明代著名画家沈石田（沈周）、文征明、唐伯虎（唐寅）、仇十洲（仇英）都曾长住此间。清代诗人潘宗洛作《玉潭凝碧》诗云：

曲涧淙淙别有泉，忽于山曲见深渊。
一泓秋水翻天碧，万树春容罥谷烟。
照影石潭尘自洗，留云松壑意多元。
高崖静处纹如縠，玉女何年架鹤还。[4]

宜兴人路衡（字垠初，康熙五十四年进士），亦有七言绝句《玉潭凝碧》：

---

① 吴骞 撰，王云五 主编：《桃溪客语》，商务印书馆发行，中华民国二十八年十二月初版，第二页。

② 《荆溪外纪》，（明）沈敕（明常州府宜兴人，字克寅）编辑，二十五卷，明嘉靖二十四年刻本，卷二。

③ 《中国地方志集成·嘉庆增修宜兴县旧志》，江苏古籍出版社 1991 年版，第 396 页。

④ 《中国地方志集成·嘉庆增修宜兴县旧志》，江苏古籍出版社 1991 年版，第 478 页。

图 57　《荆溪十景之六 · 玉潭凝碧》（清）徐达章 作

国画，纸本设色，宣纸托裱，27.7×31.5cm。宜兴市档案馆藏

山灵何事也争妍，磨澈菱花浸碧天。
写到空明无笔墨，清光依约照婵娟。[①]

徐达章《玉潭凝碧》几乎是十景图中景物最为拥挤繁密的一幅了，然而无论是接踵而来的山峰块垒，还是左右探看的树植，包括灵动的拱桥、曲折的山级、整饬的廊道以及隐约的亭台等，无不围绕着凝碧般的“玉潭”这一主题而绘制。在群山、众树所环卫中的“玉潭”实为画面构图上的“虚空”之地，但在画家简洁用笔的描绘之下，却代表着该画的核心内涵，是画家真正苦心孤诣之所在。

荆溪十景之七　蛟桥夜月（图 58）

汉献帝二年（195）袁玘为阳羡令，在宜兴城中央，横跨荆溪之上建桥，高大宏伟似长虹，故名长桥（一说建于三国时赤乌二年），西晋周处斩蛟于此，遂改称为“蛟桥”。据《宜兴县旧志》记载：“按桥在城之中，旧志所称蛟桥夜月也。寰宇记引陆澄地理抄云，晋周处少时斩蛟即此处。”[②]董其昌手书“斩蛟射虎”草书大字石碑，更增“除三害”的光辉。想当年徐达章还带着徐悲鸿从那座蛟桥上走过，桥下有苏东坡亲笔题写的“晋征西将军周孝侯斩蛟之桥”的石碑。在桥的东西两边还各有一副名联：

清风徐来，水波不兴，妙墨尚留苏学士；
行人安稳，布帆无恙，神威犹仰晋将军。

平步青云，对南郭铜峰，千秋巩固；
重看明月，向东流氿水，万派朝宗。

每当风清月望，登桥远眺，南山苍茫，西氿浩瀚，皎光普照，令人心旷

① 《中国地方志集成·嘉庆增修宜兴县旧志》，江苏古籍出版社 1991 年版，第 486 页。
② 《中国地方志集成·嘉庆增修宜兴县旧志》，江苏古籍出版社 1991 年版，第 373 页。

图 58 《荆溪十景之七 · 蛟桥夜月》（清）徐达章 作

国画，纸本设色，宣纸托裱，27.7×31.5cm。宜兴市档案馆藏

神怡。尤其是在中秋之夜，到长桥南面的顺和茶楼赏月是最美的，此时此刻皓月当空，桥洞中央水中亦有明月一轮，溪水映月，浮游中似万道银蛇汇聚，蔚然奇观，乃宜兴一大景观。

最早用诗歌吟咏“荆溪十景”的是明朝诗人方逢时（1523－1596，字行之，号金湖），他当时任宜兴知县，特创作《蛟桥秋月》：

双溪秋水净无尘，隐隐长虹跨远津。
丹桂香飘蟾窟晓，白榆光散蚌胎春。
关山有恨飞横笛，河汉无声转玉轮。
剑气尚冲牛斗在，九渊何处泣蛟神。[①]

方逢时之作可谓荡气回肠，然而储龙光（宜兴人，雍正元年进士，曾官户部郎中，福建按察使）在其《蛟桥怀古》中的：“惟余宝刀气，幻作水龙吟”同样动人心魄。

《蛟桥夜月》是徐达章的荆溪十景之七，是该组画中极具特色的一幅，首先是它描写了月色下的美景，其次是它描绘了宜兴城的市区景色，尤其是描绘了月圆之下饶有风味的市民夜生活，另外它还引领着我们追忆古代英雄的无限遐思——人民的安居乐业和幸福安康，实现眼前的这一派和平的景象，靠的就是英雄的担当、保护甚至是自我牺牲。

该画使我们认识到，徐达章除了最喜欢画人物，其于人物画用功最深、成就也最大外，他在界画上也是下过很大功夫的，并且看得出来他也是乐在其中的。蛟桥夜月图中，宜兴城内居民房屋沿着荆溪密布开来，错落拥挤，烟树环绕间，闻名遐迩的蛟桥横跨两岸，似英雄般不失威武矫健，在远近城墙及箭楼的拱卫下，整个城区呈现出一派祥和的景象，使人欲游忘返。尤其是晚饭后的市民们或拾级而上、或寒暄散步，桥顶的两个人干脆坐下来举头赏月，而与此喧闹相对应的是，右下前景中临水角亭里一蓝衣男子，对着蛟桥下的银光陷入静思……

① 《中国地方志集成·嘉庆增修宜兴县旧志》，江苏古籍出版社 1991 年版，第 475 页。

荆溪十景之八　张公福地（图 59）

道教相传有三十六洞天，七十二福地，所谓洞天福地乃仙人游居之地。宜兴有一古丽天成的文化古洞，被称为第五十八福地，相传汉代张道陵张天师在此修道，唐代张果老曾经在此隐居，所以得名张公洞，位于湖镇盂峰山，道书称之为“张公福地”，又名庚桑洞，是石灰岩溶洞。道教第三十二代真人张羽材有七言八句《张公福地》：

秋风吹衣草树凉，巨灵守护神丹光。
袖携天香入洞府，散作云雾空苍茫。
拄杖铿然响微步，石髓垂垂润甘露。
时当相遇五百年，分明中有升天路。[①]

又据《宜兴县旧志》记载：“张公洞在县东南五十五里，湖汊之上，相传孙吴二年，一夕大风雨，洞忽自开，高六十仞，麓周五里三面皆飞崖绝壁，北向一窦广踰四寻，嵌空可入，游者秉炬，历烧香台颇平广，自此下临如栈道，怪石错立，有仙人房、元武石、芝田丹、竈（zào）锦屏、瑶草，约三里南望，小洞通徹，径此出洞。”[②] 洞内有石阶 1500 余级，厅场宏大雄奇，其间大洞套小洞，洞中有洞，洞洞相通，共计 72 洞，最后朝天出洞。即便在炎炎夏日进洞游览，一路气温变化也犹历春、夏、秋、冬四季，可谓“山外方一日，洞中已一年。”素有“江南第一古迹”、“海内奇观”之称。唐代诗人李嘉祐（字从一，今河北赵县人，天宝七年进士）作七言绝句《题张公洞》：

空山杳杳鸾凤飞，神仙门户开翠微。
主人白发雪霞衣，松间留我谈玄机。[③]

---

① 《荆溪外纪》，（明）沈敕（明常州府宜兴人，字克寅）编辑，二十五卷，明嘉靖二十四年刻本，卷六。

② 《中国地方志集成·嘉庆增修宜兴县旧志》，江苏古籍出版社 1991 年版，第 386 页。

③ 《荆溪外纪》，（明）沈敕（明常州府宜兴人，字克寅）编辑，二十五卷，明嘉靖二十四年刻本，卷七。

图 59 《荆溪十景之八 · 张公福地》（清）徐达章 作

国画，纸本设色，宣纸托裱，27.7×31.5cm。宜兴市档案馆藏

北宋文学家苏辙亦作《张公洞》：

乱山深处白云堆，地坼中空洞府开。
茧瓮有天含宇宙，瑶台无路接蓬莱。
金芝春暖青牛卧，珠树月明黄鹤回。
此日登临兴何限，春风吹绽碧桃腮。[1]

元代画家倪瓒有七言八句诗《送张伯雨游张公洞》：

荆溪山水闷（bì）灵宫，子晋鸾笙下碧峰。
午夜月明风满嶂，千岩人静鹤眠松。
缘知瑶草春来长，应有仙人洞口逢。
莫为青骡翁久住，归来骑取葛陂龙。[2]

徐达章荆溪十景之八《张公福地》，以特写式的构图重点描绘出了张公洞的入口景象，周围山峰环绕，林木繁盛，入口处排排钟乳石倒挂洞顶，清晰可见，是典型的喀斯特地貌特征。洞内瑶台上三人席地而坐，但是三人正在议论的焦点似乎是右上洞顶的某处。洞外一老一少也正边讨论着什么，边向洞后绕行而去。整幅画色彩淡雅，笔墨简练，寓意也通俗易懂。

荆溪十景之九　国山烟寺（图 60）

据《桃溪客语》载："国山在桃溪东北十五里，即离墨山也。其下一小山，吴孙皓封禅碣存焉，俗以其遣董朝所封，故谓之董山。常州府志以此山为国山，非是。"[3]

---

① 《中国地方志集成·嘉庆增修宜兴县旧志》，江苏古籍出版社 1991 年版，第 473 页。

② 《荆溪外纪》，（明）沈敕（明常州府宜兴人，字克寅）编辑，二十五卷，明嘉靖二十四年刻本，卷七。

③ 吴骞 撰，王云五 主编：《桃溪客语》，商务印书馆发行，中华民国二十八年十二月初版，第三页。

图 60 《荆溪十景之九 · 国山烟寺》（清）徐达章 作

国画，纸本设色，宣纸托裱，27.7×31.5cm。宜兴市档案馆藏

从徐达章所绘的《国山烟寺》图中我们早已看出，山耸林密间一寺院掩映其中，与其相邻的是倒挂着钟乳石的山洞，那里就是著名的善卷洞，是梁祝文化的发源地，乃宜兴地方文化的代表，《光宣宜荆续志》对此有以下记载："本祝英台读书宅在碧鲜岩，邵金彪祝英台小传云，祝英台小字九娘，上虞富家女，生无兄弟，才貌双绝，父母欲为择偶，英台曰，儿当出外游学，得贤士事之耳。因易男装，改称九官，遇会稽梁山伯亦游学，遂与偕至义兴善权山之碧鲜岩，筑庵读书，同居同宿三年而梁不知为女子，临别梁，约曰某月日可相访。将告父母以妹妻君，实则以身许之也。梁自以贫羞涩畏行，遂至愆期，父母以英台字马氏子，后梁为鄞（yín）令，过祝家，询九官，家僮曰吾家但有九娘无九官也，梁惊悟，以同学之谊乞一见，英台罗扇遮面出，侧身一揖而已。梁悔念成疾卒，遗言葬清道山下。明年英台将归马氏，命舟子迂道过其处，至则风涛大作，舟遂停泊，英台乃造梁墓前，失声恸哭，地忽开裂，坠入茔中，绣裙绮襦，化蝶飞去，丞相谢安闻其事，于朝请封为义妇，此东晋永和时事也。齐和帝时，梁复显灵异，助战有功，有司立庙于鄞，合祀梁祝，其读书宅称碧鲜庵。齐建元间，改为善权寺。今寺后有石刻，大书祝英台读书处，寺前里许，村名祝陵。山中杜鹃花发时，辄有大蝶双飞不散，俗传是两人之精魂。今称大彩蝶尚谓祝英台云。"①

善卷洞也是记入中国"二十四史"的最早岩洞之一，号称世界三大奇洞之一，善卷洞西南千米处山岗上有三国时建立的"国山碑"，碑石四面有篆文绕刻，乃我国古代书法珍品，在书法史上与南京岩山的《天发神谶碑》齐名，书家为三国时东吴中书东观令史立信中郎将苏建，碑文字方 2 寸，雄伟古秀，文字内容详细记载了 1200 种祥瑞，其中有关江南地震的文字是我国江南地震的最早记录资料。鉴于其不可小觑的艺术和历史价值，"国山碑"亦成为了历代文人所关注和颂扬的对象，其中就有宋代大文豪苏东坡的《念奴娇－阳羡国山碑怀古》：

离墨山上，望烟寺茫茫。悄然神物。僧指孙吴封禅处，漫说银象玉璧，

① 《光绪宜兴·溪县新志·光宣宜荆续志》，江苏古籍出版社 1991 年版，第 326 页。

紫气黄盖。一壑云树，杳杳归啼血。周郎应叹，枉煞江东豪杰。　天公无意作弄，昏遗慵儿，说甚灵异发。犹恐仲谋适还在，也难逃此湮灭。野岭荆蛮，千古风雨，蜕落少年发。鸦惊暮钟，策筇寻径踏月。[①]

北宋末年南宋初年的赵明诚（字德甫，一作德父，山东诸城人，宋代学者，女词人李清照的丈夫）亦著文《跋国山碑》：

右吴禅国山碑，其前叙孙皓即位以后，郡国祥瑞，凡千余言，其后云乃以涒（tūn/yūn）滩之岁，钦若昊天月正革元，郊天祭地，记号天玺。又云，丞相允太尉璆（qiú）大司空朝等，以为今众瑞毕至，四表纳贡，九垓八埏，罔不被泽，率按典繇，宜先行禅礼，纪勒天命。遂于吴兴国山之阴，告祭刻石，以对杨乾命，广报坤德，按皓以丙申岁改元，天玺碑言涒滩之岁是也。皓淫虐无道，神人愤疾，而群臣方称述符瑞，赞颂功德，盖刻石后四年遂为晋所俘矣。[②]

虽然“国山碑”无法从徐达章的这幅画中看到，但是山下溪水边，古木簇拥之下，祝英台的读书处“碧鲜庵”碑亭赫然在目，一条小路通向画外，顺其续行应该就是梁祝故里祝陵村了。全画唯一一个人物正在从右下角处的小道向碑亭和寺院方向踟蹰而来，向徐达章的通俗典雅的笔墨写就的美景中走去……

徐达章的同乡，清代宜兴人蒋景祁（字京少，清代词人）对此地的景色和文化情有独钟，并创作七言诗《国山烟寺》云：

雨余烟寺路初通，一径风松听不穷。
绿字久湮丞相碣，青山无恙梵王宫。
林间钟磬横空渡，洞口云霞入画工。

① 古人咏阳羡（宜兴）（2016-09-23 13:47:13）（网络文）。

② 《中国地方志集成·嘉庆增修宜兴县旧志》，江苏古籍出版社 1991 年版，第 444 页。

我至欲寻栖隐地，当年善卷许谁同。[①]

又有清代路衡亦作《国山烟寺》：

朦胧竹间月，出没松顶鹤。
何处晚钟鸣，簌簌野花落。[②]

徐达章的画作《国山烟寺》与蒋景祁七言诗《国山烟寺》、路衡的五言诗《国山烟寺》、赵明诚的《跋国山碑》、苏东坡的《念奴娇 - 阳羡国山碑怀古》，相互唱和，千年不绝。

荆溪十景之十　洴浰雪蓑（图 61）

洴浰（音品力），原名洴练，练的意思是白绢，用以形容光润的水流。洴浰是南溪河流入西氿之要冲，张渚、徐舍、溧阳和上坝各地往来船只，必须经过洴浰过氿而入太湖。此地带有广阔的圩区农村， 乃江南鱼米之乡。洴浰在以前也指西氿边的洴浰村。明代大画家文征明亦有七言八句诗《洴练溪庄》：

阳羡西来溪水长，晴云缥渺练生光。
千年洴澼空陈迹，一笑鸢（yuān）鱼付两忘。
静夜星河涵碧落，有时烟雨听沧浪。
老夫拈出元晖句，聊为幽人赋草堂。[③]

明代茶陵派代表作家李东阳曾作《洴练溪为吴甯（nìng）庵赋》，赞美洴浰的美景：

① 《中国地方志集成 · 嘉庆增修宜兴县旧志》，江苏古籍出版社 1991 年版，第 477 页。

② 《中国地方志集成 · 嘉庆增修宜兴县旧志》，江苏古籍出版社 1991 年版，第 481 页。

③ 《荆溪外纪》，（明）沈敕（明常州府宜兴人，字克寅）编辑，二十五卷，明嘉靖二十四年刻本，卷七。

图 61 《荆溪十景之十 · 洴浰雪蓑》（清）徐达章 作

国画，纸本设色，宣纸托裱，27.7×31.5cm。宜兴市档案馆藏

练溪之水光如练，练溪之诗清满卷。
洴浰真成水上文，机梭不作江南怨。
静馀双耳闲能洗，坐爱一清差可恋。
不问庄生药手龟，羞随墨子悲丝变。
何须火浣销尘垢，却笑愚神蒙诋嫚。
里名胜母车当回，兽有刑天字须辩。
卧游久矣让君会，听说洒然醒我倦。
虚舟有意空江海，茧足无由出庭院。
敢谓曲江非鉴湖，即看湘浦同阳羡。
旧号新名次第更，前堂后圃书题遍。
莫欺我不识江南，已向元晖句中见。[①]

相传乾隆曾来宜兴畅游西氿，正值隆冬大雪，天水一色，两岸成行垂柳犹如件件雪蓑，乾隆喜道："真乃雪蓑，实为奇观！"洴浰雪蓑，由此成名。更早在康熙年间，里人张仲达于洴浰东村氿岸建造灯楼，灯光远照，以保船舶夜航安全，故名"光远楼"。乾隆二十四年（1759）又经过乡贤募资重建，灯楼高达六层，顶层置设油灯和大钟，似蔚然壮观的宝塔。清人查慎行（1650—1727年，浙江海宁人，初名嗣琏，字夏重，后改字悔余，号初白。精于《易经》，尤公为诗）《从洴浰出西氿》诗中云："到此无风也自凉，绕身四面是湖光。舟人遥指宜兴县，孤塔对船如笋长。"嘉庆初年期间，得徐文彪、胥鼓南等乡贤资助，于"光远楼"旁边增建禅院，名为"雪蓑庵"，后又几经扩建，在光绪年间达到极盛，僧徒一度达到数十人之众。徐达章的《荆溪十景图》之十正是《洴浰雪蓑》，画中远景处的建筑描绘的就是"雪蓑庵"。此外画中还描绘了雪中远山、古渡、渔舟、河流等景色，特别是勤劳而不畏严寒的渔翁披着蓑衣，于刺骨寒风和大雪纷飞中，在铅灰冰冷的湖面上垂钓，亦是"瑞雪兆丰年"的美好图景。"洴浰雪蓑"和以上九幅画面尺寸一样，钤印也相同。但是"洴浰雪蓑"的题款为"荆溪十景之十，光绪岁次丁未菊秋，计亭

① 《中国地方志集成·嘉庆增修宜兴县旧志》，江苏古籍出版社 1991 年版，第 462 页。

成之徐达章临裴氏本”，给出了创作时间为“光绪岁次丁未菊秋”即1907年农历9月，另外本画不是徐达章自己的原创作品，而是临“裴氏”的摹本 。说明在他之前还有个裴氏也创作了《荆溪十景》或者至少创作了《洴浰雪蓑》。从绘画技法上看，临裴氏《洴浰雪蓑》和徐达章以上九幅作品相比，笔墨简洁，构图也不复杂，是十景图中是景物最少的一幅。但是寒江素雪、树木婆娑的意境表达得很到位，水天一体呈现一片铅灰颜色，凝重苍茫，远近的山体及树木皆由留白而自成白雪片片，在凝重如铅灰般水天一色的对比下，更显雪色素洁，山体上的些许披麻皴、近树上的寥寥碎点皴、甚至近景和中景山体上极具创意的几处随意的圈状皴，既显示出土质的松软、树体的苍劲，其灰色用笔也与水天的铅灰色相和谐，使天、水、山、林乃至整幅画和谐统一、成为一体。

以上九幅都是徐达章极具匠心的独立创作，为什么最后雪景突然改成临摹呢？是画家不擅长雪景吗？正如清初阳羡词派徐喈凤（字鸣岐，号竹逸，顺治十五年进士，宜兴人，自号荆南墨农）所作七言诗《洴浰雪蓑》云：

溪空云冻雪霏霏，何事渔舟独未归？
隐隐白衣人把钓，茫茫素练浪冲矶。
半身蓑笠忘寒暑，一色乾坤浑是非。
此景从来难写照，云林淡笔或依稀。[①]

诗中最后两句已经明白地说明，图绘洴浰雪景难度极高，倪瓒的逸笔草草在表现雪原浑茫的气氛上比较贴切。但是从徐达章创作的《白乐天隐居香山》（图31）来看，他是很擅长画雪景的。那么是徐达章没有时间创作而选择临摹的吗？应该也不会，从以上九幅作品来看，画家如数家珍般娓娓道来，气定神闲，落款之“丁未菊秋”也是徐达章艺术上的丰收之季。徐达章是1908年家乡发大水后，开始带着儿子徐寿康谋食江湖的，此后不太可能有极佳的心情和充足的时间从事系列创作……也许当时的实景已经发生了变化，比如人为的毁坏等，原来的美丽景色已经不再，差强人意，画家不想臆造。

① 《中国地方志集成·嘉庆增修宜兴县旧志》，江苏古籍出版社1991年版，第476页。

于是，徐达章虽然完全能创作雪景，但他还是对洴浰雪蓑的景色保持了足够的尊敬和慎重，是否这种谨慎的态度促使他最后选择临摹裴氏的本子呢？虽然难以确定，但也不无可能。

以上十景图乃徐达章精心之作，是一位画家对家乡的讴歌，然而除了画家图绘，历代文人墨客对宜兴的歌咏更是浩如烟海，除了以上提及的大量诗词外，唐朝诗人陆希声在其中显得较为特殊，因为他的传世作品总共就只有二十几首，其《阳羡杂咏十九首》[①] 就已经占去大半。与众多诗词相映的绘画作品，难道只有徐达章的《荆溪十景图》吗？事实上，正如清人吴骞所说："至若荆南山水之胜，昔贤吟览之余，往往托于图画……至今好事家，犹仅有藏者。"[②] 可见，历史上出现的描绘宜兴的丹青美图亦不在少数。

据《桃溪客语》记载，苏叔党（苏过，苏轼子，字叔党，时称"小坡"）作过一幅《鸡栖荆溪山寺》的美图，倪云林曾经在题画诗中提及此画云："小

---

① 《观鱼亭》惠施徒自学多方，谩说观鱼理未长。不得庄生濠上旨，江湖何以见相忘。
《绿云亭》六月清凉绿树阴，小亭高卧涤烦襟。羲皇向上何人到，永日时时弄素琴。
《清辉堂》野人心地本无机，为爱茅檐倚翠微。尽日尊前谁是客，秋山含水有清辉。
《观妙庵》妙理难观旨甚深，欲知无欲是无心。茅庵不异人间世，河上真人自可寻。
《西阳亭》隔林残日照孤亭，玄晏先生酒未醒。入夜莫愁迷下路，昔人犹在逐流萤。
《李径》一径秾芳万蕊攒，风吹雨打未摧残。怜君尽向高枝发，应为行人要整冠。
《偃月岭》山岭依稀偃月形，数层倚石叠空青。几回雪夜寒光积，直似金光照户庭。
《苦行径》山前无数碧琅玕，一径清森五月寒。世上何人怜苦节，应须细问子猷看。
《讲易台》年逾知命志尤坚，独向青山更绝编。天下有山山有水，养蒙肥遁正翛然。
《弄云亭》自知无业致吾君，只向春山弄白云。已共此山私断当，不须转辙重移文。
《桃花谷》君阳山下足春风，满谷仙桃照水红。何必武陵源上去，涧边好过落花中。
《含桃圃》小圃初晴风露光，含桃花发满山香。香花对酒心无事，倍觉春来白日长。
《桃溪》芳草霏霏遍地齐，桃花脉脉自成溪。也知百舌多言语，任向春风尽意啼。
《石兕台》大河波浪激潼关，青兕胡为伏此山。遥想楚王云梦泽，蜺旌羽盖定空还。
《鸿盘》落落飞鸿渐始盘，青云起处剩须看。如今天路多矰缴，纵使衔芦去也难。
《茗坡》二月山家谷雨天，半坡芳茗露华鲜。春醒酒病兼消渴，惜取新芽旋摘煎。
《梅花坞》冻蕊凝香色艳新，小山深坞伴幽人。知君有意凌寒色，羞共千花一样春。
《伏龟堂》盘崖蹙缩似灵龟，鬼谷先生隐遁时。不独卷怀经世志，白云流水是心期。
《松岭》岭上青松手自栽，已能苍翠映莓苔。岁寒本是君家事，好送清风月下来。

② 吴骞 撰，王云五 主编：《桃溪客语》，商务印书馆发行，中华民国二十八年十二月初版，第二二页。

坡曾写鸡栖石，犹在荆溪山寺中。几欲规摹浑忘却，可怜零落坠秋风。”①可见苏小坡亦是较早图绘荆溪者。

另外，诗人张监曾经作七言绝句《题荆溪图》：“斩蛟桥北王枢府，高树连云第一家。欲向新图问何处，客窗风雨对梨花。”②从中可知曾经有一幅《荆溪图》，画中绘有斩蛟桥以北的高树云天、梨花风雨等，并点出图中绘出的斩蛟桥北侧第一户人家乃王枢的府邸。倪瓒还专门为其作《荆溪图序》：“东坡先生尝曰，一入荆溪，便觉意思豁然，欲买田，其间种橘作小亭，名以楚颂，卒不遂其志。杜樊川作水榭正当荆溪之上，其遗址僧结庵以居，至今历历可考见。盖荆溪山水之胜，善权离墨铜官诸山，岗垅之起伏，云霞之吞吐，具区汇于其左苕（tiáo），霅（zhà）引于其前，凡仙佛之所宫，高人逸流之所宅，殆不可以数记也，觉轩王先生韫（yùn）真潜德于其间，修天爵以恒贵，去人欲以求仁，垂子若孙皆循循雅饬，弗违先生志也。曾孙允同静而有智，简而能文，与余为相契约故，余知其义方之训有自来矣。河之始达也，才滥觞焉，楩（pián）楠松柏千尺之材，出于萌蘖之微，由其源远而本深耳。允同命予友陈君惟允绘为荆溪图，以示不忘乡鄙之意。他日指图而叹曰，某树也吾祖之所封植也，某邱也吾父之所游登也。宁无惕然有感于中乎，若允同之一举足话言而不敢忘其祖，若父者非教之有素而能然哉？吾固知其中多隐君子，既乐善于一世，又能使其将来之未艾，盖亦山川之钟秀粹美而致然乎。”③从该序中可得知，《荆溪图》的作者是倪瓒的朋友陈惟允，即陈汝言（字惟允，号秋水，元末明初画家、诗人，长于绘山水和人物），是王允同让陈惟允特为创作的，然而该画一经问世就深受大家喜爱，以致于在其上题诗者众多，除了张监的题诗和倪瓒的长记外，还有周砥、郑元佑、虞堪、王蒙、张经、王天觉、陈植、张田、荆南樵人、陈大本等众人的题诗，《荆溪图》轴乃墨笔绢本，纵 129 厘米，横 52.7 厘米，诗画相映，蔚为壮观。该

① 吴骞 撰，王云五 主编：《桃溪客语》，商务印书馆发行，中华民国二十八年十二月初版，第二一页至第二二页。

② 《中国地方志集成·嘉庆增修宜兴县旧志》，江苏古籍出版社 1991 年版，第 483 页。

③ 《荆溪外纪》，（明）沈敕（明常州府宜兴人，字克寅）编辑，二十五卷，明嘉靖二十四年刻本，卷十五。

画也是已知最早的描绘宜兴城全景的绘画作品，现由台北故宫保存。

明朝周砥（字履道，号东皋，别号匊溜生，姑苏人，寓无锡。学艺淹博，工诗文、书、画，著荆南唱和集。）亦曾经绘制宜兴美图多幅，对此《桃溪客语》中有记载："周砥《铜官秋色图》（见书画舫及清秘藏），《阳羡图》。"[①]《桃溪客语》还记载了更为丰富的描绘宜兴的绘画作品，"周砥、沈周《义兴山景卷》（并见王弇（yān）州尔雅楼所藏名画目），僧某《荆溪秋色图》（倪云林曾为卜震亨题，见诗集），陈维允《荆溪图》，亡名氏《荆南精舍图》（并载珊瑚木难集），倪瓒《荆溪快晴图》、《重居寺南山图》、《赠岳道十画》（并见云林集），徐賁（bēn）（字幼文，南直隶毗陵人，元末明初画家）《蜀山图》，朱泽民《荆南旧业图》（见青邱集），沈周《张公洞图》。"[②]其中陈惟允的《荆溪图》在前文已经述及，然而关于所谓亡名氏的《荆南精舍图》，明代高启（字季迪，自号青丘子，今江苏苏州人，元末明初诗人、文学家）有七言古风诗《题荆南精舍图》："睢阳醉磨一斗墨，梦落荆南写秋色。大阴垂雨尚淋漓，哀壑回风更萧瑟。枫林思入烟雾清，湖水愁翻浪泊白。溪上初逢野老航，山中忽见先生宅。秫田半顷连芋藘（qiū/xū/fū），茅屋三间倚萝薜。翁来看竹乘小舆，客去寻山借高屐。任公钓台石可坐，周侯祠前路曾识。虎迹时留暮苔紫，蛟气或化秋云黑。城郭何年别已久，风尘此日归不得。月落书斋半壁明，画图卧对空想忆。"[③]从诗中可得知，画家虽然是在睢阳磨墨作画，但写意的内容却是荆南秋色，画面内容很丰富，有阴雨、壑风、枫林、烟雾、湖水、野航、宅院、秫田、芋藘、茅屋、萝薜、老翁、小舆、钓台、祠堂、暮苔、黑云、城郭、月落、斋壁等，关键是该诗还极富色彩感，其中有烟雾的"清"、湖浪的"白"、暮苔的"紫"、秋云的"黑"、斋壁的"明"等。该画的景致由此浮现于读者的脑海，然

① 吴骞 撰，王云五 主编：《桃溪客语》，商务印书馆发行，中华民国二十八年十二月初版，第二二页。

② 吴骞 撰，王云五 主编：《桃溪客语》，商务印书馆发行，中华民国二十八年十二月初版，第二二页。

③ 《荆溪外纪》，（明）沈敕（明常州府宜兴人，字克寅）编辑，二十五卷，明嘉靖二十四年刻本，卷八。

而关于该画的作者，虽然《桃溪客语》里所记为“亡名氏”，但是我们今天仍能看到另外两首诗，一首是元朝谢应芳（元末明初学者，字子兰，号龟巢，常州武进人）的《高阳台 题张德机荆南精舍图》，另一首是元朝倪瓒的《赋德机征君荆南精舍图》，从题目亦可以猜想，《桃溪客语》记载的所谓“亡名氏《荆南精舍图》”的作者极有可能就是张德机（江苏金坛籍），即张纬，字德机，“征君”也是对他的称呼，另外他自号荆南樵人，他也是前此述及的《荆溪图》众多题诗者之一，此时他的署名正好为“荆南樵人”。另外，还有杨基（元末明初诗人，字孟载，号眉庵，今四川乐山人，吴中四杰之一）亦有长短句《题荆南精舍图》：“先生荆南客，久住荆南地。荆南山水清且奇，绿玉芙蓉乱金翠。上有嘘风啸月之于菟，下有冲波激石之神鱼，惊澜怒涛不敢渡，青林欲上愁号呼。山人川岳灵，拂剑睨九州，苍蛟授首。白虎毙丹崖，碧水成安流，铜官耸西来，历历清可数。骞如飞虬蟠，飘如怒鲸舞。先生爱之不忍去，结屋溪南卧秋雨。溪南山色三千丈，正与茅堂屹相向。一个青猿霜外啼，半规明月松间上。先生居其中，日采涧底薇，读书三十年，而无喜与悲。乾坤一变乱，漂泊不得归，岂不怀故邱？夜夜梦见之先生，先生慎勿忆尔之草堂。湖水百里遥相望，高山可梯水可航。何当剩买樽中酒，阳羡溪头共晚凉。”[1] 杨基在该文中更多地描述了画家居于荆溪时的情态和心境，周砥亦有七言八句之题诗《荆南精舍》。

然而明代徐贲（元末明初画家、诗人，字幼文，自号北郭生，今江苏常州人，吴中四杰之一）亦有七言诗《荆溪精舍为张天民赋》：“旧宅荆溪十亩宽，四围山拥翠巑（cuán）岏（wán）。鹿行云峤烟萝晚，人倚松风翠阁寒。兵后已无吴板籍，画中犹似晋衣冠。飘零总是无家客，挥泪题诗苦未安。”[2] 可见亦有张天民所作《荆溪精舍》，然而张天民与其《荆溪精舍》和张德机与其《荆南精舍图》有什么关系，目前还不清楚。

---

① 《荆溪外纪》，（明）沈敕（明常州府宜兴人，字克寅）编辑，二十五卷，明嘉靖二十四年刻本，卷九。

② 《荆溪外纪》，（明）沈敕（明常州府宜兴人，字克寅）编辑，二十五卷，明嘉靖二十四年刻本，卷七。

除了以上提及的《桃溪客语》里记载的画作外，又于《荆溪外纪》分析得知，还有《芦雁图》、《梨花睡鸭图》、《荆溪书屋图》以及沈周描写荆溪的长卷作品（石田画卷）等，以上画作皆有诗为证。

《芦雁图》为蹇氏所作，其上题诗乃陈森（元朝人）七言绝句《题义兴蹇氏芦雁画》：

塞北春归冀碛（qì）砂，江南秋到宿芦花。
月明曾向楼头过，影落荆南节义家。[1]

《梨花睡鸭图》，不知画家姓氏，上有顾观（字行之，明代）题七言绝句。

昔年家住太湖西，常过吴兴罨画溪。
水阁�帘春似海，梨花影里睡凫鹥（yī）。[2]

还有何竹鹤（即何澄，江苏江阴人，字彦泽，号竹鹤老人，明代政治家、书画家）曾经创作《荆溪书屋图》，时为王廷辅（明嘉靖四十一年进士，明代县城人，今浮梁县浮梁镇人）所有，沈晖（明朝宜兴人，字时旸，天顺四年进士）为之题七言绝句，即《何竹鹤荆溪书屋图为王廷辅题》：

袁州昔放画溪船，醉为王维写辋川。
不是君家遗泽远，草堂那得旧青毡。[3]

另有吴宽（明代名臣、诗人、散文家、书法家，成化八年状元，字原博，

① 《荆溪外纪》，（明）沈敕（明常州府宜兴人，字克寅）编辑，二十五卷，明嘉靖二十四年刻本，卷六。

② 《荆溪外纪》，（明）沈敕（明常州府宜兴人，字克寅）编辑，二十五卷，明嘉靖二十四年刻本，卷六。

③ 《荆溪外纪》，（明）沈敕（明常州府宜兴人，字克寅）编辑，二十五卷，明嘉靖二十四年刻本，卷六。

号匏（páo）庵、玉亭主，世称匏庵先生，别名吴文定，今江苏苏州人，）七言古风诗《题石田画卷寄沈时暘（shì）发山居佳兴》：

松林画静人独行，隔林似听吾伊声。
春山满眼发苍润，知是山中初雨晴。
我爱荆溪溪上路，路绕长松千万树。
太湖荡漾映高门，此是荆溪最佳处。
何人能弃冠裳归，只向湖边觅诗句。
便欲从之未有期，清梦时时此中去。
石田高士卧东林，故写长图慰我心。
封题却附湖船上，只恐云深无处寻。[①]

我们从该题诗中首先得到一个讯息，那就是明代画家沈周曾经创作一幅描绘荆溪的画卷，吴宽在其题诗中对沈周的画卷进行了描述，画卷所绘主要是太湖及其以西罨画溪周围的景色，其间有松林、独行人、春山、溪路、松树、太湖、高门、湖船等，诗中先后用画静、听声、满眼、苍润、雨晴、路绕、荡漾、映门、觅诗、清梦、卧林、云深等情态词语调动起了读者的连觉，成功描绘出了荆溪大地的万种风情。从“故写长图慰我心”之句得知沈周创作的是一幅长卷，并且特别指出画家将“封题”附在了画面太湖水上一行船上了，并风趣地说这是怕题写到“云深”处而导致“无处寻”，遗憾的是吴宽并没有将作品的名字给出。明代李杰（字世贤，号石城雪樵，成化二年进士，苏州府常熟人）亦对沈周的该画卷题有七言古风诗，诗中不仅描绘出了罨画溪周围的美丽风光，还倾诉了作者对画家的友谊和思念之情，因为此前已经有吴宽（匏庵先生）的题诗为首了，所以李杰的题诗即为次之，所以他将题诗名字叫作《次匏（páo）菴题石田画卷韵》：

---

① 《荆溪外纪》，（明）沈敕（明常州府宜兴人，字克寅）编辑，二十五卷，明嘉靖二十四年刻本，卷八。

挂冠忽作山林行，山深林密无人声。
杖藜日日恣游览，高兴宁论阴与晴。
川上石梁连古路，夹路奇花杂嘉树。
香雾濛濛罨画溪，彷佛桃源最嘉处。
身闲不任杞国忧，吟苦常追杜陵句。
忆昔与君同荐书，惆怅我来君已去。
何当访旧到山林，共倒清尊话夙心。
仙家只在云霞里，叠嶂层峦未易寻。[①]

虽然吴宽和李杰都没有给出沈周所绘画卷的确切名字，但是从《桃溪客语》的记载中也许能找到点蛛丝马迹，其中曾经记有“周砥、沈周《义兴山景卷》”，所以沈周的该画卷极有可能就是此《义兴山景卷》，然而又考虑到周砥与沈周生活的年代前后相差甚巨，所以理解成二人各作一幅《义兴山景卷》较为合理。

虽然描写宜兴山水的画作不在少数，但全面描绘“荆溪十景”的系列组画就不多见了。据考证，图绘《荆溪十景》，准确地说应该是《义兴十景》图最早应该是在明朝嘉靖壬寅（1542）年间，由方逢时请画师专门绘制而成。方逢时（1523—1596），字行之，号金湖，嘉鱼（今属湖北）人。他是嘉靖二十年 （1541）进士，嘉靖二十一年始任职义兴（宜兴）知县，任职期间流连宜兴山水，往视义兴图志中之所谓十景，觉得只能表达出义兴之美的十之一二，于是他请了一位画师命其另绘荆溪十景，以尽显其美。历三十年后，方逢时重新翻出旧图展玩，可惜的是原来的十景只剩八图，但画中景色依然美不胜收，观之顿生穿梭于玉潭铜峰之感，犹如与玉女张公邂逅般身临其境，然而此时此刻方逢时那青年时的壮志和奇趣如今已经消磨殆尽，对自己当年的政绩也并不满意，时下他览画旧游这佳山佳水，不胜感慨，但欣慰于义兴山水依然“无恙”，遂据此八图逐一赋诗，以遣情怀，这就是其著名的《义

① 《荆溪外纪》，（明）沈敕（明常州府宜兴人，字克寅）编辑，二十五卷，明嘉靖二十四年刻本，卷八。

兴八景诗》[1]：

《龙池夏云》：何年飞去旧池宽，嘘气氤氲尚未干。三伏炎威蒸下土，九霄清绝溢高寒。人间漫自惊神迹，帝世会闻纪瑞官。欲学无心蟠大地，石林金谷共盘桓。

《蛟桥秋月》：双溪秋水净无尘，隐隐长虹跨远津。丹桂香飘蟾窟晓，白榆光散蚌胎春。关山有恨飞横笛，河汉无声转玉轮。剑气尚冲牛斗在，九渊何处泣蛟神。

《洴洌雪蓑》：奇英六出洒长洲，小艇双溪泛远流。结习何缘花著体，雕镂孰是玉盈眸。坐温蓬底春生盎，起舞风前月挂钩。醉卧不干尘土梦，牛衣堪笑泣孤囚。

《国山烟寺》：尘世茫茫几劫（jié）灰，化城依旧碧山隈（wēi）。诸天树老悲猬鸟，五叶花残空草莱。僧定石床云寂寞，泉流玉涧日昭回。须知至理无生灭，何事三生有去来。

《阳羡茶泉》：一泓飞雪落晴峰，万树流云散晓空。采处喜逢金粟长，汲来惊见玉花浓。乘风便可游三岛，锡贡应先上九重。欲识山中清绝处，试将标品问卢仝。

《画溪花浪》：春尽溪南花乱飞，东风罨（yǎn）画见葳蕤（ruí）。影涵鱼藻□空碧，香逐凫（fú）鹥（yī）荡远漪。渔父醉时歌款乃，女郎游处斗腰肢。扁舟记得经行日，霁雨晴烟锦□迟。

《玉潭凝碧》：万壑中盘一鉴开，昆明浪说有秦灰。光涵翠碧烟霞净，寒浸青冥象纬回。睡稳骊龙珠自媚，练成冰茧（jiǎn）锦难裁。不知玉女今何处，濯罢长缨归去来。

《铜峰叠翠》：□峰蜿蜒郁流虹，障列荆南紫翠重。万古云霄悬鸟道，双飞日月转龙宫。溪沉霁景冲融里，树染晴岚杳霭中，却忆当年抱琴处，卷帘图画对花封。

据《宜兴县旧志》所载，方逢时乘兴创作《义兴八景诗》后，自己又为其专门作了序：

---

① 《中国地方志集成·嘉庆增修宜兴县旧志》，江苏古籍出版社 1991 年版，第 475 页。

嘉靖壬寅，予筮仕（初出做官）义兴，听理之暇，观风境内，爱其山溪洞岩，幽深奇绝，多天成之巧，不假人为。命驾操舟，使人乐而忘反，因咏韦应物“县多山水真仙吏里”之句，若有得焉，爰考图志，见其所载十景者可以概其一二而未尽也。命工绘之成册，垂三十年矣。归自云中，林卧无营，翻阅旧笥，只存其八，时复展玩，恍然身在玉潭铜峰之间，与张公玉女相邂逅也。各赋近体一章以纪之，夫壮年奇趣，消磨澌尽，追忆旧游，惭无惠政，而佳山佳水知自无恙也。抚景兴怀，良增一慨。[①]

此外2008年，宜兴有藏家新发现了彩色绢本二十四开册页之《荆溪十景》图，据称题款署名为荆溪万民表，据考系明代吴门画派画家。该册页前面四页为题签，十景图中每幅皆另配诗一首，除了其中两首不知作者外，其余八首正是方逢时之《义兴八景诗》。从方逢时特作的《义兴八景诗》序中已知，他是在请画师绘制《义兴十景》图三十年后，再赏剩余之八景时乘兴而作《义兴八景诗》的，所以万民表在方逢时八景诗基础上补充两首后而创作完成的《荆溪十景》图，与方逢时“命工绘之”的《义兴十景》应该是前后不同的两个版本。

另外清末史云桥也曾绘《荆溪十景》图屏条十幅，但鲜为人知。徐达章所精绘《荆溪十景图》至今保存完好，现由宜兴市档案馆收藏，此前曾为韩其楼所藏有。宜兴人韩其楼，是江苏省考古学会会员和民间收藏研究会理事，出生于1930年，工书法，善写作，嗜茗饮，爱收藏。另外，他还一度请著名的左笔书法家费新我为《荆溪十景图》装裱封页题写册名——“徐达章荆溪十景图”并落“费新我署”之字，并钤印（图49），关键是他的题句左笔书法的特征十分显明和独特。费新我（1903—1992）是中国著名的书画家，1958年突患腕关节结核，右手病残，从此苦练左笔书法，终于在中国书坛上脱颖而出，独领风骚。

由以上可见唐朝诗人陆希声的《阳羡杂咏十九首》、宋朝大文豪苏轼的佳句“买田阳羡吾将老，从来只为溪山好”、明朝诗人方逢时的《蛟桥秋月》、徐达章完备精美的《荆溪十景图》，千年来诗画唱和，共谱华章，是对“诗中有画、画中有诗”的“大美宜兴”的千古绝唱。

① 《中国地方志集成·嘉庆增修宜兴县旧志》，江苏古籍出版社1991年版，第474—475页。

1907年徐达章完成如诗亦画的《荆溪十景图》，与先贤歌咏唱答，徜徉于绚丽诗画世界而自足。然而也正是在1907年，现实中的徐达章却一步步走向绝境，因为“随着封建王朝的日益腐败和帝国主义的加紧入侵，中国人民陷入了更深沉的苦难，徐达章全家的生活也愈来愈艰难了。在走投无路的情况下，徐达章流着眼泪，卖掉了两亩瓜田。”[①] 据他的外孙潘楠生记叙，徐达章“有祖产水田4.6亩，分别座落在公路路西江南公司汽车站站北2.2亩，站南1.6亩，公路北桃花坟东北角处0.8亩，此外还向徐氏宗祠租种水田2亩，共6.6亩，大田每年种稻麦两熟，8分小田的前作种西瓜，后作种糯稻和香稻。在住宅的西南角处，还有一块约70多平方米（6×12米）大小的桑园地，可以养蚕。”[②]1997年7月11日《工人日报》刊载署名吴海发（无锡作家）的文章《太湖孕育的艺术巨子——瞻仰徐悲鸿宜兴故居》，文中也提到：“有一间泥地房子是徐悲鸿父母养蚕的蚕室，泥地可保证室内适宜的湿度与温度。桑田就在故居后门外。”[③] 然而当年在走投无路的情况下，徐达章还是无奈卖掉了自家的2亩瓜田，虽使嗷嗷待哺的弟妹免于饥饿，但全家只是暂时度过难关，勤劳持家、饱读诗书的徐达章何以至此悲惨境地呢？这需要我们了解一下当时的社会大环境，因为在当时中国不断被国外势力侵蚀的社会大背景下，广大劳动人民的生活每况愈下乃势在必然。不过身处2020年的我们，如果可以穿越到清朝末年，做一次113年前的屺亭桥人，实时观察一下当时的社会，倾听一下当下文人的“时评”，如此，我们就会对徐达章所面对的现实生活有更加切身的体会了。然而怎么实现穿越呢？不无幸运的是，我们今天可借助徐氏宗谱中所载宜兴人童斐于1907年所撰的《上达翁序》来实现：

今之谈时势者，有鉴于外人之集合群力以吸取吾华之膏液。乃大声疾呼以告我中国，涣散无纪之民众，曰合群，曰团结，曰共鼓爱国心以

---

① 廖静文：《徐悲鸿传》，中国青年出版社2010年5版，第10页。

② 潘楠生：《我的父亲潘祥元》。

③ 吴海发：《太湖孕育的艺术巨子——瞻仰徐悲鸿宜兴故居》，载《工人日报》，1997年7月11日，第六版，文化周刊。

保我种族。今其主义已大都注入通人之心，而知合群之为要务矣。然比年以来，涣散犹是也，无纪犹是也。外人之集合群力以朘（juān）削我者，方有加而未已也。是何故则以吾中国无人以实力振摄？故惟无实力以行之。虽人人晓然于心，而徒有空论以震烁。一世事功，卒不可得而见。申公曰“为治不在多言，顾力行何如耳”诚实哉！其说之不诬也。吾乡上达徐翁为徐氏宗子，徐氏散处各乡子姓繁衍，翁前后联合族人纂（zuǎn）修其宗谱，徐氏常以此敦叙宗谊，顾木本水源之意，集合而不涣。吾于是叹实行者之有效，而空言者之无功也。呜呼，今日之中国之事诚亟矣。其散而流寓他国者，几亡其祖国之何若是无论矣。即同处一国之中，而省与省相隔，府与府相绝，甚且家自为风，人自为习，不相援合，坐使外人乘隙而入，莫之能御。安得人人实力振慑如徐翁者，使天下为一家，中国为 一人也。吾于徐翁之再辑录其谱，盖有感焉。

光绪岁次丁未仲夏之月

伯章童斐拜撰[①]

此文虽然百年来只是静静地呆在徐氏宗谱里，但是却清晰地点明了当时社会最大的状况是外国人“集合群力以吸取吾华之膏液”，为图改变，作者“大声疾呼以告我中国”之“涣散无纪之民众”的是什么呢？是直至21世纪的今天，我们仍在强调的“团结”，用作者的话来说是“曰合群，曰团结”，并且作者进一步强调说，这些状况和道理普通人都已经明白，但是几年以来，民众依然涣散无纪，所以导致外国人“集合群力以朘（juān）削我者”是更“有加而未已”也。作者还讲述了当时许多出国在外的人几乎把祖国忘于脑后，而国内省与省、府与府、甚至家与家、人与人之间又都各自为政“不相援合”，各种原因合起来，更另外国人“乘隙而入”，而国人却“莫之能御”……最后作者感慨“今日之中国之事诚亟矣”，仍旧呼吁国人要努力“使天下为一家，中国为一人也”。事实也是如此，在当时整个社会难以有效抵抗外国入侵的情况下，大批农民、手工业者陷入艰难的生存，徐达章怎么就能独善其

① 《计亭徐氏宗谱·卷四》，童斐 撰《上达翁序》。

身呢？……外侵未消，天灾又至，1908年，宜兴遭受水灾，大雨不停地倾泻，河水猛涨，屺亭桥被淹没于汪洋，田里庄稼绝收，饿殍遍野，哀鸿一片，乡民不得不外出乞讨。至此，徐达章已经不可能在镇上鬻字卖画了，最终不得不携徐寿康漂泊异乡，谋食江湖，“过那落拓的生涯，靠给人家画肖像、画山水、花卉、动物屏条、写春联、刻图章等来维持生计。有时住在淳朴的农民家里，有时住在小客店或寺庙里。这种风餐露宿，穷愁潦倒的生活，使徐悲鸿很早就接触到了下层社会和劳动人民，也磨炼了他同情劳苦大众，‘为人类申诉’的思想感情。”①

不久，他们来到了太湖之滨的无锡。这个被不平等条约打开门户的繁华城市，给了徐寿康强烈的印象和刺激。“那些悬灯结彩的商店里摆满了五光十色的洋货，从日用品的瓷器到布匹、丝绸、以至儿童玩具等，无一不是舶来品。老板给他们贴上‘价廉物美’的广告，招徕顾客。悲鸿在这里看到了关税不能自主，外国商品倾销和帝国主义抢夺市场的缩影。而威风凛凛的衙门，却在狞视着成群的衣衫褴褛的乞丐。”②

至此，苦难仍旧没有结束，1909年夏天大雨又至，良田浸泡洪水，余水两月不退，更可怕的是，秋末疫情终于暴发，溧阳县志对此有所记载：“同年（1909）夏，县境蛟雨兼并，上游之水倾泻，下游之水上涌，水漫南渡桥背。全县灾田十之七八，两月余水未退尽，灾民四处谋生，秋深疫病流行，残不可状。”据《周益公泛舟录》所记宜兴曾于“尧时夏雨甲申，致九年之水。”③故此“宜兴人最畏夏甲申雨”④，后来民间传为宜兴最忌“夏甲子雨”，于是不再有“甲申雨”之说了。然而这次上天连戊申（1908）和己酉（1909）也没有放过，真所谓屋漏偏逢连夜雨，祸至从来不单行。苦苦挣扎在连年水灾中相依为命的父子俩，流浪行艺，作为父亲的徐达章只能勉强

① 任甫孟：《一代画圣徐悲鸿传》，天工书局1999年版，第19页。

② 廖静文：《徐悲鸿传》，中国青年出版社2010年版，第11页。

③ 吴骞 撰，王云五 主编：《桃溪客语》，商务印书馆发行，中华民国二十八年十二月初版，第一八页。

④ 吴骞 撰，王云五 主编：《桃溪客语》，商务印书馆发行，中华民国二十八年十二月初版，第一八页。

把儿子照顾好，却再也没有能力照顾好自己，由于灾年中人们对画像的需求极度萎缩，再加上风餐露宿，困顿劳苦，徐达章终究没有扛住瘟疫而染病，不得不于1909年底返回“淡我斋”，从此一病不起，幸好徐悲鸿等人无恙，这也是徐悲鸿第一次躲过疫情，然而十年后的1918—1919年初的中国，亦遭受了蔓延全球且危害性更大的西班牙大流感的袭击，上海、江苏、天津、北京、河南、安徽、江西、山西、四川、以及东北地区等，皆发生疫情，从现有资料来看，时任北京大学画法研究会导师的徐悲鸿与妻子蒋碧薇一道身居疫区，但未曾听闻他们采取了什么相应的防范措施，与1909年徐达章与儿子在家乡水灾后遭遇疫情的结果一样，徐悲鸿再次与致命的西班牙大流感擦肩而过，这已是后话……

徐达章和儿子返乡后，在父亲重病卧床期间，徐寿康用瘦弱的肩膀挑起了家庭的重担，他不得不于宜兴初级女子师范、始齐小学、彭城中学三校兼职作图画教员，赚取微薄的薪酬来为父亲抓药。而“他母亲相信迷信，为了替达章冲喜治病，便动员十七岁的悲鸿提早与邻村一位姓周的农村姑娘成了亲。”[①] 一生精明能干的母亲鲁氏（1872–1937年，大塍上鲁正祥长女），个子不高，微胖黝黑，裹着小脚，中年左眼生白内障，常眯眼觑视。自从徐达章染病返乡后，她就常到向东两公里外的屺山保安寺为丈夫祈祷。与鲁氏想为丈夫的病冲喜不同，深知自己病情危重的徐达章盼望长子及早娶妻生子，延续香火，亦不出情理。问题在于他们的儿媳妇周氏（1893–1918年，王婆桥东蒋巷周炳亨长女），虽属江南女子小家碧玉的典型形象，但她不识字，裹着小脚，比徐悲鸿年长三岁，此前二人从未谋面，极不情愿这桩包办婚姻的徐悲鸿一度逃婚出走，徐达章无奈中强撑病体外出寻找，最后在溧阳陶鳞书（名瑞，字趾祥，徐寿康寄父）的指引下，终在一座庙里找到正在高脚架上绘制庙门厅墙上壁画的徐悲鸿。当全身浮肿、拄杖气喘、尘土满身的父亲直视着自己一屁股瘫坐在门槛上时，顿觉对不起父亲的徐悲鸿心如刀割，啜泣着上前把父亲紧紧搂住，半晌，徐达章才断续说出：“寿康，跟我回去娶

① 中国人民政治协商会议江苏省宜兴县委员会文史资料研究委员会 编：《宜兴文史资料第十二辑》，一九八七年七月，第11页。

亲……赶紧回！”[1]……婚礼如期举行当天，“徐达章像是换了个人，一大早就爬起来请厨子杀了家里的一口小猪准备婚宴……吉时已到，徐悲鸿……穿上官服，胸前戴着大红花，身披一条长长的红丝带……乘上蓝呢花轿。邻家的一个半大孩子抱着徐家的一只大白鹅做前导……到茭渎的周家宅邸去举行奠雁礼……到了周家……一个时辰之后，周氏的哥哥周庭勋便抱着一位头顶被红布盖住，浑身上下皆红的人上了红呢花轿，自己……上了来时的蓝呢花轿……轿子到达屺亭桥徐宅……母亲鲁氏和称作三婶的邻居三婆婆拿把剪刀和一根尺棍递到红呢花轿里让周氏姑娘过了过手，身后的另一位婆婆又用一只熨斗熨了熨新娘的衣角……”[2]，按照古老程序，不想惹父母生气的徐悲鸿终于和周氏一起被拥进了礼堂，堂上除了父母，陶鳞书亦端坐一旁……婚礼结束，鲁氏即刻让三婆婆塞给儿媳妇一块白布并耳语几句，后续三天鲁氏向儿媳妇索要白布而不得，周氏只是低头流泪。一直不理周氏的徐悲鸿眼看父母脸色阴沉，对自己待搭不理，不得不再次让步，而后周氏终于将“染指”白布偷偷递给婆婆，徐达章夫妇脸上的笑容重现……后来，徐达章如愿抱上了孙子，并亲自取名“吉生”，意在祈求消灾降幅，然而徐悲鸿却将“吉生”改名“劫生”，暗指自己婚姻“遭劫而生”。未几，徐达章于癸丑民国二年（1913）二月十七日巳时去世，得年四十五岁。死时家里穷，仅置薄皮棺材，葬于桃花坟祖坟地。1970年代整田地运动时，重拾尸骨入瓮，就近别葬桃花坟南，不久后坟头被平。时处2020年的今天，社会发展程度已是当年徐达章那一代人难以想象的了，中国已经获得解放，外国侵略者早已被赶走，国家已独立自主，宜兴也已经今非昔比。徐达章的新坟所在位置是“周棂公路”（中桥路，图232）（楼前横向的道路）的下面了。徐达章去世后仅仅五年，其儿媳因病卒于民国七年（1918），年仅二十六岁。从此“吉生”就由奶奶抚养，但最终还是于1918年因感染天花病毒而不幸夭折。

徐达章耕种一生，但志于学，他一生无为而无不为，受教于父，施教于子，吟诗赏画，感受奇花异石之美，修养德操，酷爱书法，尤重儒教和理学。他生前劳苦，但是由于一生的笃于儒教，仁德传家，终究荣耀宗族乡里，无没儒德。

① 夏桂楣：《徐悲鸿时代》，北京大学出版社2020年版，第16页。

② 夏桂楣：《徐悲鸿时代》，北京大学出版社2020年版，第17–18页。

第二画　淡我书斋道味腴

族谱载誉百年传

“淡我斋”既是徐达章躲避风雨、生儿育女的栖息之所，也是他课徒书画、寻迹古道的君隐之处。所谓“道”，在每个中国人、尤其是每个中国文化人的心中都具有非凡的意义，是精神根本之所在。儒家被称为儒教、道家发展出道教都是发生在汉代，然而随着佛教传入中土，中国从晋代又开始了“三教合一”的进程，儒教主张的仁德修养和学问人生，道教劝人不慕荣贵、割舍骨肉亲情、在磨砺中得道成仙，佛教的慈悲为怀及向善求福等思想皆深入人心，三教不仅融入了人们的日常生活，更是滋养了绘画、音乐、雕塑、文学、建筑等各类艺术，其中当然也包括壁画、版画、年画、剪纸、皮影等民俗艺术。曾几何时，家家户户贴的寓意平安吉福的鞭锏门神、醉酒钟馗，每每于正堂上张挂的关公读春秋、三官大帝、三清天尊、真武大帝，乃至杨枝观音、采莲观音、送子观音、麒麟观音娘娘送子等画作，都曾经是我们不可或缺的生活本身，道教当然是其中的重要组成部分。所以，作为一个中国传统文化人，不受道家影响是不可想象的，徐达章也不例外，尤其是他的人物画，亦深受这些民间艺术的影响，这在他的绘画作品中亦屡有表露，第一画中已提及的其人物画《群仙图》（图 12）就是一个很好的例子。《群仙图》反映了徐达章儒释道三位一体的中国传统文化之精神品质。画面上部绘菩萨与二童子，这反映的是徐达章生活以及民俗里的佛教思想。然而除此之外，画面中下部的人物几乎都是道教神仙。道教传说中八仙之一的钟离权，也叫汉钟离，全真道尊他为“正阳祖师”，其传统形象特征为头梳髽（zhuā）髻（头顶两侧各一个发髻），大眼睛，红脸膛，手执芭蕉扇，袒胸露乳，乐呵悠闲的样子，据此，徐达章《群仙图》中处在观音菩萨左下的头梳双髻、手持扇子的神仙正是钟离权无疑。而画面最右侧的一位老者须发花白，根据年龄判断乃张果老，民间神话传说中的张果老鹤发童颜、怀抱渔鼓、倒骑毛驴。脱开神话传说，张果老在历史上果有此人，他原是唐朝人，姓张名果，号通玄先生，大约生活在7世纪至8世纪中期，生平不详，据史书推算，活了大概140岁左右。再看《群仙图》中张果老旁边与之面晤的神仙，据衣着看，应该是曹国舅，他是道教八仙中地位最尊贵的人物，原本是宋朝丞相曹彬之子，曹皇后之弟，他冠袍玉带、朝靴玉笏，虽貌美聪敏、安恬淳善，但不喜富贵、酷慕清虚。

另外，传说里八仙手中各持一法宝或法器，俗称“暗八仙”，也称“道家八宝”，它们分别是铁拐李的葫芦、汉钟离的芭蕉扇、张果老的渔鼓、何仙姑的荷花、蓝采和的花篮、吕洞宾的剑、韩湘子的笛子、曹国舅的玉板。所以从“暗八仙”的角度判断的话，汉钟离左下方一位神仙身后的童子手持葫芦，这似乎暗示他的主人就是铁拐李，然而从貌相上看，他更像玉树临风、风度翩翩的吕洞宾，并且吕洞宾有个喜好就是爱戴华阳巾，这一点也与图中比较接近。而铁拐李在民间的基本形象是脸色黝黑、须发蓬乱、头戴金箍、手持葫芦、眼睛圆瞪、拐腿拄杖，他是八仙中资格最老的神仙，是道教尊崇的对象。所以根据面貌看来，似乎下面的那位横剑怒目者更像铁拐李，只不过他手里的剑应该是吕洞宾的法宝，当然画中也没有表现出他拐腿的形象，考虑到传说中铁拐李前身为一书生，考场失意转学道仙，一次他神灵出窍访师，待七日回转时，其肉身已焚，情急之下借一饿殍还魂，遂成瘸腿之躯……这些非常的安排，难道是徐达章用这种张冠李戴的方式来戏说仙人们的会聚并客串愉情吗？这已不得而知。需要指出的是，徐达章《群仙图》中张果老怀抱之物并不能准确断定就是渔鼓法器，曹国舅手中的法器更像如意，亦非玉板，画家的用意尚待分析。但无论如何，《群仙图》中景里几位“神仙”的聚散之状，通过画家的特意安排，更贴近民众的生活，更有生活气息，正是老百姓所喜闻乐见的。

然而画中最下面的一位神仙，画家对其描绘最为精到细致，只见他三眼怒视，右手高举打王鞭，左手掐作灵官诀（中指伸直，食指尖掐在中指第一节横纹背部，拇指尖里侧掐在中指第一节横纹，母指尖与食指尖相对，无名指和小指屈于掌心），脚蹬风火轮，这又是何方神圣呢？打王鞭，又称金锏，原本为唐宋时期先皇授予大臣的一种权利，手握打王鞭上可打昏君，下能鞭谗臣，甚至先斩后奏，相当于汉代和清朝时期的尚方宝剑。通常由上代君王赐给忠实可靠的托孤老臣，是为了一旦自己选出的继承人昏庸无道，或者由于年轻气盛而做出错事时，可以制止他而设，比如著名的有商朝闻仲闻太师的打王鞭、唐太宗李世民授予尉迟恭打王鞭和秦琼打王锏、宋太祖赵匡胤授予八贤王赵德芳打王鞭，都是政治权利的象征，中国民间至今都有在节日期间帖鞭锏门神的风俗传统。然而提到风火轮，人们便会不由得想起《封神演义》和《西游记》里的哪吒身着红肚兜，脖系混天绫，左手乾坤圈，右手火尖枪的形象，尤其是他脚下的一双风火轮可不是人间凡品，脚踏双轮可生风喷火，能上天入海，日飞万里，可谓叱咤风云。风火轮作为道教法器，也是道教火神信仰的体现。然而道教认为火不仅是“木火土金水”五行元素之一，在道教的丹道与斋醮（jiào）等方面也有重要意义。哪吒是道教的一位护法神，在道教神仙里，除了哪吒以外，还有两位雷部的护法神将，分别是华光大帝马王爷和护法神将王灵官，他们也使用风火轮这种法器，但与哪吒不同的是他们脚下的风火轮只有一个轮子，道教将它称为“火车”，所以王灵官的别称为“三五火车王灵官”，其道教全称为“先天首将赤心护道三五火车王天君威灵显化天尊”，又号“太乙雷神应化天尊”。作为护法神，他刚正不阿，嫉恶如仇，纠天察地，除邪祛恶。他在民俗文化艺术里的基本形象为红脸虬须，金甲红袍，三目怒视，手举金鞭，足踏风火轮，真乃“三眼能观天下事，一鞭惊醒世间人”。所以由持鞭、火车、三眼和灵官指四个特征可以断定《群仙图》画中最下面人物即为道教护法神王灵官（图 62），只不过画家把他的单轮风火轮改成了双轮而已。王灵官同时还司职雷神，曾被封为“玉枢火府天将”，又称火神，所以风火轮正是他的标配。然而在道教的火神信仰中，除了王灵官和马王爷两位护法神以外，还有多位火神，如：火祖燧人帝君、火祖炎帝帝君、火正阏（ē 或 yān）伯真官、火神回禄神君、丙丁位司火大神、火神祝融神君、火炁（qì）郁攸神君、南方赤精帝君、巳午位司火大帝、南方赤灵帝君等……可见王灵官脚踏的风火轮，实际上是道教自然信仰对“火”的反映和体现。然而作为画家的徐达章，运用丰富的想象力，出于创作和审美的需要，在画中，大胆地把哪吒的风火双轮借给了原本只有单轮的王灵官，这不仅使火速行进中的王灵官更显飘逸，同时也倍感飞行的稳定。从《群仙图》

图 62　徐达章《群仙图》局部

的构图上看，事实也是如此，由双轮形成的短直线大致处于水平状态，这有效地避免了该画整体菱形构图上形成的下部尖角，这双轮改点为线，形同“底座”一般，坐实坐稳的是整幅画的“巨构”，这正是全画动态构图的稳定因素之一。如此看来，前此谈及的徐达章将吕洞宾的剑有意地“客串”予铁拐李，不仅一改铁拐李瘸腿佝背的形象为仗剑挺立、怒目冲发，更使该剑与另外两位神仙手里的鞭锏和长刀形成“三足鼎立”的形态，在画家眼里三件兵器还是画面中的三条长短不一、角度各不相同的三条直线，它们不仅从各个方向填补了画面中心的空白区域，还以其刚直的品质打破了画面中飘带的旋绕、柳枝的柔嫩、衣襟的飘动、甚至人体的丰润圆臃，这无疑是对构图的极大丰富，如果按照常态的话，该剑应该是背在吕洞宾身后的，但那将是画家构图上的巨大损失。既然吕洞宾把剑给了铁拐李，那铁拐李也自然“乐于”将自己的葫芦给了吕洞宾的童子“把玩”，这也正合了“礼尚往来”之精神……

徐达章在图中所绘王灵官身后的持刀者又是哪路神仙呢？让我们在想象中跟随徐达章到当地的道教宫观走一走就有答案了。天朗风畅的清晨，人流已如织，沿着林荫道，随着徐达章的脚步迈入山门后，一座灵官殿首先映入眼帘，大殿正中供奉的正是三眼怒视、手持金鞭、足踏风火轮的道教第一护法神将王灵官。在王灵官塑像的两边还供奉着“马赵温关”四位神仙，即马王爷、赵公明、温琼和关羽，他们是道教护法四帅。其中关羽尤其受人尊崇，其手中的青龙偃月刀从来都是他的标配，徐达章《群仙图》中王灵官身后的神仙所持的正是关羽的青龙偃月刀。但据《三国演义》描绘，关羽红脸膛丹凤眼，尤以其长髯而得“美髯公”之称，属于俊秀忠勇一路的形象，所以徐达章《群仙图》中持刀人物之形象与之并不相符，实际上徐达章真正想歌颂的也确实是关羽，这一点并不假，只不过画家特以“铁须银齿，黑邱朱唇”的大将周仓的形象替代了关羽而已，周仓作为关羽的副将，一生追随关羽征战，战功赫赫，败走麦城后殉节而亡，死后又跟随先主神尊关圣大帝巡查三界、奖善罚恶，劳苦功高，于是在中国文化精神里周仓被尊称为神君忠义勇天王，被称为“天下第一忠心之人”，他的文化精神价值在于对关公“忠义仁勇”精神的承续，忠就是爱国以忠，义就是诚信对友，仁就是友善待民，勇就是对敌以勇。周仓精神亦在“忠勇”二字。在民间多以周仓形象作门神，在此画中徐达章的用意是以其象征关羽，这离不开周仓如关公一般的忠义神勇。正是这一绝佳艺术创念，使徐达章的《群仙图》在艺术和文化上形成了多中心和多层次的特性，其虚实互融尤具高超的美学蕴涵。首先从整体构图上看，画面正中实际为一片空心区域，此构图之虚境是代表“诸法空相”的佛界吗？我们不得而知。然而即使画面中空，但整体构图却饱满、和谐、自然，不仅男女老幼、枝叶鸟云、风火揖带充斥寰宇，那不无威严的喜庆祥和、快乐飘逸更是无处不在，无论构图还是思想境界，都是极其令人信“实”的。但正是在这“实”的周边，“虚”就如同那如影随形的“空”无缝不入，这虚实的结合实在妙不可言，此虚空的画面构图中心与在佛教中作为慈悲和智慧象征的观世音菩萨那“普度众生”“救苦救难”之佛界神境，乃《群仙图》一显一隐的两个画面中心之所在，妙就妙在佛教的普光不仅充斥画面每个角落，它更是盘踞在每个人的心中，当然也是画面隐含的中心主旨所在。然而画面众仙立体式环绕中央空域而布局的构图创意，是构图上的中空亦实，这不由得使人想起《心经》中的“五蕴皆空”，徐达章人物画在虚实表现上的美学修养之高可见一斑。然而《群仙图》还有一个更加隐晦玄妙的中心，它在构图上其实处在右下的方位而远离画面中心，这个所谓的中心就是周仓。虽然徐达章在图中精心描绘了一位胡须似铁、齿白如银、黑脸红唇、臂力千钧的大汉周仓，但却是“醉翁之意不在酒”，其背后的深层含义实乃中国文化里对关羽的崇拜，关羽集忠、义、仁、智、信、礼、勇于一身，是“忠孝节义”的化身，后人通过各种方式来表达对他的崇敬和思念，敬牌位、拜画像、盖神庙，关羽也就成为中国文化的巨大精神来源之一，教化作用显著，尤其是自明清以来，人们把关羽奉若神明，尊为武圣人，与文圣人孔子并立，列入神位。关羽是道教护法四帅之一，同时也是武财神。在道教里关羽还被称为三界伏魔大帝、神威远镇天尊关圣帝君。被敕封为神的关羽，既可护法伏魔，还能为百姓禳病去灾、驱恶除邪，得民间百姓爱戴，以至于很多地方都专门立关帝庙供奉关羽。然而与众不同的是，关羽既在民间被人信仰祭祀，同时又是被儒道释共同供奉的神仙，所谓“三教尽皈依，历朝屡加封，名流竞美誉，世人皆崇尚”，这在中国神仙里是不多见的。所以说，徐达章除了在画面上直接将菩萨及其童子之佛教形象与钟离权、王灵官等道教人物汇聚一图，从表面构图上用众多人物形象来体现道家与佛家的文化融合外，周仓这个独特的人物形象却也使此含义得到了更进一步的升华，他的形象实际成了文化多重聚焦之躯，他既是关羽的副将，又是关羽文化精神的代言，还是中国传统文化“三教合一”精神及生态的反映，他当然也是徐达章本人作为中国传统文人逃不过的儒释道文化互浸的艺术载体。

至此，在徐达章的《群仙图》中，在周仓身后，还有一位神仙的身份完全不明，他手里既无法器，亦无显著相貌特征，与八仙传说的韩湘子和蓝采和亦难以对号入座，由于性别的原因更不是何仙姑。那他究竟是何方神圣呢？另据《中国神话传说词典》言：“明朱有燉杂剧《八仙庆寿》中以张果老、汉钟离、曹国舅、蓝采和、铁拐李、韩湘子、徐神翁、吕洞宾为八仙。”[①] 然而通常情况下大众最为熟悉的八仙中没有徐神翁，取而代之的是何仙姑，这据《中国神话传说词典》言：“至吴元泰《八仙出处东游记传》（即《东游记》），去徐神翁而易以何仙姑，后代民间所传之八仙，即本此为说。”[②] 而徐达章所绘《群仙图》中周仓身后的神仙从年龄特征上来说不太可能是韩湘子或蓝采和，说是徐神翁的话倒更加贴切一些。

最后，让我们重回纯粹的绘画技法角度，再识徐达章在虚实构图上的卓识和浑然天成——首先处在画面最顶端的人物是观音菩萨，她手持上求佛道、下化众生的杨柳枝，她的两个童子皆处于其一侧，原本双手捧珠的龙女，被徐达章改成了怀抱装有洗涤贪嗔（chēn）痴诸毒之甘露水的“玉净瓶”，龙女的大半个身子及玉净瓶瓶底都遮挡在菩萨身后，似隐还现，不仅玉净瓶与杨柳枝两相呼应，龙女在姿态和神情上与旁边双手合掌的善财童子的互动，亦使画面倍感灵动、亲切、自然而祥和。菩萨与童子们又构成了一个局部的小三角，所以构图上愈加丰富，而画面左上天堂鸟的出现似欲将人们的精神进一步引向那“佛法无边”的极乐天界，无论是从表面显佛之菩萨，还是代

① 袁珂 编著：《中国神话传说词典》，上海辞书出版社出版，1985年版，第8页。

② 袁珂 编著：《中国神话传说词典》，上海辞书出版社出版，1985年版，第8页。

表关羽文化精神的人物周仓，皆聚成了似现还隐的精神中心。尤其是徐达章笔下的周仓这个人物形象，更是儒道释融通的纽带，最为巧夺天工，可谓出神入化之笔。徐达章用周仓这个形象，很好地将道教的尊道贵德、佛教的慈悲为怀、儒教的仁德修行，甚至与民俗门神年画等艺术里的福禄吉祥和喜悦欢慰完美融合了起来。周仓自然也就成了各文化融通的纽带，这不仅是徐达章儒释道融合的艺术表现,也是中国“三教合一”传统文化的艺术反映。所以，周仓形象所代表的文化融合精神似乎才是徐达章《群仙图》真正的文化意义之所在，妙在周仓虽不在画面构图的中心，但它却是徐达章个人文化品质和中国传统文化精神的核心。

此前我们从徐达章的山水画《白乐天隐居香山》（图 31）、水墨花卉《晚花》（图 44）、以及印章“小隐屺亭桥畔”（图 33）等作品中，已经确信徐达章具有道家隐逸思想，而他在《群仙图》中更是以道教神仙为主要描绘对象，让人们感受到他道教思想的浓厚，从历史角度看，中国文人亦儒亦道的情况屡见不鲜，比如王羲之、赵孟頫等皆亦儒亦道，徐达章也有类似的表现并不奇怪，但深厚的儒学才是徐达章文化和思想的根基和底色。据徐达章的好友赵乃宣在其《屺山高赠徐君成之五言古诗》中赞：“我友山之西，矢愿与道俱……尤羡淡我斋，静谧绝尘污……谁知淡泊中，偏饶道味腴。”[①] 可见徐达章对“道”的追求是矢志不渝的，虽然“淡我斋”在常人眼中很是普通，但是在他的好友赵乃宣眼里却是讲经论道的纯净之所，是他极为羡慕的，当然他真正羡慕的是徐达章的学识和精神。1900 年春仲（农历 2 月），周泽仁于其《佑观公传》中亦言：“达章与余往来论道，语言明白，多所启余。其诚于改过，乐善好施…… ”[②] 以上所说的“矢愿与道俱”、“ 偏饶道味腴”和“往来论道”中的“道”，主要指的就是其儒学。可见徐达章淡泊名利，但并非完全生活在真空里，他在淡我书斋里笔耕不辍，课徒书画，心向圣贤之学，乐享君子之儒。《屺山高赠徐君成之五言古诗》中还赞徐达章：“书

① 《计亭徐氏宗谱 · 卷四》，赵乃宣 撰《屺山高赠徐君成之五言古诗》。

② 《计亭徐氏宗谱 · 卷四》，周泽仁 撰《佑观公传》。

画称双绝，偶好不甚愉。谓特一艺长，须为君子儒。仰止尼山孔，景行考亭朱。”[①] 这说的就是徐达章除了特别擅长书法和绘画外，还是钻研儒学的圣贤君子，他仰慕尼山的孔子，并以朱熹为准则。尼山原名尼丘山，地处曲阜市城区东南30公里，海拔340余米，山顶五峰连峙，中峰为尼丘。据《史记》记载孔子父母“祷于尼丘得孔子”[②]，孔子特取名为“丘”，字“仲尼”，以至于后人为避孔子讳亦称他为“尼山”。尼山遂以圣人孔子诞生地闻名遐迩。而“考亭”在今天福建省建阳西南，相传是在五代南唐的时候，由黄子棱所建，是专门用来瞭望其父考之墓的，所以将其命名为“望考亭”，简称“考亭”。南宋朱熹晚年就居住在此，并自建“沧洲精舍”，为了崇拜奉祀朱熹，南宋第五位皇帝宋理宗于淳佑四年（1244）赐名考亭书院，从此以后就尊称朱熹为“考亭”。而江浙、江西、福建等地也都留下了朱熹的足迹，他还曾经一度造访荆溪并作诗《舟泊山溪》：

郁郁层峦夹岸青，春溪流水去无声。
烟波一棹知何处，鶗（tí）鴂（jué）两山相对鸣。[③]

先贤朱熹与后生徐达章除了在地理上曾经一度近在咫尺外，在宗族的文化渊源上也不无交集，因为朱熹曾经为南州《徐氏宗谱》作序：

余尝仰观乾像，北辰为中天之枢，而三垣七曜旋绕归向，譬犹君之尊而无不拱焉。俯察此理，坤维为华夏之镇，而五岳八荒，遐迩顾盼，譬犹祖之亲而无有不本焉。此君亲一理，忠孝一道，忘之者谓之逆，遗之者谓之弃，慢之者谓之亵。五将之戒莫大于不忠；五刑之属莫大于不孝。为人臣，所当鞠躬尽瘁；为人后，所当慎终追远，而不可一毫而忽也。今阅徐氏谱牒，上溯姓源之始，下逮继世之宗，明昭穆以尚祖也，

① 《计亭徐氏宗谱·卷四》，赵乃宣 撰《屺山高赠徐君成之五言古诗》。
② （汉）司马迁 撰，李翰文 主编：《史记全本》，北京联合出版公司 2015 年版，第 992 页。
③ 《中国地方志集成·嘉庆增修宜兴县旧志》，江苏古籍出版社 1991 年版，第 483 页。

宗所生以尚嫡也，序长幼以尚齿也，列像赞以尚思也，非大忠大孝而能之乎？噫！世之去祖未远，问其所自而懵然者，愧于徐氏多矣！

宋龙图阁待制新安朱熹　拜撰[1]

另外，“高山仰止，景行行止”之句出自《诗经·小雅·车舝（xiá）》，司马迁《史记·孔子世家》曾专门引用此句来赞美孔子，借指高尚的品德仰之如山，光明言行如大道遵循。而赵乃宣用“仰止尼山孔，景行考亭朱”来形容徐达章，这就明确地指出，让徐达章“仰止”的“高山”正是孔子，让他“景行”的正是南宋理学大家朱熹。由此我们可以清楚地知道，徐达章的儒学有两个重点，一个是先秦孔孟元典儒学，另一个就是程朱理学，孔子和朱熹是对他影响最大的两个重要人物。孔圣人对他的影响自然是首当其冲的，然而有儒学集大成者之称的南宋理学家朱熹对他的影响同样不容小觑。朱熹（1130—1200），字元晦，谥文，世称朱文公、朱子。他是宋朝著名的理学家、思想家、哲学家、教育家、诗人，是闽学派的代表人物。朱熹是“二程（程颢、程颐）”的四传弟子，他曾经自述师承说：“扬时公传罗从彦公，罗公传延平先生李侗，李公再传我。”[2]后来，朱熹位列大成殿十二哲中，受儒教祭祀，是唯一享祀孔庙的非孔子亲传弟子。而且对于徐达章来说，他对儒学的敬仰之笃、研究之深、砥砺前行，超过了一切，所以赵乃宣形容其书画与其儒学相比只能是“偶好”之“愉”而已。朱熹对徐达章的影响甚至体现在了徐悲鸿早期的作品中，比如其《少妇坐像》（图 22），当时早已被喻为小画家的徐悲鸿在画面右上题词曰：“我仪文母，诚一端庄。生子明圣，周家之光。”其描绘之内涵正是朱熹所著《小学·稽古第四》所记：“太任，文王之母，挚任氏之中女，王季娶以为妃。太任之性，端一诚庄，惟德之行。及其娠文王，目不视恶色，耳不听淫声，口不出敖言。生文王而明圣，太任教之以一

① 徐清义 编著：《中华徐氏文史通鉴》，中国文化出版社 2015 年版，第一卷，第 469 页。

② 卜耕：《理学宗师朱熹传》，作家出版社 2016 年版，第 189 页。

而识百，卒为周宗。君子谓太任为能以胎教。”[①] 意思是说：文王的母亲太任，是挚国任氏家的次女，周文王的父亲王季娶她为妃。太任性情温和，仪态端庄，德行修养。她怀孕后，目不看邪恶之事，耳不闻鄙陋之语，口不讲傲慢之言。于是姬昌（文王）生来聪慧，母亲教育时他接受速度快而且知礼，最终成就为周朝开国君主。后世君子皆知太任擅于胎教。徐悲鸿《少妇坐像》（图22）题词用了简洁的四句话就将此概括出来了，其中“诚一端庄” 就是对朱熹原文之“端一诚庄”的倒装。可以说由于徐达章深研朱熹理学，在教育儿子的时候必然有所涉猎，而此朱熹《小学 · 稽古第四》中文王之母太任的形象在小寿康的心灵里留下了深刻印象，以至于他后来特以此为题材而创作《少妇坐像》，这显然是合情合理的推断。其中文王之母的人物造型神形兼备，可以说是徐悲鸿早期人物画的代表之作，现由宜兴市美术馆（宜兴徐悲鸿纪念馆）收藏。

可见徐达章在理学上对先贤朱熹的追随，才是二人最惬意的神交。然而徐达章对儒学的研究是不是就仅限于孔子和朱熹呢？非也，他的研究可以说几乎涉及到了整个儒学发展的各个重要阶段。根据现有的资料分析，于朱熹之前，徐达章至少涉猎过宋朝“程门四先生”之一的杨时，更早则至东汉大儒卢植和郑玄，于朱熹之后，还涉猎过明代理学家胡居仁。此说绝非空穴来风，是有徐悲鸿早年为“豹淇”弟所作国画扇面《荒村春雨图》（图 63 上）（款识：颇得古人笔意，画与豹淇弟清拂，悲鸿）为证的。因为在该画背面徐悲鸿特题句道（图 63 下）：“明胡敬斋书橱铭云，圣贤遗训，万世法程。读之贵熟，思之贵精。体之贵切，行之贵诚。未毙弗（原文为“勿”）已，永鉴斯铭。又宋杨龟山书铭有云，含其英，茹其实，精于思，贯于一。”其开首所题正是明代胡敬斋的《书橱铭》[②]，强调的是读书学习乃穷理的途径，必须躬行实践且持之以恒。紧跟胡敬斋的《书橱铭》之后，徐悲鸿并题的是杨龟山的《书铭》，意思是说：“读书当品味其精华，嚼食其果实，精心于

---

① 《童蒙须知 · 小学 · 朱子治家格言》，（南宋）朱熹（清）朱柏庐 著，杨博 注，北京联合出版公司 2017 年版，第 78—79 页。

② 《胡居仁文集》，（明）胡居仁 撰，冯会明 点校，江西人民出版社 2013 年版，第 194 页。

图 63　上图为《荒村春雨图》徐悲鸿 作

早期，国画，纸本扇面，22×40cm，宜兴徐悲鸿纪念馆藏。下图为扇面背面，徐悲鸿题书思考，始终如一坚持不懈。”画中题款虽然是出自徐悲鸿早年的手笔无疑，其内容却一定是父亲特取此二“铭”来教授儿子读书之要法，徐悲鸿很快就把胡敬斋和杨龟山的“铭”言熟记于心，以至于后来进行扇面创作落笔题词时能信手拈来。这足已表明徐达章深究理学却未仅仅局限于朱熹，而是对杨时和胡居仁都有涉猎和研究。徐悲鸿于题词中所书“又宋杨龟山”就是上文已经提到的宋朝哲学家杨时（1053—1135年，字中立，号龟山），而首题之“明胡敬斋”即指胡居仁（1434—1484年，字叔心，号敬斋），是明代理学家、教育家，他经历过明朝“土木之变”，所以他远离官场，淡泊自处，身居山野，坚拒科举，除了讲学和侍亲之外，从不问世事，曾经一度致力于教育二十余年，然而布衣终身，从小饱读儒家经典，他尤其致力传承朱子理学，被誉为明朝初年恪守理学最醇者。可见徐达章与胡居仁在思想心志及生活状态上，都有很多的相似之处。而徐达章对东汉大儒卢植和郑玄的涉猎，将在下一节解析徐达章的文论《东汉卢郑不入党人论》之末再予以点明。

然而徐达章的理学渊源，还有继承宜兴地方理学传统的一面。且朱熹曾经到过宜兴，对宜兴的县学亦不无助益，并作《宜兴县学记》：“绍熙元年十二月，宜兴县新修学成，明年知县事承议，郎括苍高君商老以书来请记，而其学之师生迪功郎孙廷询贡士邵机等数十人，又疏其事，以来告曰‘吾邑之学久废不治，自今明府之来即有意焉，而县贫不能遽给以巨费稍葺，其所甚敝亟补，其所甚阙，且籍闲田五千亩，以丰其廪（lǐn），斥长桥僦金七十余万，以附益之。’为置师弟子员课试如法，而又日往游焉，躬为讲说，开之以道德性命之旨，博之以诗书礼乐之文，使其知士之所以学盖有卓，然科举文字之外者，于是县人学子知所向慕，至于里居士大夫之贤者，亦携子弟来听，席下无不更相告语，相勉励而自恨其闻之之晚也，退而相与出捐金赍(jī)以佐其役，合公私之力得钱几七百万，而学内外焕然一新，堂除门庑靡不严备，像设礼乐皆应图法，盖高君之于是学，非独其经理兴筑之绪，为可书而其所以教者，则非今世之为吏者所能及，而邑之人才风俗实有赖焉，幸夫子悉书之以告来者，于无穷则诸生之望也，予顷得高君于会稽而知其贤，今乃闻其政教之施于令者，又成效如此，固知乐为之书矣，而况其邑之父兄子弟能率高君之教而所兴起，皆知从事于古人为己之学而不汲汲乎？誇多斗靡之习以追时，好以取世资，则又予所深欢而尤乐取以告人者也。乃为悉记其语，使后之君子有考焉，抑高君之于此邑尝新，其社稷之位而并兆风雨雷师于其侧，以严祀事，穿故渎疏积水以防旱，潦作社仓储美粟以备凶荒。其所以事神治民者，类能行其所学而皆出于至诚恳恻之意，是以言出而人信从之，盖不待至于诵说之间，然后以言教也，呜呼贤哉。”[①] 其中朱熹所提“括苍高君商老”指的是宋代宜兴知县高商老，他是括苍（古县名，治所在今天浙江丽水东南）人，第进士，他不仅修学宫，籍闲田以为廪，还行朱熹社仓之法，以救济灾民，对此朱熹亦曾亲自撰《社仓记》以告后世君子，记曰：“始予居建之崇安，尝以民饥请于郡守徐公，嘉得米六百斛以贷，而因以为社仓……绍熙五年春，常州宜兴大夫高君商老实始为之于其县善权开宝诸乡，凡为仓者十一，合之为米二千五百有余斛。”[②] 可见朱熹与宜兴的县学及政务皆有密切关联，促进宜兴理学的兴盛和发展流续亦势在必然，事实也是如此，宜兴理学贤才自宋代就绵延不绝，代不乏人。在《宜兴县旧志》中，其《卷之八·人物志·理学》记载的宜兴地方理学代表人物，从宋代开始，有唐棣（字彦思，政和五年进士）和吴宗旦（绍兴三十年进士），明代载有周冲（字道通）、万吉（字克修）、曹珂（字国用）、唐音（字希古）、王升（字世新）、王永图（字惟怀）、储澉（gān）（字刚夫），清代有吴晋炎（字锡儒）、汤之锜（字世调）、吴鼎（字肩之）。并于其目首有言：“天命流行，物与无（jì）妄，理只平常，学唯真实，醇儒一脉，道在身体力行，非徒博道学之名而已。邑清淑所钟醇修实践之士，往往间出，亟表唐彦思以下诸人，亦以见斯道之不泯于人间如此。”[③] 可见徐达章的不事科举、淡泊名利、有志圣贤儒学和宜兴的理学传统之“道在身体力行，非徒博道学之名而已”亦有一定的关系。

所以徐达章最主要的文化思想正在于源远流长的儒学，这一点，赵乃宣

---

① 《荆溪外纪》，（明）沈敕（明常州府宜兴人，字克寅）编辑，二十五卷，明嘉靖二十四年刻本，卷十六。

② 《荆溪外纪》，（明）沈敕（明常州府宜兴人，字克寅）编辑，二十五卷，明嘉靖二十四年刻本，卷十六。

③ 《中国地方志集成·嘉庆增修宜兴县旧志》，江苏古籍出版社 1991 年版，第 300 页。

在徐氏宗谱中亦有述及，他在《砚耕徐公暨配丁吴二孺人合传》中盛赞徐砚耕妻子“志安公女吴孺人”时说她：“气体凝重，秉性温和，约己裕人，施与弗吝，故里党戚属，咸颂其德弗衰，生丈夫子一，女二，男名达章，工诗善画，精书法篆刻，有志圣贤之学……”[1]此文在盛赞徐砚耕妻子的同时，提到了他们的儿子徐达章，并且几乎涉及了他各个方面的成就，既提到了他深厚的诗词文学和绘画，还提到了他对书法和篆刻的精通，但最后强调的还是其“有志圣贤之学”。其中“程朱理学”虽然是徐达章的圣贤儒学的重点，但孔孟的元典儒学当然也是其儒学的重要核心和源头，徐达章也借此一度在“淡我斋”中开办私塾，把四书五经等圣贤之学教授给孩子们。足见徐达章孔孟儒学之深厚，由是他深谙孔子的主张，这包括方方面面，比如：

孔子经济上维护西周以来的田赋制度，哲学上主张天命观，无言的“天”乃宇宙万物主宰，于是孔子说：“天何言哉？四时行焉，百物生焉，天何言哉？”[2]意思是：天说什么了呢？四季照样运行，百物照样生长，天说什么了呢？孔子认为秉承天命而言行就是自己的天命。在教育上他主张“有教无类”、“因材施教”、“学而不厌、诲人不倦”。孔子还主张礼治，把恢复周礼作为自己的历史使命，主张“君君，臣臣，父父，子子”[3]此即要求：君要像君，臣要像臣，父亲像父亲，儿子像儿子。这是合乎“礼”的等级制度。主张克己复礼，孔子曰：“克己复礼为仁。一日克己复礼，天下归仁焉。为仁由己，而由人乎哉？”[4]意思是要抑制自己，使自己的行动和言语皆回复到礼的范围内，就是仁，一旦这样做了，天下的人民就都会归向仁德。践行仁德，靠的是自己，难道还要靠别人不成？就是这个“仁”字构成了孔子儒家思想的核心，“仁”自然亦是徐达章一生的文化旨归。孔子还说：“非礼勿视，非礼勿听，非礼勿言，非礼勿动。”[5]意思是不合礼的事情不看，

① 《计亭徐氏宗谱·卷四》，赵乃宣 撰《砚耕徐公暨配丁吴二孺人合传》。

② 杨逢彬、欧阳祯人 译注：《论语 大学 中庸译注》，华东师范大学出版社2018年版，第168页。

③ 杨逢彬、欧阳祯人 译注：《论语 大学 中庸译注》，华东师范大学出版社2018年版，第113页。

④ 杨逢彬、欧阳祯人 译注：《论语 大学 中庸译注》，华东师范大学出版社2018年版，第109页。

⑤ 杨逢彬、欧阳祯人 译注：《论语 大学 中庸译注》，华东师范大学出版社2018年版，第109页。

不合礼的话不要听，不合礼的话不要说，不合礼的事情不要做。仲弓曾经问仁于孔子，子曰："出门如见大宾，使民如承大祭。己所不欲，勿施于人。在邦无怨，在家无怨。"[①] 意思是仲弓曾经问孔子仁是何意，孔子说出门去工作如同去接待贵客，役使人民如同承担大祀一样谨严。自己不喜欢的事情，也不要强加于别人。仕于诸侯，心里不怨恨，仕于卿大夫，心里也不生怨恨。子张也问仁于孔子，孔子曰："能行五者于天下为仁矣……恭、宽、信、敏、惠。恭则不侮，宽则得众，信则人任焉，敏则有功，惠则足以使人"[②] 意思是子张也向孔子问学仁德，孔子说，能处处实行五种品德，就是仁人了……庄重、宽厚、诚实、勤敏、慈惠。庄重则不致遭受侮辱，宽厚方能得到拥戴，诚实就能被任用，勤敏就能有大贡献，慈惠则能使唤别人。樊迟曾经三次向孔子请教"仁"的含义，在《雍也篇第六》中孔子首曰："仁者先难而后获，可谓仁矣。"[③] 意思是孔子说，仁德之人，是在付出后才收获，这就是仁德；在《子路篇第十三》中孔子再曰："居处恭，执子敬，与人忠。虽之夷狄，不可弃也。"[④] 意思是孔子说，平日里端庄严正，工作认真，对待别人忠心诚意。这些品德，就算到了非中原之地，也不能废弃啊；在《颜渊篇第十二》里孔子干脆一言以蔽之曰："爱人"[⑤]。

孔子对"仁"的所有经典著述，皆成徐达章研读求索之必须，更是他教读的核心思想内涵之所在。除此之外，徐达章对"仁"的理解，亦有自己的独到之处，与以上孔子的正面论述"仁"有所不同，徐达章在他的山水画《白乐天隐居香山》（图 31）的题词中反向而为，特论述尚够不上"仁"的善行。画中主人公白居易晚年笃信佛教，并隐居洛阳龙门香山，自号"香山居士"。徐达章通过画面借白居易"穷则独善其身"的精神而自况，他们二人对出自《孟子·尽心章句（上）》的"穷则独善其身，达则兼善天下"[⑥] 的儒家思想都

① 杨逢彬、欧阳祯人 译注:《论语 大学 中庸译注》，华东师范大学出版社 2018 年版，第 109 页。
② 杨逢彬、欧阳祯人 译注:《论语 大学 中庸译注》，华东师范大学出版社 2018 年版，第 164 页。
③ 杨逢彬、欧阳祯人 译注:《论语 大学 中庸译注》，华东师范大学出版社 2018 年版，第 57 页。
④ 杨逢彬、欧阳祯人 译注:《论语 大学 中庸译注》，华东师范大学出版社 2018 年版，第 125 页。
⑤ 杨逢彬、欧阳祯人 译注:《论语 大学 中庸译注》，华东师范大学出版社 2018 年版，第 117 页。
⑥ （战国）孟子 著，弘丰 译注：《孟子》，中国文联出版社 2016 年版，第 303 页。

是熟稔于心的。经由画面这一特殊媒介，徐达章获得了与先贤白居易心灵相通的精神交流。然而徐达章并没有于此止步，而是进一步针对画中主人公扫除雪上动物归迹，以防天明猎人寻踪捕杀麋鹿这一善举，表达了自己对“仁”的深刻理解。画家是巧妙地在款识中论“仁”的，他在落款中云：“白乐天隐居香山，尝有诗云：万山回绕一峰深，到此常修苦行心；自扫雪中归鹿迹，天明恐有猎人寻。恻隐之心溢于言表，扩而充之仁，不可胜用也。阳羡成之，徐达章谨写，并志以启后学云”。可见徐达章认为画中主人公白居易、行使陆甫皇诗作《仁隐者》（诗的内容即：万山回绕一峰深，到此常修苦行心；自扫雪中归鹿迹，天明恐有猎人寻。）中描绘的保护麋鹿的善行，体现的正是“恻隐之心”，他对其的确也是持肯定态度的。关键是孟子在《告子上》中强调“性善说”时已明言：“恻隐之心，仁也；羞恶之心，义也；恭敬之心，礼也；是非之心，智也。仁义礼智，非由外铄我也，我固有之也，弗思耳矣。”[①]因此，按理，扫除雪中鹿迹而尊重和保护动物生命的善行，当然也是恻隐之心无疑，根据孟子“性善说”理应属于“仁”。但是徐达章对“仁”的理解却没有这么简单，尤其是根据孔子在《中庸》中“仁者，人（爱人）也，亲亲为大”[②]和在《论语·学而》中“泛爱众，而亲仁”[③]的观点，就是明确地指出了：所谓仁，就是（爱）人，首先亲爱父母是最大的仁。然后再博爱大众和亲近仁德之人。而子夏的“四海之内，皆兄弟也”[④]更是将此仁爱无限扩展。所以“仁”先是爱亲人，再爱天下之人，因为四海之内皆兄弟也。徐达章深知“仁”以爱人、尤其是爱父母和亲人为核心，然后扩大到爱大众。更知道“仁列五常首，慈居万德先”的深刻内涵，知道仁民、爱物乃仁恕之心，是为人之本，所以他认为诗中所述和画中所绘的单纯保护动物这一善行离“仁”的至高境界尚有距离，于是徐达章在款识中直言：“扩而充之仁，不可胜用也”。

---

① （战国）孟子 著，弘丰 译注：《孟子》，中国文联出版社 2016 年版，第 251 页。

② 杨逢彬、欧阳祯人 译注：《论语 大学 中庸译注》，华东师范大学出版社 2018 年版，第 229 页。

③ 杨逢彬、欧阳祯人 译注：《论语 大学 中庸译注》，华东师范大学出版社 2018 年版，第 5 页。

④ 杨逢彬、欧阳祯人 译注：《论语 大学 中庸译注》，华东师范大学出版社 2018 年版，第 111 页。

再者，光绪三十三年丁未1907年清河之月（农历4月），徐达章在为《计亭徐氏宗谱》作《仓源公铭并序》（图4）时，在文中述及自己“酷嗜书法于汉晋唐宋以来真行篆隶诸金石碑文，无不极意临摹而尤喜于颜鲁公家庙碑铭，其词曰昔孔悝有夷鼎之铭，陆机有祠堂之颂，皆所以发挥祖德，敷演家声，故君子之观其铭也，既美其所称，又美其所为，无而称之是诬也，有而不述岂仁乎？……仓源公之不辞辛苦，殚心悴力而与下塘舜华、茂章诸同公，志创建祠宇之诚，独无一言以传不朽，是则向之所言有而不述岂仁乎者，岂仁乎哉？……”[①] 在此徐达章再次论及了“仁”的反面，认为对美德和善行视而不见，不称颂不记述就是“不仁”，尤其是族尊仓源公建祠劳苦功高，却无人对此撰述，是为“不仁”，于是他亲自撰写《仓源公铭并序》，这本身就是对“仁德”的践行。这正如孔子在《论语·雍也第六》中所言：“夫仁者，己欲立而立人，己欲达而达人。能近取譬，可谓仁之方也已。”[②] 其大意是说，自己要存在，就要关心别人的生存，自己要发展，就应该关心别人的发展。以此为本，把“仁道”扩展到“政道”，就是孔子所追求的“仁政德治”。徐达章对此亦是践行不渝，正如赵乃宣在《屺山高赠徐君成之五言古诗》中赞徐达章所言：“推己并及人，立达志不渝……纵兹励德业，吾道赖翼扶。”[③] 可见生活中的徐达章就是这样，既“推己及人”又“立己达人”，对人多行扶助，然而“己所不欲，勿施于人”是实施过程中应遵循的基本原则。所以“仁”作为孔子哲学、政治、教育思想的核心，也是他最高的道德原则，孔子在《论语·里仁篇第四》中又言：“君子去仁，恶乎成名？君子无终食之间违仁，造次必于是，颠沛必于是。”[④] 意思是说：“君子违背了仁德，怎么样成就他的名声呢？君子绝不会在哪怕吃顿饭的时间里背离仁德。匆忙仓促间不离仁德，颠沛流离中仍旧与仁德同在。”所以在孔子那里，君子应该永远与“仁”同在，并且“仁”高于一切，在必要的时候甚至“君子杀身以成仁”。

① 《计亭徐氏宗谱·卷七下》徐达章 撰《仓源公铭并序》。

② 杨逢彬、欧阳祯人 译注:《论语 大学 中庸译注》，华东师范大学出版社2018年版，第60页。

③ 《计亭徐氏宗谱·卷四》，赵乃宣 撰《屺山高赠徐君成之五言古诗》。

④ 杨逢彬、欧阳祯人 译注:《论语 大学 中庸译注》，华东师范大学出版社2018年版，第31页。

曾子以“忠、恕”概括“仁”的涵义，而到孟子那里，在孔子“仁”的基础上，进一步发展为“义”。孟子在《孟子·告子上》中写道：“鱼，我所欲也，熊掌，亦我所欲也。二者不可得兼，舍鱼而取熊掌者也。生，亦我所欲也，义，亦我所欲也。二者不可得兼，舍生而取义者也。”[①]这个“义”就是孟子主张的最高道德原则，其中凝聚着广利天下的高尚精神和事业行为。孔孟的德与道相合即“杀身成仁，舍生取义”。千百年来，孔孟的道德观已深入人心，历久弥远，三字经之中的“曰仁义，礼智信。此五常，不容紊”，就是要求孩子从小就接受儒家以“仁”、“义”为核心的道德观念。所以，中国历史上包括追求“裨益世道人心”的徐达章、为发展美术教育而鞠躬尽瘁的徐悲鸿在内的“仁人义士”世代辈出，他们在任何时候都以博爱众生为心，以广利天下成行，在非常之时刻“当仁不让、义不容辞”，总能“仁至义尽”，直至“杀身成仁，舍生取义”也在所不惜。赵乃宣在其《屺山高赠徐君成之五言古诗》中盛赞徐达章：“见义期必为，成败所弗图。”[②]说的正是徐达章为了成仁取义、不计成败的担当。

在《论语·里仁篇第四》里孔子曰：“苟志于仁矣，无恶也。”[③]意思是说：“假如立志笃行仁德，总不会有坏处。”而与此相反，一个人不讲仁义就如同禽兽盗贼，国家不仁义就难以长宁。人们总是鄙视不仁不义或假仁假义的人，不仁不义的人，与禽兽盗贼无异，不仁不义的国家则是强权暴政。古人有言：“多行不义必自毙”。西汉初贾谊在《过秦论》中总结的秦始皇“万里江山、二世而亡”的原因就是四个字——“仁义不施！”

孔子也曾经从非“仁”的角度论述过。在《论语·学而篇第一》中孔子曰：“巧言令色，鲜矣仁”[④]，是说：“花言巧语，满脸堆笑的人，很少有什么仁德。”在《论语·里仁篇第四》中孔子曰：“里仁为美。择不处仁，焉得知？”[⑤]意思是说：“居住的地方有仁德才谈得上美好。选择住所却没有仁德，

---

① （战国）孟子 著，弘丰 译注：《孟子》，中国文联出版社 2016 年版，第 259 页。

② 《计亭徐氏宗谱·卷四》，赵乃宣 撰《屺山高赠徐君成之五言古诗》。

③ 杨逢彬、欧阳祯人 译注：《论语 大学 中庸译注》，华东师范大学出版社 2018 年版，第 31 页。

④ 杨逢彬、欧阳祯人 译注：《论语 大学 中庸译注》，华东师范大学出版社 2018 年版，第 4 页。

⑤ 杨逢彬、欧阳祯人 译注：《论语 大学 中庸译注》，华东师范大学出版社 2018 年版，第 30 页。

怎么算作聪明呢？”在《论语·公冶长篇第五》中孔子曰：“未知，焉得仁？”[①]意思是说：“未能做到‘智’，怎么算得上仁呢？”关键是，我们从孔子对“仁”的反问中探测到了智与仁密不可分的关系。孔子进而将“智仁勇”视为不可分割的整体，认为君子品行高尚，必须具有仁、智、勇三种美德，称“智仁勇”为“三达德”。在《论语·宪问篇第十四》中孔子如是说：“君子道者三，我无能焉，仁者不忧，知者不惑，勇者不惧。”[②]意思是孔子说：“君子之道有三个方面，我尚未能做到。仁德的人不忧愁，睿智的人不迷惑，勇毅的人不畏惧。”据此，孔子一生的使命即培养具有“三达德”的圣贤君子，目标是完成他拯救社会的人生理想。不仅是孔子，华夏民族的每一个份子，都向往高尚的品德，期望社会的进步，需要心性向善、修养进步、风范威信、文化深厚的社会普世君子，需要人人都作大丈夫。这无疑离不开孔孟的圣贤之学，它是我们普世轮回里的人生追求，这在《孟子·滕文公下》中更是凝结成了我们代代相传的最富于民族精神和文化内涵的行为准则，即：“富贵不能淫，贫贱不能移，威武不能屈。此之为大丈夫。”[③]徐达章就不愧为顶天立地的大丈夫，于是赵乃宣在《屺山高赠徐君成之五言古诗》中又赞徐达章“觥觥刚直士，落落大丈夫”。[④]

事实上在普世生活中并不总是需要人们杀身舍生，正常生活中君子的仁义精神就表现在追求做个真正的大丈夫：大义凛然，无论荣华富贵、贫困卑贱、强权暴力都不能使其改变。这股道德伟力在历代君子的践行中常常表现为志气，君子们立志振气，修身齐家，直至治国平天下。正如徐达章于光绪三十三年（1907）丁未仲夏（农历8月）在其所撰《九修宗谱后序》（图64）中所言：

……有志者事竟成，有气者志必遂。夫志气者，立身之大本也。为人苟不立志养气，以笃夫圣贤之学而励乎诚敬之修？则怠惰昏庸，背理纵欲，而

① 杨逢彬、欧阳祯人 译注：《论语 大学 中庸译注》，华东师范大学出版社2018年版，第45页。

② 杨逢彬、欧阳祯人 译注：《论语 大学 中庸译注》，华东师范大学出版社2018年版，第139页。

③ （战国）孟子 著，弘丰 译注：《孟子》，中国文联出版社2016年版，第121页。

④ 《计亭徐氏宗谱·卷四》，赵乃宣 撰《屺山高赠徐君成之五言古诗》。

淫溺于势力奢泆（yì）之渊，视礼义为仇雠，触烟赌如饥渴，身家尚不克保，而欲其尊祖敬宗以葺祠修谱，鲜有不败者矣。余惟夙夜竞竞，深惧辱祖德而不能继宗功，故惟愿阖族子姓，胥得立志振气，学圣贤而励诚敬，发奋雄为精勤，刻砺正心，修身以齐家，尊祖敬宗以睦族，而治国平天下之道。亦于是乎，在则又何难治宗庙、修族谱而济美于无穷哉……"[①]

徐达章就是这样，在修谱治庙的族事里，看到了儒家"立志"、"振气"、"学圣贤"、"励诚敬"、"精勤"、"正心"、"修身"、"齐家"、"睦族"、"治国平天下"等道德和文化伟力。并且寄望于全族宗亲皆能励其志、修其行，其大义凛然之正气，正如《论语·子罕篇第九》中孔子所说："三军可夺帅也，匹夫不可夺志也。"[②]这些也都是"达则兼济天下"的思想表现。然而君子有时难免会面对"穷则独善其身"的局面，但其所指也并非万念俱灰，而是努力管理好自己，谋求境界的不断递升，正如孔子在《论语·学而第一》中所言："孝悌也者，其为仁之本与！"[③]意在强调孝敬父母尊敬兄长，就是"仁"的基础。"弟子，入则孝，出则悌，谨而信，泛爱众，而亲仁。行有余力，则以学文。"[④]这是说，后生小子，跟前孝敬父母，离房敬爱兄长，谨慎信实，博爱大众，亲近仁德。如此尚有余力，则可学习文献了。徐达章就是这样的儒学君子，徐悲鸿也不愧为这样的大丈夫，他还曾经将《孟子·滕文公下》中的警句"富贵不能淫，贫贱不能移，威武不能屈，此之谓大丈夫。"写成横幅（图 65）以自励。

至此，正如童斐在《赠成之徐君序》中所言：

行善于人所不见之处，谓之隐德，易称潜龙。诗美宥（yòu）密（mì），古昔圣贤于不睹不闻之地，咸致其兢兢焉。降及后世，惟恐才美之不外见乃务为表，暴以博取世俗之誉，则德薄。故也成之徐君，吾乡之隐君

① 《计亭徐氏宗谱·卷一》，徐达章 撰《九修宗谱后序》。

② 杨逢彬、欧阳祯人 译注：《论语 大学 中庸译注》，华东师范大学出版社 2018 年版，第 88 页。

③ 杨逢彬、欧阳祯人 译注：《论语 大学 中庸译注》，华东师范大学出版社 2018 年版，第 3 页。

④ 杨逢彬、欧阳祯人 译注：《论语 大学 中庸译注》，华东师范大学出版社 2018 年版，第 5 页。

九修宗譜後序

人之有祖宗也猶木之有根本也尊祖敬宗者培植其根本也顧人之常情誰不欲昌大其子孫然不尊祖敬宗以培植其根本而欲冀夫枝葉蕃衍花繁果實者未之有也顧子孫之心誰不欲尊敬其祖宗然不能勤儉謹慎刻苦砥礪以自保其身家而教訓其子孫則自顧不暇又安能尊敬其祖宗而光昌其氏族也哉由是而以公濟私妒賢忌能棄絕祠產敗壞宗規以強壓弱以卑凌尊陽則尊祖敬宗陰則肥家

宗譜後序

图 64 《九修宗谱后序》，徐达章 撰，1907 年

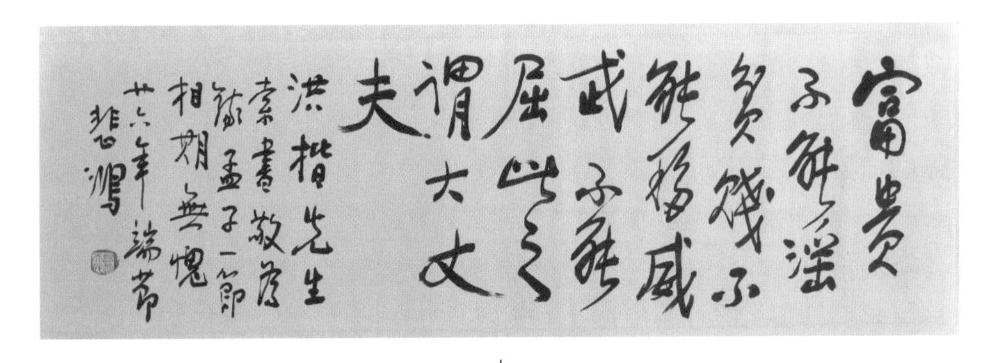

图 65 《孟子》一节，徐悲鸿 作

行书书法，1937 年，纸本水墨，39×128cm，北京徐悲鸿纪念馆藏

子也。余初见书法，遒逸有神采，以为是风雅士，岁戊戌（1898）复见其为人作传，真形神逼肖，而笔力尤婉劲，以为是精于艺术者也。及与之言，乃知余向见之大谬，盖成之固砥节砺行，而以先儒语录为法守，掺行诚笃无所苟且，其精娴笔墨乃余事也。呜呼，自宋儒阐发性理之学，茫茫千载，绍孔孟之心传，于是风气大开，道学一派为世所重，历元及明代有实行之儒，讲学以佑启后进，世风之变此有力焉。虽其途径殊趋，宗旨各别，或至互相攻讦，甚或有窃取文貌视若端人而内以济其私欲者，然此不过紫色夺朱，郑声乱雅，不当执其一端，遂以诋訾（zǐ）吾道也。世惟有甘心自入小人之途，而不讳斯，足以害群而败俗耳，苟皆知道德之富励相率而趋于正其才智者，上足以济世，下亦可以自淑其身而不失为善人，讵非世道人心之福乎？成之君厉行于己，初不术人，知固非欲借此以炫世而取名者，则其于此道之诚切可知也。余愧夫向者之以浅见测君子也，于是乎书。

光绪岁次丁未仲夏之月

伯章童斐识[1]

是年徐达章三十九岁，童斐对徐达章“砥节砺行”、“以先儒语录为法守”、“掺行诚笃无所苟且”的总结可谓精准。比如徐达章在撰写《九修宗谱后序》时所言：“书曰保邦于未危，经曰凡事豫则立，可不豫为之防，而以勤俭持家，严谨律己，父兄善教子弟敦伦，而为吾族之贤子贤孙，以敬祖敬宗，则吾族之繁昌，可久远而保持矣……”[2]其思想皆来自国学经典，正体现了他“以先儒语录为法守”，其中“保邦于未危”引自《尚书·周书·周官》“制治于未乱，保邦于未危”[3]之句，意思是：在国家尚没有出现动乱的时候制定政教，在国家还没有危机的时候安定国家。而“凡事豫则立”则出自于《礼记·中庸》：“凡事豫则立，不豫则废。言前定则不跲（jiá），

① 《计亭徐氏宗谱·卷四》，童斐 撰《赠成之徐君序》。

② 《计亭徐氏宗谱·卷一》，徐达章 撰《九修宗谱后序》。

③ 李民、王健 撰：《尚书译注》，上海古籍出版社 2012 年版，第 281 页。

事前定则不困，行前定则不疚，道前定则不穷”[1]之语，意思是：做任何事，事前有准备则可成，没有准备就会失败；说话之前有准备，则不会词穷理屈；做事之前有准备，就可避免遭遇挫折；行动前有计划和准备，就不会发生错误而后悔；做人之道能够明定，就不会行不通了。徐达章以此表达自己的思想，认为父子祖孙及兄弟之间的孝悌敦伦等皆非同小可，与社会法治和邦国安危息息相关。

另外，童斐在文中还指出徐达章完全出自厉道己行，而非为“取名”而“炫世”。并特别强调了一点，就是徐达章的“精娴笔墨”，即他的书画及文辞等艺术事业，与其儒学德行相比，不过都是“余事”而已。赵乃宣在《屺山高赠徐君成之五言古诗》中也说徐达章“书画称双绝，偶好不甚愉。”[2]这说明，与儒学相较之下，书画对徐达章来说，仅为“偶好”而已。现有资料中，最能体现徐达章对孔孟儒学精深研究的却是来自其文论册集《草创之》（图 66）的六篇重要文论，它们分别是：《可以为文》、《敏而好学》、《见贤思齐》、《保民而王》、《闲先圣之道》和《东汉卢郑不入党人论》，每篇文论皆可彰显童斐所言徐达章“以先儒语录为法守”的特点，为此我们专门在下面一节中再探究竟。

草创文论闲圣道

《论语》是儒学经典著作之一，由孔子弟子及其再传弟子编写而成，记录孔子及弟子的言行思想，较为集中地反映了孔子的政治主张、伦理思想、道德观念及教育原则等。《论语》在古代有《古论》、《鲁论》和《齐论》三个版本，现在通行的《论语》是由《鲁论》和《古论》整理形成的版本，而《齐论》则在汉魏时期失传。徐达章对儒学研究颇深，尤其《论语》更是熟稔于心，《鲁论》中详细记录了公叔文子（即公叔发）推荐家臣僎（zhuàn）而得到孔子赞扬的事迹，《论语·宪问篇第十四》有言：公叔文子之臣大夫

① 杨逢彬、欧阳祯人 译注:《论语 大学 中庸译注》，华东师范大学出版社 2018 年版，第 233 页。

② 《计亭徐氏宗谱·卷四》，赵乃宣 撰《屺山高赠徐君成之五言古诗》。

图 66 《草创之》文论册集，徐达章 作
私人收藏。（右图为册集背面署名）

僎与文子同升诸公。子闻之，曰：“可以为‘文’矣。”[1] 意思是：公叔文子的家臣大夫僎，被他推荐后与自己一道做了国家大臣。孔子知道后说公叔发将来可以用“文”作谥号了。可见孔子对公叔发为了国家利益而提携家臣的美德大加赞赏，公叔发死后果然被授予谥号“文”。《论语·宪问篇第十四》中还记载道：子问公叔文子于公明贾曰：“信乎，夫子不言、不笑、不取乎？”公明贾对曰：“以告者过也。夫子时然后言，人不厌其言；乐然后笑，人不厌其笑；义然后取，人不厌其取。”子曰：“其然，岂其然乎？”[2] 意思是说：孔子向公明贾问起公叔文子时说：“是真的吗？公叔文子他老人家不说话、不笑、不取财？”公明贾答道：“这是由于传话的人说得过分了的缘故。老人家是在时机适当的时候才说话，别人就不讨厌他说话；快乐时他才笑，别人就不讨厌他的笑；到了该取财的时候他才取，别人便不讨厌他的取。”孔子说：“是这样吗？果真如此吗？“公叔法在《左传·襄公二十九年》中也有被记述：适卫，说蘧瑗（qú yuàn）、史狗、史鰌、子荆、公叔发、公子朝，曰：‘卫多君子，未有患也。’”[3] 意思是说：（季札）到了卫国，很是欣赏蘧瑗、史狗、史鰌、子荆、公叔法、公子朝，说：“卫国有很多的君子，国家没有祸患。”而公叔发正是卫国君子之一。

而据史书记载，公叔文子乃春秋时卫国大夫，卫献公之孙，名拔，或作发，故又称公孙拔或公叔发，单谥号为“文”，全谥为“贞惠文”，世称公叔文子。徐达章主要是根据《论语·宪问篇第十四》之：公叔文子之臣大夫僎与文子同升诸公。子闻之，曰：“可以为‘文’矣。”而特作文论《可以为文》（图 67）：

从来卿士大夫往往无其实而徒记其名者，其名虽高，其实不足。以待世必名，名与实相成，实与名相合，进不隐贤，退无旷职，斯光明磊落，忘既无愧于臣子，即锡谥易名之典，可昭于后人。如卫公叔文子与

① 杨逢彬、欧阳祯人 译注:《论语 大学 中庸译注》，华东师范大学出版社 2018 年版，第 136 页。

② 杨逢彬、欧阳祯人 译注:《论语 大学 中庸译注》，华东师范大学出版社 2018 年版，第 134 页。

③ 《左传》，郭丹 译注，中华书局 2016 年版，第 322 页。

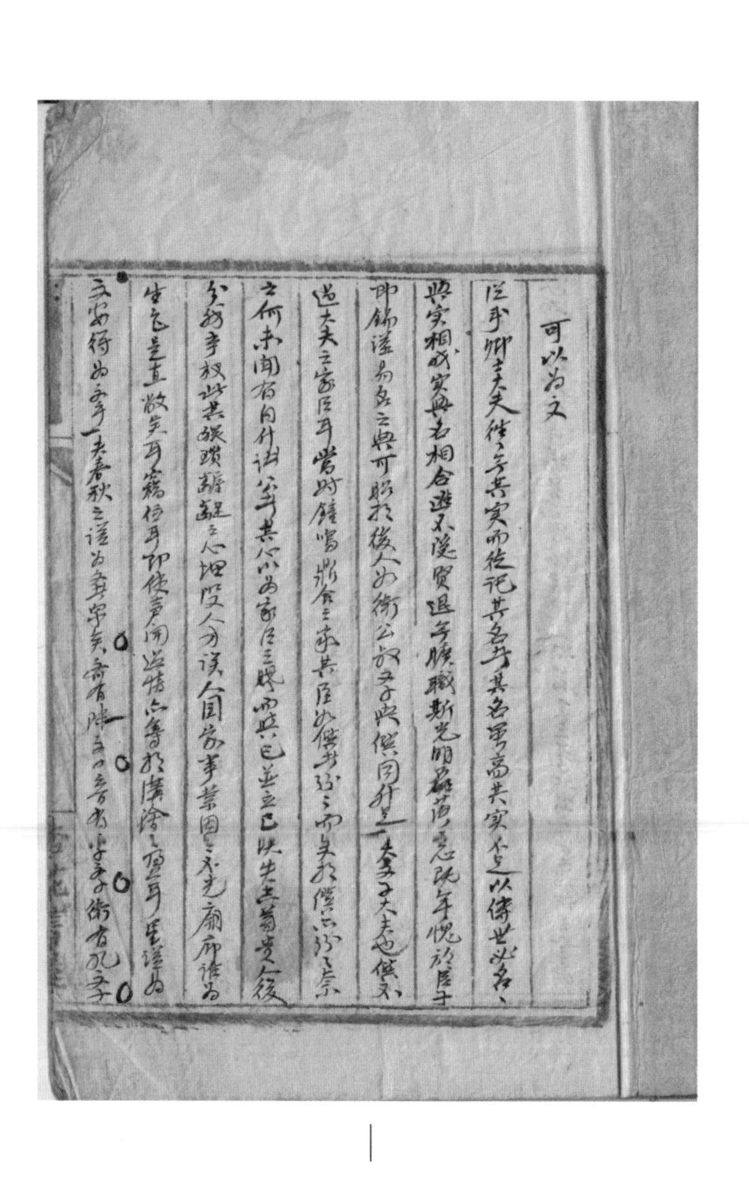

图 67　徐达章《草创之》文论册集之《可以为文》篇

僎（zhuàn）同升足，夫文子大夫也，僎不过大夫之家臣耳，当时钟鸣鼎食之家，其臣如僎者，纷纷而矣，于僎亦纷纷，奈之何未闻有白升诸公者？其心以为家臣之贱，而与己并立，己既失其等贵，人后分我本权，此其猥琐龌龊之心，埋没人才误人国家事业，因之不光庙廊，谁为生色？是直敝矣耳，窃位耳，即使声闻过情亦等于沟浍之盈耳。呈谥为文，安得为文乎？夫春秋之谥为文者众矣，齐有陈文子，鲁有季文子，卫有孔文子。陈文子之为文，取其清而已。季文子之为文，取其忠而已。孔文子之为文，好学下问而已。而公叔之所以称文者，徒以修班制，交四邻，不辱社稷耳，独荐矣。拜人无有称士者，不知黼黻（fǔ fú）鸿猷盛业也。褒扬后彦英功也。竹帛旂（qí）常贤君相所甄拔也。素丝良马名公卿之风规也，山榛湿苓穇（cǎn）考之所以为文，吐哺握发，姬公之所以为文。观于天文，则德星垂辉，观于人文则史乘（shèng）增光。天地之大文，经济之至文，孰有加于荐矣者？由是而论，文子可以为文乎？抑不可以为文乎？呜呼，治尚浮华，曷著休休之度人怀忘克，孰登济济之才，夫僎虽矣得文子而名，益彰公叔虽荐矣。附骥尾而行益显，士生斯世，留心物色，默体公忠湮没而不彰者，何可胜道。鲁论详记公叔荐矣之事，并出夫子嘉许之言，为以人事君者勉也。

文论开首即道：从来卿士大夫往往无其实而徒记其名者，其名虽高，其实不足。以待世必名，名与实相成，实与名相合，进不隐贤，退无旷职，斯光明磊落，忘既无愧于臣子，即锡谥易名之典，可昭于后人。如卫公叔文子与僎（zhuàn）同升足，夫文子大夫也，僎不过大夫之家臣耳，当时钟鸣鼎食之家，其臣如僎者，纷纷而矣，于僎亦纷纷，奈之何未闻有白升诸公者？其心以为家臣之贱，而与己并立，己既失其等贵，人后分我本权，此其猥琐龌龊之心，埋没人才误人国家事业，因之不光庙廊，谁为生色？是直敝矣耳，窃位耳，即使声闻过情亦等于沟浍之盈耳。呈谥为文，安得为文乎？夫春秋之谥为文者众矣，齐有陈文子，鲁有季文子，卫有孔文子。

意思是：向来往往有些士大夫徒有虚名而无实际本领，然而人生在世必须要有所作为，要名副其实，入仕则有贤能，隐退亦无旷职，光明磊落，世后无愧于作人臣子，方可得谥号易名于典籍，以昭示后人。如同公叔文子推荐自己的家臣大夫僎那样，主仆同为朝臣。公叔文子乃一代大夫，僎不过是其家臣而已。当时拥有像僎一样家臣的贵族之家不在少数，如僎一样的家臣也不在少数，但是为什么再也没有听说有家臣升为朝臣的呢？原因在于，如果升为朝臣与自己平起平坐，就会失去自己的尊贵，人是分本末和主次尊卑的，这种猥琐龌龊的心理，足以埋没人才甚至耽误国家大事，所以也无法光大庙廊使其生色。这是破败和虚窃的行为，即使能闻名卓著，实际上也不过等同沟浍之水貌似充盈而已。谥号为文，何以当此“文”字呢？在春秋各国中，谥号为“文”者可谓大有人在，齐国有陈文子，鲁国有季文子，卫国有孔文子。

文章又道：陈文子之为文，取其清而已。

意思是：陈文子之所以称得上文，是因为他的清高而已。

陈文子原本是陈国的贵胄后裔，后为齐国大夫，名须无，“文”是他的谥号。《论语·公冶长篇第五》子张问……“崔子弑其君，陈文子有马十乘，弃而违之。至于他邦，则曰‘犹吾大夫崔子也。’违之。之一邦，则又曰‘犹吾大夫崔子也。’违之。”“何如？”子曰：“清矣。”曰：“仁矣乎？”曰：“未知，焉得仁？”[①] 意思是：子张说崔杼（zhù）犯上杀了齐庄公，陈文子于是舍弃四十匹马车等家产离开了齐国。到别国后说这里的执政者和齐国的崔杼一样，然后离开。到另一国又说这里的大臣和崔杼一样，也不是什么好东西，再次离开。于是子张问孔子，陈文子这个人如何？孔子说陈文子算得上清者。子张又问算得上仁吗？孔子说他还不知道什么是‘智’，怎算得上仁者呢？所以徐达章在文中论道：“陈文子之为文，取其清而已。”

文章又道：季文子之为文，取其忠而已。

意思是：季文子之所以称得上文，是因为他的忠诚而已。

而季文子，即季孙行父，乃春秋时鲁国国相，姬姓，季氏，谥文，史称“季文子”。公元前601—568年，执掌春秋时期鲁国朝政三十三年，辅佐鲁宣公、鲁成公、鲁襄公三代君主。季文子出身鲁国贵族，地位显赫，有自己的田邑，

① 杨逢彬、欧阳祯人 译注：《论语 大学 中庸译注》，华东师范大学出版社2018年版，第45页。

但他尚俭戒奢、尽忠报国、清正廉洁、严于律己，乃贵族高官的楷模。季文子为官期间，以节俭为荣，不与喜好奢华之风的达官贵族同流合污，并且他的妻子儿女皆衣食节俭朴素。贵族孟献子的儿子仲孙它，很瞧不起季文子，当面说他不许家人穿绸衣，不喂自家的马粮食，会令人耻笑太吝啬，并劝他要注重容貌服饰，不可太寒酸，否则有损国家的体面。季文子严肃地说自己也愿意穿绸衣、骑良马，但是看到国内很多老百姓还食不果腹、衣不蔽体，正在受冻挨饿，作为国相怎能让家人衣着华丽，让马吃上等粮食呢？国家的荣光，要通过臣民的高洁品行来表现，不能以美艳的妻妾和良马来评定。此后仲孙它闭门思过，决心改过自新，从此敬重季文子，注重自己和家人生活的简朴，季文子称赞他知错能改，是明智的人。不久，仲孙它被任命为鲁国上大夫。在季文子的倡导下，鲁国形成了俭朴风气。季文子任职三十多年，勤政廉洁，忠心报国，始终如一，公元前 568 年，寿终于相位。所以徐达章在文中说："季文子之为文，取其忠而已。"

文章又道：孔文子之为文，好学下问而已。

意思是：孔文子之所以被称为文，是因为他好学且不耻下问而已。

孔文子，名圉（yǔ），乃春秋时卫国大夫，由于他聪明好学，又非常谦虚，所以死后国君赐他"文子"的称号，后人称其"孔文子"。《论语·公冶长篇第五》子贡问曰："孔文子何以谓之'文'也？"子曰："敏而好学，不耻下问，是以谓之'文'也。"[①] 这是指，孔文子作为臣子曾经犯上攻打国君，还随意把女儿嫁来嫁去，都是不合礼的行为，死后被授谥号"文"，子贡大为不解，于是问孔子原因，孔子告诉子贡说孔文子敏而好学，不耻下问，所以被授谥号"文"。所以徐达章在文中道："孔文子之为文，好学下问而已。"

文章又道：而公叔之所以称文者，徒以修班制，交四邻，不辱社稷耳，独荐矣。

意思是：然而公叔发之所以被称为文，则是因为他主持朝政而修订班制，并实施与邻国交好的政策，有助国家发展，功德独彰而得荐易名。

① 杨逢彬、欧阳祯人 译注：《论语 大学 中庸译注》，华东师范大学出版社 2018 年版，第 43 页。

据《礼记·檀弓下第四》记载：公叔文子卒，其子戍请谥于君，曰："日月有时，将葬矣。请所以易其名者。"君曰："昔者卫国凶饥，夫子为粥与国之饿者，是不亦惠乎？昔者卫国有难，夫子以其死卫寡人，不亦贞乎？夫子听卫国之政，修其班制，以与四邻交，卫国之社稷不辱，不亦文乎？故谓夫子'贞惠文子'。"[①] 意思是公叔文子去世后，他的儿子戍向国君求请谥号说："过世有一段时间了，即将下葬，请君王赐家父谥号吧。"国君说："过去卫国严重饥荒，夫子施粥给饥饿的人，这不是惠吗？过去卫国有难，夫子宁死也要保卫我，这不是贞吗？夫子执掌卫国，修正朝中班制，交好周边各国，而卫国免受侵害，这不是文吗？所以夫子谥为'贞惠文子'"。所以在此徐达章的论述又重新回到了公叔文子，认为公叔发之所以称为文，尚不仅仅是因为他为了国家利益而推荐自己的家臣之精神可贵，更重要的原因在于他"修班制，交四邻，不辱社稷耳"。

文章又道：拜人无有称士者，不知黼黻（fǔ fú）鸿猷盛业也。褒扬后彦英功也。竹帛旂（qí）常贤君相所甄拔也。

意思是：然人不能称士，是对丰功伟业的无知。褒奖表彰后学乃是了不起的功绩，有学识和功绩的士人是贤君所选拔的心怡的对象。

文章又道：素丝良马名公卿之风规也，山榛湿苓移考之所以为文，吐哺握发，姬公之所以为文。

意思是：素丝良马此乃公卿向来礼待贤才，山榛湿苓亦彰盛世之明清。吐哺握发正是周公所以称为文的原因。

本段徐达章大量地引经据典，"素丝良马"语出《诗经·国风·墉（yōng）风·干旄（máo）》[②]：

> 孑（jié）孑干旄，在浚（xùn）之郊。素丝纰（pí）之，良马四之。彼姝（shū）者子，何以畀（bì）之？
>
> 孑孑干旟（yú），在浚之都。素丝组之，良马五之。彼姝者子，何

① 《礼记》，（西汉）戴圣 汇编，贾太宏 译注，西苑出版社 2016 年版，第 125 页。

② 许渊冲 英译，姜胜章 编校：《诗经》，湖南出版社 1993 年版，第 96 页。

以予之？

孑孑干旌，在浚之城。素丝祝之，良马六之。彼姝者子，何以告（gǔ）之？

意思是：牛尾旗高高飘扬，人马齐到浚邑之郊。束束素丝条理分明，良马四匹礼仪重。那忠顺的贤士，你将何以回敬？鹰纹旗子高高飘扬，人马来到浚邑城外。层层束帛堆好，良马五匹精妙。那忠顺的贤士，你将何以复报？鸟羽旗子高高飘扬，人马进到浚邑都城。束帛捆捆完好，良马六匹齐整。那忠顺的贤士，你将何以回报？原诗中“素丝”、“良马”重复三次，用以比喻名公卿之礼遇贤士，于是徐达章在文中引用此而说：“素丝良马名公卿之风规也”。

而“山榛湿苓”出自《诗经·国风·邶（bèi）风·简兮》[①]：

简兮简兮，方将万舞。日之方中，在前上处。
硕人俣俣（yǔ），公庭万舞。有力如虎，执辔（péi）如组。
左手执籥（yuè），右手秉翟（dí）。赫如渥赭，公言锡爵。
山有榛，隰（xí）有苓。云谁之思？西方美人。彼美人兮，西方之人兮。

意思是：鼓声咚咚响，舞师将万舞。日头正高照，舞师排前头。身材魁梧，公庭当众舞。强力如猛虎，执缰真英武。左手六孔笛，右手雉尾毛。面红如褐土，国君赐杯酒。榛树生山上，苦苓在湿地。心里思念谁，正是西方美人。美人真英俊，他是西方来人。而徐达章在此用“山榛湿苓”借指贤者各得其所的盛世。

徐达章还引用“吐哺握发”是用来比喻为了招揽人才而操心忙碌，此亦源自《史记·鲁周公世家》：“然我一沐三捉发，一饭三吐哺，起以待士，犹恐失天下之贤人。”[②] 是说周公有时候正在洗澡，刚好人才来见，他赶忙握

① 许渊冲 英译，姜胜章 编校：《诗经》，湖南出版社1993年版，第68—70页。

② 《史记》，（西汉）司马迁 著，李金龙 编著，吉林文史出版社2018年版，第92页。

着湿头发跑出来接见，完了回去刚要接着洗，又有人来，再握着湿头发出来接见，反复三次。同样，吃饭时正好人才来见，他立马把饭吐出来，先去接见人才，等回去继续吃时，又有人来，他又把饭吐出来，再去接见，一口饭竟能吐出三次，最终才能吃下。所谓“周公吐哺，天下归心”，只有这样才能把国家治理好。所以徐达章在文中论道：“吐哺握发，姬公之所以为文。”

文章又道：观于天文，则德星垂辉，观于人文则史乘（shèng）增光。

意思是：仰观天像，德星耀空则贤才辈出，体察人文精神，则其基业荣光必录史书。

徐达章在此用到的两个词“德星”和“史乘”，在古代也是有其含义的。因为古以景星、岁星等为“德星”，认为国有道、有福或有贤人出现，德星就会出现。而另据《孟子·离娄下》：“晋之《乘》，楚之《梼杌（táo wù）》，鲁之《春秋》，一也。”[①] 乘、梼杌、春秋，是周朝晋、楚、鲁三国史籍的名称，所以此后常用“史乘”称一般史书。

文章又道：天地之大文，经济之至文，孰有加于荐矣者？由是而论，文子可以为文乎？抑不可以为文乎？呜呼，治尚浮华，曷著休休之度人怀忘克，孰登济济之才，夫僎虽矣得文子而名，益彰公叔虽荐矣。

意思是：天地玄黄之奥理，经济家国之至才，谁能广勖而呈荐呢？这正是文子可以为文的道理吗？或者是不可以为文的原因吗？哎，崇尚浮华，永无休止让人无法释怀，世人皆望那天下栋梁之才。僎是由于公叔文子之荐而升，却也彰显了公叔文子荐贤之外的伟绩。

文章又道：附骥尾而行益显，士生斯世，留心物色，默体公忠湮没而不彰者，何可胜道。

意思是：苍蝇附于马尾方显行千里，士人活跃于社会上应该时刻寻求机会，体察公正忠诚却于世无闻者，实在是数不胜数。

“附骥尾而行益显”是指苍蝇附在马尾巴上，方可远行千里。徐达章引用此典故来比喻依附先辈或名人之后而成名的人。此句出自《史记》卷六十一《伯夷列传》：“伯夷、叔齐虽贤，得夫子而名益彰。颜渊虽笃学，

① （战国）孟子 著，弘丰 译注：《孟子》，中国文联出版社 2016 年版，第 251 页。

附骥尾而行益显。岩穴之士，趣舍有时若此，类名堙（yīn）灭而不称，悲夫！闾巷之人，欲砥行立名者，非附青云之士，恶能施于后世哉？”[1]意思是：虽然伯夷和叔齐都是贤人，然而也是因为孔子的赞扬而声名更著。颜渊虽然好学，也是因为追随孔子而德行越发显露。居岩穴的隐士，显扬与否也是这样，这样的人如果名声淹没而不被称道，实在可悲！民间的普通人，想磨砺成名，若不依附那名位极高的人，声名哪能广泛流传于后世呢？

另外又引用“公忠”以指公正忠诚、尽忠为公，此乃出自《庄子·天地》：“必服恭俭，拔出公忠之属而无阿私，民孰敢不辑。”[2]意思是：（为政）必恭敬节俭，选公正忠诚的人而无私偏，百姓岂敢不睦。

徐达章在文章最后论述道：鲁论详记公叔荐矣之事，并出夫子嘉许之言，为以人事君者勉也。

意思是：然而公叔发推荐家臣之举则有幸在鲁论中得以详记，并且得到孔子的嘉言赞许，值得后世君子士人玩味和互勉。

由此我们还可以得知徐达章所习《论语》的版本是《鲁论》。

徐达章研习《论语》精入义理，根据《论语·公冶长篇第五》之：子贡问曰：“孔文子何以谓之‘文’也？”子曰：“敏而好学，不耻下问，是以谓之‘文’也”。除了在上一篇《可以为文》中已有所引证外，又另据此特作文论《敏而好学》：

> 今夫不思不勉，而从容中道，此不学而能之诣，非中人所可成也。夫中人者，天质不可昏，人手不可惰，昏则道岸难登，惰则荒经灭古，二者交诚文章事业之间，遂一无是道。若卫孔文子则不然，夫文子卫之名卿也。常见世之士大夫往往质地高明，视天下无难为之事，视圣矣无难至之程。苟且因循，消磨岁月，其自为学者，皆貌合神离，所为夕惕朝乾者无有也，所以集思广益者无有也。犹诩诩然自负于众曰：“吾敏

① （汉）司马迁 撰，李翰文 主编：《史记全本》，北京联合出版公司 2015 年版，第 1204 页。

② 《庄子》，（战国）庄周 著，王丽岩 译注，中国文联出版社 2016 年版，第 135 页。

也”。呜呼，敏果恃乎哉？且夫天资一定者也。然余丕若嬉豫怠，忽及年之将至，尚无闻焉，非不辨道也，而辨未明，非不深思也，而深思未笃，即使与中人较短量长，而不可得，非敏之误人，而不好学之误人也。若卫孔文子者可以风矣，且夫表章经义盛业也。搜罗放失，美功也；切磋琢磨，先君耄期不倦也；金锡圭璧，诗人歌咏不忘也。淇水绿竹之间，素多君子良马，素丝之度尚有遗风。文子生当其际矣，矢志好修迄今，驱车墉（yōng）邶（bèi），凭眺楚虚。某水某山，曰孔大夫之所肄业也。一吟一咏，曰孔大夫之所留遗也，其生平行事卓卓，诸父老犹能约略道之。文子诚好学哉。文子诚敏而好学哉，呜呼世之人士，自负聪明，不学无术，湮灭而不新者，不可胜数。得文子之以风，之其亦可以知悦矣。

文章开首道：今夫不思不勉，而从容中道，此不学而能之诣，非中人所可成也。夫中人者，天质不可昏，人手不可惰，昏则道岸难登，惰则荒经灭古，二者交诚文章事业之间，遂一无是道。若卫孔文子则不然，夫文子卫之名卿也。常见世之士大夫往往质地高明，视天下无难为之事，视圣矣无难至之程。苟且因循，消磨岁月，其自为学者，皆貌合神离。

意思是：今天不思考不勤勉，却能从容应付一切的人，是所谓的不学而能的状况，不是一般人所能达到的。然而对普通人来说，脑要清明不可昏庸，手要勤快不可懒惰，昏庸则难登智慧彼岸，懒惰则学业荒废无以继承先贤，如果二者合并，学问和事业则再无前途。然而卫国的孔文子脑清手勤正好相反，他可是卫国的一代名卿啊。世上常见的士大夫大都自持高明，在他们眼里没有什么难事，也没有不可至的圣道之说，其实他们只是因循守旧，消磨时光而已，他们自称学者，却徒有虚表。

文章又道：所为夕惕朝乾者无有也，所以集思广益者无有也。

意思是：并没有真正辛勤谨慎而“夕惕朝乾”者，也没有能集思广益者。

徐达章在此引用“夕惕朝乾”指终日辛勤谨慎，不敢懈怠。此说源自《周易·乾卦第一》：“君子终日乾乾，夕惕若厉，无咎。”[1] 意思就是说，君

① 李新路 主编：《周易》，郑州大学出版社 2014 年版，第 1 页。

子整个白天尽心尽力，到了晚上还需提高警惕，这样才能没有过错。

文章又道：犹诩诩然自负于众曰："吾敏也"。呜呼，敏果恃乎哉？且夫天资一定者也。

意思是：然而所谓的士人仍旧自诩说"我很聪敏"。哎，真称得上聪敏吗？且不要说天资是早定的。

文章又道：然余丕若嬉豫怠，忽及年之将至，尚无闻焉。

意思是：然而我本人却在嬉戏和怠惰中，不自知中人生飞逝，至今尚无作为。

徐达章引用"豫怠"指贪于安乐而怠惰。此语出自《尚书·商书·太甲中》：伊尹拜手稽首，曰："……先王子惠困穷，民服厥命，罔有不悦。并其有邦，厥邻乃曰：徯我后，后来无罚。王懋（mào）乃德，视乃烈祖，无时豫怠。"[①] 意思是：伊尹跪叩说："先王成汤慈爱穷困民众，所以人民服从他，没有不喜悦的。连友邦和邻国也说：'等待我们的君主吧，君主来了就无祸患了'，大王要增进德行，效法先祖，不可有片刻的安乐懈怠。"太甲是商汤之孙，伊尹是汤至太甲时期商朝的一位元老。本段指伊尹用太甲的祖父商汤的德行来教育他。

文章又道：非不辨道也，而辨未明，非不深思也，而深思未笃，即使与中人较短量长，而不可得，非敏之误人，而不好学之误人也。若卫孔文子者可以风矣，且夫表章经义盛业也。

意思是：不是不论辩学问，而是没有辨明，也不是没有深入思考，而是思考得还不够笃实，即便与常人一较高下，也没有多少优长之处，不是聪敏与否的原因，而是好不好学的缘故。如果能做到孔文子那样（敏而好学，不耻下问）就可以推而广之，亦是弘扬经学义理的大业。

文章又道：搜罗放失，美功也；切磋琢磨，先君耄期不倦也；金锡圭璧，诗人歌咏不忘也。淇水绿竹之间，素多君子良马，素丝之度尚有遗风。文子生当其际矣，矢志好修迄今，驱车墉（yōng）邶（bèi），凭眺楚虚。

意思是：有目标地搜罗学习，收获美好的成功。对学问切磋琢磨精思细

① 李民、王健 撰：《尚书译注》，上海古籍出版社 2012 年版，第 103 页。

研，先君（徐达章的父亲徐砚耕）在耄耋之年仍这样孜孜不倦地用功治学啊。德行高洁如金锡圭璧，诗人为此歌咏不忘。在淇水流淌绿竹掩映的卫地，贤才众多如素丝良马，求学惜才的风尚依旧。孔文子正是其佼佼者，他爱学好修一贯矢志不渝，其学问深达广至犹如驱车墉（yōng）邶（bèi）凭眺楚域。

徐达章在此段中大量用典，引用“切磋琢磨”比喻他的父亲砚耕翁在七十高龄时还在勤勉精研学问。由此看来，徐达章一生“有志圣贤之学”的精神，与其父徐砚耕“耄期”仍治学“不倦”的精神是一脉相承的。并且由此我们可以断定《敏而好学》一文的写作时间不会早于1900年，该年徐砚耕刚好70岁，并且他也于该年十一月初十去世，那么整个《草创之》文集的写作时间大概应在1900年。文中又引“金锡圭璧” 比喻士人君子德行高洁的境界，再引“淇水绿竹”以塑卫地风貌。它们都语出《诗经·国风·卫风·淇奥》：“瞻彼淇奥，绿竹猗猗。有匪君子，如切如磋，如琢如磨。瑟兮僩兮，赫兮咺兮。……瞻彼淇奥，绿竹如箦。有匪君子，如金如锡，如圭如璧。宽兮绰兮，猗重较兮。善戏谑兮，不为虐兮。”[①] 意思是：远望淇河，绿竹婆娑。君子流美，似象牙经过切磋，似美玉经过琢磨。看他威武庄重，看他光明磊落……远望淇河，绿竹密如栅栏。君子流美，才学精如金锡，德行洁如圭璧。看他温柔宽厚，看他登车凭倚。谈笑风趣，待人不刻薄。

徐达章又引用“素丝良马”以彰贤才良骏。其出《诗经·国风·墉风·干旄》：“孑孑干旄，在浚之郊。素丝纰之，良马四之。彼姝者子，何以畀之……”[②]

然后徐达章继续引用“驱车墉邶”，这与《诗经》的渊源则更加深广和立体化，是《诗经》里几个部分内容的高度集成。其中“墉邶”指的是《诗经·国风》之《墉风》、《邶风》两部分，“驱车”则专指《墉风》里的诗篇之一，即《载驰》。具体讲周武王灭商，将商都朝歌划而分之，以北为邶（今河南汤阴县东南）、南为墉（今河南汲县东北）、东为卫（今河南淇县附近）。《墉风》里则有一名篇《载驰》：“载驰载驱，归唁卫侯。驱马悠悠，言至

① 许渊冲 英译，姜胜章 编校：《诗经》，湖南出版社1993年版，第102—104页。

② 许渊冲 英译，姜胜章 编校：《诗经》，湖南出版社1993年版，第96页。

于漕……”[①]，创作于卫文公元年（公元前659），作者是春秋时期许穆夫人，时值卫国被狄人占领，描写的是许穆夫人驾车赶到曹邑吊唁危亡的祖国。因为徐达章熟读和精研《诗经》，所以能信手拈典故“驱车墉鄁”，意指孔文子之好修博学之况。

文章最后论述道：某水某山，曰孔大夫之所肄业也。一吟一咏，曰孔大夫之所留遗也，其生平行事卓卓，诸父老犹能约略道之。文子诚好学哉。文子诚敏而好学哉，呜呼世之人士，自负聪明，不学无术，湮灭而不新者，不可胜数。得文子之以风，之其亦可以知悦矣。

意思是：就连哪山哪水是孔子曾经授业过的都能知悉，哪首诗哪句歌是孔子所亲作都清楚明了。连他的卓绝生平事迹，以及诸位父老亲故皆能道来。孔文子的确好学啊，孔文子的确聪敏而好学啊。哎，世上还有自负聪敏，实则不务正业，耽于守旧自娱者，不计其数。今能习得孔文子之精神，实在是难能可贵的愉悦之事。

徐达章读《论语·里仁》之：“见贤思齐焉，见不贤而内自省也”[②]。意思是：人在一起，其中必有可资学习者，择其长处而学，遇到没有德行的人，则须反省自己是否也会犯同样的错误。徐达章据此有感而发，特作短文《见贤思齐》：

> 思与贤齐，斯不负此一见矣。夫人虽不尽贤，然见贤而徒羡其贤，亦如不见耳。见贤思齐，不虚此一见矣，且人类生不齐也。而日有贤之一途，则在我虽未尝与人争。而究不能为人让，盖我以贤让人，人将不以贤让我矣。不惟不以贤让我而已也，即我求与其贤，周旋焉而不得。夫乃叹觌（dí）面逢之，而交臂失之者，其可慨矣。

徐达章此文意在指出，人生来就是有差异的，各有优长，见贤思齐则是进步之必须，如果见贤徒慕而不学，则形同未见。若能做到见贤思齐，则不

① 许渊冲 英译，姜胜章 编校：《诗经》，湖南出版社1993年版，第98页。

② 杨逢彬、欧阳祯人 译注：《论语 大学 中庸 译注》，华东师范大学出版社2018年版，第35页。

枉此幸遇。而徐达章自己待贤的原则在于，他从不与人相争，总是推贤让能，然而别人则不能推让与自己，非但如此，常常是自己心向贤能，却求索而不得，终究与贤者迎面相逢，却又失之交臂而不可得，实在是遗憾啊。

从以上三篇文论，可以看出《论语》对徐达章的非凡意义。

徐达章除了精研《论语》，还深究《孟子》等其他儒学经典，这同样反映在他的文论里，比如出自《孟子·梁惠王章句上》的“保民而王，莫之能御也。”[①] 意思是：推行爱护百姓的王道，则势不可挡。徐达章据此而特作文论

《保民而王》：

从来欲席卷天下囊括四海必登政仁，推恩布泽使仁爱之风及于万姓，徯应之志，劲于四方，而后追者悦，远者来。虽欲无王可得乎，然非有异术也，夫亦曰保民而已。夫民为邦本，欲保其邦，先保其民，保一邦之民则可以君一邦，保天下之民则可以君天下。顾常观战国之世以武健胁民，以苛刻治民，尽民之力，竭民之财，民情至弱，则峻法严刑，以刑以胁之，民气已颓，则尚利急功，以诱之。由是凶年饥岁，民苦甚，兴斥构怨，民危甚矣，老弱转乎沟壑，壮者散于四方，民残甚矣。不能保其民，安能保其国？不能保其国，安能保天下哉？夫君民同体，君之视民如草芥，则民视君如寇仇。君之视民如手足，则民视君如腹心。古之帝王未尝远驭长驾，要结民心。而一年成聚，二年成邑，三年成都。讴歌盈于路，赴沂者登其庭，扶杖而观者，父老也；襁负而至者，子弟也；箪食壶浆与筐篚并献曰迎王师也。梯山航海偕重泽而来，曰慕王化也。问犹有流离转徙者乎，曰无有也。问犹有负固不恭者乎，曰不闻也。大邦畏力，小邦怀德者，何也？曰王也。未折一矢未绝一弦者，何也？曰保民而王也。信乎天下不可以力经营也，且三代王天下，其术固殊焉。其保民者一也。六府孔修三事惟治，禹之所以王天下也。东征西夷怨，

---

① （战国）孟子 著，弘丰 译注：《孟子》，中国文联出版社 2016 年版，第 13 页。

南征北狄怨，汤之所以王天下也。归化六州大责四海，文武之所以王天下也。要惟是下车泣罪以恤其民，解纲推思以伃（yǔ）其民。痌（tōng）瘝（guān）在抱以减其民，其事皆悉保之事，其心皆怀抱之心。所由一过同风，九州岛会同，拱手可成王业之盛也。矧（shěn）齐地方千里，百二十城，举袂（mèi）成云，挥汗成雨。夏后殷周之地，未有过于此也。民之憔悴于虐政，未有甚于此也。一旦解民倒悬，救民水火，民之望之，若大旱之望云霓矣， 于王何有哉？

文章开首道：从来欲席卷天下囊括四海必登政仁，推恩布泽使仁爱之风及于万姓，徯应之志，劲于四方，而后追者悦，远者来。虽欲无王可得乎，然非有异术也，夫亦曰保民而已。

意思是：君王欲想一统天下臣服四海，只有实施仁政，让仁爱的恩泽惠及天下百姓，威信才能广达，周边四方才能有所响应和顺服，然后影响继续蔓延，而后会有自愿加入者，也会有来自更远处的臣民。虽然君王并没有征服他们的意图，但他们还是来了，这并非因为实施了奇异的方术，只是仁政保民爱民的缘故。

文章又道：夫民为邦本，欲保其邦，先保其民，保一邦之民则可以君一邦，保天下之民则可以君天下。顾常观战国之世以武健胁民，以苛刻治民，尽民之力，竭民之财，民情至弱，则峻法严刑，以刑以胁之，民气已颓，则尚利急功，以诱之。由是凶年饥岁，民苦甚，兴兵构怨，民危甚矣，老弱转乎沟壑，壮者散于四方，民残甚矣。不能保其民，安能保其国？不能保其国，安能保天下哉？夫君民同体，君之视民如草芥，则民视君如寇仇。君之视民如手足，则民视君如腹心。古之帝王未尝远驭长驾，要结民心。而一年成聚，二年成邑，三年成都。讴歌盈于路，赴沂者登其庭，扶杖而观者，父老也；襁负而至者，子弟也；

意思是：然而民是邦国的根本，欲保邦国，必须先保人民，能保一邦的人民就可以统辖一邦，能保天下的人民就能统辖天下。于是我们已经看到战国时代是以武力强大来胁迫人民的，以苛政来盘剥人民的，用尽了人民的力量，竭取了人民的财力，人民的情状极其羸弱，然而还继续施以严峻的刑法，继续胁迫人民，民气几尽，再施以急功近利而引诱人民。于是逢凶年之时，则饥寒交迫，民不聊生，还要参战，民怨蓄积，危机重重，以致老幼病弱者不得不避入山沟，壮年人则奔走他乡，人民生活状况凄惨。不能保障其人民，又怎么能保护国家呢？不能保护国家，又怎么能保护整个天下呢？所以君王与人民是同体的，君王视人民如草芥，那么人民必然会视君王如强盗。君王视人民如手足，那么人民自然会视君王如腹心。古代的帝王并没有远征讨伐，而是远结民心。经过一年的努力民心就开始聚集，经过两年的经营，人民自然聚集为城，三年的结心则能成就一邦之都。路上的人民快乐地歌唱，赴沂登庭时，拄拐持杖来看望的是父老乡亲，抱着婴儿而来的是兄弟。

此处徐达章强调了“民为邦本”的思想，虽然该文是由《孟子·梁惠王章句上》“保民而王，莫之能御也”而起，但是该思想的渊源远至夏朝之前的大禹，据《尚书·虞夏书·五子之歌》记载：“皇祖有训，民可近，不可下。民惟邦本，本固邦宁。”[①] 意思是：“伟大先祖训诫说，百姓可以亲近，不可疏远。百姓乃国之根本，只有根本巩固，国家方可安宁”。这就是大禹的训诫，所以，徐达章的“民为邦本”与《五子之歌》的“民惟邦本”虽有“为”与“惟”一字之别，但内涵却是完全相同的。

文章又道：箪食壶浆与筐篚并献曰迎王师也。梯山航海偕重泽而来，曰慕王化也。

意思是：箪食壶浆和筐篚并献是人民欢迎王师到来的情景。长途跋涉携重礼而来者，是能心向中国者也。

在此“箪食壶浆”是引用《孟子·梁惠王下》“王往而征之，民以为将拯己于水火之中也，箪食壶浆以迎王师。”[②] 意思是：大王去征讨，百姓认为这将拯救他们于水深火热之中，纷纷持着饭筐和酒壶迎接大王的军队。而“筐篚”是指盛物的竹器，方形的为筐，圆形的是篚，这是出自《毛序》说《诗经·小雅·鹿鸣序》：“鹿鸣，燕群臣嘉宾也，既饮食之，又实币帛筐篚，

① 《尚书》，闫林林 译，北京联合出版公司 2015 年版，第 31 页。

② （战国）孟子 著，弘丰 译注：《孟子》，中国文联出版社 2016 年版，第 42 页。

以将其厚意。然后忠臣嘉宾，得尽其心矣”。意思是说：《鹿鸣》描写周王宴请群臣，既满足口腹之欲，又有周王的厚赠和恩赐，双方表明心意，周王表示愿意听取群臣的忠告，大臣则心悦诚服，自觉地为周王的治国献计献策。

徐达章还引用了“梯山航海”比喻长途跋涉，历尽艰险。该句出自《宋书明帝记》：“日月所照，梯山航海；风雨所均，削衽袭带。”

徐达章又提及“慕王化”，实引自何休《公羊解诂》之：“春秋王鲁，因其始来聘，明夷狄能慕王化，修聘礼，受正朔者，当进之，故始称人也。称人当系国，而系荆者，许夷狄者，不一而足。”[①] 这里面牵涉到当时鲁国如何称呼夷狄之国的问题，据北宋思想家、理学先驱石介《中国论》言：“天处乎上，地处乎下，居天地之中者曰中国，居天地之偏者曰四夷，四夷之外也，中国内也……四夷处四夷，中国处中国，各不相乱，如斯而已矣。”“中国”最早指西周京畿（成周，今洛阳）地区，后来演化为泛指黄河中下游的中原地区，亦称“中原”、“华夏”，然“中原”之外皆成蛮夷，古称东方部族为夷，北方部族为狄，故“夷狄”常用以泛称除华夏族以外的各族。因为春秋之时，夷狄反复无常，尤其是楚国这样的夷狄非常强大，当它对鲁国的表现时有进退之时，鲁国既不可对其太过粗暴问责，也不能对其太过褒进，而是根据情况对它的称号有“七等进退之法”，即“州、国、氏、人、名、字、子”，当其“进为中国”或“纯同于中国”之时则称其为“子”，如称为“楚子”，此外所有“未进为中国”之情况则分别以“州、国、氏、人、名、字”六等称之，所以最差的时候称楚国为“荆（州）”，而自庄公二十三年，楚国开始能聘问鲁国了，于是对楚国由“州”褒进至“人”，然而“人”前面本应该冠以国名而称“楚人”才对，但为了不能骤然褒进而留有余地，所以仍旧保留了“荆（州）”而称其为“荆人”。然而这一切的源起皆在于《春秋公羊传》所记庄公二十三年夏天“【经】荆人来聘。【传】荆何以称人？始能聘也。”[②] 意思是说：荆人来鲁国聘问。荆（州）何以称（荆）人呢？

---

① 《宋本春秋公羊经传解诂》，（汉）何休 撰，（唐）陆德明 音义，国家图书馆出版社2020年版，第一一二页。

② 黄铭、曾亦 译注：《春秋公羊传》，中华书局2016年版，第192页。

因为自此开始（荆）能聘问鲁国（中国）了。所以“荆人来聘”，是指楚国派人到访鲁国，说明夷狄之邦（当时的楚国）开始心向诸夏（当时的鲁国），修礼明乐，心向正统。由以上分析我们得知一个重要信息，即徐达章对汉代儒学经典之《春秋公羊传》及何休的《公羊解诂》都是有所研究的。

文章又道：问犹有流离转徙者乎，曰无有也。问犹有负固不恭者乎，曰不闻也。

意思是：问还有转变离开者吗？回答是没有了。再问还有自负而不恭敬的情况吗？回答是没听说。

文章又道：大邦畏力，小邦怀德者，何也？曰王也。

意思是：大国畏惧的是强力，小邦需要的是仁德关怀，这是为什么呢？是王道啊。

徐达章在此引用“大邦畏力，小邦怀德者”来论述大小邦国的区别，此语出自《书·武成》：“诞膺天命，以抚方夏。大邦畏其力，小邦怀其德。”[①]意思是说：我周国受天命，施善政，抚慰四方百姓。所以大国也惧怕我周国的威力，小国则感念怀想周国德政。

文章又道：未折一矢未绝一弦者，何也？曰保民而王也。信乎天下不可以力经营也，且三代王天下，其术固殊焉。其保民者一也。

意思是：得来没费一弓一箭，原因是什么呢？是保护人民的王道啊。相信上古尧舜经营天下不以强力维持，而能三代治理天下，其施政方术固然各有特色。但保民却是一以贯之的，这一点未变。

文章又道：六府孔修三事惟治，禹之所以王天下也。

意思是：将水火金木土谷这六府之事修治好，将正民品德、丰民财用、改善民生这三件事办妥帖，是禹得天下的原因。

此处用典“六府孔修三事惟治”出自《尚书·虞书·大禹谟》，其中“六府孔修”在《书·禹贡》中亦有言：“四海会同。六府孔修”[②]，我国古称水、火、金、木、土、谷为六种物质，“府”则是指藏纳之所，“孔”通大，“修”

① 李民、王健 撰：《尚书译注》，上海古籍出版社 2012 年版，第 166 页。

② 李民、王健 撰：《尚书译注》，上海古籍出版社 2012 年版，第 65 页。

意为修理，使之完美之意，引申为整治。“六府孔修”指国家财货管理得当。据《尚书·虞书·大禹谟》中禹曰：“德惟善政，政在养民。水、火、金、木、土、谷惟修；正德、利用、厚生惟和，九功惟叙，九叙惟歌……”帝曰：“俞！地平天成，六府三事允治，万世永赖，时乃功。”[①]意思是：大禹认为修德重在搞好政事，为政重在养育人民，水火金木土谷这六府之事要修治好，正民品德，丰民财用，改善民生这三件事要办理妥帖。此九项功业都安排有序了，人民就会欢欣颂德……帝舜则对答说，现在水土治平万物成长，六府三事治理允当，万世以后都要仰赖你（指大禹）那时的功德。所以“三事允治”即指三件事情得到公允治理。六府三事为治国养民不可或缺之九事。徐达章在其文中将“允”改作“惟”，变为“三事惟治”，其含义是相同的，徐达章认为这也是大禹之所以能“王天下”的原因，其核心仍为“保民”。

文章又道：东征西夷怨，南征北狄怨，汤之所以王天下也。

意思是：东征则西边的人民埋怨，南征则北面的人民抱怨，这是汤之所以得天下的民心基础。

这一段徐达章是引用《尚书·仲虺（huī）之诰》：“乃葛伯仇饷，初征自葛。东征西夷怨，南征北狄怨。曰：‘奚独后予？’攸徂（cú）之民，室家相庆，曰：‘徯予后，后来其苏。’民之戴商，厥惟旧哉！”[②]意思是：以前葛伯与馈食的人为仇，我们的征伐就从葛国开始。大王东征时西夷怨恨，南征时则北狄怨恨。他们都说：怎么独独把我们的百姓放在后面呢？我军过往之地的人民，家家户户互相庆贺。说：我们等待的君主终于来了，这样我们就会复活了！天下人民对商的爱戴和拥护已久了啊！徐达章在文中引用此典故以形容劳苦大众对仁义之师的盼望。

文章又道：归化六州大责四海，文武之所以王天下也。要惟是下车泣罪以恤其民，解纲推恩以伃（yǔ）其民。

意思是：仁德播布六州四海，是文王令天下人民信服的前提。大禹“下车泣罪”体恤人民，晓理动情以安其臣民。

---

① 李民、王健 撰：《尚书译注》，上海古籍出版社 2012 年版，第 20—21 页。

② 李民、王健 撰：《尚书译注》，上海古籍出版社 2012 年版，第 87—88 页。

此处用典“下车泣罪” 指君主对人民关切，比喻为政宽仁。典出西汉刘向《说苑·君道》：“禹出见罪人，下车问而泣之。”[①]说的是有一次大禹出外巡视，遇到犯人被押着走过。禹询问得知犯人偷稻谷被抓，禹来到罪人身旁，问原因，犯人不敢说话。禹边劝边流泪，左右都不理解，禹哭着说从前尧舜之时，老百姓与其同心，如今老百姓却不和我同心，做出损人之事，我内心非常难过而哭。禹取出一块龟板，上书“百姓有罪，在予一人。”[②]然后把罪人放了。大禹不仅对百姓怜悯有加，更具有遇事向内去寻找原因的圣人风范。另外，徐达章在“解纲推思以伃其民”中所用的“伃”字，着实不一般，通常情况下“伃（yú）”与“倢”组成“倢伃”，最早是汉武帝所设置的位居妃嫔之首的宫中女官名称，亦作“婕妤”。显然徐达章在此并非指宫中女官。然而另据《集韵·鱼韵》所释：“伃，美儿。”[③]可见“伃（yú）”意指美貌，但是徐达章在此亦非此意。又据《集韵·语韵》所释：“伃（yǔ），大也。”[④]可见“伃（yǔ）”又有大的意思，但此时其声调变为 yǔ，不再读作 yú，徐达章在文中也未取此意，他最终所用之意实为“安”，因为又据《集韵·语韵》另释：“伃（yǔ），安也。”[⑤]所以“安”正是徐达章所用“伃（yǔ）”字的真正含义，此时读音亦为 yǔ。而再据《集韵》所释，“伃（xù）”字还有“长”的意思，并且此时的读音又变为了 xù，显然此非徐达章之意。所以我们从徐达章对“伃（yǔ）”字的运用中即可窥其治学的谨奥。

文章又道：痌瘝在抱以减其民，其事皆悉保之事，其心皆怀抱之心。

意思是：对病痛疾苦感同身受而为民减负，这些事情都是保护人民的表现，都是怀抱仁心。

① 王天海、杨秀岚 译注：《说苑》中华书局 2019 年版，第 19 页。

② 王天海、杨秀岚 译注：《说苑》中华书局 2019 年版，第 19 页。

③ 汉语大字典编辑委员会：《汉语大字典》，湖北辞书出版社、四川辞书出版社 1992 年版，第 54 页。

④ 汉语大字典编辑委员会：《汉语大字典》，湖北辞书出版社、四川辞书出版社 1992 年版，第 54 页。

⑤ 汉语大字典编辑委员会：《汉语大字典》，湖北辞书出版社、四川辞书出版社 1992 年版，第 54 页。

此处用典“痌瘝在抱”是指病痛疾苦犹如自身在抱一样，比喻能把人民的疾苦放在心上。此语出自清代冯桂芬（晚清思想家、散文家，字林一，号景亭，今江苏苏州人，道光二十年进士）《与许抚部书》：“执事恫瘝在抱，诚欲继睢（suī）州、桂林之业。”然而其更早源自《尚书·康诰》之：“小子封，恫瘝乃身，敬哉！”[①] 意思是：年幼的封啊，治理国家就如同医治自身的疾病，要小心谨慎啊！

文章又道：所由一过同风，九州岛会同，拱手可成王业之盛也。矧齐地方千里，百二十城，举袂成云，挥汗成雨。

意思是：唯有如此仁政，像大风横扫一般，到达九州岛，则君临天下之大业自可唾手可得。况且齐国之地，方圆千里，有一百二十几座城池，人民众多，大家举起袖子来就集结成云，一齐挥一下汗水则形同下雨。

此处用典“举袂成云，挥汗成雨”出自《史记》“举袂成云，挥汗成雨”。

文章最后论述道：夏后殷周之地，未有过于此也。民之憔悴于虐政，未有甚于此也。一旦解民倒悬，救民水火，民之望之，若大旱之望云霓矣，于王何有哉？

意思是：夏朝后的商朝和周朝之地，也不过如此啊。人民在虐政下的疾苦悲惨，也没有比现在更严重。一旦将人民从苦难中解救出来，拯救民众于水火，人民对此的渴望，如同大旱时向往天空中出现云彩一般，渴望贤君也是如此啊。

其中“解民倒悬”，意思是解救头朝下倒挂着的人，用以比喻把受苦受难的人民解救出来。源出《孟子·公孙丑上》：“当今之时，万乘之国行仁政，民之悦之，犹解倒悬也。”[②] 意思是：如今的时势，万乘之大国施以仁政，百姓拥护它，如同拥护将被倒着捆绑的百姓解救出来的人。而另一处用典“民之望之，若大旱之望云霓矣”常用来形容盼望之情的殷切，出自《孟子·梁惠王下》：“‘汤一征，自葛始。’天下信之，东面而征，西夷怨；南面而

① 《尚书》，闫林林 译，北京联合出版公司 2015 年版，第 98 页。

② （战国）孟子 著，弘丰 译注：《孟子》，中国文联出版社 2016 年版，第 53 页。

征，北狄怨，曰：'奚为后我？'民望之，若大旱之望云霓也。"[1]意思是："商汤征伐是从讨伐葛国开始。"天下人皆信任商汤，他向东征伐，西边夷人就埋怨，向南征伐，北边狄族就埋怨，说："为什么将我们放在后面呢？"人民盼望他的到来，同大旱时盼望天空云起一样。

在儒家看来，天下秩序并不在于统治疆域的大小，而是建立在仁德基础上的王道政治。所以徐达章开篇即指明王道"必登政仁"。所谓仁政，其基础在"道德"，在"吸引"，而非"让人屈服"。儒家的理想是让"远者来"，坚持基本的道德原则，坚信教化和榜样的吸引力。"保民而王"就是孟子仁政思想的具体体现，是建立在仁政基础上的王道。

孟子是儒家的主要代表之一，继承孔子的思想，主张推行仁政，施行王道，追求建立一个统一、太平、稳定的类似于"大同"的"王道"社会。渗透着仁德、蕴含着和谐，可以说，"保民而王"是一项关系一个国家命运的大战略。可见，徐达章虽然身为一介布衣，却胸怀天下，心系民生，用自己的语言重新论述了这一至今还具有现实意义的重大议题，与先贤孟子共话"仁政"与"保民"之要，乃英雄所见略同。顺理成章的是，时至二十一世纪的今天，中国政府首脑仍旧坚守此思想，尤其是在2020年庚子伊始新冠肺炎疫情在武汉扩散之时，中国政府把保护人民生命安全放在首位，采取一切必要措施，带领全国人民迅速战胜了疫情，在整个过程中，"保民"是所有政策措施制定和实施的出发点，也是最终的落脚点，徐达章"保民而王"的现实意义再得见证。不难看出，自《尚书》之"民惟邦本，本固邦宁"到孟子的"保民而王，莫之能御也"，再到唐太宗的"水能载舟，亦能覆舟"……甚至包括徐达章的"欲保其邦，先保其民"，民本思想作为中国传统文化的核心思想，早已深入人心。

正如徐达章对《论语》专心钻研，并一再作文章论述那样，他还深入研究了《孟子》，且同样一再作文论剖析，除了《保民而王》外，又据《孟子·滕

---

① （战国）孟子 著，弘丰 译注：《孟子》，中国文联出版社2016年版，第42页。

文公章句下》之："杨、墨之道不熄，孔子之道不著……仁义充塞，则率兽食人，人将相食。吾为此惧，闲先圣之道。"而再制文论《闲先圣之道》：

从来士君子挟宏道之才，负重远之任，必能肃千古之纪纲，维千古之世教。今也蚩蚩者流，未明往古之治乱，而以立夫今日之范围，足以纪纲不能肃，世教不能维。先圣往，而先圣之道，亦与之俱湮，孟子忧之乃汲汲焉。思立之防也，故其晓公都子曰，自周道衰，孔子没，放恣者有之，横议者有之，不父其父，不君其君，问诸世道道，道则念处，行文不鬲，泯梦矣。问诸念念，念则放诞矣。虽欲闻圣道之说，孰从而求之，且也邪说暴行。三王无足道也。为我兼爱，周公孔子无足道也。率兽食人充塞仁义，不容于先圣之世者，实不容于先圣之道。而以我身当其厄道之将溃，若朝露然，前不见古人，后不见来者，千钧一发，责在一人。虽欲不闲，自得而不闲，古之时人之害多矣。有圣人者立，然后教之以相生相养之道。如古之无圣人，人之类灭久矣。愿人之所贵者圣，而圣之所贵者道。以道为己，则顺而祥；以道为人，则爱而公；以道为心，则和而平；以道为天下国家，无所处而不当。道之赖乎圣者甚大。先圣之道望乎能闲，故甚殷。盖先圣能昭其道。先圣不能保其道，先圣即保其道。先圣不能必后之人各守其道。由尧舜以来千余岁，而有周公闲之。由周公以来王百余岁，而有孔子闲之。由孔子至于今百有余岁，去圣人之世，若者其未远也。近圣人之居，若者其甚也。意在斯乎，意在斯乎。小子何敢让亏（yú）。夫道之相侍久矣，尧以足侍之舜，舜以足侍之禹，禹以足侍之汤，汤以足侍之文武周公，文武周公侍之孔子，历代相侍不绝如缕，苟一旦至此而湮没。先圣何赖有我，我亦何以对先圣也。先圣知身之不能长留，故以道贻我者虑长。我知先圣之不可后作，故以为闲道者其责大。欲闲圣道不去其悖道之端，则闲不固，后闲圣道而不改其诬道之辈，则闲不明。悖道杨墨也，诬道淫辞邪说也。距之放之，使作于心、布于事者不得害之，则予所以卫道也，即予所以承三圣也。外人何足以知之。

文章开首道：从来士君子挟宏道之才，负重远之任，必能肃千古之纪纲，维千古之世教。今也蚩蚩者流，未明往古之治乱，而以立夫今日之范围，足以纪纲不能肃，世教不能维。

意思是：圣贤君子向来都仗其宏道才学，任重负远，必定能整肃千古以来的大道纲纪，维系千百年来的大德教育。今天的平民百姓，不明白以往社会的治与乱，视野和学识仅仅限于今天一个狭小的范围里，这就导致了不能维系往古的纪纲，不能很好地传承圣贤儒教。

其中“蚩蚩者”指无知之民，“蚩蚩”本意为敦厚之貌。语出唐朝柳宗元《断刑论下》：“且古之所以言天者，盖以愚蚩蚩者耳，非为聪明睿智者设也。”[①]

文章又道：先圣往，而先圣之道，亦与之俱湮，孟子忧之乃汲汲焉。

意思是：先圣过往故去，但是先圣的道学也就随之覆灭了，孟子对此忧虑甚殷。

孟子在《滕文公章句下》中也明确说出了自己的担心和恐惧之所在：“杨、墨之道不熄，孔子之道不著，是邪说诬民，充塞仁义也。仁义充塞，则率兽食人，人将相食。吾为此惧，闲先圣之道。”[②] 意思是说：“杨朱、墨翟的学说不灭除，孔子的学说就不能光大，这邪说将蒙骗人民，使仁义之思堵塞。仁义不能行使了，就如同率兽吃人，人与人也就互相残食了。我对此深为担心，决意捍卫遵循圣人思想。”所以孟子急于要做的事情就是“闲先圣之道”，即决心捍卫圣人思想，他视其为自己的责任。这亦是徐达章的题目和中心立论之所在。

文章又道：思立之防也，故其晓公都子曰，自周道衰，孔子没，放恣者有之，横议者有之。

意思是：考虑如何防备之，于是对公都子说，自从周朝衰败，孔子去世以来，出现了很多放肆妄为的诸侯和大肆传播邪说的人。

徐达章在文中所提及的“公都子”是战国时期齐国学者，也是孟子的弟

---

① 《柳宗元文》，胡怀琛 选注，李作君 校订，长江出版传媒、崇文书局 2014 年版，第 3 页。

② （战国）孟子 著，弘丰 译注：《孟子》，中国文联出版社 2016 年版，第 135 页。

子。“放恣”和“横议”语出孟子的《滕文公章句下》：“圣王不作，诸侯放恣，处士横议，杨朱、墨翟之言盈天下”[①]意思是说：如今圣人不出已久，诸侯于是放肆，野人更是横议妄言，杨朱和墨翟的言论已散布天下。

文章又道：不父其父，不君其君，问诸世道道，道则念处，行文不鬲，泯梦矣。

意思是：不孝敬父亲，不忠于君王，究察世道的规律，扪观内慧之智境，天行纵无衰，但道学泯灭。

此处之“不父其父，不君其君”意指孟子在《滕文公章句下》中所言：“天下之言不归杨，则归墨。杨氏为我，是无君也；墨士兼爱，是无父也。无父无君，是禽兽也。”[②]意思是说：“天下的言论不是杨朱所说，就是墨翟所作，杨朱宣扬一切事皆为自己，是目无君王，墨翟宣扬于兼爱世人，则是心无父母，无父无君，则与禽兽一样。”徐达章在此还用了一个佛学用词“念处”，据《佛学大词典》解释，“念”为能观之智，“处”为所观之境，“念处”即以智慧观察对境，留住意念于此。由此可以看出徐达章对圣贤之道如圣徒般的追索实乃情真志笃。

文章又道：问诸念念，念则放诞矣。虽欲闻圣道之说，孰从而求之，且也邪说暴行。

意思是：上下求索，道隐而难清。虽然欲尊圣贤大道，但向谁求而能得呢，只有邪说和暴行肆虐。

徐达章所说“邪说和暴行”即指孟子的《滕文公章句下》所言：“世衰道微，邪说暴行有作，臣弑其君者有之，子弑其父者有之。孔子惧，作《春秋》”[③]意思是说：世道衰微，荒谬学说和暴行再现，有臣子杀君主的，有儿子杀父亲的，孔子非常忧惧，于是编写了《春秋》。

文章又道：三王无足道也。为我兼爱，周公孔子无足道也。

意思是：三王（大禹、商汤、周王）的大德之道也已遭践踏。杨朱的为

① （战国）孟子 著，弘丰 译注：《孟子》，中国文联出版社 2016 年版，第 135 页。

② （战国）孟子 著，弘丰 译注：《孟子》，中国文联出版社 2016 年版，第 135 页。

③ （战国）孟子 著，弘丰 译注：《孟子》，中国文联出版社 2016 年版，第 135 页。

我和墨翟的兼爱邪说大行其道，周公和孔子的精神已经被弃置。

徐达章所说的“为我兼爱”仍然指的是孟子在《滕文公章句下》中所批判的“杨氏为我，是无君也；墨士兼爱，是无父也。”[①]意思是说：“杨朱宣扬一切事皆为自己，是目无君王，墨翟宣扬于兼爱世人，则是心无父母。”

文章又道：率兽食人充塞仁义，不容于先圣之世者，实不容于先圣之道。

意思是：率野兽吃人一般，仁义被毁，这是不能被先圣的社会所接受的，也是与先圣追求的大道不相容的。

“率兽食人充塞仁义”语出孟子的《滕文公章句下》：“杨墨之道不熄，孔子之道不著，是邪说诬民，充塞仁义也。仁义充塞，则率兽食人，人将相食。”[②]意思是说：“杨朱、墨翟的学说不灭除，孔子的学说就不能光大，这邪说将蒙骗人民，使仁义之思堵塞。仁义不能行使了，就如同率兽吃人，人与人也会互相残食了。”

文章又道：而以我身当其厄道之将溃，若朝露然，前不见古人，后不见来者，千钧一发，责在一人。

意思是：如今我也是身处这恶劣将溃的世道，如同朝露般自身难保，先圣前贤已去，后圣来贤尚不见踪迹，在这危亡的当口，正是我挺身独当之时。

此处“责在一人”还是出自徐达章在《保民而王》中曾用典故“下车泣罪”。据西汉·刘向《说苑·君道》：“禹出见罪人，下车问而泣之。”[③]此记载大禹出外巡视，遇被押犯人而为之流泪，并取出一块龟板，上书“百姓有罪，在予一人”[④]，然后释放犯人。可见遇事向自身寻找原因是圣人的风范。

虽然徐达章的“千钧一发，责在一人”与大禹的“百姓有罪，在予一人”一脉相承，但是其精神归根结底还是来自圣贤儒学，比如《论语·卫灵公》中有言：“躬自厚而薄责于人，则远怨矣！”[⑤]意思是：多责备自己而少责

① （战国）孟子 著，弘丰 译注：《孟子》，中国文联出版社 2016 年版，第 135 页。

② （战国）孟子 著，弘丰 译注：《孟子》，中国文联出版社 2016 年版，第 135 页。

③ 王天海、杨秀岚 译注：《说苑》中华书局 2019 年版，第 19 页。

④ 王天海、杨秀岚 译注：《说苑》中华书局 2019 年版，第 19 页。

⑤ 杨逢彬、欧阳祯人 译注：《论语 大学 中庸译注》，华东师范大学出版社 2018 年版，第 149 页。

备别人，那就可以避免别人的怨恨了。《论语·季氏第十六》有言：“远人不服，则修文德以来之，既来之，则安之”[①] 意思是：远方的人不归服，便要修文德、治教化，由此而吸引他们来。他们一旦来了，就要想办法安定他们的心。这些都是儒家内修和担当精神的初心所在，也是徐达章“责在一人”的担当精神的来源。徐达章甘于担当的精神令人感佩。

文章又道：虽欲不闲，自得而不闲，古之时人之害多矣。有圣人者立，然后教之以相生相养之道。如古之无圣人，人之类灭久矣。愿人之所贵者圣，而圣之所贵者道。以道为己，则顺而祥；以道为人，则爱而公；以道为心，则和而平；以道为天下国家，无所处而不当。

意思是：虽也想放逐，顺流而自我放逐，古代的人就已深受其害啊。有圣贤为世先行开拓，然后教人相宜之道。如果没有古代圣人的护持，人类恐怕早就已经绝灭了。但愿人们所尊崇的是圣人，而圣人所孜孜以求的正在于道。用圣人之道教育自己，能和顺吉祥；用其道来对待别人，则得博爱公正；用其道修养内心，会平和而宁静；用其道治理天下国家，则没有不适当的地方。

其中用典“以道为己，则顺而祥；以道为人，则爱而公；以道为心，则和而平；以道为天下国家，无所处而不当”，语出唐朝韩愈《原道》：“其为道易明，而其为教易行也。是故以之为己，则顺而祥；以之为人，则爱而公；以之为心，则和而平；以之为天下国家，无所处而不当。是故生则得其情，死则尽其当，郊焉而天神假，庙焉而人鬼飨。”[②] 意思是说：此理论通俗易懂，作为教育也容易推行。所以，用其教育自己，能和顺吉祥；用其来对待别人，则得博爱公正；用其修养内心，会平和而宁静；用其治理天下国家，没有不适当的地方。所以人活着则感受人间情谊，死了就是自然常态的结束。祭天于是天神降临，祭祖于是祖先的灵魂来享用。从此处用典我们可以看出，徐达章对唐宋八大家之一的韩愈之著作也是有深入研习的。

文章又道：道之赖乎圣者甚大。先圣之道望乎能闲，故甚殷。盖先圣能昭其道。先圣不能保其道，先圣即保其道。先圣不能必后之人各守其道。由

---

① 杨逢彬、欧阳祯人 译注:《论语 大学 中庸译注》,华东师范大学出版社 2018 年版,第 156 页。

② （唐）韩愈 著，蔡晓丽 注：《韩愈文集》，北京联合出版公司 2018 年版，第 7 页。

尧舜以来千余岁，而有周公闲之。由周公以来王百余岁，而有孔子闲之。由孔子至于今百有余岁，去圣人之世，若者其未远也。近圣人之居，若者其甚也。意在斯乎，意在斯乎。小子何敢让亏（yú）。夫道之相侍久矣，尧以足侍之舜，舜以足侍之禹，禹以足侍之汤，汤以足侍之文武周公，文武周公侍之孔子，历代相侍不绝如缕，苟一旦至此而湮没。先圣何赖有我，我亦何以对先圣也。先圣知身之不能长留，故以道贻我者虑长。我知先圣之不可后作，故以为闲道者其责大。欲闲圣道不去其悖道之端，则闲不固，后闲圣道而不改其诬道之辈，则闲不明。

意思是：道在很大程度上依赖圣人的求索。先圣的道学一定能够光大，所以特别深厚。因此先圣能昭示其道学。当先圣的道学面临考验的时候，先圣必须努力拓展其道。先圣不能倡导其道学，那么后人就会各行其道。尧舜之后的千年里，是周公发扬了他们的圣道。周公之后几百年来，是孔子发扬了他的圣道，孔子之后的百余年里，是无圣人的世道，但离有圣人的世道尚未久远。接近圣人而居，何其重要啊。意义就在此，意义就在此。后辈们怎么敢退避呢？然而圣道之泽裨源远流长，尧德泽于舜，舜德布于禹，禹德布于汤，汤德布于周文王、周武王和周公，文王武王和周公德泽于孔子，历代相承不绝，今天如果毁灭断绝，先圣如何依赖于我，我又怎么能对得起先圣啊。先圣知道肉身无法长生，所以为后世遗留圣道，可谓思虑后世长远，我知道先圣不可能离去后仍传播思想，所以光大和拓展先圣之道就是我们后人的责任。欲光大圣道但不剔除与其相悖的端倪，则这种发扬是软弱的，光大先贤圣道而不改正邪说，则这种发扬是昏庸的。

文章又道：悖道杨墨也，诬道淫辞邪说也。

意思是：杨朱和墨翟与圣道相悖，是害人的歪道邪说而已。

其中“悖道杨墨也”特指孟子《滕文公章句下》所言：“杨氏为我，是无君也；墨士兼爱，是无父也。无父无君，是禽兽也。”[①] 而徐达章所述之“诬道淫辞邪说”亦出自孟子《滕文公章句下》“杨墨之道不熄，孔子之道不著，

① （战国）孟子 著，弘丰 译注：《孟子》，中国文联出版社 2016 年版，第 135 页。

是邪说诬民，充塞仁义也。”[①] 意思是“杨朱、墨翟的学说不灭除，孔子的学说就不能光大，这邪说将蒙骗人民，使仁义之思堵塞”。

文章又道：距之放之，使作于心、布于事者不得害之。

意思是：批驳杨墨之说，排斥杨朱之论，消除心里萌生的祸端和行事中的危害，使其无害。

此处语出孟子的《滕文公章句下》：“吾为此惧，闲先圣之道，距杨、墨，放淫辞，邪说者不得作。作于其心，害于其事；作于其事，害于其政。”[②] 意思是说：“我为此忧惧，决意捍卫圣人思想，批驳杨墨之说，排斥荒诞言论，要使散布邪说者无处可逃。谬论从心底萌发则危害工作；危害了工作自然也就危害了国政。“其中“距杨墨”就是徐达章文中的“距之”所指，“放淫辞”就是徐达章文中的“放之”所指，“作于其心”就是徐达章文中的“使作于心”所指，“作于其事”就是徐达章文中的“布于事者”所指。

文章最后论述道：则予所以卫道也，即予所以承三圣也。外人何足以知之。

意思是：然而我之所以捍卫圣道，就在于我决心要承续大禹、周公和孔子这三位先圣之大道啊。他人怎么能够参透这一切呢？

此段虽然是徐达章述说自己的志学，但也是源自孟子的《滕文公章句下》“我亦欲正人心，息邪说，距诐（bì）行，放淫辞，以承三圣者，岂好辩哉？予不得已也。能言距杨墨者，圣人之徒也。”[③] 意思是孟子辩白说：“我也欲求端正人心，灭邪说，批判偏激放纵之行为，排斥荒诞言论，以继承大禹、周公和孔子三位圣人的事业，这难道是因为我喜欢辩论吗？我是不得已啊，之所以发言辩驳杨墨，是因为作为圣人弟子的我有这个责任。”可见徐达章的理想追求“卫道也”、“承三圣也”与孟子相同，这是普通人难以形成的理想和大志，所以徐达章最后感叹道：“所以外人何足以知之。”这也是徐达章继承中国传统“责在一人”的文化精神的体现，可见，徐达章虽为布衣儒生，却心卫“圣道”，闲之在责，真无愧“大丈夫”。

---

① （战国）孟子 著，弘丰 译注：《孟子》，中国文联出版社 2016 年版，第 135 页。

② （战国）孟子 著，弘丰 译注：《孟子》，中国文联出版社 2016 年版，第 135 页。

③ （战国）孟子 著，弘丰 译注：《孟子》，中国文联出版社 2016 年版，第 135 页。

以上徐达章的五篇文论充分显示了其对孔孟儒学的精深研究，而他下面的又一篇文论虽然没有直接论及儒学，但是却从侧面反映出了他对汉代儒学特别是东汉儒学同样有所涉猎和研究，这就是其独特文论《东汉卢郑不入党人论》（图 68）：

> 朋党之为祸烈矣，发于汉，踵于宋，毒于明。一时所目为党人者，大率君子之流。盖其自待过高，嫉恶过严。而为小人者知，为清议所不容。衔恨次骨，不惜诋琪之，倾轧之，尽投诸浊流以为快，何其泪耶。卢郑之不入党人，非惧祸也，惜其于世无补也。炎汉之衰，风尚婞（xìng）直。后顾及厨，互相题昌，天下学士争以得附党籍为荣。观其不阿奸幸，不畏强御，节已亢矣。顾乃讪毁朝政，激扬声名，客气乘之，卒遇横逆。岂亦有不得已之故，忍而致此乎？嗟乎，熏莸（xún yóu）不同器，泾渭不同流，兰以膏焚，麝以香消，理故宜然。使卢郑亦附和随声，甘蹈显戮，阴晋阳剥，士气大夷，吾恐暴秦坑儒之祸，复见于今矣，且夫卢郑大儒也。折衷圣经，束躬名教，明哲保身，筹之已熟，幸而见用。则分别邪正，以清朝廷，不幸而终老。亦将表章圣学，嘉惠后儒，所以不入党人，此欲留此身以有待也。呜呼，端礼门之碑，司马君实、范尧夫列其首。东林党之目，顾泾阳、高忠宪居其先。岂诸君子乐为之？亦以位尊而怨集，德高而毁来也。卢郑之学讵不逮此？然子干超然事外，康成虽遭禁锢十余年，为党祸所波及，卒不闻槛车就逮，怆怀犴（àn）狱，此何哉？夫元礼、孟博之风，未尝非卢郑所心折，而必从之游，以膺其祸，亦太激矣。此卢郑之所以高也。

论文开首即言：朋党之为祸烈矣。发于汉，踵于宋，毒于明。

意思是：历代由党争导致的灾祸剧烈。党争始发于汉代，接续于宋朝，而明朝党争危害尤甚。

徐达章开论直指汉代以来的朋党政治斗争。“发于汉”是指汉代桓、灵

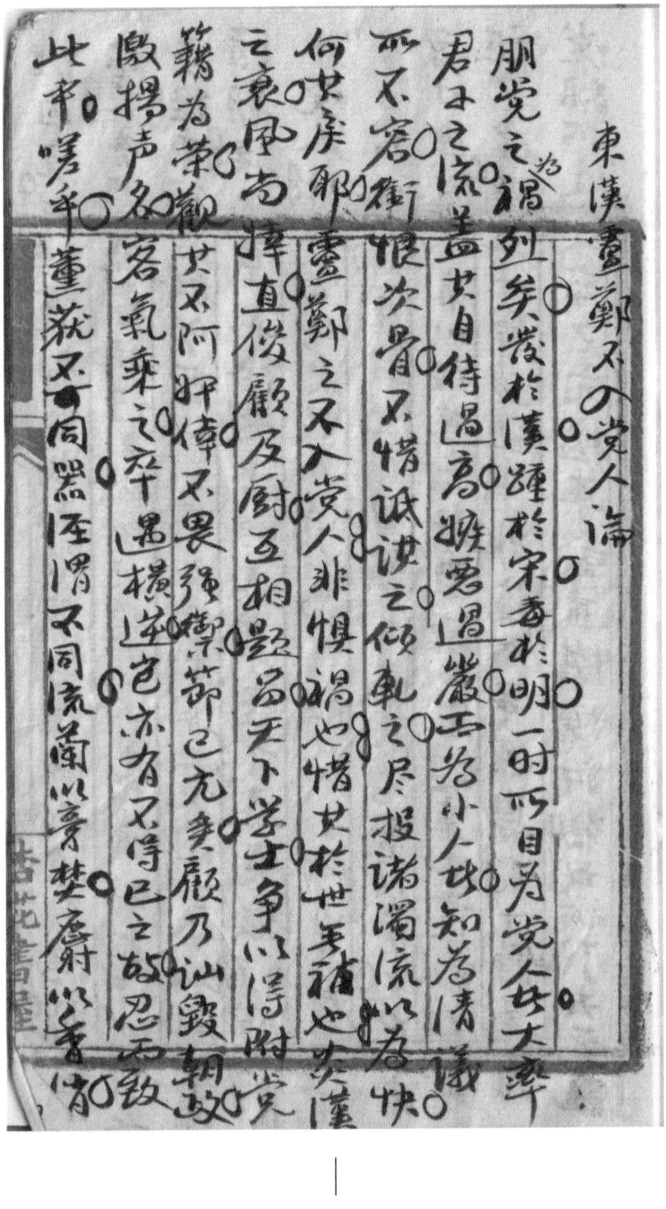

東漢盧鄭不入党人論

朋党之禍烈矣。發於漢，踵於宋，喬於明。一时所目為党人者，大率君子之流。蓋其自待過高，嫉惡過嚴，為小人所知，為清議所不容，衔恨次骨，不惜诋諆之，傾軋之，盡投諸濁流以為快。何其虐耶！盧鄭之不入党人，非惧禍也，惜其於世無補也。當漢之衰，風尚梓直，傲嚴及尉互相題品，天下学士争以得附党籍為榮。觀其不阿附偉，不畏強禦，節已亢矣，嚴乃讪毀朝政，激揚声名，客氣乘之，卒遇橫逆，已亦有不得已之故，忍而致此乎？嗟乎！薰莸不同器，涇渭不同流，蘭以膏焚，麝以香

图 68　徐达章《草创之》文论册集之《东汉卢郑不入党人论》篇

二帝时宠信宦官，政治黑暗，李膺、太学生郭泰、贾彪等士大夫挺身而出，抨击宦官集团，激浊扬清，由此得名“清流”。当时京师的三万多上进无门的太学生与各郡县的儒生，团结在李膺等名士和正直的官僚周围，形成庞大的反宦官专权的政治力量。这些人有知识和文化，不畏豪强高官，据《后汉书·党锢传序》记载他们“激扬名声，互相题拂；品核公卿，裁量执政，婞直之风，于斯行矣。”[①]他们发出的针砭时弊的社会舆论，就是所谓的“清议”。朝中大臣都畏惧被指责贬损，皆登门拜访他们，可见“清议”之厉害。反扑的宦官则给士大夫扣上“党人”的帽子，史称“清流党”。党人除了自我救赎外，还通过“清议”表达不满，希望引起统治者的重视并挽救走向覆灭的东汉王朝，反映了广大百姓的呼声，于道义上有正义性。“党锢之祸”期间，“清流党”人先后四次被杀戮，充军和遭禁锢者多达七八百人。特别是其领袖李膺，多次受到重点打击，却也因此名满天下。李膺（110—168），字元礼，颍川襄城（今河南襄城）人，始举孝廉，任青州太守，继调任护乌桓校尉，永寿二年，鲜卑进犯，桓帝委任他为度辽将军。他反对宦官专擅，纠劾奸佞。延熹九年（166），他捕杀暗通宦官的张成（史称“张成事件”），引起党锢之祸。后来又发张俭事件，党祸再起，朝廷搜捕党人，邻居劝其出逃，他却主动前往诏令指定的监狱投案，被拷打致死，妻子儿女被流放到边疆，他的学生、部下以及父亲兄弟，全部被禁锢，不准做官。

东汉末年的“清流党”和“清议”影响了此后的历朝历代，除了唐朝集体屠杀清流的“白马驿之祸”外，还波及了宋朝、明朝和晚清，且对明朝的危害尤甚。

宋徽宗时期，贪官蔡京为了把持朝政，勾结宦官给反对他的司马光、苏轼等三百零九人扣上“元佑奸党”的帽子，把他们的所谓罪行刻碑为记，立于端礼门，称为元佑党人碑或党人碑。简直是将党争昭告天下。

明朝中晚期，政治昏暗，财政危机。被罢免的无锡籍官员顾宪成（明朝吏部郎中）、高攀龙等人讲学于无锡东林书院，讽议时政，要求改良，得到朝野士大夫的呼应，形成了以江南士大夫为主的政治集团。他们主张以儒家

① （南朝·宋）范晔：《后汉书》，线装书局2010年版，第1136页。

正统思想挽救国朝，反对宦官干政，反对矿税等。他们评议朝政，裁量人物的言论亦被称为“清议”，他们还自诩“清流”，政治对手则称他们为“东林党”，其实也就是“清流党”，亦因其群体自觉性继承了东汉“清流党”。不过后期东林党已背离其宗旨，热衷党争，互为倾轧，行政改革空泛，缺乏实际的治国才能。东林党的领袖人物明代思想家顾宪成（1550—1612），字叔时，号泾阳，人尊称“东林先生”。明朝政治家、思想家高攀龙（1562—1626），字存之，又字云从，“东林八君子”之一，谥“忠宪”，亦是东林党领袖，世称“景逸先生”。

宋、明两朝党争，前者多为变法派和保守派的政见之争，结果仅止于罢相、去官；而明代多以籍贯划分派别，同乡抱团，对于非本派者大行打压、排挤之事，失败者几乎都被处以极刑，死于非命，结果可谓惨烈。据《桃溪客语》记载：“魏忠贤定东林党人榜，自李三才至何吾騶（zōu）凡三百九人。宜兴蒋允仪第四十二，陈于廷第四十九，汤兆京第五十六，毛士龙第八十四，何士晋第一百八十七，史孟麟第二百八十二。以天启五年十二月乙亥朔，颁示天下，生者削籍，死者追夺，已经削夺者禁锢。兆京卒于万历之季，至是已垂十年。忠贤之党，犹追恨之。故亦列其名，与宋焘（字岱倪，号绎田，又号青岩，泰安人，泰山五贤之一）、曹于汴（十二名东林党守护中军大将之一）等谓之前锋云。”[①] 可见明朝“东林党”人中宜兴独占六名。可见徐达章所说“踵于宋，毒于明”，极为中肯。

文章又道：一时所目为党人者，大率君子之流。盖其自待过高，嫉恶过严。而为小人者知，为清议所不容。衔恨次骨，不惜诋琪之，倾轧之，尽投诸浊流以为快，何其汨邪。卢郑之不入党人，非惧祸也，惜其于世无补也。

意思是：当时能入党人目录的，大都是君子士大夫之流，他们基本上都自恃过高，过度地嫉恶如仇。而他们的对手大都是小人，是被党人“清议”鞭挞的对象。被对手所仇视、诋毁倾轧，（唐末清人被集体屠杀后）被投入黄河而浊之以为快。何其悲催啊。卢郑不入党争，并非惧怕灾祸，是觉得无

① 吴骞 撰，王云五 主编：《桃溪客语》，商务印书馆发行，中华民国二十八年十二月初版，第二三页。

谓牺牲乃于事无补啊。

其中“尽投诸浊流以为快”指唐朝末年的“白马驿之祸”，在党争中三十多名“清流”朝臣被集体诛杀，尸体被特意扔进黄河而“永为浊流”。可见唐朝亦党争残酷，结局悲惨啊。

文章又道：炎汉之衰，风尚婞直。后顾及厨，互相题昌，天下学士争以得附党籍为荣。

意思是：东汉虽衰落，但士人仍崇尚倔强刚直。士大夫们，相互提携，天下的士大夫皆以党人身份而倍感光荣自豪。

东汉自号火德，号称“炎汉”，所以徐达章亦用“炎汉”来指东汉。“婞”是倔强刚直的意思。

而“俊顾及厨”则典出《后汉书·党锢传序》。原来，东汉常常效法古代“八元”“八凯”之称，多取“八俊”“八顾”“八及”“八厨”为当世士大夫取号，以相互标榜，“俊”是指“言人之英也”，“顾”是指“能以德行引人者也”，“及”是指“能导人追宗者也”，“厨”是指“言能以财救人者也”。所以四字相连组合而为“俊顾及厨”，徐达章在此特为引用。

另外“互相题昌”就是指《后汉书·党锢传序》中所言：“激扬名声，互相题拂”之事。

而“天下学士争以得附党籍为荣”指的是当年李膺在太学生的心目中，乃是“天下楷模”，时人若受他赏识即被誉为“登龙门”。在宦官集团打击、禁锢甚至杀戮“党人”的时节，时人仍旧以身为“清流”而倍感光荣。尤其当李膺的家人及学生纷纷受到打压和禁锢的时候，甚至出现了被漏者主动上表而请免官者，这指的就是当时李膺的学生蜀郡人景顾，他没有被记录到私党名单上而免遭处分，而他的父亲时任侍御史，却自己主动上表免官回乡。

文章又道：观其不阿奸幸，不畏强御，节已亢矣。顾乃讪毁朝政，激扬声名，客气乘之，卒遇横逆。

意思是：士人正是敬仰党人之“不阿奸幸，不畏强御”之高亢气节，所以也“讪毁朝政，激扬声名”，一时的意气和情绪偏激，最终遭遇横祸。

其中“客气乘之”源自宋司马光在《赵滋札子小记》中所说的：“今滋

数乘客气以傲使人，争小胜以挑强胡”。

文章又道：岂亦有不得已之故，忍而致此乎？嗟乎，熏莸不同器，泾渭不同流，兰以膏焚，麝以香消，理故宜然。

意思是：这难道有无法避免的原因吗，是一味容忍导致的结果吗？哎，香草和臭草无法同器盛放，泾水和渭河不能同道而流，兰被粉成膏而碎，麝待香味散尽即灭消，就是这个道理啊。

而“熏莸不同器”出自三国·魏·王肃《孔子家语·致思》：“回闻熏、莸不同器而藏，尧、桀不共国而治，以其类异也。”[①]其中“熏莸”即香草和臭草，指好和坏不能共处，徐达章用此以喻党争亦如异类不可共处，最终产生兰焚香消的结果，亦属理所当然。

文章又道：使卢郑亦附和随声，甘蹈显戮，阴晋阳剥，士气大夷，吾恐暴秦坑儒之祸，复见于今矣，且夫卢郑大儒也。

意思是：（“熏莸不同器”的道理自然）使卢植和郑玄也与党人相附和，明显不怕受到牵连，这就如晋卦和剥卦互相阴阳转化而吉凶难料一样啊，然唯有士人气势大扬，我非常担心暴秦焚书坑儒的祸端再次重现，何况卢郑是东汉的大儒啊。

由于卢郑在本质上与“党人”是相通的，他们处在同一条战线上，所以徐达章作此文论时，实在是为卢郑捏了把汗，唯恐焚书坑儒的祸事重降，果真照此发展的话，那么作为东汉大儒的卢植和郑玄是脱不了干系的。以致于徐达章在此特用《易经》“阴晋阳剥”这一卦象的吉凶转换来说明世事无常，有大祸随时降临之感，情势可谓“岌岌可危”，徐达章的情感和价值取向也从字里行间里突显出来。关于卦象，具体讲，“晋卦”是周易第三十五卦，即火地“晋卦”，坤下离上，意指太阳普照大地，万物和顺，是晋升进取、谋事可成的卦象 。然而“晋卦”九四爻动变则得周易第二十三挂“剥卦”，即山地“剥卦”，坤下艮上，一阳在上，五阴在下，高山附地，阴盛阳孤，喻君子困顿，小人得势，事业坏败。然而“剥卦”六四爻动变则复得第三十五卦，即“晋卦”。所以徐达章的“阴晋阳剥”就是指因为爻动变而

① 郎建 主编：《孔子家语》，中国少年儿童出版社 2015 年版，第 032 页。

引起的“晋卦”和“剥卦”的互相转化，“晋卦”九四爻阳变阴即为“阴晋”，如此则“晋卦”由于发生“阴晋”之动变而转化为“剥卦”，所以世事难料，“晋卦”之态原本处于万物生长、事业蒸上之情状，但转眼就会发生阴变而成为山高倾危之“剥落”境地，其正是“剥卦”之态，此状阴气达至极盛，此时君子宜谨慎隐忍，不可贸然行动，否则进阻而损。当然“剥卦”的六四爻阴变阳即为“阳剥”，如此则“剥卦”亦会因为发生“阳剥”之动变而复转化为“晋卦”，由此，败象亦会发生逆转，诸事反而又可成……由此可见，《易经》亦是徐达章研习并教读儿子的重要内容，其通达“阴晋阳剥”之易理是再自然不过的事情了。

文章又道：折衷圣经，束躬名教，明哲保身，筹之已熟，幸而见用。则分别邪正，以清朝廷，不幸而终老。亦将表章圣学，嘉惠后儒，所以不入党人，此欲留此身以有待也。

意思是：（卢郑）研究圣贤经典，亲身学习和课教经学，对明哲保身的道术还是熟悉的，幸好他们用上了此道。终究是把精力多用在了区分正邪之学，以待匡正朝廷，如此而达至终老。但足以发扬圣贤之学，惠及后世儒生，所以他们都不参与清党之事，是想保留自己的才学，以待机会报效朝廷。

可见在徐达章看来，幸好卢郑二人不愧“大儒”之名，终究还是与“党人”有别，尚能运筹保身，将精力致于圣贤之学，惠及后儒学士，没有作无谓的牺牲，以待“清明朝廷”，再裨世道，达至终老。

文章又道：呜呼，端礼门之碑，司马君实、范尧夫列其首。东林党之目，顾泾阳、高忠宪居其先。岂诸君子乐为之？亦以位尊而怨集，德高而毁来也。

意思是：哎，端礼门之外的“元佑党人碑”，居首而刻的是司马光（字君实）和范纯仁（字尧夫，范仲淹次子）。东林党领袖目录上，居先的是顾宪成（号泾阳，吏部郎中）和 高攀龙（谥忠宪，思想家），难道是这些君子乐于党争吗？其实也有高居尊位而招致怨恨聚集，德行高尚却难避讽毁的原因在里面啊。

“德高而毁来也”出自唐代韩愈《原毁》：“不若是，强者必说于言，儒者必说于色矣。是故事修而谤兴，德高而毁来。呜呼！”[①] 意思是：不是如此的话，强硬的人一定会连声赞同，软弱的人一定会露出高兴的脸色。因此，事成后诽谤便就跟着来了；声望高了污蔑就接踵而至了。唉！可见在徐达章看来，杰出士人处风口浪尖，经历必不一般，位尊德高而招致损毁在所难免。

文章又道：卢郑之学讵不逮此？然子干超然事外，康成虽遭禁锢十余年，为党祸所波及，卒不闻槛车就逮，怆怀犴狱，此何哉？

意思是：卢郑的学识文化怎会不如顾泾阳等人？然而子干（卢植字子干）在党争中超然事外，康成（郑玄字康成）虽遭禁锢十余年，为党祸所波及，但终究没有听说被拘押逮捕而受牢狱之苦，这是何原因呢？”

文章最后论述道：夫元礼、孟博之风，未尝非卢郑所心折，而必从之游，以膺其祸，亦太激矣。此卢郑之所以高也。

意思是：元礼（李膺字元礼）和孟博（范滂字孟博）的党人之风行，也未尝不是卢郑所佩服的，但如果因此也进入党争，则亦会受后来李膺所遇的党锢之祸，这未免太过激烈了。然事实不然，此正是卢郑的高明所在啊。

其“夫元礼孟博之风”所指正是东汉党争中，以李膺（字元礼）和范滂（字孟博）为代表的方向，他们是清党的核心人物。而范滂更是节操高洁，他因品行孝顺、正直而被提拔，赴任之初，即慷慨激昂有澄清天下污秽之志。后任功曹期间，清除不孝、不遵循仁义礼制的人，推荐品德高尚的人，提拔贫寒之士。建宁二年，朝廷诛杀钩党之人，下诏书紧急缉捕范滂等人。范滂听说后自到县狱，县令郭揖丢下官印，拉着范滂要一起逃走，范滂却说：“我死了灾祸就可以平息了，怎么敢因为我的罪名连累您，又使得我的老母流离他乡呢！”他终与老母及襁褓中的幼子作别，毅然赴死，时年三十三岁。

徐达章文论《东汉卢郑不入党人论》是他以上六篇文论中唯一一篇扩展到儒学学术之外而论及政治的文章。反映出徐达章由于研究整个儒学发展而对汉代大儒的政治生态的关注，所以仅从论文题目就可感受这两个维度的存在，“卢郑”即东汉大儒卢植与郑玄，这自然牵涉儒学，而“不入党人”则与东汉党争有关。但是从一代儒生徐达章的角度看，其文章是由于钻研儒学

① （唐）韩愈 著，蔡晓丽 注：《韩愈文集》，北京联合出版公司 2018 年版，第 10 页。

而关涉政治的，而非就政治党争而涉及大儒的。但无论如何，在感叹他精炼的论述之余，我们得机深入了解和认识了东汉大儒卢植与郑玄：

卢植（？—192），字子干，涿郡涿县（今河北涿州）人，他虽然是东汉末年著名的将领，黄巾起义时被委任北中郎将，率军与张角交战，但是他博古通今，年少时曾经拜大儒马融为师，也成了古文经学大儒，还向马融引荐了郑玄，由此卢郑遂为同门。卢植虽然喜研儒学经典，但不局限于前人界定的章句，后来曾与马日磾、蔡邕等一起在东观校勘儒学经典书籍，并参与续写《汉记》，著有《尚书章句》、《三礼解诂》等。卢植学成之后返乡教学，其弟子中有刘备、刘德然及公孙瓒。彭伯评价他"卢尚书海内大儒，人之望也。"曹操评价他"故北中郎将卢植，名著海内，学为儒宗，士之楷模，国之桢干也。"贞观二十一年（647），唐太宗诏令历代先贤先儒二十二人配享孔子，卢植居其一。大中祥符二年（1009），宋真宗又追封卢植为良乡伯，仍旧从祀于孔庙。

郑玄（127—200），字康成，东汉北海郡高密人。24岁拜师马融，后经10余年游学各地，回到高密后不久，就因"党锢之祸"两次被"禁锢"达10余年，期间遍注群经，成为融会贯通古文经学与今文经学的一代儒学大师。可见卢郑儒学是继孔孟之后徐达章的必读。

另外，我们从徐达章文论中大量的引经据典可以看出，他对中国传统文化及文学都有系统且深入的研习，仅其六篇文论中牵涉到的就包括了《诗经》《易经》《论语》《尚书》《孟子》《中庸》《庄子》《史记》《后汉书》《孔子家语》《断刑论下》《宋书明帝记》《春秋公羊传》《公羊解诂》，还有唐宋八大家之韩愈和柳宗元，甚至包括司马光的著述。然而徐达章治学最为深厚和博大的还在于其儒学，正如好友赵乃宣在《屺山高赠徐君成之五言古诗》中称赞他："谓特一艺长，须为君子儒。仰止尼山孔，景行考亭朱。"[①] 由此可见孔子的儒学经典和朱熹理学是徐达章儒学的重中之重，是其儒学的核心，然而更为关键的是徐达章的儒学体系极为完整，这体现在徐达章继深研孔孟经典之后，还钻研过《春秋公羊传》和《公羊解诂》。其中《春秋公

① 《计亭徐氏宗谱·卷四》，赵乃宣 撰《屺山高赠徐君成之五言古诗》。

羊传》乃儒家经典之一，与《左传》和《谷梁传》一起被称为“春秋三传”，它们都是讲解传授《春秋》的经典著作。于此三传中，徐达章在对儿子实施的早教中选择了《左传》作为必读书目，并且是明确告诉急于学画已久的七岁的儿子说：“你现在应该专心读书，等读完了《左传》再学画亦不迟。”[①] 然而《春秋公羊传》作为儒学经典著作，是研究先秦至汉间儒家思想的重要资料，相传其作者是战国时齐人公羊高，他是子夏的弟子。而东汉何休撰写的《春秋公羊经传解诂》作为后世注释《春秋公羊传》的典籍与东汉大儒卢郑儒学，都是徐达章绝对不会放过的。何休的解诂著述作为流传至今的对“春秋三传”之一的《春秋公羊传》的注释要籍，“入清后《春秋公羊经传解诂》先后为季振宜、徐乾学、汪喜孙所藏，道光四年（1824）汪氏问礼堂曾将此本翻刻行世，影响颇广。”[②] 可以想见，徐达章当年研读的《公羊解诂》当属此版。关键是清代中期今文经学再度兴起，自乾隆至道光年间兴盛的常州学派是其中坚，由于推崇《公羊传》，所以“常州学派”又被称为“公羊学派”。对徐达章来说，无论从地理还是时间上看，常州学派都是近在咫尺，受其影响是情理之中的事。由此可见，从孔孟典籍直至清代常州学派，徐达章儒学体系贯穿整个儒学发展的古今，其完整性不言而喻。

父儒足侍悲鸿

徐达章基于自身儒学“仁德”观念而对徐悲鸿从小施与的儒学圣贤教育，无疑也深刻地影响了徐悲鸿的一生。徐悲鸿同样恪守着君子之道，也经常以先儒语录为指导，掺行诚笃、一丝不苟。他经常就儒家语录挥毫作书，比如其“好学近乎知，力行近乎仁，知耻近乎勇。”[③]（图 69）就出自《中庸·第二十章》，意思是：爱学习就接近于智，努力践行就接近于仁，知羞耻则接

① 王震 编著：《徐悲鸿年谱长编》，上海画报出版社 2006 年版，第 4 页。

② 《宋本春秋公羊经传解诂》，（汉）何休 解诂，（唐）陆德明 音义，国家图书馆出版社 2020 年版，出版说明第五页。

③ 杨逢彬、欧阳祯人 译注：《论语 大学 中庸译注》，华东师范大学出版社 2018 年版，第 230 页。

近于勇。而徐悲鸿的另一幅行书“充实之谓美，力行近乎仁”（图 70）除了其后半句同样取自《中庸·第二十章》外，其前半句则是选自《孟子·尽心下》之“充实之谓美。充实而有光辉之谓大。”[①] 意思是：（善、诚信）充满他的本身就叫做美，既充满又放出光辉叫做大。

行书《中庸之道章》（图 71）“万物并育而不相害，道并行而不相悖，小德川流，大德敦化。”[②] 就出自《中庸·第三十章》，意思是：万事万物一同生长不相妨害，微小的德行修养也要永不止息，高尚德行含宏万物化成天下。

徐达章和徐悲鸿父子俩虽然都崇尚儒教，但是对道家思想也是兼收并蓄的。徐达章的无为思想和隐逸情怀就是其表现，而从徐悲鸿的书法作品《庄敬日强》（图 72 ）中可以看出他对道家著作《淮南子》也是广有涉猎的。

后来，徐悲鸿的艺术理念和主张也大都引自儒学经典。如 1929 年徐悲鸿在回复徐志摩《惑之不解》中说：“弟对美术之主张，为尊德性、崇文学、致广大、尽精微，极高明、道中庸。虽不能至心向往之，幸兄教我。”[③]1933 年，徐悲鸿于其《悲鸿自述》中再述此主张，其核心部分皆是引用《中庸·第二十七章》，有所区别的是徐悲鸿把《中庸》里的“尊德性而道问学”稍事修改为“尊德性、崇文学”。

徐悲鸿曾说孔子是他的理想典范，他说：“若弟崇拜孔子（孔子是弟理想中的巨人一名词），因为有大道之行礼运大奇，书之真伪所弗计。要说得出这句话者（虽然汉唐人都无妨），便算得巨人孔子。”[④]1916 年徐悲鸿在上海哈同花园结识康有为，他在《悲鸿自述》中言：“余乃执弟子礼居门下，得纵观其所藏。如书画碑版之属，殊有佳者，尤具卓见。”[⑤] 康有为还介绍日本画家、书道家中村不折与徐悲鸿认识。然而“康有为于维新运动即提出孔教运动构想，建议立孔子庙，将儒家思想定为宗教。1910 年发表《论中国

① （战国）孟子 著，弘丰 译注：《孟子》，中国文联出版社 2016 年版，第 356 页。

② 杨逢彬、欧阳祯人 译注:《论语 大学 中庸译注》,华东师范大学出版社 2018 年版,第 243 页。

③ 王震、徐伯阳 编：《徐悲鸿艺术文集》，宁夏人民出版社 1994 年版，第 97 页。

④ 王震、徐伯阳 编：《徐悲鸿艺术文集》，宁夏人民出版社 1994 年版，第 98 页。

⑤ 王震、徐伯阳 编：《徐悲鸿艺术文集》，宁夏人民出版社 1994 年版，第 125 页。

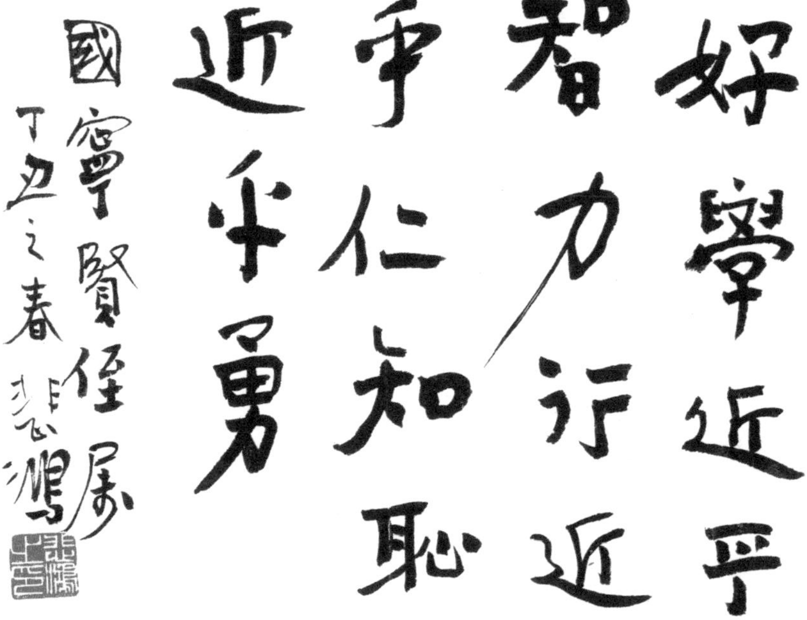

图 69　徐悲鸿行书，徐悲鸿 作
1937 年

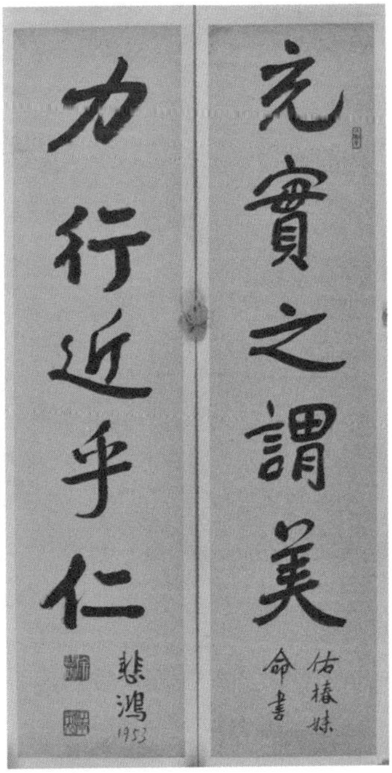

图 70　《五言对联》徐悲鸿 作
1953 年，书法，纸本，32×135cm，北京徐悲鸿纪念馆藏

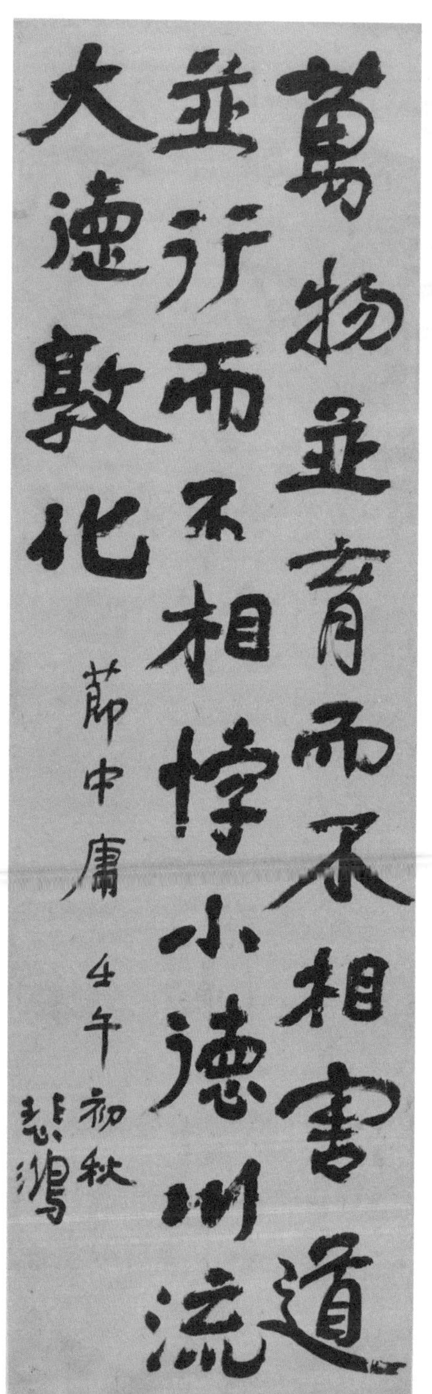

图 71 《中庸之道章》行书书法，徐悲鸿 作
1942 年，纸本，60×200cm，北京徐悲鸿纪念馆藏

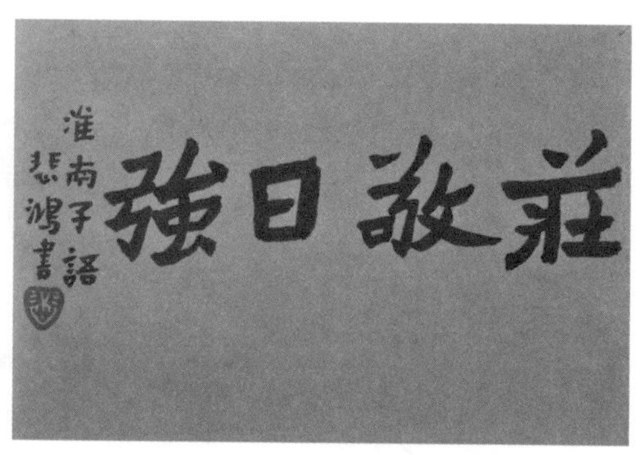

图 72 《庄敬日强》书法，徐悲鸿 作
20 世纪 30—40 年代，纸本，11.5×17.5cm，北京徐悲鸿纪念馆藏

宜用孔子纪年》，1913 年发表《请尊孔圣为国教立教部教会以孔子纪年而废寺折》，将孔教比喻为基督教：‘中国数千年，皆归往孔子，而尊为教主，以文王配上帝，即以教主配上帝也。然则非以孔子配上帝而何也？……今共和之国民，以神明圣王之孔子配上帝，不犹愈乎？……以孔子配上帝，义之至也，礼之崇也，无易之者也。’由上文可见康有为提倡的孔教思想，是为了区别中国与西方文明之不同，在资本主义强调物质性时，孔教提供精神生活的可能性。此一思想为中国传统文化找到一个足以与以基督教为代表的西方文明对抗的平衡点。”[①] 徐悲鸿也一直秉承孔子及其儒家思想和传统文化精神，努力捍卫之，并将其融入了绘画之中，他的油画“《田横五百士》《徯我后》所欲传达的讯息不只是历史，而是儒家价值观与道德观。画中隐含的儒家思想，也就是中国历史类题材与西方历史画的最大差异点，对徐悲鸿来说儒家精神代表了中国传统精神文明。这两件作品看似继承西方古典历史画传统，在徐悲鸿笔下转化为定义中国文明于现代性的绘画”。[②]

从古至今，中西文化从未停止过互动和互鉴，尤其是在各自思想发展面临困境的时候，往往互为启蒙。尤其是明清以来，“西学东渐”使中国学到了西方的科学文化，而“中学西传”也同时在进行，中国的文化也得以在西方传播，特别是儒家思想直接推动了欧洲近代的启蒙运动。18 世纪欧洲启蒙时代出现的“中国热”，其核心就是以儒家为代表的东方思想，使中国在世界历史上的影响达到了巅峰。在物质生活方面，当时欧洲上流社会对中国茶、中国丝绸衣服、中国轿子、中国式庭院趋之若鹜，尤其把讲中国故事作为一种风尚甚至使命。而在文化精神领域，欧洲当时最著名的思想家莱布尼兹、伏尔泰、魁奈等都从儒家思想里汲取营养。伏尔泰用儒家思想与专制君主政治作斗争，他将孔子像悬挂在办公桌对面的墙上，并在画像下面赋诗赞美：

① 中华世纪坛世界艺术馆，徐悲鸿纪念馆 编著：《大师与大师——徐悲鸿与法国学院大家作品》，上海文艺大一印刷有限公司印制，2014 年 5 月第 1 版，第 35 页。

② 中华世纪坛世界艺术馆，徐悲鸿纪念馆 编著：《大师与大师——徐悲鸿与法国学院大家作品》，上海文艺大一印刷有限公司印制，2014 年 5 月第 1 版，第 35 页。

孔子传授真理性，朴实无华启心灵。
圣人不预未知事，举国皆称教义明。

伏尔泰甚至将自己的书房命名为“孔庙”，在自己的文章中署笔名“孔庙大主持”……然而经历了一段时间的沉寂后，徐悲鸿又一次把中西文化的交流推向了一个新的高潮。与启蒙时代一样，正是在徐达章所施教育的基础上，徐悲鸿才会以雄厚的儒学根底，再次与西方展开了又一轮文化艺术的碰撞与交流。比如徐悲鸿1924年创作的油画《奴隶与狮》（图73）就是中西文化交流语境下的杰出作品，虽然徐悲鸿当时是为了证明自己有能力完成罗马大奖的作品创作（因为罗马大奖只接受西方人的作品），但是从对于西方寓言的意义阐释、西方油画技术的纯熟把握和东方“仁爱”精神特质的交汇融合角度来看，这幅画都达到了全新的艺术高度。1926年春天在巴黎，徐悲鸿还一度持任伯年的画给他的西画老师达仰先生看，达仰看后感慨题词：“多么活泼的天机，在这些鲜明的水彩画里。多么微妙的和谐，在这些如此密致的彩色中。由于一种如此清新的趣味，一种意到笔随的手法。——并且只用最简单的方术，——那样从容地表现了如许多的事物，难道不是一位大艺术家的作品么？任伯年真是一位大师。　达仰。巴黎。一九二六年。”[①]1933年徐悲鸿携大量中国画到法国举办“巴黎中国美术展览会”，随后应各国邀请继而在欧洲多国相继展出，由此推动了更大范围的中西文化和艺术交流。在徐悲鸿所推动的所有中西文化艺术的交流中，其父亲徐达章的潜在作用也是不言而喻的，他自身儒学高深，并累世以儒学文化传家，这也是他虽然未及不惑之年就被族人尊为“族彦”的根本原因。因为在中国旧社会的各地方宗族中，与对族长的要求必须是德高望重的长者不同，对族彦的要求则不分年龄大小，但更严格的要求是，族彦必须是族中学问高深的佼佼者。所以族彦除了品德高尚、事业有成外，更要德才兼备，尤其必须在学问上能为本族争光，族人都以其为荣。徐达章不仅是正义凛然的正人君子，还兼擅书画，儒学学识尤其深厚，他课徒育人，和祖上先贤们共同积淀着徐氏望族文化学

① 王震、徐伯阳编：《徐悲鸿艺术文集》，宁夏人民出版社1994年版，第595页。

图 73 《奴隶与狮》油画，徐悲鸿 作
甲子（1924）初秋，布，123×153cm

识的厚度，体现着徐氏宗族的荣光，被尊称为族彦当之无愧。然而徐达章及其一家对徐氏宗族的敬爱和为促进本族的昌盛作出的贡献，还有更多和更细的表现，这一点将于下一画论述。

第三画　族彦传家远

辑谱助祠传家

计亭徐氏宗族，自一世祖复古公以来，绵延哲嗣，宗族昌盛，久为宜兴名门望族，几百年来极为注重辑修家乘族谱。徐达章的曾祖父徐万源，是宗族房长，父亲徐砚耕和徐达章自己皆被族人尊为族彦。祖孙三人都忠于族事，共计五修宗谱，可谓德能传家，族谊仁里。

癸卯（1903）举人童斐在1907年所撰《计亭徐氏续修宗谱叙》（图74）中，首先开宗明义辑修族谱的意义：

> 记曰古之圣人能以天下为一家，中国为一人。张子横渠亦云，民吾同胞物吾与也。今之谈时务者，宗之曰中国欲图自强，首在结合国民以成团体。而西自河源，东澹海澨，南至朱垠，北迄幽厓，凡其间之群姓均呼之曰同胞。于呼诚能统四百余兆之人民，咸相亲相爱如同胞，岂不甚善乎？然而致之者亦有其本矣，本何在？自联合其宗族始，今夫综中国之群族，而推其保姓受氏之初，罔非出于一源者也。乃山河间隔，声气不通，各祖其祖，各宗其宗，而不相休戚，则惟其涣散故也。然而无其道以联合之，则虽以一瓞之绵，一宗之系，亦相视如路人，况其远焉者乎。故联合宗族者，团结民众之基础也。而谱牒之纂辑又为联合宗族之本，虽支分派别，而溯之皆共本同源，则相亲相爱之情油然生矣。……由此术也，以往将联合各宗族以成一国民族之团结，不基于是乎？较之空谈同胞而无所依据者，不有愈乎？……
>
> 光绪三十三年岁次丁未季夏之月谷旦，癸卯举人童斐拜撰。[1]

在该叙文中童斐简明扼要地说明了，纂辑谱牒是联合宗族的根本，联合宗族是团结民众的基础，团结民众则是国家自强的前提，所以辑谱意义不在

① 《计亭徐氏宗谱·卷一》，童斐 撰《计亭徐氏续修宗谱叙》。

計亭徐氏續修宗譜敘
記曰古之聖人能以天下為一家
中國為一人張子橫渠亦云民吾
同胞物吾與也今之談時務者
宗之曰中國欲圖自强首在結
合國民以成團體而西自河源

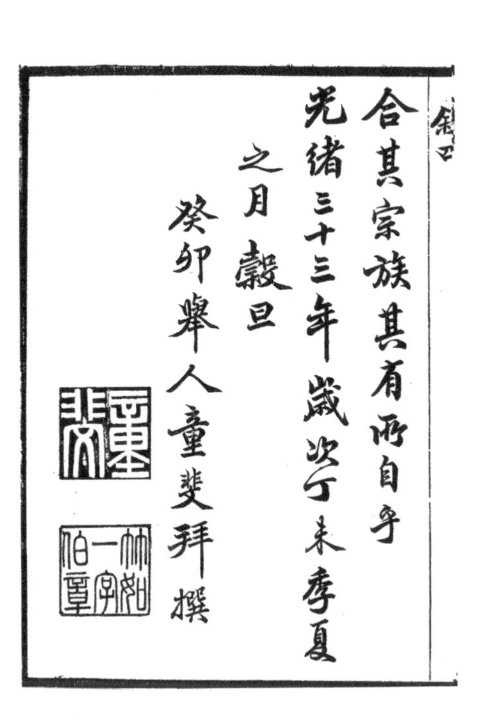
合其宗族其有所自乎
光緒三十三年歲次丁未季夏
之月穀旦
癸卯舉人童斐拜撰

图 74 《计亭徐氏续修宗谱叙》首、末页，（清末民初）童斐撰，1907 年

小。紧接着又说："今之续修距前光绪四年阅时三十载，而宗子上达再综其事，族尊锡周、分长安法，及族彦达章、殿珍等咸不辞劳瘁，以资其成，其于联合宗族之道，洵美且善矣。"[①]（图 75）在此童斐逐一提到本次序修宗谱的核心骨干，此时徐达章已被尊为族彦，时年 38 岁。六月下澣（下旬），时为宗子的徐佩珩在其《跋》（图 76）中亦述："吾徐氏之聚族而居计亭者，六百有余载矣。仰荷祖功宗德，于戊寅续修。之后，家给人足，丁口繁滋。因商之族分尊长及兄弟辈，公议重修，公款不足，捐丁勷事。委叔成之为之编，次命次男广闻助叔篡考，又命长男声闻校稿刊印"[②]。徐佩珩在文中特别指出的就是委任他的叔叔"成之"（即徐达章）为（主）编，他的次子徐广闻和长子徐声闻则担任校正并负责刊印以帮助徐达章。

光绪三十三年（1907）丁未仲夏（农历 5 月），徐达章在为计亭徐氏宗谱所撰《九修宗谱后序》（图 77）中言：

吾计亭徐氏宗谱，自相之、威远二公创修以来，而辑修于舜华公，续修于运南公，厥后继修，代有贤能。计康熙庚戌迄咸丰辛亥二百年间，凡历七修，并无阙漏。越十载，庚申遭粤逆乱，谱几泯矣，幸港上洪茂公于流离艰险之际，保之如性命，故得仅存一编于天壤，而致重修于光绪之戊寅焉……历今又几三十载矣，古人谓宗谱三十年不修即为不孝，是则吾族家乘之修尚可缓延也耶？……宗子上达举议重修宗谱计……族分长锡周、安法，暨堰下德铨、五大、芳荣，上塘焕兴、耀堂诸君，咸以宗子举议，为识时达务而议，遂定，且委监校之任于余，余固袜线短才，安克当此以继述之，道义弗敢辞，故惟不揣谫陋而应之。辑稿则上达任之，校雠则广闻任之，任事则芳荣主之。凡数越月而告竣，计费二百余金。[③]

可见徐达章在本次重修宗谱中，担任的是监修和校正的工作，这从《计

① 《计亭徐氏宗谱·卷一》，童斐 撰《计亭徐氏续修宗谱叙》。

② 《计亭徐氏宗谱·卷八》，徐佩珩 撰《跋》。

③ 《计亭徐氏宗谱·卷一》，徐达章 撰《九修宗谱后序》。

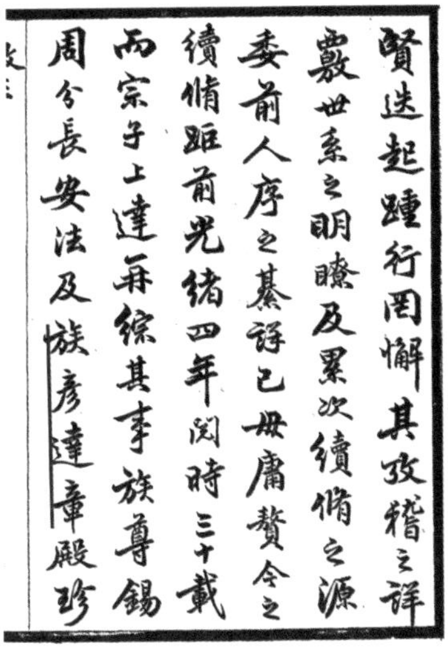

賢迭起踵行罔懈其攷稽之詳
數世系之明瞭及累次續脩之源
委前人序之綦詳已毋庸贅今之
續脩距前光绪四年閱時三十載
而宗子上達冞綜其事族尊錫
周今長安法及族彥達章殿珍

图 75　童斐撰《计亭徐氏续修宗谱叙》第五页

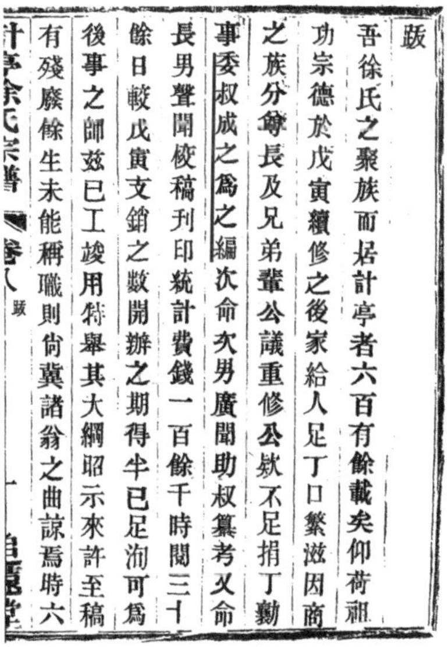

跋

吾徐氏之聚族而居計亭者六百有餘載矣仰荷祖
功宗德於戊寅續修之後家給人足丁口繁滋因商
之族分尊長及兄弟輩公議重修公款不足捐丁勸
事委叔成之爲之編次命次男廣聞助叔纂考又命
長男聲聞校稿刊印統計費錢一百餘千時閱三十
餘日較戊寅支銷之數開辦之期得半已足洵可爲
後事之師茲已工竣用特舉其大綱昭示來許至稿
有殘廢餘生未能稱職則尚冀諸翁之曲諒焉時六

图 76　《跋》，徐佩珩 撰

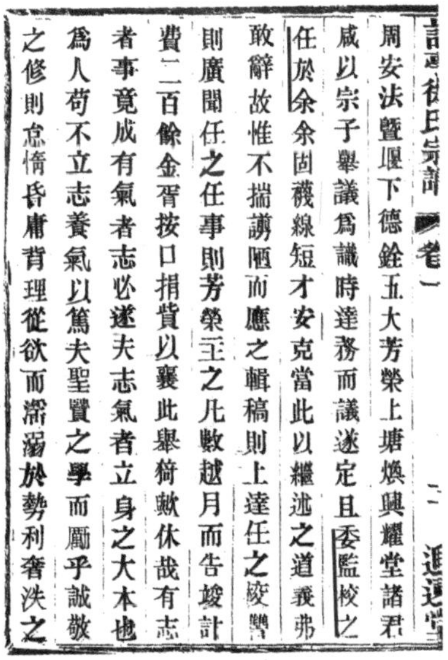

周安法暨堰下德銓五大芳榮上塘煥興耀堂諸君
咸以宗子舉議爲識時達務而議遂定且委監校之
任於余余固襪綫短才安克當此以繼述之道義弗
敢辭故惟不揣譾陋而應之輯稿則上達任之校讐
則廣聞任之任事則芳榮玉之凡數越月而告竣計
費二百餘金胥按口捐貲以襄此舉猗歟休哉有志
者事竟成有氣者志必遂夫志氣者立身之大本也
爲人苟不立志養氣以篤夫聖賢之學而勵乎誠敬
之修則怠惰昏庸背理從欲而濡溺於勢利奢泆之

图 77　《九修宗谱后序》第 4 页，徐达章 撰，1907 年

亭徐氏宗谱》的目录（图 78）中亦可得见，另外还可从中看出担任议修的是宗子上达和族长锡周，担任协修的是分长安法等。虽然徐达章自谦“袜线短才”、才疏学浅，但是作为族彦，族人对其学问修养的深厚是有充分了解和信任的，定当堪此重任。果然，徐达章不仅在修谱中担任监校等工作，还亲笔撰写了序、铭等各类诗文词赋，除了以上刚刚提到的《九修宗谱后序》外，还有《仑源公铭并序》、《先考砚耕公逸事十章》（图 79）、《题默庵公诗集后》、《题失丹山公诗集志憾》、《命名志》、《宗祠进主规式》、《补录祠额记》，并提供父亲徐砚耕早年所录《祠额志》。徐达章亲笔所撰词赋共计八篇之多（其中诗词共计十二首），在徐氏辑修宗谱史上是篇幅最多者，足见其文笔之强和学问之高，被尊为族彦当之无愧。另外，借其高深学问而铸就的文字功底，同样佐证着他作为“族彦”的实力。由是，他应族内需要特为宗族后辈命名用字预以规划而撰《命名志》（图 80）：

吾计亭徐氏自复古公元末避乱来宜兴，迄今六百余载，族盛丁繁，世远地别，命名难免雷同，甚至叔侄同名，祖孙同讳，岂甘犯渎，实出无心，然不预排字，辈终难恭避先人，其往而不可追者，无论嗣后，以廿一世为始，预题十字以作将来命名之备，厥后绳绳继继，传之万世不容乖乱，是所望于后贤。

光绪三十三年岁次丁未夏月，下塘十八世孙达章谨誌。

谨将所题字辈列左：志 立 中 和 瑞 谦 泰 庆 安 康 [1]

可见徐达章的文字功底之深厚，这不仅使他有资格和能力为宗族的辈分用字预以规划，并且首次将其辑录于宗谱，以示后人，可谓开宗谱历史之先河。徐达章的文字之学，对徐悲鸿的影响极其深远，由是，徐悲鸿日后法书中异体字每每司空见惯，比如他的国画《满堂吉庆》（图 108）右下题词（图 81）中的多处异体字运用，就是这一影响的见证。比如，“‘淋’、‘淑’

① 《计亭徐氏宗谱 · 卷八》，徐达章 撰《命名志》。

光緒三十三年丁未重修

議修　宗子　十九世孫　上達

族長　十六世孫　錫周

協修　分長　石橋分　十六世孫　安法

下塘分　十八世孫　望元

五橋支　十六世孫　煥琪

揚安支　十八世孫　昌元

監修　下塘分　十八世孫　達章

下塘　十九世孫　上達

校正　上塘分　十七世孫　維堂

下塘分　十八世孫　達章

任事　同　二十世孫　聲聞

同　二十世孫　廣聞

揚安支　十八世孫　順興

下塘分　十八世孫　廷標

揚安支　十九世孫　芳豫

同　二十世孫　啟廷

同　十八世孫　裕根

图 78 《计亭徐氏宗谱》的目录（部分）

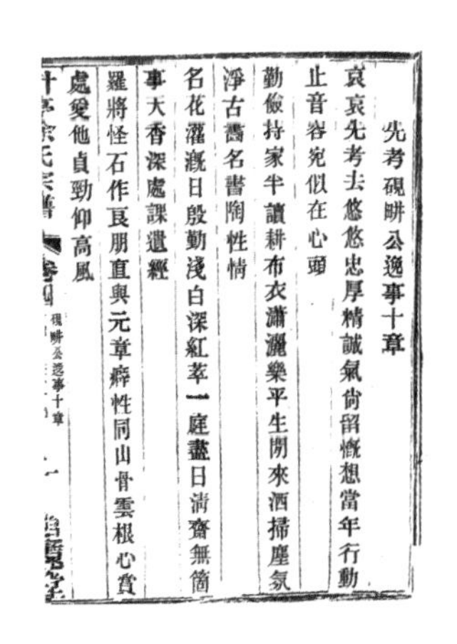

先考硯耕公逸事十章

哀哀先考去悠悠忠厚精誠氣尙留慨想當年行動止音容宛似在心頭

勤儉持家半讀耕布衣瀟灑樂平生閒來酒掃塵氛淨古書名書陶性情

名花灌溉日殷勤淺白深紅萃一庭盡日淸齋無箇事大香深處課遺經

羅將怪石作良朋直與元章癖性同山骨雲根心賞處愛他貞勁仰高風

图 79 《先考砚耕公逸事十章》首页，徐达章作，1905 年

命名誌

吾計亭徐氏自復古公元末避亂來宜迄今六百餘載族盛丁繁世遠地別命名雖免雷同甚至叔姪同名祖孫同諱豈甘犯瀆實出無心然不預排字輩終難恭避先人其往而不可追者無論嗣後以廿一世爲始預擬十字以作將來命名之備厥後繩繩繼繼傳之萬世不容乖亂是所望於後賢

光緒三十三年歲次丁未夏月

下塘十八世孫達章謹誌

謹將所題字輩列左

志立中和瑞謙泰慶安康

图 80 《命名誌》，徐达章 撰，1907 年

的俗字”[1]而徐悲鸿的写法则是出自“晋辟雍碑阴”[2]，“迁”的繁体字为“遷”，而徐悲鸿的写法，则是在“景北海碑阴、池阳令张君残碑、《辛通奎李仲曾造桥碑》、《巴郡太守张纳碑》”[3]的写法基础上又加了一点。“媐”字更是被徐悲鸿改造为了“媐”。再看一下徐悲鸿的另一幅作品《叔梁纥》（图119）左上的题句中“启”字的写法（图82），他没有写成比较通常的繁体形式“啓”，而是用它的异体形式“启”，并且在此基础上进一步将其原本的上下结构改成了左右结构，可见其创造性之强。相似的例证不胜枚举，暂且从以上两个例证已可说明徐悲鸿从小跟随父亲读经习字，打下了坚实的文字学基础，此等功底也只能来自徐达章对他实施的早期传统文化教育。可见，徐达章短暂的一生丰富多彩，不仅自身诗词文赋皆能，书画篆刻俱擅，其功勋卓著处更在于对徐悲鸿施与的深厚国学文化和艺术教育，源自父亲的文字功底也是徐悲鸿深厚传统文化的表征之一。徐悲鸿成为从“淡我斋”中走出的徐达章最成功的生徒，这实属自然。

计亭徐氏宗谱《谱例》言：“凡有德行卓越，才学渊深及科甲显耀者，必附传赞以旌表之。至先世遗迹，虽尺幅寸牍，宜皆收录，有善不敢没也。无可称者，止书名字生卒婚配，他不滥及。至生存者虽有善可纪而不书，以盖棺论定，恐始终之异节也。”[4]

由于徐达章德才彪炳，所以亦有友人特意为他撰写了两篇传赞辑录宗谱，以专门盛赞其卓越。一是1901年春徐达章好友赵乃宣所撰《屺山高赠徐君成之五言古诗》，二是1907年癸卯举人童斐撰写的《赠成之徐君序》。徐达章于民国二年（1913）去世，待民国十七年（1928）岁次戊辰续修时亦入谱，

---

① 汉语大字典编辑委员会：《汉语大字典》，湖北辞书出版社、四川辞书出版社1992年版，第685页。

② 汉语大字典编辑委员会：《汉语大字典》，湖北辞书出版社、四川辞书出版社1992年版，第692页。

③ 汉语大字典编辑委员会：《汉语大字典》，湖北辞书出版社、四川辞书出版社1992年版，第1611页。

④ 《计亭徐氏宗谱·卷二》，《谱例》。

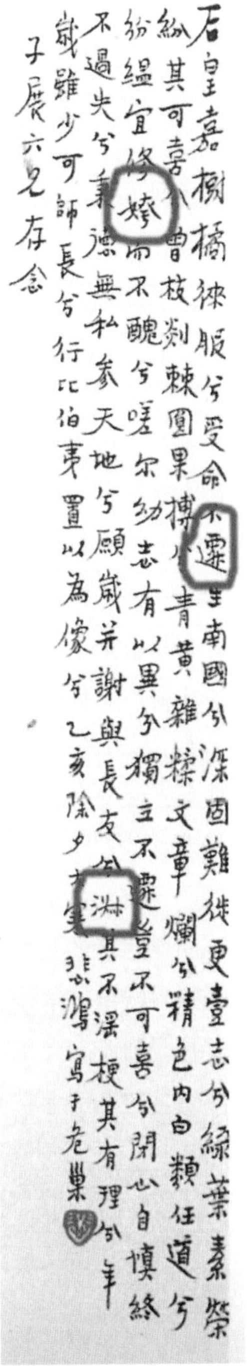

图 81　徐悲鸿《满堂吉庆》题句

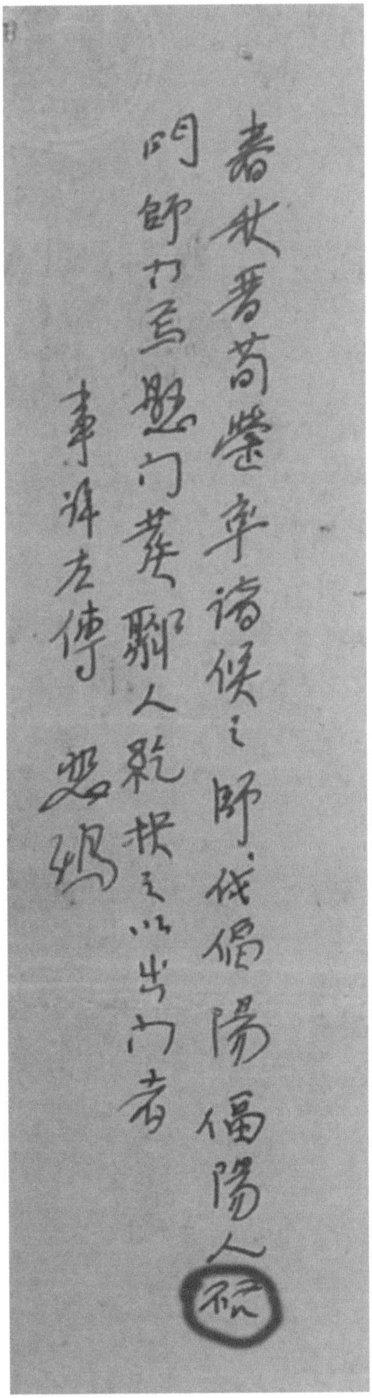

图 82　徐悲鸿素描《叔梁纥》左上题句

另外有关徐达章在宗谱支系的说辞中，除了辑录其名字及生卒婚配等信息外，又着墨专门概述了其更多的业绩和特点（图 231），如：

达章，幼名望铨，字成之，号辋川，聚金子，性淡泊怡静，爱山水，好吟咏，工书画，邑志有传……

在此需要特别指出的是，以上两篇传赞是朋友早先专门为他写的，是情谊所致，并非单纯为了入宗谱而为。

然而就辑修家谱而言，在徐达章的宗族中，至他已是第三代服务于宗族修谱了，他的父亲徐砚耕和曾祖父徐万源两代久已多次修谱。咸丰元年（1851辛亥）季春（农历 3 月）上浣（上旬），乙未（1835）恩科举人丁汾（钦加国子监学録春帆）在其《计亭徐氏重修宗谱序》（图 83）中言：“咸丰辛亥（1851）仲春（农历 2 月），宗子望魁，族长新明，分长宗泰、万源、廷发等，念于众曰古人以三十年不修谱为不孝，至吾族之谱未有逾二十隐者，尚各勉乃力以承祖志。”[①] 在此序言中特别提到本次重修宗谱时，徐万源已任族分长（图 84），从宗谱目录中也可查明，此次他担任的是协修和任事（图 91）。

光绪四年（1878）戊寅孟夏（农历 4 月），谷旦（良辰吉日），后学禀贡生谭燮臣所譔《计亭徐氏重修宗谱序》（图 85）中言：“古人谓宗谱三十年不修即为不孝，则宗谱之修诚急务也，赖有宗子上达，族尊渭滨，分尊敬南，暨族彦福生、德生、鸿升、荣发、鸿魁（即徐砚耕）诸君，咸有水源木本之思，怀尊祖敬宗之意，奋志重修。”[②]（图 86）可见，徐万源公去世后，待光绪四年（1878）戊寅再次重修宗谱，徐万源公的孙子，即徐达章的父亲徐砚耕（字鸿魁）开始加入进来，他时年 47 岁，却已被尊称为族彦，宗谱目录亦载明他担任的角色为“校正”（图 87）。由此可见，徐砚耕不仅传承了祖上的德行，更在艺术和诗词学问上受到族人的肯定和尊崇，时在中年就已经被族人尊为“族彦”。等传到徐达章时，已经是两代族彦了。

在宜兴，按例世家大族每年要举行春秋两次大祭，所以宗祠的建设和规程对于每个宗族来说，其重要性比辑谱有过之而无不及。尤其是在徐达章

① 《计亭徐氏宗谱·卷一》，丁汾 撰《计亭徐氏重修宗谱序》。

② 《计亭徐氏宗谱·卷一》，谭燮臣 撰《计亭徐氏重修宗谱序》。

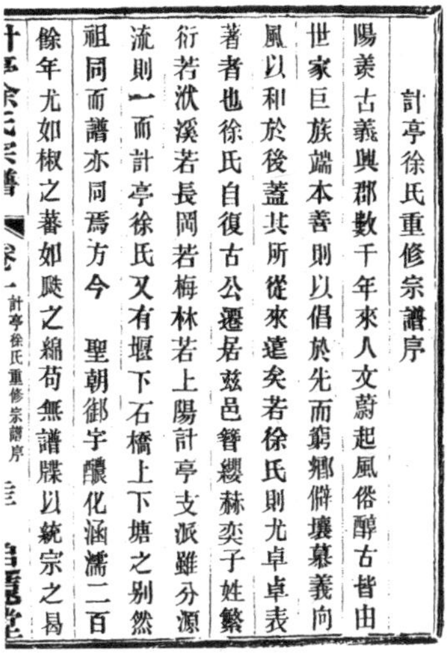

計亭徐氏重修宗譜序

陽羨古義興郡數千年來人文蔚起風俗醇古皆由世家巨族端本善則以倡於先而鄉鄰僻壤慕義向風以和於後蓋其所從來遠矣若徐氏則尤卓卓表著者也徐氏自復古公遷居玆邑簪纓赫奕子姓繁衍若洑溪若長岡若梅林若上陽計亭支派雖分源流則一而計亭徐氏又有堰下石橋上下塘之別然祖同而譜亦同焉方今　聖朝御宇釀化涵濡二百餘年尤如椒之蕃如瓞之緜苟無譜牒以統宗之曷

計亭徐氏宗譜　卷一　計亭徐氏重修宗譜序

图 83　《计亭徐氏重修宗谱序》首页，丁汾 撰，1851 年

以使渙者萃睽者合乎計亭之譜自乾隆嘉慶間節次採輯道光丁亥又纂修焉予撰序弁其卷咸豐辛亥仲春宗子望魁族長新明分長宗泰萬源廷發等謁於衆曰古人以三十年不修譜爲不孝至吾族之譜未有逾二十稔者向各勉乃力以承祖志僉曰唯唯於是或任監督或司讐校或掌出納閱數月將告竣分長宗泰復攜譜稿示余乞爲立序余敬閱之詳慎精審一若曩時不禁欣然慰慨然感也孟子嘗言之矣人人親其親長其長而天下平誠以欲人之敬

图 84　丁汾 撰《计亭徐氏重修宗谱序》第二页

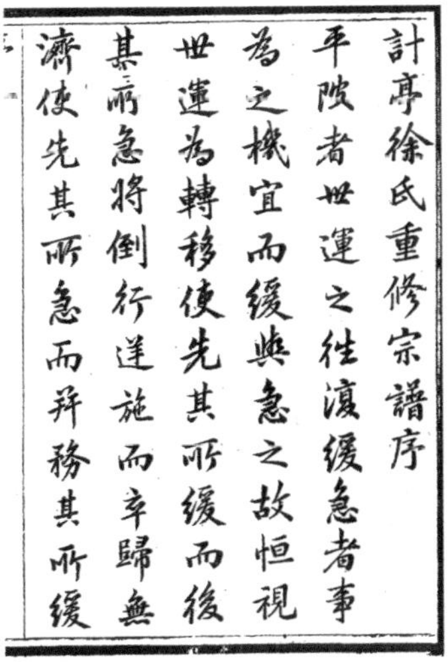

計亭徐氏重修宗譜序

平陂者世運之往復緩急者事爲之機宜而緩與急之故恒視世運爲轉移使先其所緩而後其所急將倒行逆施而卒歸無濟使先其所急而并務其所緩

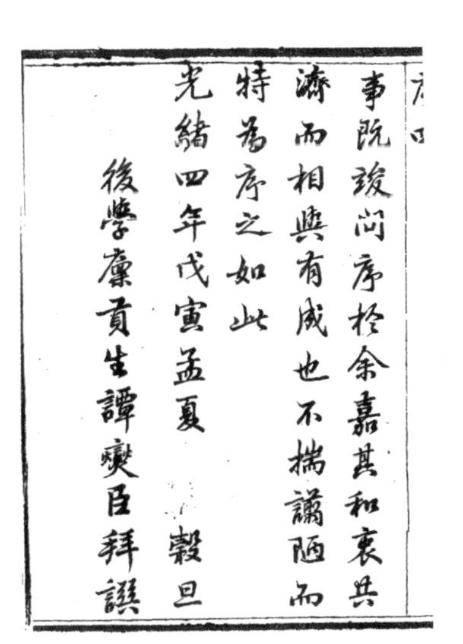
事既竣問序於余嘉其和衷共濟而相與有成也不揣譾陋而特爲序之如此

光緒四年戊寅孟夏　　穀旦

後學廩貢生譚燮臣拜譔

图 85　《计亭徐氏重修宗谱序》首、末页，谭燮臣 撰，1878 年

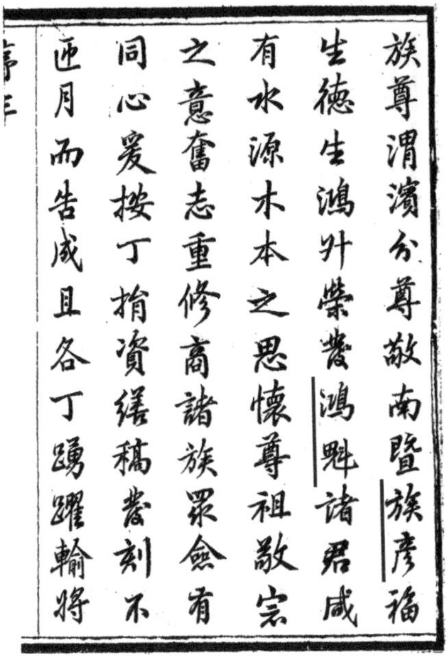

族尊渭濱分尊敬南暨族彥福
生德生鴻升榮發鴻魁諸君咸
有水源木本之思懷尊祖敬宗
之意奮志重修商諸族衆僉有
同心爰按丁捐資繕稿發刻不
匝月而告成且各丁踴躍輸將

图 86 谭燮臣 撰《计亭徐氏重修宗谱序》第 5 页

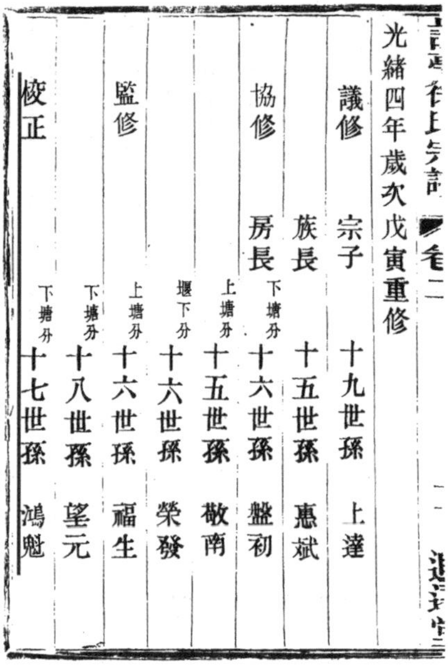

光緒四年歲次戊寅重修

議修 宗子 十九世孫 上達

族長 十五世孫 惠斌

協修 房長 下塘分 十六世孫 盤初

上塘分 十五世孫 敬南

堰下分 十六世孫 榮發

監修 上塘分 十六世孫 福生

下塘分 十八世孫 望元

校正 下塘分 十七世孫 鴻魁

图 87 《计亭徐氏宗谱》目录（部分）

看来，宗祠也是教育族人仁德孝慈、治家报国的重要场所，曾几何时，“在徐氏宗祠的厅堂上挂着徐达章的‘岳母刺字’。这幅画画着岳飞赤膊跪在案前，岳母一手拿着钢针凝视着岳飞背上已经刺好的‘精忠报国’四个字，形象十分生动。”[①] 所以徐氏作为宜兴名门望族，除了辑谱外，更重宗祠之事。徐氏宗祠沿袭配享古礼而建设，旧祠起初建在邵墅石桥里，后由于地势以及众议宗祠需改建于屺亭桥等原因，经过卜卦后决定再建于屺亭下塘分。乾隆十八年（1753）岁次癸酉仲春（农历2月），十二世孙大韶撰《新建祠堂碑记》载述：“初吾徐氏发祥泗上，迄列祖君始来吴中，缘季子剑井轶事，千古高其节义，越数十传至复古君迁宜北邵墅之石桥，居四世徙计亭，子孙繁衍，云礽（réng）衿绂，遂为计亭徐氏，以复古君为始祖，列祖君为远祖焉，立祠致祀由来久矣。第其庙尚在石桥里，宗人多有乐为其祠于计亭者，于雍正八年（1730）冬遂各捐米一斗，放收生息，至癸丑（1733）春乃征材运石，积贮计亭之西，将欲建祠于其处。缘百步之间值邱园亩馀，东依旅里而挹秀屺峰，西接禅林而览奇湫，南则铜峰拱翠，北则溪流旋绕，透迤幽秩，洵乎灵秀之所钟也。于是划其榛芜，平其土壤，筑室二进，厅堂门庑俱已完备，具然犹无寝室焉，至乾隆癸酉（1753）春，又建造路寝孔硕，祠事告竣。”[②] 宗谱《谒祠条约》亦有记言：“计亭大祠，建自雍正癸丑（1733），至乾隆癸酉（1753）告成，后人当思缔造之艰，务为修整以垂不朽。”[③] 宗祠的各项规程也俱皆完备，都有详细明文录于谱牒之中，主要包括《宗祠进主规式》《设立配享规式》《继立配享规式》《谱例》《祠规》《宗训》《谒祠条约》《祭规》《服制图》等。尤其是《宗祠进主规式》（图88）完全是由徐达章执笔独自撰写的。

另有《祠规》共十条：

族长第一（统领一族之人以维持风化者）；

宗子第二（诸子之领袖）；

① 任甫孟：《一代画圣徐悲鸿传》，天工书局1999年版，第14—15页。

② 《计亭徐氏宗谱·卷二》，孙大韶撰《新建祠堂碑记》。

③ 《计亭徐氏宗谱·卷二》，《谒祠条约》。

房长第三（与族尊同有表率之责）；

宗正第四（维持家法使人咸归于正者）；

宗干第五（经理事务以培植本源者）；

经管第六（司祠中之出入者也）；

诸子第七（合通族而为言者也）；

昆季第八（手足之恩……）；

节孝第九（矢共姜之志，怀巴妇之清，既松筠而著节，亦冰雪以为心者）；

诸妇第十（合老少而为言者也）。[1]

《谒祠条约》内容尤详备，主要条约有：

每逢朔（初一）望（十五），全族同胞凡成人以上，各用本等服色限辰巳时达到宗祠集合，首先向神主行四拜之礼，然后再与各兄弟叔侄一起，按照次序作揖行礼后方可退下。

有迫不得已的事务，需要投词公祠。

岁时设祭私祠，祭三代，凡同高祖伯叔兄弟，俱应会集，历清明、夏至、七月望（七月十五）、十月朔（十月初一）、冬至，每年共五次会集，应从俭置办各祭祀物品。

族人每当路过祖祠或者祖墓，虽然没有着祭祀衣服，但是必须恭敬而快步行走，不能徘徊和散漫无礼。

子姓或远行，每次外出求学或者做官，必须赴宗祠谒告，还要告私祠，返家后也要一一谒告。

凡族人有生男孩的，要率领率启管季，自备香烛，赴祠谒告……如果生女孩则只告私庙即可，不必到宗祠谒告。

族人有年满十六岁成丁者，父亲和兄弟于正月初一，率领管季，自己备香烛，赴祠谒告。

① 《计亭徐氏宗谱·卷二》，《祠规》。

婚配者、未成丁而身故者，赴祠谒告。

族中年老身故和成丁以上身亡者，赴祠谒告。

祠中定期会课聚合，定于清明重阳之后第三日每年举行两次，并且供给卷资，由宗祠准备和办理，凡已进未进俱成书，艺一经艺一诗一，分成不同等级来进行奖励或责罚。

不肖子弟则驱逐宗祠。

祭规裁定每年祭期为清明、冬至两个正日，无论风雨还是远近，按期举行。

族姓与祭，俱用本等服色，出仕冠带，生监衣顶，士农缨帽，色衣有丧者，七七外易吉，与祭七内不可易吉，亦不与祭，如果有穿戴白衣白帽的必须立即驱逐出祠。

祭祀过程中，众多的执事依次为：主祭孙、助祭孙、与祭孙、司班、司设、司籍、司香、司器、司馔、司酒、司祝。

想当年宜兴徐氏宗亲中有位名字叫徐良生的，比徐悲鸿年少，后来成为黄埔军校最后一期学员，他曾经叙述，1915年10月份，徐悲鸿在上海陷入困境，无奈之下向家乡友人借贷，法德生（曾在上海学西医，其父法王良是徐达章的好友）则代为开了一次义会，代为征集到几十块大洋，徐悲鸿于是连忙从上海经无锡回到故乡，先到和桥镇找法德生取款，然后沿着塘河西岸南行，向计亭而来，半路上走到一水车棚边，由于心感无颜面对乡亲，于是在棚内坐等天昏后方趁暗重新上路，回到家里后母亲和弟妹都很欢喜，问他在上海顺利找到工作等事，他对自己山穷水尽的境况难以启齿，只作敷衍，唯对族兄徐鹤皋以实情相告，族兄在家乡德高望重，人称“毛先生”，他很爱惜并鼓励徐悲鸿。之后徐悲鸿待在家里想了几天，不知何去何从，但是最终还是志向未泯，决意再走，于是到徐氏宗祠里面谒告，他在列祖列宗面前长跪不起，啜泣悲伤，直到族兄徐鹤皋来劝慰并鼓励他方止。于是徐悲鸿在祖宗面前立誓，将再闯江湖，如果不能为家乡争光，绝不再回来面对父老乡亲……

《宗祠进主规式》（图 88）：

除了祠规和谒祠条约，徐氏宗谱还有《宗祠进主规式》，其内容是徐达章在遵循旧典的前提下，于 1907 年独自撰写的：

> 吾计亭大宗祠进主之礼，先祖向有立规，奉一世始祖，于中座为正位，二世先祖于东座为左昭，三世先祖于西座为右穆，其凡二世至四六八十双世者，胥如左。三世至五七九单世者，咸如右。而择昭穆之有德有爵有功者，俱议出主而进诸中，以为配享始祖之位，自有宗祠以来，循循继序，未尝参错其主，止始祖考妣各立一主，以下考妣每位皆并立一主，自祠毁兵燹而承平重建，举凡规模礼制靡不敬遵旧典，继善志也，厥后瓜绵椒，衍世世子孙其永守规相传，勿替是为记。
>
> 光绪岁次丁未长夏之吉　十八世孙达章敬述。[①]

《谱例》：

徐氏宗谱《谱例》专门对配享制度有言："族人有功于祠于谱于墓者，即祖宗之孝子慈孙，当特表其功绩，以配享而旌异之。"[②] 可见能够在宗祠中获得出主配享的功德事迹首要是助祠，其次为辑谱，再次是于墓有功。于是，族内特别重视追念仰答先灵之功德事迹，对功德事迹巨大者则可以出主配享。徐达章祖上自其曾祖父万源公始就对族谱有功：嘉庆十五年（1810）庚午捐资增修，徐万源担任"任事"一职（图 89），时年 33 岁；道光七年（1827）岁次丁亥接修，万源公再担任"任事"（图 90），时年 50 岁。咸丰元年（1851）岁次辛亥重修，此时万源公已任房长，担任"协修"兼"任事"（图 91），时年 74 岁。所以，徐万源因为三历辑谱而获得配享。徐达章的父亲砚耕翁除了辑谱，还两次捐金助祠，于是徐砚耕和祖父徐万源在同一次公议中同获配享，本次与他们祖孙二人一起获得配享的还有徐洪茂和徐瑞阳，一共四位。对此徐氏宗谱有《继立配享议规》（图 92）特为记载：

① 《计亭徐氏宗谱 · 卷二》，徐达章 撰《宗祠进主规式》。

② 《计亭徐氏宗谱 · 卷二》，《谱例》。

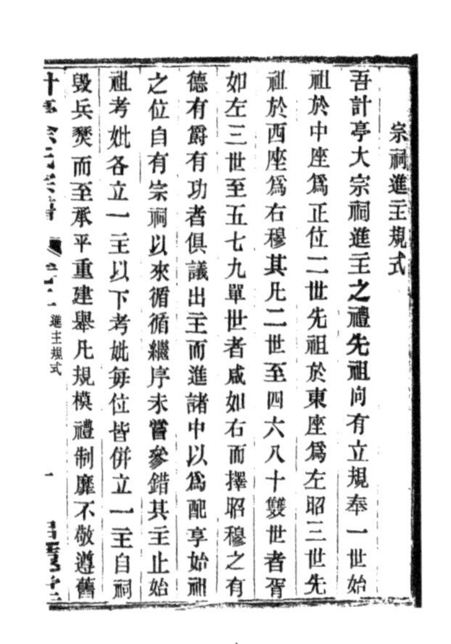
宗祠進主規式
吾計亭大宗祠進主之禮先祖向有立規奉一世始
祖於中座爲正位二世先祖於東座爲左昭三世先
祖於西座爲右穆其凡二世至四六八十雙世者胥
如左三世至五七九單世者咸如右而擇昭穆之有
德有爵有功者俱議出主而進諸中以爲配享始祖
之位自有宗祠以來循循繼序未嘗參錯其主止始
祖考妣各立一主以下考妣每位皆併立一主自祠
毁兵燹而至承平重建舉凡規模禮制靡不敬遵舊
進主規式

图 88 《宗祠进主规式》首页，徐达章撰，1907 年

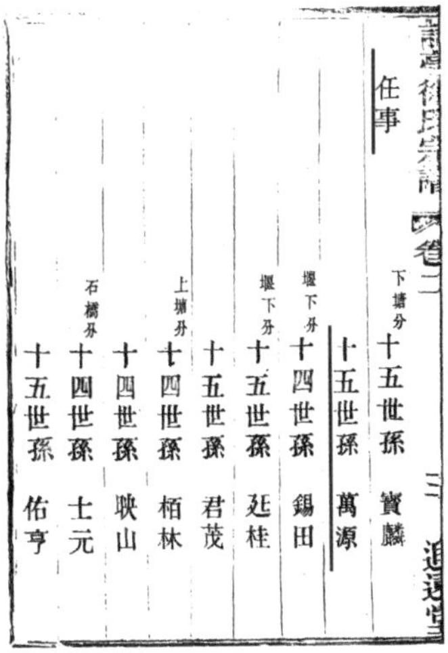

計亭徐氏宗譜 卷二
任事
下塘分 十五世孫 寶麟
十五世孫 萬源
堰下分 十四世孫 錫田
堰下分 十五世孫 廷桂
十五世孫 君茂
上塘分 十四世孫 栢林
十四世孫 映山
石橋分 十四世孫 士元
十五世孫 佑亨

图 89 《计亭徐氏宗谱》目录（部分）

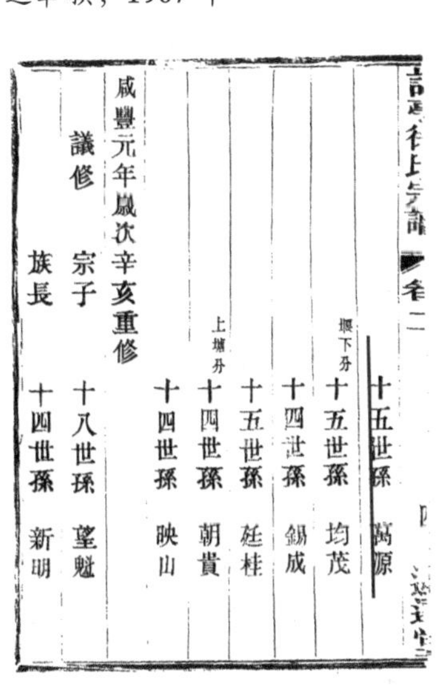
計亭徐氏宗譜 卷二
十五世孫 萬源
堰下分 十五世孫 均茂
十四世孫 錫成
十五世孫 廷桂
上塘分 十四世孫 朝貴
十四世孫 映山
咸豐元年歲次辛亥重修
議修 宗子 十八世孫 望魁
族長 十四世孫 新明

图 90 《计亭徐氏宗谱》目录（部分）

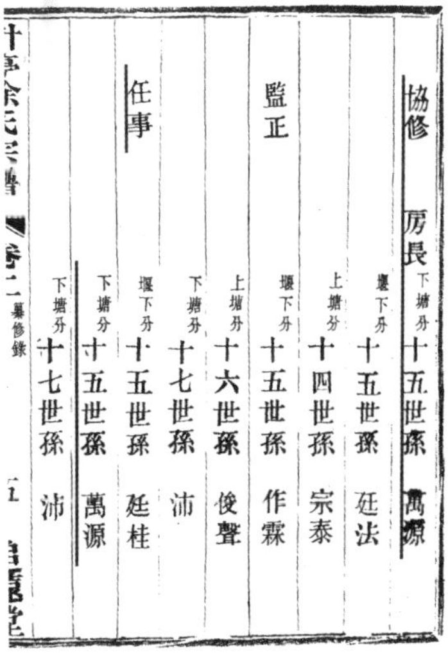

計亭徐氏宗譜 卷二 纂修錄
協修 房長 下塘分 十五世孫 萬源
壆下分 十五世孫 廷法
上塘分 十四世孫 宗泰
監正 堰下分 十五世孫 作霖
上塘分 十六世孫 俊聲
下塘分 十七世孫 沛
任事 堰下分 十五世孫 廷桂
下譜分 十五世孫 萬源
下塘分 十七世孫 沛

图 91 《计亭徐氏宗谱》目录（部分）

吾族配享旧例除官爵功名外，惟有功于祠谱者，方得议附始祖于百世不祧（tiāo）之位，故茂章、仓源、舜华、上珍、旭明、相之、威远、运南诸公皆已附主正座而膺令典矣。兹继者则有偃下分十六世洪茂公，于咸丰粤逆之乱携谱逃难，历尽艰险，不忍抛弃，故他谱俱失，而公独一编仅存……吾族宗谱得传无穷者，洪茂公之力也。又有下塘分十七世瑞阳公，以宗祠毁于兵燹……于光绪十三年丁亥倡议按丁捐资，鸠工庀材于故址，重建前进门庑三楹，暨后进寝室三楹，而中进庭堂仍阙如也。然公已备极劳苦矣，而吾祖先灵赖以粗安者，瑞阳公之力也。又下塘分十五世万源公年高德劭，历三修宗谱，靡不任事谨勤，殚心悴力。公之孙砚耕公善继公志而为捐三十金以助建祠，光绪庚子（1900）重建中进飨堂，按丁捐资不敷所需，砚耕公又捐五十金以襄斯构。谱祠之成二公之力居多……咸有功于祖例，当附主配享，并垂不朽，阖族议定谨志谱牒，以示后人。如有继此而极力祖事者，并许照例议享。

光绪三十三年丁未五月　　族分长锡周、安法等公议谨志。[1]

其中特别提到的更早获得配享的诸公，早已于祠于谱各有功德而得以配享：早在计亭建祠时候，除了全族的共同捐资外，舜华公捐祠基，上珍公亦捐护祠基，下塘分旭明公另有捐助，上珍公还将所捐全部资金逐年转运生息，积攒到数百金之多，在建设过程中，下塘分茂章公和上塘分仓源公日夜监造，不辞辛苦，历经几个寒暑方竣工。所以十二世舜华、十三世上珍、十一世旭明由于助祠有功而得配享。而宗谱以往曾经经历一次火焚事故，底稿尽毁，堰下分相之和威远两兄弟，同心协力，遍访故老之传闻，一一考查神主之世系，终于将补稿上交舜华公增订收录，并无遗漏。宗子运南在八十四岁前为修谱而捐资达数十金，又捐出自己市房一所，并按年收息，得资专为宗祠备用，所以第十世相之、威远二人因为对修谱有功而得配享。十二世茂章、仓源二公

① 《计亭徐氏宗谱·卷二》，族分长锡周、安法等公议《继立配享议规》。

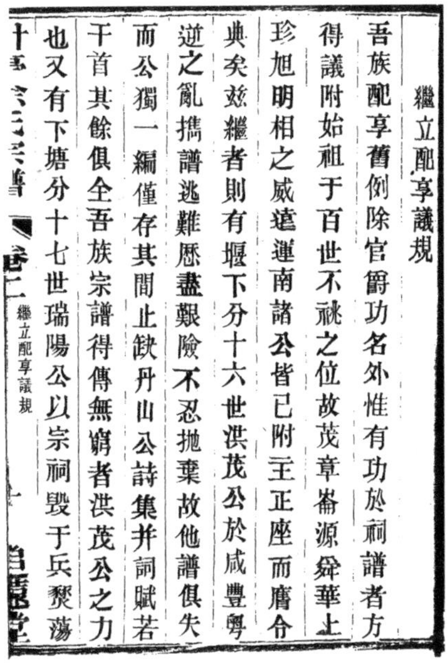

繼立配享議規

吾族配享舊例除官爵功名外惟有功於祠譜者方得議附始祖于百世不祧之位故茂章崙源舜華上珍旭明相之威遠運南諸公皆已附主正座而膺令典矣茲繼者則有堰下分十六世洪茂公於咸豐粵逆之亂攜譜逃難歷盡艱險不忍拋棄故他譜俱失而公獨一編僅存其間止欽丹山公詩集并詞賦若干首其餘俱全吾族宗譜得傳無窮者洪茂公之力也又有下塘分十七世瑞陽公以宗祠毀于兵燹蕩爲無存於光緒十三年丁亥倡議按丁捐貲鳩工庀材於故址重建前進門廡三楹暨後進寢室三楹而中進庭堂仍闕如也然公已備極勞苦矣而吾祖先靈賴以粗安者瑞陽公之力也又下塘分十五世萬源公年高德劭歷三修宗譜靡不任事謹勤殫心悴力公之孫硯榭公善繼公志而爲捐三十金以助建祠光緒庚子重建中進饗堂按丁捐貲不敷所需硯榭公又捐五十金以襄斯構譜祠之成二公之力居多今茲家乘重修而四公咸已先後位就昭穆按先人崇祀之典如四公者咸有功於祖例當附主配享並垂不朽闔族議定謹誌譜牒以示後人如有繼此而極力祖事者並許照例議享

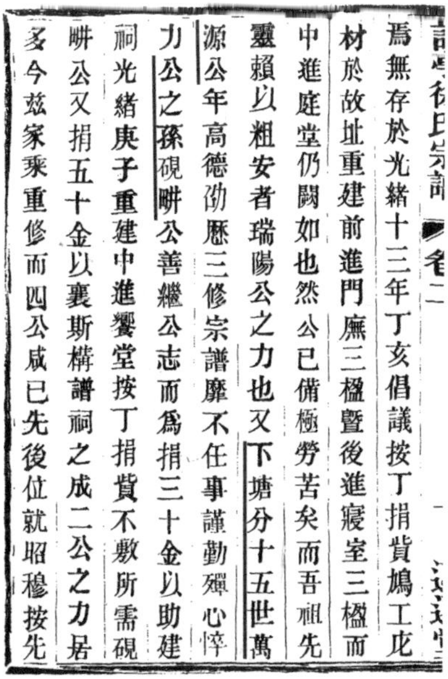

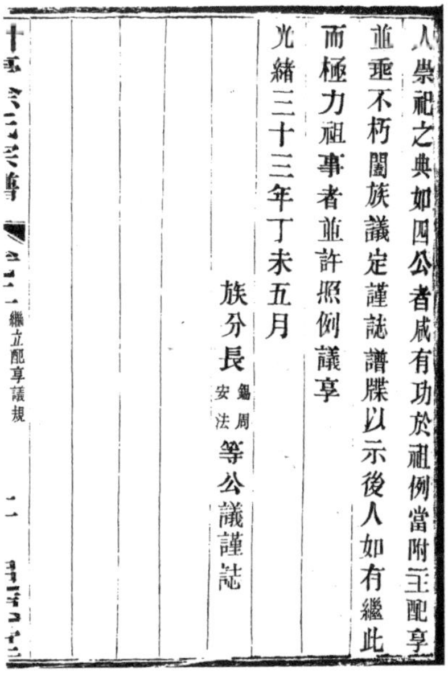

光緒三十三年丁未五月

族分長 錫周 安法 等公議謹誌

图 92 《继立配享议规》，1907 年

则因监造宗祠有功而得配享。十五世运南由于捐资修谱和捐房产助祠而获配享。

除了宏大的徐氏望族的祠祀活动外，徐焕如曾在其《我的叔父徐悲鸿》中生动地记述了他们支脉的祭祖活动情况，徐焕如说：“我的父亲和悲鸿叔是堂兄弟，他们一道度过了青少年时期。我家和悲鸿叔家相距只有数十步远，每年清明和冬至，我们这个宗族的支脉，有时在悲鸿叔家，有时在我们家，由父辈率领着，轮流主持祭祖的事宜。悲鸿叔是达章公的长子，沉静稳重，又是镇上屈指可数的知识分子，往往由他领着这一房的兄弟和孩子们，到镇边一个叫桃花坟的松林去祭祖。桃花坟的马尾松长得特别兴旺，江南三月柔和的春风吹拂着麦浪，松涛呼呼作响，一簇簇柠檬色的松花散发着清香。我们背对着悠悠的南山（铜官山）向祖坟叩头，把酒洒在坟上，并飘上白纸，采摘了野花和雁来菌回到家里，围坐在八仙桌旁，饱餐一顿丰盛的祭饭。”①徐焕如继续说：“这种封建宗法社会的生活关系，在清末民初的年代，还松散地维系着，青年画家徐悲鸿也在这个宗族的影响下成长起来。”②

辑谱、助祠、祭祖等是徐达章以及徐悲鸿面对的重要宗族生活，他们也都能积极参与。尤其是徐达章承其祖上德行，与其父徐砚耕、曾祖父徐万源皆于祠于谱尽心竭力，服务宗族有功，为族人所称颂。然而，除了辑谱助祠传家外，徐达章一家更是世代孝悌，声明远播。徐万源、徐砚耕、徐达章皆是有名的孝子，家风承续……

孝悌传家

徐达章的父亲徐砚耕孝心诚笃，有谱牒可鉴。据赵乃宣所撰《砚耕徐公暨配丁吴二孺人合传》记载：“庚子冬，公（徐砚耕）有疾时，方葺宗祠而

---

① 中国人民政治协商会议全国委员会文史资料研究委员会 编：《徐悲鸿》，文史资料出版社 1983 年版，第 206 页。

② 中国人民政治协商会议全国委员会文史资料研究委员会 编：《徐悲鸿》，文史资料出版社 1983 年版，第 206 页。

难其资，公慨输三十金，乃蒇（chǎn）成事，族人深嘉，谓他日当跻公于配享之位。公曰王考万源公大有功于吾宗，彰彰可考，予小子未及其万一，诸君何思之？于是族议以定，是公之尊祖敬宗，非有大过人者欤？”[①] 可见砚耕翁不仅在病中慷慨捐资助祠，还婉拒配享之荣，而力推三修宗谱的祖父万源公，自谦功德远远不及祖父，希望宗族能考虑万源公获受配享之情，由于他的自谦和让祖，也使族人盛赞徐砚耕“尊祖敬宗”的美德远在常人之上。而事实上，砚耕翁之所以推让配享与万源公，也并非仅仅出于对祖父的孝心或者自谦，而是他的祖父徐万源公也的确仁德彰彰，就拿其孝悌来说，绝对堪称世人楷模。

光绪四年（1878）戊寅孟夏月（农历4月），邑庠生张廷赞在其所撰《万源公传》（图93）中言徐万源“至性尤有过人者，方公之出嗣也。仁裕公（万源嗣父）已辞世，祇有嗣母储太孺人在堂，公事之无异。所生供甘，旨承色笑，事无巨细必禀而后行，太孺人视之亦如己出。融融泄泄和气蔼然。以是里党间多太孺人之贤者，益有以重公之善事其亲也。”[②] 文中记述万源公出嗣，是指万源公原本是徐明裕长子，后出嗣与徐仁裕（明裕长兄），然而徐仁裕去世早，为人嗣子的徐万源不但侍奉嗣母“无异”，竟然能够做到“供甘”和“色笑”，事事都会向嗣母禀报而后行，嗣母也视其为亲生骨肉。可见，万源公的孝敬非至孝难以企及。正如《论语·为政第二》中，子夏问孝时孔子所说：“色难。有事，弟子服其劳；有酒食，先生馔，曾是以为孝乎？”[③] 意思是子夏请教孝道，孔子说：“孩子在父母面前经常显露快乐的表情是很难的。有事情年轻人出力解决；有酒菜食物，让长辈食用，难道如此就算是孝了吗？”

徐万源孝心可鉴，彪炳子孙，他的儿子佑观公、孙子徐砚耕、乃至重孙徐达章皆孝悌传续，为人称道。

---

① 《计亭徐氏宗谱·卷四》，赵乃宣 撰《砚耕徐公暨配丁吴二孺人合传》。

② 《计亭徐氏宗谱·卷四》，张廷赞 撰《万源公传》。

③ 杨逢彬、欧阳祯人 译注：《论语 大学 中庸译注》，华东师范大学出版社2018年版，第12—13页。

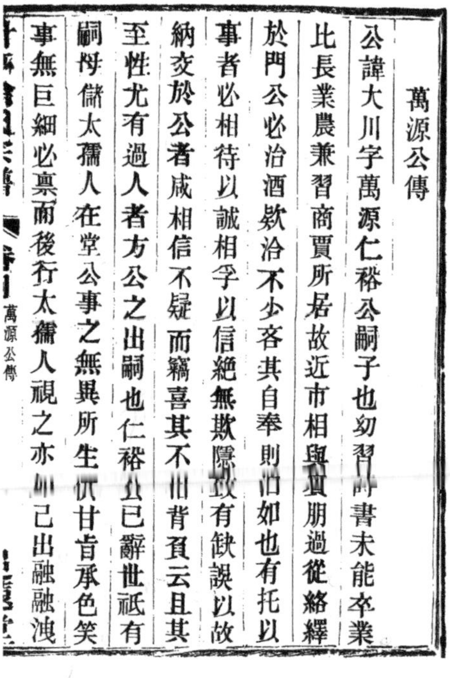

萬源公傳

公諱大川字萬源仁裕公嗣子也幼習詩書未能卒業比長業農兼習商賈所居故近市相與貿朋過從絡繹於門公必治酒款洽不少吝其自奉則泊如也有托以事者必相待以誠相孚以信絕無欺隱或有缺誤以故納交於公者咸相信不疑而竊喜其不甘背負云且其至性尤有過人者方公之出嗣也仁裕公已辭世祗有嗣母儲太孺人在堂公事之無異所生供甘旨承色笑事無巨細必稟而後行太孺人視之亦如己出融融洩

萬源公傳

图 93 《万源公传》首页，张廷赞撰，1878 年

又据周泽仁所撰《佑观公传》（图 40）载“……公讳恒泰，姓徐氏，佑观其字也……公孙达章恐祖德之无传也。乞余为公立传，既而砚耕翁亦言，余重其父子之情谊，不敢辞，因举其目谓知道者，以劝来人。”[①] 从中可知，佑观公的儿子徐砚耕，恳请周泽仁为父亲写序，然而徐达章作为佑观公的孙子，更是唯恐祖父的仁德不能广传，以致于到了乞求周泽仁为祖父写序的程度，可见其孝敬之诚笃。

徐达章是出名的孝子，其孝敬还有更多的表现。光绪三十一年（1905）孟冬（阴历10月），此时徐砚耕已经去世六年了，徐达章仍旧感伤悲戚，在“淡我斋”中敬作怀父诗《先考砚耕公逸事十章》（详见第四画、徐达章的诗书画印及教育部分之“徐达章思父诗”一节）。诗词情真意切，语言朴实无华，直抒胸臆——诗中逐一描述父亲勤俭持家，亦耕亦读，勤于农耕而从不睡午觉，最擅长插秧，朴实而洒脱，达观而开朗。闲时喜欢打扫，爱洁净，喜欢借收集和欣赏古画名书来陶冶性情。种植和灌溉名花异草，以致庭院里每每五颜六色争相斗艳，煞是好看。往往在这满庭芬芳中，徐砚耕教授儿子徐达章读经学文和待人接物，尤其是谆谆教导“业精于勤”和“不事权贵”的道理。父亲和遇石称“兄”的米芾癖好一样，喜欢收罗和鉴赏怪石，将其视为良友益朋。他还爱好书法，尤其擅书颜真卿，每当有人求字，即挥毫泼墨，书就善行嘉言相送……短短十首小诗，浓缩了徐砚耕的一生，更是写尽了孝子对父亲的眷恋，历历在心，弥久珍藏。徐悲鸿也曾经记述祖父去世后“先君悲戚，直终其身”[②]，可见徐达章孝心之诚笃。

然而对徐达章来说，孝悌不仅仅是家教传承的问题，更是其圣贤儒学的精神核心所在。徐达章饱读经书，儒教圣贤之学的核心为“仁”，徐达章传承孔子“仁”学观的根本就在于孝悌。关于“孝”，在《论语》里时有阐述，皆是徐达章之必读必教。正如《论语·学而篇第一》中有子所说：“其为人也孝弟，而好犯上者，鲜矣；不好犯上，而好作乱者，未之有也。君子务本，

① 《计亭徐氏宗谱·卷四》，周泽仁 撰《佑观公传》。

② 王震、徐伯阳 编：《徐悲鸿艺术文集》，宁夏人民出版社 1994 年版，第 120 页。

本立而道生。孝弟也者，其为仁之本与！”[①] 有子之语的意思是：他为人既孝顺父母又尊敬兄长，却喜好冒犯上级，这种人很少见；不喜好犯上，而喜好造反作乱，这样的人从未有过。君子专注于基础工作，基础建立好了，就会产生“道”。孝顺父母尊敬兄长，这就是“仁”的基础啊！由此可见“仁”之本即“孝悌”。

《论语・为政篇第二》子游问孝。子曰：“今之孝者，是谓能养。至于犬马，皆能有养；不敬，何以别乎？”[②] 意思是说，子游请教孝道。孔子说：“现如今所谓的孝道，指的是能够奉养父母。就包括父母的狗和马都能饲养，若不能诚敬地孝顺父母，又如何区分奉养父母和饲养狗和马呢？”《论语・里仁篇第四》又言：子曰：“事父母几谏，见志不从，又敬不违，劳而不怨。”[③] 意思是：孔子说：“奉侍父母，指出他们的过错时要轻微地止劝，若父母心志里不听从止劝，要恭敬且不要触犯他们，虽然辛苦，但是不要埋怨。”《论语・里仁篇第四》再言：“父母在，不远游，游必有方。”[④] 意思是说：父母在世的时候，不出远门，如果一定要远行，必须要有确定的去处。孔子继言：“父母之年，不可不知也。一则以喜，一则以惧。”[⑤] 意思是：父母的年纪不能不时刻记在心里，一方面因其高寿而欣喜，一方面因其高寿而担心和恐惧。可见孝悌在《论语》及儒学里的地位之重要。由是，对教读经典的徐达章来说，孝悌自然是又多了一层更深的文化内涵。

据周泽仁所撰《赠徐砚耕翁七十寿序》中载：“庚子孟夏值翁七十寿诞，达章愿余一言以纪翁寿，因为道其所以然之故，使翁之子孙绳绳世守，以乐道养德，传家为人瞻仰，则百而君子，当必有闻风兴起者，又岂仅徐氏一堂之盛哉？是仁之所厚望也。”[⑥] 以上言及，1900 年农历 4 月，当值砚耕翁七十寿诞之年，徐达章孝心诚请好友周泽仁为父亲作序，一是为了纪念和庆

① 杨逢彬、欧阳祯人 译注：《论语 大学 中庸译注》，华东师范大学出版社 2018 年版，第 3 页。

② 杨逢彬、欧阳祯人 译注：《论语 大学 中庸译注》，华东师范大学出版社 2018 年版，第 12 页。

③ 杨逢彬、欧阳祯人 译注：《论语 大学 中庸译注》，华东师范大学出版社 2018 年版，第 35 页。

④ 杨逢彬、欧阳祯人 译注：《论语 大学 中庸译注》，华东师范大学出版社 2018 年版，第 35 页。

⑤ 杨逢彬、欧阳祯人 译注：《论语 大学 中庸译注》，华东师范大学出版社 2018 年版，第 36 页。

⑥ 《计亭徐氏宗谱・卷四》，周泽仁 撰《赠徐砚耕翁七十寿序》。

祝砚耕翁之高寿，二来还欲想道出其长寿的原因在于其仁德孝悌、乐道养德，仁所厚望在于其“优游遵晦、隐忍自立”[①]，由此以使翁的后世子孙永远效法，使他们自觉践行大道并蓄积仁德，家风代代相传而被族人称颂敬仰，更期望能够垂范众姓君子和乡人，使他们都能竞相效仿徐砚耕之德之道，果真如此，就不仅仅是徐砚耕一家的兴盛了，而是可使大家共享昌盛，这正是徐达章寄予“仁”的厚望啊！可见徐达章的孝，除了孝敬父母外，还有更深的文化内涵，与其“仁德”儒学一脉相承，且精诚博大。

想当年，在徐达章染病卧床三年后，生命终究走到了尽头，在弥留之际，他最不放心的就是儿子徐寿康，他用瘦骨嶙峋的手哆哆嗦嗦地拉着儿子的手说：“我们是两代画家了，后来居上，你应该赶上和超过我，超过我们的先辈……要记住，业精于勤……生活再苦，也不要对权贵折腰，这是你祖父说过的……”[②]

徐达章去世，徐寿康悲伤到极点，以至于改名为徐悲鸿。但他却把父亲临终的话牢记在心，徐悲鸿后来成长为大画家，果然是谨循父志，兢兢业业，忠国爱民，不向权贵低头。正如邱行湘在其《追忆徐悲鸿先生》中所评价的：“徐悲鸿和田汉一样，是中华民族的硬骨头，好汉。他拒为蒋介石画像，得罪了陈诚。他不贪一官半职，为了拯救祖国的危亡，冒风险，远涉重洋，宣传抗战。”[③]

徐悲鸿还有个座右铭，那就是“独持偏见，一意孤行”，为此他还专门将其写成集泰山经石峪大字对联，并用黄色绫子装裱，长期挂在画室里。然而“一意孤行”源自《史记·酷吏列传》之：“为吏以来，舍毋食客。公卿相造请禹（赵禹），禹终不报谢，务在绝知友宾客之请，孤立行一意而已。”[④]，意思是说赵禹（西汉司法官）为官以来家中就没有食客了，三公九卿登门拜访，他也从不回访答谢，务求与知心朋友及宾客断绝往来，孤自奉公独行。可见“一意孤行”古为褒义，后来才转变为贬义，有固执己见的意思。显然徐悲鸿特

① 《计亭徐氏宗谱·卷四》，周泽仁 撰《赠徐砚耕翁七十寿序》。

② 廖静文：《徐悲鸿传》，中国青年出版社 2010 年版，第 15 页。

③ 中国人民政治协商会议江苏省宜兴县委员会文史资料研究委员会 编：《宜兴文史资料第十二辑》，一九八七年七月，第 21 页。

④ （汉）司马迁 撰，李翰文 主编：《史记全本》，北京联合出版公司 2015 年版，第 2175 页。

书“独持偏见，一意孤行”，除了有自嘲的意思，更是勉励自己首先不向恶势力低头而立场坚定，其次还需有担当和作为。对于这一思想用他的另一幅对联来表达则更加具体、贴切和形象，那就是其行书七言联“横眉冷对千夫指，俯首甘为孺子牛。”（图 94）可见两幅对联的含义是有内在一致性的，其所谓的“独持偏见”的本质其实即“横眉冷对千夫指”，而其“一意孤行”的真正目的则是“俯首甘为孺子牛”。其本质上与父亲临终遗训的精神旨归是一致的。正如《论语·学而第一》之十一篇，孔子所说：“父在，观其志；父没，观其行；三年无改于父之道，可谓孝矣。”[①] 意思是：一个人当父亲在世的时候，要观察他的志向；如果父亲去世了，就重在考察他的行为；如果许多年后还能够遵循和继承父亲合理的行事之道，就可以说是尽孝了。如此看来，徐悲鸿不仅仅跟随父亲学习绘画技法，更是深悟儒学经典而承续着孝悌之真谛。他矢志不渝继承父愿，在画家的道路上，耕耘不止，终于超越前人，成就为一代绘画大师，并且延续父亲“裨益世道人心”之襟怀，终其一生尽瘁于国家美术教育事业，对自己的小家来说，徐悲鸿虽然是不无亏欠，但是对于尽瘁于国家大业来讲，则做到了大孝。遥想徐悲鸿的一生，在痛苦时、在走投无路欲投黄浦江自尽时、在经历各种坎坷时，父亲徐达章的遗志总能激励他重新振奋起来，父亲永远是他重拾信心、再获能量的源泉。徐悲鸿还常常把父亲的字画带在身边，并曾经一度带到巴黎参加中国美术展览会，在 1933 年的这次展览中，所有作品被分为古今两部分，古画又分近古和极古，近古中包括徐达章、徐悲鸿、任伯年、沈南苹、禹之鼎、钱载、张夕庵、季谷作品共十一幅，专列一室，代表着古今美术的过渡形态。后来，徐悲鸿又特将记忆中父亲的面容付诸画布而绘得油画《徐达章像》（图 95）由此，徐悲鸿对父亲的孝心可见一斑。

从徐氏宗谱的《宗训》看，“崇孝行”排在首位，徐达章乃至其家族的孝悌传统，就是对“崇孝行”的最好践行。另外宗谱之《宗训》中还有更多的对道德仁行的要求，加上排在首位的“崇孝行”，共包括 12 个方面，它们依次是：

---

① 杨逢彬、欧阳祯人 译注：《论语 大学 中庸译注》，华东师范大学出版社 2018 年版，第 7 页。

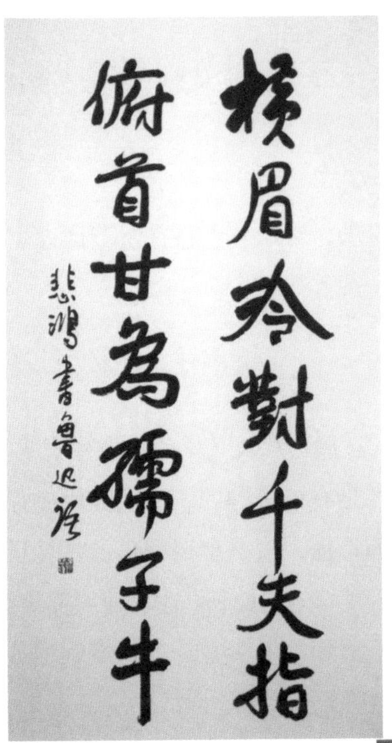

图 94 《鲁迅语联》徐悲鸿 作
20 世纪 50 年代，书法，纸本，54×67cm，北京徐悲鸿纪念馆藏

图 95 《徐达章像》徐悲鸿 作
中期，布面，油画，54×75cm，北京徐悲鸿纪念馆藏

崇孝行；笃友于；敦族谊；睦邻里；务读书；勤本业；惩赌博；戒奢华；谨闺门；慎婚嫁；重嗣续；奖名节。[①]

徐达章一家的言行无不恪守族谱宗训的要求，对这一点将在下节详述。

践行宗训

除了崇孝行外，对《宗训》里其他方面的表现，徐达章及其家族也堪称表率。

比如在“笃友于”方面，徐达章一家人都是有口皆碑的，主要是因为徐达章祖祖辈辈在为人处事上，都有一个共同的特征，就是忠诚守信。据徐氏宗谱之《万源公传》记载，徐万源“幼习诗书未能卒业。比长，业农兼习商贾。所居故近市，相与宾朋过从络绎于门。公必治酒款洽不少吝，其自奉则泊如也。有托以事者必相待以诚，相孚以信，决无欺隐致有缺误。以故纳交于公者，咸相信不疑。而窃喜其不相背负云……”[②] 可见徐万源公待人“相孚以信”、“决无欺隐”，大家都对他“相信不疑”。于是“诚信”也被作为其家风传继给了徐砚耕，据《砚耕徐公暨配丁吴二孺人合传》记载徐砚耕“其诚而信也，称贷于人有即偿之。不留宿，受人寄托，历时虽久，终勿负此……”[③] 徐达章承其家传，更是为人诚笃，信孚于众，对朋友肝胆相照，对此其好友赵乃宣在《屺山高赠徐君成之五言古诗》中有言：“初无半面识，一见两相孚……白水盟肝胆，青山证故吾。”[④] 这是对他们之间萍水相识、一见信实、君交如水无尘、互照如青山不移之友情最为有力的描述。

徐达章对“敦族谊”和“睦邻里”也很重视。徐氏宗谱《宗训》里“敦族谊”一则有言：“贵贵贤贤，义无偏诎（qū），亲亲长长，分有长伸。凡我子侄，

① 《计亭徐氏宗谱·卷二》，《宗训》。

② 《计亭徐氏宗谱·卷四》，张廷赞 撰《万源公传》。

③ 《计亭徐氏宗谱·卷四》，赵乃宣 撰《砚耕徐公暨配丁吴二孺人合传》。

④ 《计亭徐氏宗谱·卷四》，赵乃宣 撰《屺山高赠徐君成之五言古诗》。

置身通显皆受祖宗荫庇，益当培植根基。如轻视族人，即轻视祖宗矣。必须恭敬尊长，扶持微弱，赈恤孤贫，毋得恣逞势焰，有乖族宜，更不许纵容仆从，与族人相亢，致伤大体，犯者一并责罚。”[①] 由是，徐达章一家历来对族人亲和友爱，经常慷慨资助有困难的族人，这对徐悲鸿的影响也是巨大的。徐悲鸿困难的时候曾经接受过族人的帮助和鼓励，他后来也是尽可能地帮助族人，比如他在族侄徐焕如的成长和成才道路上起到了很大的引领和助益作用，徐焕如在《我的叔父徐悲鸿》一文中曾说：“从四十年代初起，我和悲鸿叔有了较多的接触，直到1953年9月与世长辞。但悲鸿叔对我的影响却是多方面的，远远超过了这个时限……当我还没有和悲鸿叔接触以前，他和他的作品就已经在我的心目中产生了强烈的影响，正是他的影响使我走上了从事美术的道路……1942年初在重庆张家花园，我见到了我多年盼望见到的悲鸿叔，他刚从南洋举行救灾画展回国。那时国立艺专由重庆青木关迁至磐溪，我准备投考该校，好几次还把我画的习作、素描和临摹的作品拿去给他看。作为投考艺专的考生，我的作品是幼稚的，大卷小卷也很繁杂，我的目的是让悲鸿叔知道我是用功的，能支持我的投考。他面对着我的大卷小卷作品，在社会事务十分忙碌的情况下，多次抽时间认真地接待我，看我的画，指出主要的毛病，并问起故乡的情况。他谈起他同我父亲年轻时一起玩耍的事情，告诉我他比我父亲小三岁，要我不要叫他伯父而叫叔父。他平易近人的态度使我原先紧张的心情开始平静下来。他多次鼓励我投考艺专，直至我考取进入该校。当时的国立艺专校址在重庆磐溪，悲鸿叔主持的美术学院院址则是在嘉陵江边磐溪入口处。因为两校相距较近，使我有机会经常去看望悲鸿叔，目的是去看他创作，并请他解决一些学习上的问题。例如由于敌军的封锁，家庭接济断绝，我感到绘画学习材料十分困难，曾向悲鸿叔求助。虽然悲鸿叔当时自己创作需要大量的绘画材料，但他还是帮助我解决，他一次给了我五张康生和鸡牌的木炭纸，并多次给了我数十瓶英国水彩画颜色。他告诉我这些绘画材料是托朋友从印度、缅甸辗转带回国内来的，来之不易。他语重心长地要我好好利用这些材料，努力学习。这些高级绘画材料在国内市场已

① 《计亭徐氏宗谱·卷二》，《宗训》。

绝迹多年，我得到它们，心里非常感动。当时悲鸿叔画国画用的是一种都匀皮纸，他告诉我这种产于贵州都匀的皮纸是一种价廉物美的国画用纸，本身有淡淡的米黄色，非常素朴古雅，适于画各种色调的画；他给了我几张……抗日战争末期，由于生活和绘画材料困难，我告诉他，我们用锌氧粉、红土、黄土做油画颜色，自己烧木炭，自己做油画布。他听了很高兴地说‘对，完全可以自己做！’他问我们用什么油，我说用亚麻仁油，他点头表示赞同，并告诉我们要加适量的松节油，否则不容易干……1942 年以后，无论我什么时候到重庆磐溪美术学院去看望悲鸿叔，只要他在家，几乎都在画画。他住在二楼楼上，楼下南北有两个陈列室，经常陈列着悲鸿叔的近期新作，或陈列他收藏的齐白石、任伯年等名家作品和学院里画家的作品。美术学院环境很安静，我先在楼下陈列室欣赏陈列作品，而后便上楼看望悲鸿叔和静文婶，和他们打招呼以后，便到悲鸿叔的画案前，看他作画……我站在他的画案前，看着他画过不少国画创作，如奔马、饮马、鸡、猫、喜鹊、鹅、白梅、竹子、木棉等等。他微弯着腰，胸有成竹，挥洒自如，入神以后，似乎忘记了我在一旁。”[①] 徐焕如在徐悲鸿的帮助下，果然不负厚望，最终成长为著名的画家。徐悲鸿去世后，在 1953 年由中国美术家协会、中央美术学院联合举办的徐悲鸿遗作展览会上，作为画家的徐焕如担任了展览会的责任编辑，参加了徐悲鸿作品的整理和展览工作。1963 年 10 月，又一次由文化部、中国文联、中国美术家协会、中央美术学院、徐悲鸿纪念馆联合举办的徐悲鸿逝世十周年纪念画展上，徐焕如再次担任责任编辑……当然徐悲鸿不仅仅是关爱自己的族人，他后来更是将对族人的爱扩大到了对众多穷困学生的爱护和提携上，对此徐焕如也说：“悲鸿叔出生于穷困的家庭，他对克服困难努力前进的人总是热情支持的，对热爱美术的青年画家尤其如此。”[②]

在“务读书”、“勤本业”方面，宗训里励言：“非师长无以明道，惟

① 中国人民政治协商会议全国委员会文史资料研究委员会 编：《徐悲鸿》，文史资料出版社 1983 年版，第 211—214 页。

② 中国人民政治协商会议全国委员会文史资料研究委员会 编：《徐悲鸿》，文史资料出版社 1983 年版，第 212 页。

诗礼可以传家……青衿步武，亦世美书香。故大启后人端赖读书，无谓赢余胜于积学，究竟力穑不如读书，所谓三更灯火五更鸡，正是男儿立志时也。”[①] 如此激励族人读书向上。徐达章曾祖父徐万源少始就喜爱读书并督学后进，到徐砚耕、徐达章乃至徐悲鸿时，更是系统读经诵诗，有志圣贤。但同时还辛勤耕种，勤俭持家。赵乃宣在其《砚耕徐公暨配丁吴二孺人合传》中也记载砚耕翁：“其勤于耕也，手胼足胝，早出晚归，桑麻菜蔬，种无隙地……”[②] 然而达章除了辛勤耕读自励自强外，更是严督徐悲鸿读书修为，他在《松荫课子图》（图 1）的题画诗中言：“荏苒青春卅七年……书画徒将砚作田。切愿康儿勤学问，读书务本励躬行……”。诗中所用“书画”、“砚”、“田”、“切愿”、“务本”、“躬行”等语，将其殷殷督学之情表露无疑。

在“惩赌博”方面，《砚耕徐公暨配丁吴二孺人合传》中记载徐砚耕“亦饮酒，有佳酿辄饮数斗不及乱，瓶罄则止，无留恋心，久不索饮，至酒家茶室博弈之场，则裹足不前，曰吾先大父万源公之教也……”[③] 可见徐砚耕能饮酒，但是绝不贪杯，关键是在其祖父徐万源的教导下，禁止出入赌博娱乐场所，代代警示传承。

宗训中“戒奢华”一条名列第八，这也是徐达章一家遵循的传世美德。《砚耕徐公暨配丁吴二孺人合传》中记载徐砚耕“其恭而俭也，衣虽敝补，必完好，履虽穿纳，必正齐……”[④] 又载砚耕翁“家中器物如谢幼度之使材，虽庋（guǐ）屐安椸（yù），必教得所，无劳寻觅，即零星微物，他人弃之，公必藏之，曰：一物也预储之，而取之则易，待用而求之则难陶。长沙竹头木屑，何尝有弃物哉？”[⑤] 可见，徐砚耕尤其喜欢收集别人丢弃但尚“有用”的东西，且总能在合适的时机将其派上用场。可贵的是，他即使生活如此简朴，但仍能慷慨捐金以助祠。此后，“戒奢华”的家风经徐达章又传给了徐悲鸿，他从小就很体量父亲的艰辛，所以每次“闯祸”都令他刻骨铭心、终

① 《计亭徐氏宗谱 · 卷二》，《宗训》。

② 《计亭徐氏宗谱 · 卷四》，赵乃宣 撰《砚耕徐公暨配丁吴二孺人合传》。

③ 《计亭徐氏宗谱 · 卷四》，赵乃宣 撰《砚耕徐公暨配丁吴二孺人合传》。

④ 《计亭徐氏宗谱 · 卷四》，赵乃宣 撰《砚耕徐公暨配丁吴二孺人合传》。

⑤ 《计亭徐氏宗谱 · 卷四》，赵乃宣 撰《砚耕徐公暨配丁吴二孺人合传》。

生寒噤："有一次他父亲被人请去画遗像时，悲鸿便和小伙伴在家里把桌椅搭成戏台，用颜料化妆演起戏来了！当父亲回来见到后啼笑皆非，悲鸿悄悄地躲在角落里，等待责备。但是这位敢于律己的慈父一句也没说，他只沉着地叹息了一声，指着那化妆的颜料说：'我们是穷苦人家，买这些颜料不容易呀！'父亲的话象沉重的鞭子一样，打在悲鸿的心上，从此以后，他再也不化妆演戏了。"[①]还"有一次，小悲鸿不慎摔了一只端砚，整整哭了一天，他似乎已经懂得这端砚是全家的命根子。后来经母亲哄他承担了责任，才肯擦干眼泪。"[②]徐悲鸿还曾在父亲病中之际，"一次，代表父亲去亲戚家吃喜酒，所穿绸衫，被邻座客人的香烟烧了一个窟窿。从此，发誓不抽香烟，不穿绸衣。"[③]因为他的绸衫是自未出嫁时就养蚕且从来没有穿过绸衣的母亲专门为他置办的，是母亲对儿子久藏心底的夙愿，以至于这次事件对他的刺激极其强烈，不仅发誓不穿绸衣，不吸香烟，甚至"他成为名画家以后，常有学生和朋友送给他绸衣，但他从未穿过。即使在南方酷热的夏季，他也只穿夏布衫。"[④]当然小寿康也有苦中寓乐的时候，"有时，当父亲不在家时，他常偷偷地抓起画笔，捡一张纸，横涂竖抹。有一回，又把父亲的笔弄坏了，父亲生气要打他，他拔脚就跑，父亲在后面追，他边跑边嚷：'爸爸！爸爸！大人打小人不合理，大人打小人不合理……'父亲被他逗得噗哧一笑，火气顿消。天真的小悲鸿认为胜利了，又在田野里折下柳条枝，画了满地的小人人，他津津乐道，自我陶醉。"[⑤]成名后的徐悲鸿，虽然一生帮助了很多穷学生，为国家收藏了很多字画，但是自己生活始终简朴至极，他夏天总是一件蓝布长衫，冬天则是一领深色棉袍，在北京生活的几年里，皮鞋和西装都

---

① 中国人民政治协商会议江苏省宜兴县委员会文史资料研究委员会 编：《宜兴文史资料第十二辑》，一九八七年七月，第10页。

② 中国人民政治协商会议江苏省宜兴县委员会文史资料研究委员会 编：《宜兴文史资料第十二辑》，一九八七年七月，第7页。

③ 王震 编著：《徐悲鸿年谱长编》，上海画报出版社2006年版，第6页。

④ 廖静文：《徐悲鸿传》，中国青年出版社2010年版，第015页。

⑤ 中国人民政治协商会议江苏省宜兴县委员会文史资料研究委员会 编：《宜兴文史资料第十二辑》，一九八七年七月，第7页。

是在东单地摊上买的，不穿破绝不会换新的。徐悲鸿又将“戒奢华”的精神传给了他的后代，所以徐悲鸿的后人也大都朴实无华。徐悲鸿的次子徐庆平（图 96）记得，有一次他的妹妹徐芳芳（图 97）吃饭不小心将饭粒掉到地上，父亲让她捡起来，妹妹不肯，结果父亲拍桌震怒，父亲说我们所吃的饭菜，每一粒都是扶犁耕地的人赐予我们的，绝不可浪费！徐庆平说这是他唯一一次见到父亲发火！理所当然地，徐悲鸿将他俭朴的作风传承给了他的儿女们，他的次子徐庆平、长女徐静斐、小女徐芳芳都生活俭朴，从不铺张浪费。唯有长子徐伯阳（图 98）（1927—2019）有点特殊，他在生活上比较讲究品质，比如对穿衣等是有一定要求的，但是这是个人生活态度而已，本就无可厚非。虽然这一点上与父亲有所差别，但是父子俩在爱国和抗战的民族大义上却是高度一致的。抗战期间，父亲曾经一度赴南洋举办义展支援抗战，儿子徐伯阳也不示弱，待其稍长更是直接参军，奔赴抗日前线——1944 年徐伯阳在四川成都准备考高中之际，在学校门口征兵点报名参加远征军团，决心上前线打日本报效国家。征兵的青年军官随即给他发了一套军装，他大摇大摆地将军装带回到家里，这个所谓的家就是他当时住的四川省教育厅厅长郭有守的家。郭有守见状急忙把伯阳要参军的情况通报给了他的妈妈蒋碧薇（图 99）（1899—1978），然后徐伯阳的军装被藏起，自己也被男佣和管家看住了，不得已他就继续上学。在一次上学的时候，那个青年军官找到他并告知明天远征军就要出发，徐伯阳说军装已经没有了，军官即刻补发一套给他，于是他向家人谎称到同学那儿去看电影，晚上就不回来了。当晚徐伯阳穿上军装报到，第二天一早就乘飞机到达了印度蓝姆伽军事基地参加训练。先进新兵营，他们一群学生没有人会做饭，只有贵州省主席杨森的儿子杨汉华会，吃过杨汉华做的第一顿饭后，徐伯阳被编入了学生第七队，任第三区第七班轻机枪手第二，后又被分配到山炮营作炮兵。后来徐伯阳参加了攻打八莫的战斗，对手正是南京大屠杀时杀害中国人的罪恶累累的日军 18 师团，徐伯阳所在的部队准备进攻，战前动员正告大家对手是日本的王牌部队，大家要注意保护自己。经过徐伯阳所属炮兵部队猛烈轰炸后，步兵随即冲上日军阵地，发现阵地上差不多已经没有活人了，号称王牌军的日军 18 师团

图 96　《庆平坐像》徐悲鸿 作
1949 年，素描，纸本，31.3×46.6cm，北京徐悲鸿纪念馆藏

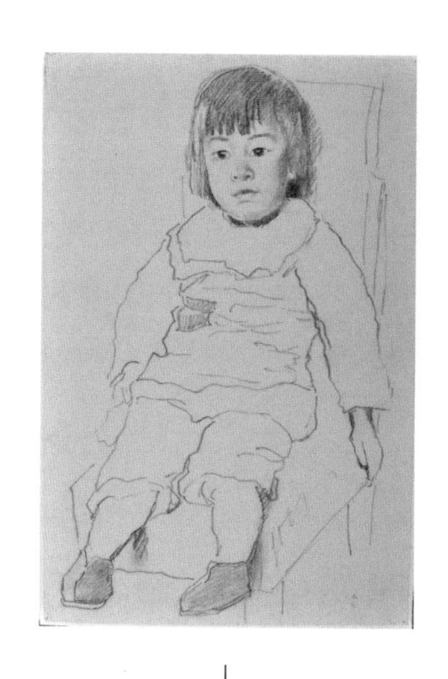

图 97　《徐芳芳坐像》徐悲鸿 作
1951 年，素描，纸本，31×47cm 素描，北京徐悲鸿纪念馆藏

图 98　《伯阳十岁》徐悲鸿 作
1937 年，素描，纸本，30.1×50.6cm，北京徐悲鸿纪念馆藏

图 99　《蒋碧薇像》徐悲鸿 作
1930 年，油画，布面，89×148cm，北京徐悲鸿纪念馆藏

在中国新一军面前已不堪一击……2015年，纪念抗战胜利70周年之际，中国政府给包括徐伯阳在内的抗日老兵颁发了抗战老兵纪念章，当徐伯阳拿到这个奖章的时候非常激动和高兴，睡觉时都要抱着这枚奖章，心里无比感恩国家对他这个抗战老兵的认可和鼓励。

宗训中还有“谨闺门”一则。徐达章在怀父诗《先考砚耕公逸事十章》中描述父亲“一团和气蔼春风，贫富周旋一体同。言论不谈闺闲事，纲常名教话从容”。可见徐砚耕的一身正气对家族的长远影响。

徐达章经常读族谱，还参加修谱工作，所以他十分关注本族的宗序关系，以下简单梳理徐达章家族承续脉络，从中可知徐达章及其家族皆十分重视“宗训”之“重嗣续”：

徐达章家族，自从四世祖上徐刚（“淡斋公”）从邵墅石桥里搬迁至屺亭桥以来，历经：

五世徐茂材：即下塘分祖隐泉公。

六世徐绣：即西桥公。

七世徐效忠：字执夫。

八世徐维祯：即养拙公。

九世徐逢亨：即兢三公，养拙公次子。

十世徐腾岳：字青蕃，兢三公五子。十世徐腾螭（chī），字上冀，兢三公三子。

十一世徐亮学：字吟岗，青蕃次子。十一世徐雁，青蕃四子，字西翰，女一，无子，嘉植为嗣。

十二世徐基植：字思九，吟岗长子，二十二岁卒，无子，以三弟炳章子继伦为嗣。十二世徐良弼，基植二弟，字朝仙，吟岗次子，无子，以弟炳章子继伦兼嗣。十二世徐嘉植，基植三弟，字炳章，吟岗三子，西翰嗣子，子一，继伦。

十三世徐继伦：字近五，思九嗣子，兼嗣朝仙嗣子，炳章子。

十四世徐辉祖：字仁裕，近五长子，有女一，无子，以弟明裕长子大川为嗣。十四世徐顺祖，字明裕，近五三子，子五，长子大川出嗣伯辉祖。次子大亨、三子大和、四子大敦、五子大中。

十五世徐大川（徐达章曾祖父）：字万源，仁裕嗣子，明裕长子，皇清恩赐登仕郎，赏给顶戴，公刚正诚朴，言行不苟，尽力族事，位附配享，生于乾隆四十二年（1777）丁酉十二月初六日卯时，卒于咸丰四年（1854）甲寅三月初八日，享寿七十有八。配田干里蒋惟良女，生于乾隆四十四年己亥正月二十八日辰时，卒于同夫年闰七月二十六日戌时，享寿七十有六，合葬十亩头一亩八田内，丁山癸向，有碑，子二，同茂，恒泰，女三，长适本镇墙门里蒋惟伦，次适岂山沈家村沈顺初，三适本镇陆三宝。十五世大亨，明裕次子，以大敦长子顺宝兼嗣。十五世大敦，明裕四子，子二，长子顺宝出嗣景抡，兼嗣伯大亨，次子五宝兼嗣伯大和，又兼嗣叔大中。十五世景抡，诏禄（兢三公三子十世徐腾螭的后人）子，以大敦长子顺宝承嗣。

十六世徐同茂：字正观，万源长子，生于嘉庆三年（1798）戊午九月二十九日寅时，卒于道光二十八年（1848）戊申二月初五日，享年五十有一，葬街南园下朝西南向，配塘北吴万云女，生于嘉庆二年丁巳七月二十一日，卒于道光二十一年辛丑六月二十九日，得年四十有六，葬田圩墩，朝东南向。继娶红塔头蒋氏，生于嘉庆十八年癸酉十月二十三日寅时，卒于咸丰十一年辛酉四月十九日，得年四十有九，葬田圩墩，朝西南向，无子，以恒泰长子鸿魁为嗣”。十六世徐恒泰“字佑观，万源次子，生于嘉庆十二年（1807）丁卯六月初八日午时，卒于咸丰六年（1856）丙辰十一月初六日午时，享年五十岁，葬长三亩田南横头，朝西南向，配后亭邵顺兴女，生同庚三月初十日申时，卒于同治二年癸亥六月初五日，享年五十有七，葬沿大路九分头田内，癸丁兼子午向。子二，鸿魁出嗣伯同茂，鸿仓兼嗣叔顺宝，女二，长适六庄蒋兆坤，次适王墓里周祖林。十六世徐顺宝，景抡嗣子，大敦长子，

十七世徐聚金：字鸿魁，号砚耕，同茂嗣子，恒泰长子，恩赠登仕郎，赏给顶戴。忠厚诚朴，谨慎勤俭，捐金助祠，位附配享。生于道光十一年（1831）辛卯四月初十日申时，卒于光绪二十六年（1900）庚子十一月初十日子时，享寿七十岁，葬宗祠前三分扇子田内辛山乙向兼卯酉三分，有碑。配上俸里丁应珍长女，生同庚五月十六日子时，卒于同治二年癸亥五月二十六日，得

年三十有三，葬并夫茔之左，无出。继配黄沙浜吴志安女，生于道光十四年甲午九月十一日申时，卒于光绪二十二年丙申正月十四日戌时，享寿六十三岁，并葬夫茔之右，子一达章，兼嗣叔鸿仓，女二，长适周店里邵德昌，次适高塍陈大里陈德宝，具无出”。十七世徐聚银“字鸿仓，恒泰次子，生于道光十四年（1834）甲午三月十三日申时，卒于咸丰十一年（1861）辛酉四月十六日，止年二十八岁，葬父茔侧，曾配王氏，以胞兄鸿魁子达章兼嗣。（顺宝支系另表：聚银，字鸿仓，顺宝兼嗣子，恒泰次子，年表详前，以胞兄聚金子达章兼嗣）

十八世徐达章：幼名望铨，字成之，号䌹川，聚金子，性淡泊怡静，爱山水，好吟咏，工书画，邑志有传。生于同治八年（1869）己巳十一月初六日辰时，卒于民国二年（1913）癸丑二月十七日巳时，得年四十有五岁，葬皂北归字二千二百零五号三分头田内，朝东向，配大塍（chéng）上鲁正祥长女，同治十一年壬申二月二十三日子时生。子三，钟，鼎，为聚银嗣孙，尊。女三，长适井碑上谢丙甲，次赘镇江府丹徒县清念州十六汇墩子埭（dài）潘祥元，幼未字。（鸿仓支系另表：达章，字成之，鸿仓兼嗣子，鸿魁子，年表详父名下。又：达章，字成之，聚银兼嗣子，聚金子，年表详前，以次子寿安为聚银嗣孙。

十九世徐钟：字寿康，号悲鸿，达章长子，光绪二十一年（1895）乙未五月二十六日子时。聘景美村邑庠生谢承霖女，未笄（jī）而卒。配王婆桥东蒋巷周炳亨长女，生于光绪十九年癸巳九月未时，卒于民国七年戊午十一月二十七日，存年二十六岁，葬皂北归字号二千二百零二号六分头田内，朝北向。子一，吉生，殇。继配在城蒋梅笙次女，光绪二十五年己亥二月二十九日丑时生，子一，圣翼。十九世徐鼎，字寿安，聚银嗣孙，达章次子，光绪三十二年（1906）丙午九月十二日巳时生。配在城任清授奉政大夫，五品衔知州用署理湖北随州州同民国补烟酒事务署主政，附贡生□[①]，遂女，光绪三十一年乙巳二月三十日申时生。十九世徐尊，字寿凯，达章幼子，民国元年（1912）壬子二月初六日未时生。配塘浜坞王德勋幼女，民国二年癸

① 《计亭徐氏宗谱》孤本原文缺失不清，在此原文录入。

丑十月二十一日辰时生。

徐达章虽然淡泊名利，不尚仕途，但是其祖祖辈辈，男女老幼，无论耕读仕宦，素以德高行清而彪炳乡里，家族史亦注重宗训之“奖名节”：

徐达章祖上，初迁屺亭桥之始祖“淡斋公”于成化年间就“以人材征地官从事”，此已载入徐氏宗谱《恩荣总记》当中（图 100）。十二世思九公，乃礼部儒士，生于康熙三十年辛未，卒于康熙五十一年壬辰，止年二十二岁。他的夫人乃庠生顾赓尧之女，也是丙午举人顾佑民公的侄女，她与丈夫同庚，丈夫去世后，尚年轻的妻子立志守节四十余载，当时的邑侯姜顺蛟公，特为此赐匾额以赞颂，上书“劲节凌云”，乾隆七年十二月，又奉旨而入节孝祠（图 128 这在徐氏宗谱匾额中亦有收录），赐帑建贞节坊于计亭下塘宅门之右。

待到万源公时，由于其高寿仁德，获皇清恩赠登仕郎赏给顶戴，并已载入徐氏宗谱《恩荣总记》中（图 101），他还由于三修宗谱而位附配享于徐氏宗祠。

再到砚耕翁，亦由于其高寿和德才兼备，恩赠登仕郎赏给顶戴，和自己的祖父徐万源一样，亦被载入徐氏宗谱《恩荣总记》中（图 102），他也由于辑谱及两次捐金助祠，而位附配享于宗祠。

徐达章一家，除了仁德孝悌，忠信节俭，辑谱助祠，笃学旌彦传家外，最有特色的还在其艺术传家的深远，从徐砚耕到徐达章，再到徐悲鸿，至今更进一步传到了徐悲鸿的儿子徐庆平及其孙子徐冀，他们都从事绘画艺术乃至美术教育事业。尤其是徐庆平，与父亲徐悲鸿同样毕业于巴黎国立美术学院，他同时还获得博士学位，亦诗书画印皆能。其绘画风格朴实大方，造型敦厚，在融汇西方写实精神的基础上，注重中国传统文化和民族精神的表现，特别是借其坚实书法功底的用笔，使其画面突显诸己性情，极富个性特征。而他的书法亦是造诣深厚，在宗法二王的基础上，其主要特征中不无父亲徐悲鸿的笔意和洒脱。最难能可贵的是，他一生亦投身美术教育事业，先在中央美术学院任教授，后又任中国人民大学艺术学院院长，承其父志，倾力于美术人才的培养，为国家的美术教育事业而鞠躬尽瘁。另外他还和母亲廖静文一起，与中央美术学院共同举办“徐悲鸿画室”，作为重要的绘画培训机

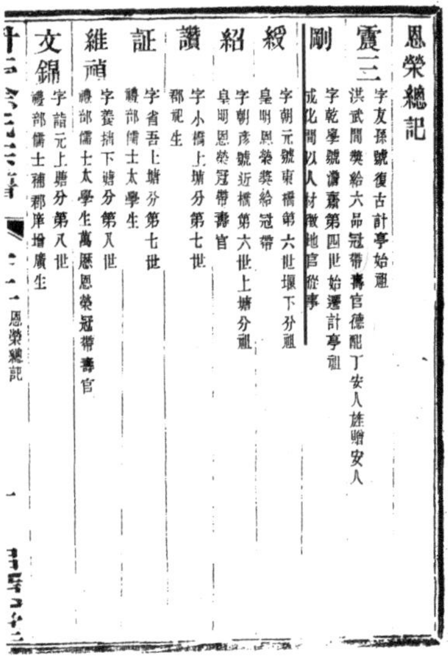

恩榮總記

賡三 字友孫號復古計亭始祖
洪武間奬給六品冠帶壽官德配丁安人旌贈安人

剛 字乾學號濬齋第四世始遷計亭祖
成化間以人材徵地官從事

綬 字朝元號東橋第六世壩下分祖
皇明恩榮奬給冠帶

紹 字朝彥號近橋第六世上塘分祖
皇明恩榮冠帶壽官

讚 字小橋上塘分第七世
郡祀生

証 字省吾上塘分第七世
禮部儒士太學生

維禎 字養拙下塘分第八世
禮部儒士太學生萬歷恩榮冠帶壽官

文錦 字詣元上塘分第八世
禮部儒士補郡庠增廣生

图 100 《恩荣总记》首页

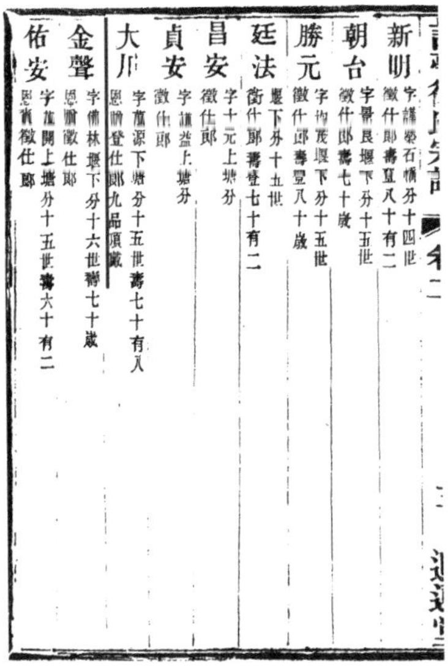

新明 字謙榮石橋分十四世
徵仕郎壽登八十有二

朝台 字景良壩下分十五世
徵仕郎壽七十歲

勝元 字拘茂壩下分十五世
徵仕郎壽登八十歲

廷法 壩下分十五世
衛仕郎壽登七十有二

昌安 字十元上塘分
徵仕郎

貞安 字謙益上塘分
徵仕郎

大川 字蘊源下塘分十五世壽七十有八
恩贈登仕郎九品頂戴

金聲 字佛林壩下分十六世壽七十歲
恩贈徵仕郎

佑安 字旅開上塘分十五世壽六十有二
恩賞徵仕郎

图 101 《恩荣总记》第 6 页

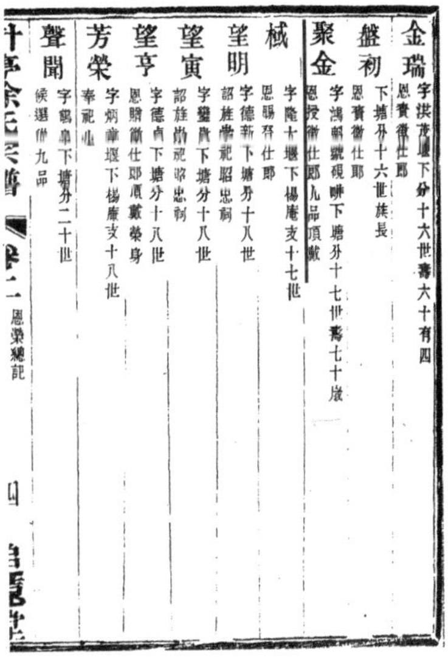

金瑞 字洪茂壩下分十六世壽六十有四
恩賞徵仕郎

盤初 下塘分十六世族長
恩賞徵仕郎

聚金 字鴻軒號硯畊下塘分十七世壽七十歲
恩授徵仕郎九品頂戴

械 字隆士壩下楊庵支十七世
恩賜登仕郎

望明 字德新下塘分十八世
部旌崇祀昭忠祠

望寅 字鑾庭下塘分十八世
部旌崇祀昭忠祠

望亨 字德貞下塘分十八世
恩贈徵仕郎頂戴榮身

芳榮 字炳章壩下楊庵支十八世
奉祀生

聲聞 字鶴皋下塘分二十世
候選從九品

图 102 《恩荣总记》第 7 页

构，为国家培养美术专门人材千余名。2015 年廖静文馆长去世后，徐庆平继任徐悲鸿纪念馆馆长，继续为国家的艺术事业而努力工作。徐冀则擅长油画、油画修复、策展和文物保护，其油画色彩主要吸收印象派精髓，同时画风兼具中国民族特色，在这一点上受其祖父影响是必然的。徐达章一家至今已是五代艺事、四代画家、三代教育，可谓传世艺术之家。徐达章最大的成就也正在其教育上，这并非仅仅因为他是徐悲鸿的父亲和启蒙老师，而是由他为徐悲鸿所施教育的实质内容、灵活进程、实用和高效及其诚朴的愿景所决定的，这一点将于下一画进行探究。

第四画　徐达章的文化艺术及课子教育

徐达章辛勤耕种田地，还在小镇上鬻字卖画，又一度在“淡我斋”中设塾课徒，教读生徒们传统文化，但是仍旧难以维持一家老少的生活。与此贫困不堪形成鲜明对比的是，他对学问的笃志、情操的高洁、艺术的儒雅还有朴实无华的格言，他曾说：“余艺固无当，倘其用能有裨世道人心者，庶亦可无憾也。”[①]这虽然说的是艺术，但何尝不是他的教育宗旨呢？可见，裨益“世道人心”才是徐达章设塾课徒的首要目的，养家糊口居其末也。所以他的“淡我斋”里充斥着的是浓郁的“道”，正如他的好友赵乃宣在《屺山高赠徐君成之五言古诗》中所言：“我友山之西，矢愿与道俱……尤羡淡我斋，静谧绝尘污……捐资成人美，尽心课生徒。”[②]但是随着新学的兴起，他的传统教育逐渐式微，私塾难以为继，最后的命运只能是停办。好在他还有儿子，聪明可爱，正处童蒙时期，于是在“淡我斋”里，开始为儿子独自实施他的传统文化加艺术特色教育。他的这一教育，在其深厚的儒学基础上又增加了诗书画印，可谓丰富多彩，其教育教学的形式和方法也是多样、灵活而高效，执行也是尤其严格，正如徐悲鸿在自述中所说：“吾时受先君严督读书。”[③]可以说，徐达章的教育在他那个年代绝对是相当专业和纯正的。

徐达章在从来没有进入“师范大学”深造的前提下，作为一介布衣书生仅在镇上办过多年私塾，凭什么说他的教育依然十分专业和纯正呢？主要原因在于，首先他对孔孟儒学以及后来的程朱理学甚至唐宋八大家（比如韩愈）都有深度的研究，这一点除了他自己的爱好痴迷和努力钻研外，也是有家庭熏陶和传承的，正如他在自己的文论《敏而好学》中所说：“若卫孔文子者可以风矣，且夫表章经义盛业也。搜罗放失，美功也；切磋琢磨，先君耄期不倦也；”意思是说：“如果能做到孔文子那样（敏而好学，不耻下问）就可以推而广之，亦是弘扬经学义理的大业。有目标地搜罗学习，收获美好的成功；对学问切磋琢磨精思细研，是先君（即徐砚耕）在耄耋之年仍孜孜不倦地用功治学啊。”徐达章的父亲70岁去世，即刚到“耄期”之年就去世了，

---

① 王震 编著：《徐悲鸿年谱长编》，上海画报出版社2006年版，第3页。

② 《计亭徐氏宗谱·卷四》，赵乃宣在《屺山高赠徐君成之五言古诗》。

③ 王震、徐伯阳 编：《徐悲鸿艺术文集》，宁夏人民出版社1994年版，第120页。

可见他在“耄期”仍旧孜孜不倦地钻研学问，是真正的活到老学到老，父亲的治学精神、儒学造诣及其艺术修养对儿子徐达章的影响是毋庸置疑的。然而更关键的问题是，徐达章不仅仅继承了父亲对儒学经典和理学著述的深度研究，他还特别重视学习和借鉴孔子和朱熹的教学思想和方法，尤其是借鉴朱熹治学方式及其读书方法。就徐达章对朱熹的尊崇程度来看，他应该十分注重朱熹的有关教育教学的教规、教法等治学经验，比如朱熹的《家训》、《童蒙须知》、《训学斋规》甚至张洪的《朱子读书法》等，都应当是其必读。我们除了从第一画介绍的《松荫课子图》所描绘的父子俩“课堂生活”画面中尚能依稀感受到朱熹的治学精神外，从徐悲鸿早年所作国画扇面《荒村春雨图》（图 63 上）（款识：颇得古人笔意，画与豹淇弟清拂，悲鸿）的背面题句（图 63 下）所提供的线索中，还可以知道徐达章的教育理念深入到了对“读书法”的学习、重视和贯彻，其读书方法也是直接承续了孔子的继承者杨龟山、朱熹以及胡居仁的理念。因为徐悲鸿在该画的题句中言：“明胡敬斋书橱铭云，圣贤遗训，万世法程。读之贵熟，思之贵精，体之贵切，行之贵诚，未毙，弗已永鉴斯铭。又宋杨龟山书铭有云，含其英，茹其实，精于思，贯于一。”考虑到历史的先后顺序，我们先从后半段的“又宋杨龟山书铭有云，含其英，茹其实，精于思，贯于一。”来看，此乃书录宋朝杨龟山《书铭》来指导读书之要，意思是说：“读书当品味其精华，嚼食其果实，精心于思考，始终如一，坚持不懈。”作为程颐学生的杨龟山亦是朱熹的太师爷；而前半段“明胡敬斋书橱铭云，圣贤遗训，万世法程。读之贵熟，思之贵精，体之贵切，行之贵诚，未毙，弗已永鉴斯铭。”则是明朝理学家胡居仁《书厨铭》之读书志言，其实是对朱熹读书法的直接继承和延续，朱熹不仅是理学的集大成者，还是著名的教育家，尤其在实践的基础上对于读书及“读书法”都有深刻的体悟和总结，并形成理论以指导其教育和教学，他提出读书首先要做到“三到六要”，其三到即“心到、眼到、口到”。其门人归纳出“读书之要”为“居敬持志、循序渐进、熟读精思、虚心涵泳、切己体察、着紧用力”六种方法。朱熹还尤其强调立志，他说“立身以立学为先，立学以读书为本”、“凡学之道，立志为先。其志伊何？曰圣曰贤。”[1]，还说：“读书之法，在循序而渐进，熟读而精思。”胡居仁继承和创新朱熹的教育理论和读书方法而将其总结为“立志”“渐进”“恒心”“践行”八字要诀。其次强调读书要循序渐进，尤其是要“熟读精思”，可见徐达章因深研程朱理学而掺行其教育之法和读书之要，徐达章在他的《松荫课子图》题诗中也告诫徐悲鸿说“读书务本励躬行”，其中明显包含了“居敬持志”“切己体察”“立志”“恒心”“践行”等朱熹之读书要法。可以肯定的是，徐达章还将胡居仁的《书厨铭》和杨龟山的《书铭》作为教材让儿子习读、体察和践行，以此为儿子建立起正确的读书方法和治学理念，当时徐悲鸿将其熟记于心，于是日后在创作扇面《荒村春雨图》并于背面题句时自然能信手拈来。由此，如果说徐达章父子只读胡居仁的《书厨铭》和杨龟山的《书铭》而不知朱熹的“读书法”，显然是不可想象的，徐达章必然对读书方法极为重视。

当然，更重要的是徐达章对儿子实施的传统文化教育就是国学教育，特色教育就是艺术教育。从1900年开始到临终的1913年，徐达章亲自教授徐悲鸿文化和艺术。待父亲去世后，少年徐悲鸿从“淡我斋”中新出，振翅欲飞，第一站就是独闯上海，后又东渡日本，继上北平，尤其是1919年又留学欧洲，其间正是在父亲给他打下的坚实文化和艺术基础上，在短短的几年内就迅速成熟起来，于1924年成功创作出了素描《女人体背部》（图103）（款识：甲子仲春，悲鸿。钤印：悲鸿之画（白文方印））、《裸体少年》，油画《箫声》（图24）《琴课》《远闻》《奴隶与狮》（图73）《抚猫人像》等一批力作。可以说1924年徐悲鸿屹然跻身于西方绘画大师之列，是年他刚满29周岁，该年说是中国近代美术发展转折之年亦不为过。1927年徐悲鸿回国后，除了着手创作大型油画《田横五百士》（图120）和《徯我后》（图122）外，旋即投入美术教育创业，边创作边从事美术教育和教学，直至终生，最终成为中国近代最具影响力的美术教育家和写实绘画大师。诚然，这里面已经有了徐悲鸿后来的刻苦努力和砥砺前行，特别是留学欧洲吸收西方艺术精华的多

① 胡居仁：《胡文敬集》，上海古籍出版社1987年版，卷2。

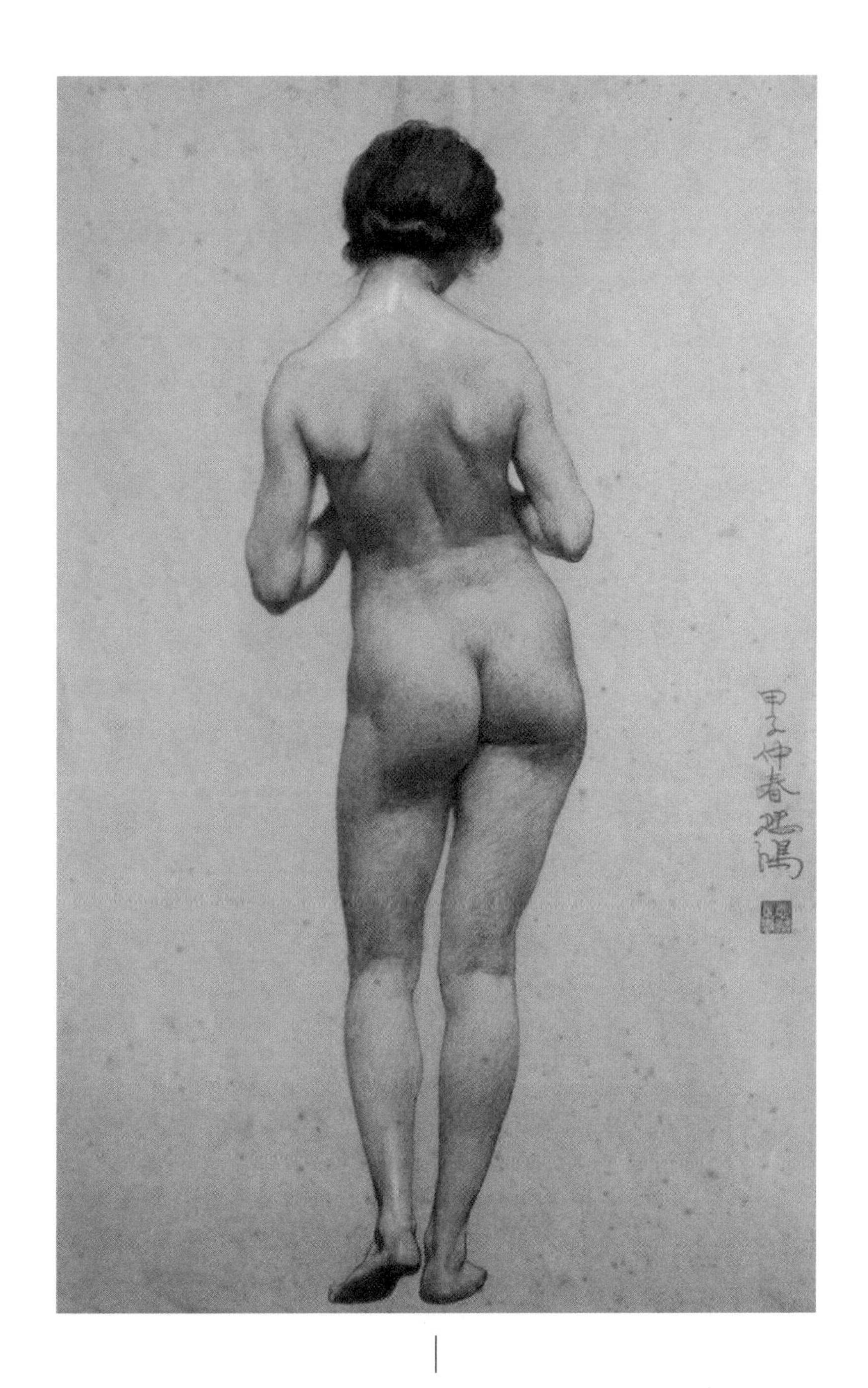

图 103 《女人体背部 》徐悲鸿作

1924 年，素描，炭笔白粉笔，纸本，32×50cm，北京徐悲鸿纪念馆藏方面因素，但是徐悲鸿从徐达章的悉心教育中，完整深刻地继承了中国优秀传统文化和艺术审美，民族文化和审美的基因嵌入骨髓，渗透血脉，以至于徐悲鸿在弱冠之年，就对中西艺术作出了自己的初步判断，尤其是他在1918年即将出国留学前，发表《中国画改良论》，为民族艺术的发展指出了一条可行的道路。即使他日后留学欧洲，广泛吸收了西方传统艺术精髓，以至其素描和油画可与西方大师相媲美，这一切不但没有改变甚或减弱他的本民族特色，反而使他更加懂得民族文化的重要，更加认清了民族审美的可贵。他虽然穿上了洋装，画起了西洋油画，但是他以儒教、书法、写意精神为主的传统民族文化底色早已涂就，已经永远不会出现弃中扬西的问题……可见徐达章对徐悲鸿早期教育的决定性作用，其意义已是不言自明。

徐达章的教育，既没有教育方针，也没有教育规划，更没有备课和教案，教育的进度和教学的实施也是随机的。但是教学的成效和最终取得的非凡成就，却是有目共睹的，其中的原因是什么呢？徐达章原本布衣，他在教育上有什么特殊本领吗？下面我们来具体探究一下徐达章教育到底有哪些具体内涵和特征吧。

国学传统文化教育

1900年伊始，徐达章32岁，徐寿康5周岁，尊儒重教的徐达章在“淡我斋”里，正式开启了对儿子的教育，初读“上大人”、“孔乙己”，继读《百家姓》《三字经》《千字文》等。可见，这开首的内容既不是有关兴趣玩乐的绘画，也非关联识字的传统书法，而是由父亲在家里教读国学经典，传授中国传统圣贤文化。尤其是自1901年起，进而教读徐悲鸿《论语》《大学》《中庸》等儒学经典，每日诵读数段。另外父亲耕作之余经常诗文书画，小寿康也是耳濡目染，对绘画更是心向往之，然而此时父亲的“教学计划”里仍旧没有绘画这一课，小寿康每每向父亲要求学画均未获准许。没有办法，他就背着父亲央求村民王纪良教他画画，王纪良的父亲虽然是开副食店的，但书法写得好，与徐达章是朋友，就警告儿子说：“康大（村民对徐寿康的爱称）的爸爸是画家，你不要教他画画，你是在误人子弟”，王纪良回答说：“我知道，但是康大天天磨着我，央求我教他，并且向我保证不让达章公知道的。”可见小寿康对学画的迫切心情。尤其是后来扬州蔡医生和儿子邦庆租住在他们家里，邦庆比徐悲鸿大一岁，两人成了很好的玩伴，但是邦庆每天能自由地作画，这令徐悲鸿更是羡慕不已。

1902 年徐寿康 7 周岁，徐达章继续教读他《孟子》等四子书。一次，徐达章用那本发黄的木板刊印的《论语》，教读《宪问篇》子路问成人。子曰：“若臧武仲之知，公绰之不欲，卞庄子之勇，冉求之艺，文之以礼乐，亦可以为成人矣。”[①] 徐达章给小寿康解释：子路问孔子怎样才算是完人。孔子认为，如果一个人能兼具臧武仲的智慧、孟公绰的清廉、卞庄子的勇敢、冉求的才艺，再加上礼乐的修养，就具备完善人格、接近于完人了。然而徐寿康对“卞庄子之勇”最感兴趣，就问父亲卞庄子有何勇，父亲回答说：“卞庄子能刺老虎，虎是百兽之王，勇猛无比”，接着讲道：“春秋时，鲁国有个非常勇敢的人，名叫卞庄子。有一次，他独自一个人逮住了两只凶猛的大老虎。这件事传到各国，此时齐国正想侵略鲁国，听到鲁国有这样勇敢的人，就不敢发兵打鲁国了。”[②] 这激发了徐寿康的好奇心，常常幻想百兽之王的样子却不得，便求蔡先生为他画了一只老虎，小寿康如获至宝，并照样描绘，被父亲发现了，徐达章便问他画的是什么东西，回答说是卞庄子刺的老虎。徐达章不客气地告诉小寿康，这根本不是老虎，简直就是一只狗！徐寿康很失望，眼眶里充满了泪水。父亲看在眼里，疼在心上，马上安慰儿子说：“‘你应当好好用功读书，因为要想成为一个有作为的画家，首先要有渊博的学识，所以必须养成勤奋读书的习惯。’接着父亲极其严肃地说：‘画画是要用眼睛观察实物的，你没有看见真的老虎，怎能画出老虎来呢？’”[③] 又说：“你现在应该专心读书，等读完了《左传》再学画亦不迟。”[④] 这些话影响了徐

① 杨逢彬、欧阳祯人 译注：《论语 大学 中庸译注》，华东师范大学出版社 2018 年版，第 133 页。
② 任甫孟：《一代画圣徐悲鸿传》，天工书局印行 1999 年版，第 15 页。
③ 廖静文：《徐悲鸿传》，中国青年出版社 2010 年版，第 005 页。
④ 王震 编著：《徐悲鸿年谱长编》，上海画报出版社 2006 年版，第 4 页。

悲鸿一辈子。徐悲鸿自幼喜欢画动物，后来在留学欧洲期间，每当有机会就去巴黎马场写生，还专门学习马的解剖，在寓居德国期间，还经常去柏林动物园写生，其狮子园可以从三个方向观察，方便研究动物的各种动态。徐悲鸿每每仔细地观察狮子的站、卧、走、跃等各种姿态，不画到闭园关门绝不罢休。徐悲鸿无论画马、画狮还是画其他所有的动物从此进入了更为科学严谨也更为自由传神的阶段，然而早年在父亲的精心培育和引导下，其画马艺术久已完成基础训练，随同他的其他动物画一样业已成熟，“在他十三岁的时候，所画的动物，特别是笔下的马，已十分注意画马的特点和神态了，在构图和表现手法上也有新意。有一次，徐达章拿起他画的一幅虎，想起悲鸿小时候决心画老虎的情景，不禁感慨地说：‘真是青出于蓝而胜于蓝，小寿康已超过我了，灯油钱没有白花！’”[①] 原来徐悲鸿小时候家庭条件十分艰难，尤其是小寿康需在晚间读书学画时，家里舍不得多花灯油，母亲常说：“画画有什么用！能画出米来，还是能画出柴来？我们种田人还得靠种田吃饭。”[②] 然而小寿康读书学画心切，他“含着热泪乞求：‘妈妈，让我每天少吃一碗饭，省下钱来给我买灯油念书学习吧！’母亲听了心也软了，用手抚着悲鸿蓬松的头发叹息地说：‘伢囡（nān），妈不是不知你爱学好画的心意，可我们家的日子过得太艰难啦！’父亲也被悲鸿好学上进的要求所感动，下决心说：‘寿康（悲鸿乳名）是个有出息的好孩子，不管家里多穷，也要买灯油让孩子学习！’稚气的小悲鸿立即笑了，一下扑到父亲的怀里：‘爸爸，您真好。’”[③] 于是小寿康“白天下田干活，晚上念书学画，陪伴他的那只小油灯，常常是屺亭桥河边最后熄灭的一盏灯。”[④] 小寿康也的确是个懂事的孩子，“他为

① 中国人民政治协商会议江苏省宜兴县委员会文史资料研究委员会 编：《宜兴文史资料第十二辑》，一九八七年七月，第 10 页。

② 中国人民政治协商会议江苏省宜兴县委员会文史资料研究委员会 编：《宜兴文史资料第十二辑》，一九八七年七月，第 8 页。

③ 中国人民政治协商会议江苏省宜兴县委员会文史资料研究委员会 编：《宜兴文史资料第十二辑》，一九八七年七月，第 8 页。

④ 中国人民政治协商会议江苏省宜兴县委员会文史资料研究委员会 编：《宜兴文史资料第十二辑》，一九八七年七月，第 8 页。

了节省灯油，每当月亮高悬时，总是跑到月下看书作画。”[①]……

1903年，8周岁的徐寿康继续跟随父亲读经，在此前已读经3年的基础上，其速度及效率已有很大提高，是年读完了《四书》、《诗》、《书》、《易》、《礼》、以及《左氏传》，并且从徐悲鸿后来一再以《楚辞》为题材而创作来看，徐达章曾经教读儿子《楚辞》也是可以确定的。可见徐达章对儿子实施的圣贤文化教育，与孔子和朱熹这两位中国历史上的大教育家也是息息相关的，尤其是其国学课程的内容，几乎就是朱熹教学课程的翻版。想当年，朱熹就在云雾弥漫的五老峰下的“白鹿洞书院”订学规、立课程，朱熹“从《礼记》中把《大学》和《中庸》择出来，和《论语》《孟子》并称为‘四书’，作为基本课程，兼修《五经》《楚辞》以及诸代诗、文。”[②]1903年底，徐寿康随父读经也已届满4年，据徐悲鸿在其自述中所说：“吾时受先君严督读书。”[③]所以我们不难理解，徐悲鸿为什么有如此深厚的国学和传统文化根基了，关键在于徐达章以孔子和朱熹的教育理念以及教学内容作基础为徐悲鸿施教，并且徐悲鸿是在父亲的“严督”下完成的，所以徐达章实施的基础教读工作是极其专业和扎实的。

徐达章的国学文化虽然没能帮助自己登科入仕，但是对徐寿康的成长起到了至关重要的作用。徐悲鸿后来的终极美学追求和很多艺术主张都源自国学经典，比如他著名的“致广大，尽精微”就来自《礼记·中庸》之：“大哉圣人之道……故君子尊德性而道问学，致广大而尽精微，极高明而道中庸，温故而知新，敦厚以崇礼”[④]。徐悲鸿将来自《中庸》的思想加以发挥形成了自己的艺术主张，于是他在《悲鸿自传》中说：“吾认为艺术之目的与文学相同，必止于至善尽美。吾主张：尊德性，崇文学，致广大，尽精微，极高明，道中庸。又认为：真气远出，妙造自然，为绘画应有之诣。”[⑤]而“致

① 中国人民政治协商会议江苏省宜兴县委员会文史资料研究委员会 编：《宜兴文史资料第十二辑》，一九八七年七月，第8页。

② 卜耕：《理学宗师朱熹传》，作家出版社2016年版，第242页。

③ 王震、徐伯阳 编：《徐悲鸿艺术文集》，宁夏人民出版社1994年版，第120页。

④ 杨逢彬、欧阳祯人 译注：《论语 大学 中庸译注》，华东师范大学出版社2018年版，第240页。

⑤ 王震、徐伯阳 编：《徐悲鸿艺术文集》，宁夏人民出版社1994年版，第211页。

广大，尽精微”后来被中央美术学院定为校训。除此之外，国学和传统文化还成了徐悲鸿艺术创作取之不尽的灵感源泉，亦是徐悲鸿思想和精神的基底本色。这在存世的徐悲鸿早期的一组水彩人物画作品中就已经有深刻的反映了：

比如徐悲鸿的早期作品《敬姜》（图 19）（款识：吁嗟鲁季，业荒于嬉，勤则不匮，崇拜母仪。）就取材于西汉刘向所著《古烈女传》中敬姜论劳逸的历史故事：

> 文伯退朝，朝敬姜，敬姜方绩。文伯曰：“以歜（chù）之家，而主犹绩，惧干季孙之怒，其以歜为不能事主乎？”敬姜叹曰：“鲁其亡乎？使童子备官而未之闻耶？居，吾语汝。昔圣王之处民也，择瘠土而处之，劳其民而用之，故长王天下。夫民劳则思，思则善心生；逸则淫，淫则忘善，忘善则恶心生。沃土之民不材，淫也。瘠土之民向义，劳也。是故天子大采朝日，与三公九卿组织地德。日中考政，与百官之政事，使师尹维旅牧，宣序民事。少采夕月，与太史、司载纠虔天刑。日入监九御，使洁奉禘、郊之粢盛，而后即安。诸侯朝修天子之业令，昼考其国，夕省其典刑，夜儆百工，使无慆淫，而后即安。卿大夫朝考其职，昼讲其庶政，夕序其业，夜庀（pǐ）其家事，而后即安。士朝而受业，昼而讲隶，夕而习复，夜而讨过，无憾，而后即安。自庶人已下，明而动，晦而休，无日以怠。王后亲织玄紞（dǎn），公侯之夫人加之以纮綖（hóng yán），卿之内子为大带，命妇成祭服，列士之妻加之以朝服，自庶士以下皆衣其夫。社而赋事，烝而献功，男女效绩，古之制也。君子劳心，小人劳力，先王之训也。自上以下，谁敢淫心舍力？今我寡也，尔又在下位，朝夕处事，犹恐忘先人之业，况有怠惰，其何以辟？吾冀汝朝夕修我曰：‘必无废先人。’尔今也曰：‘胡不自安？’以是承君之官，余惧穆伯之绝祀也？”
>
> 仲尼闻之曰：“弟子记之，季氏之妇不淫矣！”[①]

---

① （西汉）刘向 著，绿净 译注：《古列女传》，北京联合出版公司 2015 年版，第 29-30 页。

敬姜论劳逸的故事是说：公父文伯退朝后，去看望母亲，她正在放线，文伯说："像我公父歜(chù)这样的人家还要母亲亲自放线，这会让季孙恼怒，他会觉得我不愿意孝敬母亲吧？"母亲叹口气说鲁国要灭亡了吧？让你这样的顽童做官却不把做官之道讲给你听？坐，我讲给你听。过去圣贤的国王为老百姓选择贫瘠之地定居，使百姓劳作，发挥其才能，因此能够长久统治天下。老百姓要劳作才会思考，思考才能求善；闲逸导致享乐，享乐产生邪念。居沃土的百姓劳动水平不高，是因为过度享乐啊。居贫瘠土地的百姓，没有不讲道义的，是因为他们勤劳啊。

因此天子穿着五彩衣服隆重祭祀太阳，让官员习知农业生产，中午考察政务，交代百官事务。京都县邑各级官员在牧、相的领导下，安排百姓生活。天子穿着三彩花纹的衣服祭祀月亮，和太史、司载详记天象；日落督促嫔妃们清洁好禘（dì）祭、郊祭的谷物及器皿，然后休息。诸侯们清早听天子布置事务，白天完成日常政务，傍晚复查典章和法规，夜晚告诫众官不要过度享乐，然后休息。卿大夫清早安排政务，白天与属僚商量政务，傍晚再梳理一遍，夜晚处理家事，然后休息。贵族青年清早受教，白天完整讲习，傍晚复习，夜晚反省，满意了才休息。平民以下，日出而作，日落而息，没有一天懈怠。王后亲自编织冠冕上系瑱(tiàn)的黑丝带，公侯夫人还须编织颌下帽带和覆帽饰品。卿的妻子做腰带，所有贵妇人都要做祭祀服装。各士人的妻子，还须做朝服。普通百姓，须给丈夫做衣服。春分后祭祀土地再耕种，冬祭献上谷物和牲畜，并且各男女要展示成果，有过失则不能参加。这是上古制度！国王操心，百姓出力，是先王遗训啊。自上而下，谁敢寻思偷懒呢？

如今我守寡，你做官，整日劳作，担心忘却祖宗的基业。倘再懒惰，又怎能躲过罪责？我希望你早晚警醒我说："一定不忘先人的传统"，你今天却说："为什么不安逸些呢？"你如此去做官，恐怕你父穆伯要绝后了啊。

孔子听后说："弟子们记住，季家老夫人不图安逸！"

徐悲鸿幼儿时，不仅绘画上勤学苦练，还参加劳动为家庭分忧，同时在父亲传统文化的教育下，牢记古训，忠义至孝、胸怀大志。特创作水彩人物画《敬姜》（图 19）以歌颂严格教子的伟大母亲。画中母亲姜氏坐在木凳上，虽然年事已高，还是左手持荆条在劳作，同时举起右手向孩子论说如何做人，警戒儿子不要忘记先贤遗志，务必勤劳上进。儿子恭立右侧，低首恭听母亲教诲。敬姜教育儿子的事迹和高尚品德，当时受到孔子的高度赞扬。徐悲鸿在画中题款所书“吁嗟鲁季，业荒于嬉，勤则不匮，崇拜母仪。”其中“吁嗟鲁季”和该画的题名“敬姜”一起，是指汉代刘向《古列女传 · 母仪传》中有“鲁季敬姜”，“鲁”是春秋时期的鲁国，“季”是复姓“季孙”之“季”，“敬姜”指的是鲁国大夫公父穆伯的妻子，即公父文伯的母亲。“敬姜文母”之语即指敬姜是公父文伯的母亲之意。而“业荒于嬉，勤则不匮”亦源自徐悲鸿随父所读之经典，其中“业荒于嬉”出自韩愈的《进学解》之“业精于勤荒于嬉，行成于思毁于随。”[①]，而“勤则不匮”出自《左传 · 宣公十二年》之“民生在勤，勤则不匮。”[②] 徐悲鸿在其画中所引虽然不是原话，但是体现出了《敬姜》的教育内涵。

《孟德曜》（图 20）（款识：大汉女宗，去华存朴。椎髻布衣，翛然自足。）取材《后汉书 · 梁鸿传》：

> 梁鸿字伯鸾，扶风平陵人也……势家慕其高节，多欲女之，鸿并绝不娶。同县孟氏有女，状肥丑而黑，力举石臼，择对不嫁，至年三十。父母问其故。女曰：“欲得贤如梁伯鸾者。”鸿闻而娉之。女求作布衣、麻屦（jù），织作筐缉绩之具。及嫁，始以装饰入门。七日而鸿不答。妻乃跪床下请曰：“窃闻夫子高义，简斥数妇，妾亦偃蹇数夫矣。今而见择，敢不请罪。”鸿曰：“吾欲裘褐之人，可与俱隐深山者尔。今乃衣绮缟，傅粉墨，岂鸿所愿哉？”妻曰：“以观夫子之志耳。妾自有隐居之服。”乃更为椎髻，着布衣，操作而前。鸿大喜曰：“此真梁鸿妻也。能奉我矣！”字之曰德耀，〔名〕孟光。...... 遂至吴，依大家皋伯

① 《韩愈文集》，（唐）韩愈 著，蔡晓丽 注，北京联合出版公司 2018 年版，第 21—22 页。

② 《左传》，郭丹 译注，中华书局 2016 年版，第一七三页。

通，居庑下，为人赁舂。每归，妻为具食，不敢于鸿前仰视，举案齐眉。[1]

意思是说：扶风平陵（今咸阳）人梁鸿，由于其高尚品德，许多人想把女儿嫁给他，都被梁鸿谢绝。而同县孟氏有一长得又黑又肥又丑的女儿，力气大到能把石臼举起。父母为她择婆家亦不嫁，已三十岁还没有嫁人。父母问她原因，她说要嫁像梁伯鸾一样贤德之人。梁鸿后来下聘礼，准备娶她。孟女就准备布衣以及各种农具之类。出嫁那天，她打扮得很漂亮，但是梁鸿一连七日一言不发。孟女于是跪下说："早听说夫君贤名，立誓非您莫嫁；您也拒绝了许多提亲而选定了我，但为什么婚后却默默无语，不知我有什么过失？"梁鸿说："我一直希望妻子是位能穿麻葛衣，能与我一起隐居深山老林的人。你却穿着名贵衣服，精心打扮，哪是我理想中的妻子啊？"孟女听后说："我这些日子只是想验证一下您是否真是我理想中的夫君。我早已备好劳作的服装与用品。"然后便挽起发髻，穿上布衣，架起织机织布。梁鸿大喜，对妻子说："这才是我梁鸿的妻子！"然后为妻子取名为孟光，字德曜，意寓妻子的仁德如同光芒般闪耀……后来他们去了吴地（今无锡），住在大族皋伯通家，靠给人舂米过活。梁鸿每次回家时，妻子已备好食物，低头举到齐眉的高度，不敢仰视，以示对夫君的敬重……

徐悲鸿在画中把孟光画成一个椎形发髻、布制衣服、勤劳质朴的农家妇女形象，所谓"椎髻布衣"。只见她袖挽臂上，手握簸箕，边劳作，边凝望前方。其身后为桌子，右旁放缸、家什，公鸡、母鸡、小鸡正在觅食，左前置方凳，门外树上绿叶纷披。画面主题突出，俨然一派农家景象。女主人"去华存朴"，过着自由自在的生活。如今成语"举案齐眉"多指夫妻互敬互助，相敬如宾，又作"比案齐眉"。

《勾践夫人》（图 21）（款识：渡江入吴，君后臣妾，坚忍相夫，率霸于越。）勾践（？—前 465）是春秋末年越国的国君，公元前 497 年至 465 年在位。早先被吴打败，屈服求和。入臣于吴后，设法取得吴王信任而被放回国，自此卧薪尝胆，奋发图强，十年生聚，十年教训，由弱转强，最终灭亡吴国。

① （南朝·宋）范晔：《后汉书》，线装书局 2010 年版，第 1495—1496 页。

继而在徐州（今山东滕县南）大会诸侯，成为诸侯霸主。徐悲鸿的水彩画《勾践夫人》描绘的正是入臣于吴的情节。画中勾践与夫人身着布衣，共乘木船，渡江入吴，准备苦渡岁月。勾践夫人“坚忍相夫”，与勾践同甘共苦、相依为命。她手指远天，回晤勾践，似讲坚忍的道理。时令深秋，群雁高飞，水波浩渺，画出了江南水乡的特色。图中以现实之景负载勾践夫人的贤德，勾践夫人的确也以自己的贤德换来越国复兴，成就其贤妇的历史美名。

由于徐达章特别喜欢和擅长画钟馗与和合二仙等传统题材，徐悲鸿也喜欢并擅长这些题材，自然是因为受到了父亲的巨大影响。如今我们还能有幸看到一幅徐悲鸿早期的《和合二仙》（图 104）（款识：甲寅仲冬神州少年，钤印“江南贫侠”）。当年徐悲鸿丧父，家里没有钱酬谢助他办丧事的厨师，事后特作此画答谢，这也体现了他为父亲办丧事的孝心。该画的主要特征是水墨写意，并且初步将西方绘画的明暗和块面造型特征融入了传统笔墨当中。其艺术来源首要还是得益于徐达章人物画，是父亲长期以来就人物画基本技法和艺术理念向其传授和训练的结果，这主要包括对人体结构的了解、动态的把握以及肖像画基础，这都没有离开徐达章的人物画范畴，虽然在一定程度上吸收了西洋画明暗造型，但是其传统写形理念和笔墨精神尚占据绝对统治地位。

除了以上年少时所作绘画作品中的传统文化表现外，徐悲鸿儿时就跟随父亲熟读的国学经典及其文化精神在徐悲鸿后来的创作中更是大放异彩，他的众多名作，其取材和思想精神来源，有的是出自《诗经》，有的出自《论语》……并且从其创作中还可以推知，他早期对国学的涉猎应该还包括《史记》和《楚辞》等，可谓广泛之极。以下举实例予以说明。

徐悲鸿一生画过大量的以鸡为主题的画作，这不仅仅是因为小时候自己和乡亲们家里都养过鸡，还有一个重要原因是他从小跟父亲读的《诗经》里就有多首有关鸡鸣的诗，可以说是中国远古时期的鸡文化了。实际上在中国古制中，国君鸡鸣即起视朝，卿大夫则提前入朝侍君。比如《左传·宣公二年》记载赵盾“盛服将朝。尚早，坐而假寐”[①]。是说大臣赵盾鸡鸣前就起床以

① 《左传》，郭丹 译注，中华书局 2016 年版，第 148 页。

图 104 《和合二仙》徐悲鸿作

1914 年，水墨设色，纸本63×125cm，宜兴徐悲鸿艺术馆藏待早朝，由于太早，所以只能坐着假睡一会以待国君上朝。

另在《诗经·国风·齐风》中有一篇《鸡鸣》：

鸡既鸣矣，朝既盈矣。
匪鸡则鸣，苍蝇之声。
东方明矣，朝既昌矣。
匪东方则明，月出之光。
虫飞薨薨（hōng），甘与子同梦。
会且归矣，无庶予子憎。[①]

意思是：公鸡已喔喔叫，上朝官员都到。这不是鸡叫，是苍蝇嗡嗡。东方已蒙蒙亮，官员已满朝堂。不是东方天亮，是明月之光。飞虫嗡嗡，乐与你同梦。朝上官员就要散去啦，你我招人恨！

诗里描写的是妻子催促丈夫起床上早朝会见大臣的戏剧性经过：妻子提醒丈夫公鸡已叫该起床早朝了，丈夫懒惰不起，却说那不是鸡在叫，是苍蝇的声音。妻子再催说东方已蒙蒙亮，官员都已到朝堂等候了。丈夫还是懒着不起，说那是月光而不是天亮。最终贤妇还是没有办法能让丈夫起床，在飞虫嗡嗡的叫声中，也只能无奈地说，我与你同梦，朝堂官员要散啦，你我真是招人恨啊！

在《诗经·国风·郑风》里另有一篇描写鸡鸣的作品，这就是《女曰鸡鸣》：

女曰鸡鸣，士曰昧旦。
子兴视夜，明星有烂。
将翱将翔，弋凫与雁。
弋言加之，与子宜之。
宜言饮酒，与子偕老。
琴瑟在御，莫不静好。

① 许渊冲 英译，姜胜章 编校：《诗经》，湖南出版社 1993 年版，第 174 页。

知子之来之，杂佩以赠之。
知子之顺之，杂佩以问之。
知子之好之，杂佩以报之。[①]

意思是：妻子说鸡已鸣叫了，丈夫说天才半亮。妻子说您下床来看看天空，启明星在闪亮。去逐翱翔的飞鸟，射野鸭和大雁。　您定能射得鸭和雁，你我烹之美佳肴。佳肴配酒享，祝福我俩白头老。你来弹琴我鼓瑟，生活安静美好。　知道你对我的真心关怀，送你杂配示我意。知道你的细心体贴，送你杂配示为谢。知道你的爱意真情，送你杂配此心同。

该诗声情并茂地描写当时的家庭生活，妻子告诉丈夫鸡鸣了，催丈夫起床，他却不想早起。高情商的妻子好言祝愿丈夫早猎时射中野鸭大雁，愿二人生活静好，愿美酒佳肴，白头到老。风情的男子于是出猎勤勉，赠佩与妻子，二人情意相知，其乐融融。

然而 1937 年，在民族危难之时，儿时所读《诗经》里最能激发徐悲鸿救亡图存斗争意志的却是《国风・郑风》中的另一首描写高亢鸡鸣的诗——《风雨》：

风雨凄凄，鸡鸣喈喈（鸡鸣声）。
既见君子，云胡不夷（心静）。
风雨潇潇，鸡鸣胶胶。
既见君子，云胡不瘳（chōu　病愈，心病消除）。
风雨如晦（黑夜），鸡鸣不已。
既见君子，云胡不喜（欢欣）。[②]

诗的意思是说："风凄凄啊雨凄凄，窗外鸡鸣声色急。风雨之时见到君，怎不心旷神怡。风潇潇啊雨潇潇，窗外鸡鸣声急绕。风雨之时见君到，心病

① 许渊冲 英译，姜胜章 编校：《诗经》，湖南出版社 1993 年版，第 154 页。
② 许渊冲 英译，姜胜章 编校：《诗经》，湖南出版社 1993 年版，第 164 页。

哪能不全消。风雨交加天地昏，鸡鸣窗外声不息。风雨之时见到君，内里怎能不欢欣。”可见，该诗是描写即将见到君子之时的喜出望外之情。《毛诗序》也说：“《风雨》，思君子也。乱世则思君子不改其度焉”。然而该诗更重要之处在于由此确立的“风雨如晦，鸡鸣不已”的催人奋进的民族情怀和精神价值。

南朝梁简文帝《幽絷题壁自序》云：“梁正士兰陵萧纲，立身行己，终始如一。风雨如晦，鸡鸣不已。”这就是以“风雨如晦”的自然之景，寓意险恶的人生处境或动荡的社会环境，产生“乱世思君”的联想。后世士人君子，常以虽处“风雨如晦”之境，仍要“鸡鸣不已”自励。徐悲鸿据此直接创作了国画《风雨鸡鸣》（图 105）（款识：风雨如晦，鸡鸣不已，既见君子，云胡不喜，丁丑始春，悲鸿怀人之作，桂林。白文方印：悲鸿之印，朱文印：生于忧患。），“风雨”象征乱世，“鸡鸣”象征德高节贞的君子不改其度，徐悲鸿的《风雨鸡鸣》以冷风凄雨的底色衬托苦闷的前愁，马上以闻见鸡鸣高亢而得望外之喜，这与当时的社会环境最为符合，通过重温古代的精神，激励今人面对乱世，看到希望，发愤图强，这正是时代的需要。由于徐悲鸿小时候在父亲的“严督”下读经，《诗经·风雨》早已烂熟于胸，于是他能信手将《风雨》中之“风雨如晦，鸡鸣不已，既见君子，云胡不喜”题于其国画《风雨鸡鸣》的左上部。该画也成了徐悲鸿的代表作之一。

众所周知，徐悲鸿以画马闻名，马也是他最爱画的动物，他一生画马无数，但绝大多数都是一往无前、精神抖擞的骏马形象，但是《我马瘏（tú）矣》（图 106）（款识：廿八年岁始，悲鸿写我马瘏矣诗。朱文印：悲鸿。）却是个例外，画的是处在乱石山岗上将倒的颓马，这幅作品虽然是与动荡的时代有关，但其更为直接的取材是《诗经·国风·周南·卷耳》：

采采卷耳，不盈顷筐。
嗟我怀人，寘（zhì）彼周行。
陟（zhì）彼崔嵬，我马虺（huī）颓（tuí）。
我姑酌彼金罍（léi），维以不永怀。

图 105　《风雨鸡鸣》徐悲鸿 作

1937 年，国画，76× 132cm，北京徐悲鸿纪念馆藏

图 106 《我马瘏矣》 徐悲鸿作
1939 年，国画，纸本水墨，** 厘米，
北京徐悲鸿纪念馆藏

陟彼高冈，我马玄黄。

我姑酌彼兕（sì）觥，维以不永伤。

陟彼砠（jū）矣，我马瘏矣。

我仆痡矣，云何吁矣。[1]

诗意是说：“采呀采卷耳，未满一整筐。我想心上人，菜筐弃路旁。高攀土石山，马足疲劳神颓丧。我且斟满金壶酒，慰藉离思忧伤。登上高山梁，马儿迷茫。姑且斟满大杯酒，免得我惆怅。登上乱石冈，马累儿欲倒，仆人力已竭，愁思亦无奈！”鉴于抗战局势的不明朗，徐悲鸿在其国画《我马瘏矣》中，大约是把自己画作一匹欲倒的颓马？画家有意在马身上点画一些突兀的斑痕，以示病态，马所登的山体在塑造用笔上也尽显斑驳嘈杂，以示戡乱艰险之情。徐悲鸿用这些独特的笔法，表达出自己的心情与远古的马主人一样，压抑的心碎落山岗。徐悲鸿一生所画之马大都精神抖擞，奋发向上，而这幅却画疲病之马，反映出战争年代令人压抑的一面。

徐达章教读儿子《诗经》的时候，徐悲鸿一定读到过《硕人》，这是《诗经·卫风》里的名篇，描写的是来自山东的一位高挺丰硕的美女，她是齐庄公的女儿，齐国太子得臣的胞妹，她姓姜，但是没有名字，因其嫁给了卫庄公，而称庄姜。诗中以她嫁到卫国时轰动的迎亲场面为背景，抒发了诗人对齐国公主不吝笔墨的赞美：

硕人其颀，衣锦褧（jiǒng）衣。齐侯之子，卫侯之妻。东宫之妹，邢侯之姨，谭公维私。

手如柔荑，肤如凝脂，领如蝤蛴（qiú qí），齿如瓠（hù）犀，螓首蛾（yí）眉，巧笑倩兮，美目盼兮。

硕人敖敖，说（shuì）于农郊。四牡有骄，朱幩（fén）镳（biāo）镳。翟茀（dí fú）以朝。大夫夙退，无使君劳。

河水洋洋，北流活（huà）活。施罛（gū）濊濊（huò huò），鳣鲔（zhān

---

[1] 许渊冲 英译，姜胜章 编校：《诗经》，湖南出版社 1993 年版，第 6 页。

wěi）发（bō）发。葭菼（jiā tǎn）揭揭，庶姜孽孽，庶士有朅（qiè）。[①]

诗的意思是说：高挑美女身材真修长，麻衣罩在锦衣上；她是齐侯的女儿，嫁来作卫侯的妻子。她是齐国太子的同胞妹妹，也是邢侯的姨妹，谭公是她的姐丈。她的手像春荑白皙柔嫩，肌肤如凝脂般润滑，脖颈白颀似蝤蛴，牙齿整齐如瓠子般扁白。金蝉额首阔绰饱满，蚁眉修长如弯山。浅笑盈巧醉人心，黑白晶亮的媚眼生波。好个身材高挑的新娘，停车歇马在城郊农田旁。看那雄马四匹多强健，系在马嚼上的红绸飘飘，羽扇遮阴朝见卫王。诸位大夫退朝早，莫让国君太辛劳。黄河茫茫水势大，哗哗奔腾向北方；鱼网开撒呼呼下，鳣鲔鱼跃啪啪响。岸边葭菼草盛高。陪嫁的姑娘们坐观捕鱼大戏，随从的武士动作伶俐高大威猛。

而正是《硕人》中这位旷世美女，作为强大齐国的公主，嫁到弱小的卫国，举国迎颂，国人欢欣，婚后理应幸福美满，然而事与愿违，卫庄公的目的是政治联姻，他早已宠爱一个宫女，并生一个儿子叫州吁。高大丰美的公主并不是他喜欢的类型，从嫁到卫国的第一天起就被冷落。卫庄公要的仅仅是齐国的保护，为了立太子他宁肯另娶陈国贵族厉妫（guī），但是生的儿子却早夭了，又与厉妫的妹妹戴妫生一子，又因为母亲没有名分而不能立为太子，于是过继给了庄姜夫人，然后方被立为太子，然而太子未及成人卫庄公便去世了，太子成为国王，即卫桓公。然而州吁不服，将继位刚两年的卫桓公杀害，自作国王。自此，卫桓公的生母戴妫和养母庄姜两个寡妇结下生死之交，同命厮守，同仇敌忾。州吁因恐惧而欲拆散她们，于是将戴妫遣送回陈国，按理庄姜作为王后本不应送一个陪嫁女，但她为表抗议、更是为了“心上人”不但毅然相送，还公开写诗倾诉伤情，这就是《诗经·国风·邶风》中的《燕燕》：

燕燕于飞，差池其羽。之子于归，远送于野（yǒu）。瞻望弗及，泣涕如雨！

① 许渊冲 英译，姜胜章 编校：《诗经》，湖南出版社 1993 年版，第 106—108 页。

燕燕于飞，颉之颃（háng）之。之子于归，远于将之。瞻望弗及，伫立以泣。

燕燕于飞，下上其音。之子于归，远送于南（nèng）。瞻望弗及，实劳我心。

仲氏任只，其心塞渊（yún）。终温且惠，淑慎其身。先君之思，以勖（xù）寡人！①

诗的意思是说：一双燕子飞呀飞，一大一小差池不齐。你（指戴妫）从此永回陈国，送出城外已远到国界线了。你远去的身影已经消失，大哭一场涕泪如雨！一双燕子飞呀飞，低头飞的是我，昂着头的是你。你从此永回陈国，陪你到这边远的国界。你远去的身影已经消失，我仍久久站立泪涟涟。一双燕子飞呀飞，一只叫声低沉，一只音调高亢，你从此啊永回陈国，远送你到南方边境上。你的身影已经消失，我心里实在是很苦啊。二妹你是不负我的信任的，你心里满满的都是我。你既温柔又聪明，定会守身如玉。是先君（卫庄公）亏欠我而特意补偿（让你陪伴我）啊！

想必徐悲鸿从小就喜欢诵读《燕燕》，所以于1935年据此特创作国画《燕燕于飞图》（图107）（款识：己亥初秋写庄姜燕燕于飞之诗，以遣悲怀，悲鸿。朱文心形印“悲”，白文“中心藏之”），图中燕子在空中上下翻飞，庄姜夫人则亭立寒崖，怅然若失，不胜哀伤。画家在人物面部的刻画上，用至简的几笔就表现出了庄姜凹陷的眼窝和颦蹙的双眉，这既表现出了庄姜的孤苦，又令人心发慨叹，就连昔日里年轻貌美的“硕人”公主也逃不过岁月这把刻刀的雕蚀。由此徐悲鸿于人物画的高超技艺可见一斑，亦进一步彰显出其严谨的现实主义创作态度。再说庄姜，后来失去戴妫的她更加孤苦，会经常思念这位故人，于是再次作诗以怀想“古人”，此即《诗经》里的另一名篇《绿衣》：

绿兮衣兮，绿衣黄里。心之忧矣，曷维其已！

① 许渊冲 英译，姜胜章 编校：《诗经》，湖南出版社1993年版，第48—50页。

图 107 《燕燕于飞图》 徐悲鸿 作

国画，立轴，纸本设色，43×81cm，私人收藏绿兮衣兮，绿衣黄裳。心之忧矣，曷维其亡！

绿兮丝兮，女所治兮。我思古人，俾无訧（yǐ）兮。

絺（zī）兮绤（xī）兮，凄其以风（fēn）。我思古人，实获我心！[1]

意思是：绿衣裳啊衣裳绿，绿色作面黄色为里。心里郁闷忧伤啊，什么时候到尽头！绿衣裳啊衣裳绿，绿色升居上衣黄色反成下裳。心中忧伤郁闷啊，什么时候才能消！绿丝线啊丝线绿，是你宫女所缝制。想起我的故人（指戴妫），方使我不再怨恨。细葛布啊粗葛布，凄冷难遮，风透衣襟。思念我的故人，她已虏获我的心。

再后来，庄姜又作了一首《日月》，写出了她在冷宫里的全部痛苦，虽然对戴妫不无怨言，但仍掩饰不住对“古人（戴妫）”的思念。庄姜虽然一生悲苦，但她从小受到良好的教育，以其极深的文化修养，为后人留下了三首凄美的诗篇，俨然是《诗经》里的高产诗人，她也是有记载以来中国最早的女诗人之一，极具戏剧性的是，她正是《诗经》里另一名篇《硕人》中被描写的那位旷世美女、齐国公主庄姜。虽然我们没有看到徐悲鸿创作过《绿衣》和《日月》，但可以肯定的是，它们一定会是父亲教学流程里的必读名篇。

值得一提的是，在徐悲鸿创作《燕燕于飞》之前，海上画派重要画家王一亭（1867—1938 年，名震，号白龙山人）亦曾经画过两幅《燕燕于飞》图。一幅作于 1922 年，款署：“燕燕于飞，壬戌秋仲，白龙山人王震。”，另一幅作于 1923 年，王一亭自己署名：“白龙山人写。”作品名称是请吴昌硕题写的：“燕燕于飞，森先生索一亭王君画燕索题，为录诗经四字应之。癸亥长夏，八十老人吴昌硕。”前者画五只燕子在凭空一束枝叶的上下随风飞舞，后者仅绘七只燕子在空旷的高空中飞。虽然王一亭也擅长人物，但是其两幅《燕燕于飞》画中皆没有塑造人物形象，而《诗经》中原诗虽然名字叫《燕燕》，但其传达的内涵主要是人（诗之作者庄姜）的思想感情。由是，徐悲鸿将《燕燕于飞》创作成人物画，无疑更显贴切。

目前尚没有找到关于徐达章教读徐悲鸿《楚辞》的相关记载，但在他自

① 许渊冲 英译，姜胜章 编校：《诗经》，湖南出版社 1993 年版，第 46—48 页。

己绘画作品的落款用字中曾有源出《楚辞》的情况，现存徐达章最早的作品《飞龙》（图180）中题款的第一个字“旹（shí）（图159）”就是出自《楚辞·九章·思美人》的“迁逡（qūn）次而勿驱兮，聊假日以须旹”。徐达章的彩墨山水画《春到山家》的题词中也有用到这一字（图171）。文学史上“楚辞”文体与《诗经》并称“风骚”二体，其重要性不言而喻。战国时楚国诗人、政治家屈原（约公元前340—278），在楚国民歌的基础上开创新的诗歌体裁楚辞，写下许多不朽诗篇，是中国古代浪漫主义诗歌的奠基者。其中《楚辞》之《九歌》是屈原根据楚地民间祭神曲而再创作的一组祭歌，共11篇。公元前278年秦国大将白起攻破楚国首都郢都，忧心忡忡的屈原，终于在长沙附近投汨罗江自杀。推测徐达章应该是有教授徐悲鸿《楚辞》的，特别是从徐悲鸿后来一再以《楚辞》为题材进行创作来看，这一推测更加令人信服。父子俩推崇并研究《楚辞》除了因为喜爱其浓厚的浪漫主义文学色彩外，还在于他们对大诗人屈原那炽热爱国情怀的强烈共鸣。尤其是在徐悲鸿后来的创作中，一再出现有关《楚辞》的画作甚或诗词。

比如，款署为：“乙亥除夕大寒，悲鸿写于危巢”的《满堂吉庆》（图108），其创作灵感就是来自屈原《楚辞·橘颂》，图中描绘了一枝硕果累累的柑橘，绘毕，徐悲鸿特意在右下角丹书《橘颂》全文：

> 后皇嘉树，橘徕复兮。受命不迁，生南国兮。
> 深固难徙，更壹志兮。绿叶素荣，纷其可喜兮。
> 曾枝剡（yǎn）棘，圆果抟兮。青黄杂糅，文章烂兮。
> 精色内白，类任道兮。纷缊宜修，姱（kuā）而不丑（chǒu）兮。
> 嗟尔幼志，有以异兮。独立不迁，岂不可喜兮？
> 闭心自慎，终不过失兮。秉德无私，参天地兮。
> 愿岁并谢，与长友兮。淑（淋）其不淫，梗其有理兮。
> 年岁虽少，可师长兮。行比伯夷，置以为像兮。

徐悲鸿的题句在“岂不可喜兮”之后丢掉了“深固难徙，廓其无求兮。

苏世独立，横而不流兮。”然而这也正说明徐悲鸿不是对着《橘颂》本文抄写的，而完全是凭记忆而即兴默写，并且一气呵成。另外，他除了将《橘颂》原文里的“终不失过兮”写成了“终不过失兮”外，其余的则一字不差。考虑到这是他随父亲读经已过30年后的即兴题写，不禁让人惊叹于他强大的记忆力。同时也看出徐达章当年给儿子实施的国学经典教育的坚实程度。可见徐悲鸿儿时在父亲的督学下，是将很多名篇背诵如流，烂熟于胸的。

徐悲鸿又于1938年创作国画《屈原九歌·东皇太一》（图109）（款识：东皇太一，廿七年闰七月，悲鸿作。朱文方印“徐”），其取材即为屈原《楚辞·九歌》的开首篇《东皇太一》：

> 吉日兮辰良，穆将愉兮上皇。
> 抚长剑兮玉珥，璆（qiú）锵鸣兮琳琅。
> 瑶席兮玉瑱（zhèn），盍（hé）将把兮琼芳。
> 蕙肴蒸兮兰藉（jiè），奠桂酒兮椒浆。
> 扬枹（fú）兮拊鼓，疏缓节兮安歌，陈竽瑟兮浩倡。
> 灵偃蹇兮姣服，芳菲菲兮满堂。
> 五音纷兮繁会，君欣欣兮乐康。[①]

诗的意思是：日子吉祥啊好时光，愉悦欢喜啊敬东皇。手按镶玉的剑柄，满身佩玉响叮当。坐席华贵宝石压其四方，满手捧起琼花啊吐芬芳。蕙草包裹祭肉啊兰草垫底，祭奠桂椒酿制的美酒啊飘香。扬起鼓槌把鼓敲，节拍疏缓歌声安详，吹竽鼓瑟伴奏啊放声歌唱。巫女娇舞啊服饰华美，香气四溢啊充满祭堂。众乐悠扬动人响四方，上皇喜悦啊祝您快乐安康。

由于先秦时代“东”与“春”是对应的，所以东皇指的是春神，“太一”的含义是始而又始的意思，象征起始与开端。全诗热烈、庄重又欢快，表达了人们对春神的敬重与祈望，希望春神赐福人间，造福人类繁衍和农作物生长。而徐悲鸿的国画《屈原九歌·东皇太一》则是用有力的线条这一中国传

① 许渊冲 英译，杨逢彬 编注：《楚辞》，湖南出版社1994年版，第30页。

图 108　《满堂吉庆》徐悲鸿 作
1935 年，国画，纸本设色，109×47cm

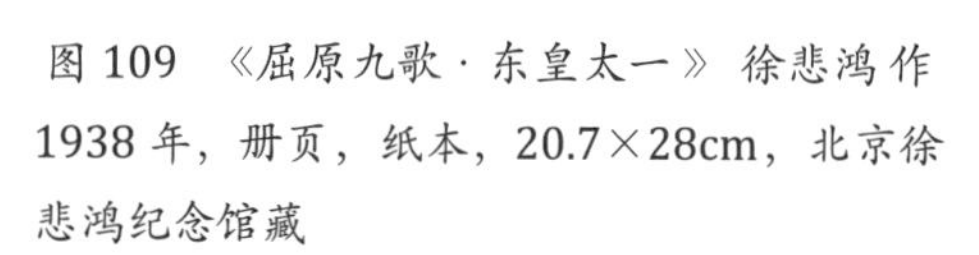

图 109　《屈原九歌 · 东皇太一》徐悲鸿 作
1938 年，册页，纸本，20.7×28cm，北京徐悲鸿纪念馆藏

统笔墨语言，把楚人心中最崇敬的天神描绘成了一个可感的人物形象，不仅仅表现出了徐悲鸿超强的人物画造型和对不同场景的把握能力，还可看出徐悲鸿从小在父亲督导和教授下研读《诗经》和《楚辞》的文化功底。

然而徐悲鸿以《楚辞》为思想和文化渊源的创作远远没有结束，更高产的是 1943 年，是年画家一鼓作气创作了《屈原九歌·国殇》、《山鬼》、《飞天》、《屈原》、《屈原九歌·湘君》以及两幅《屈原九歌·湘夫人》等一系列国画作品，将该年定为徐悲鸿《楚辞》文化创作年一点也不为过。

在屈原的《九歌》中，《湘君》和《湘夫人》是互相关联的两首最富生活情趣和浪漫色彩的作品。湘君、湘夫人这对神祇，通过“神人恋爱”的浪漫幻想，反映了古代人民崇拜自然神灵的意识形态。与楚国人民血肉相连的湘水纵贯南楚，是楚国境内最大的河流，楚人把湘水视为爱之河、幸福之河。诗人进而把湘水的描写人格化，一般认为，湘夫人与湘君是配偶神。一说湘君指湘水男神，另一说是指死于南巡苍梧道路上的舜。湘夫人则是湘水女神，即追赶舜而溺死湘水的二妃娥皇和女英。屈原的诗《湘君》祭祀湘水男神，但迎接湘君的女性歌者或祭者是描绘的主要角色；《湘夫人》祭祀的是湘水女神，迎接湘夫人的男性歌者或祭者则是主要角色。诗人借助神来表达人间纯朴真挚的爱情，演绎悲欢离合的人间故事。

《湘君》和《湘夫人》前后关联，似为整体，因为两篇作品地点相同，都以“北渚”暗接。《湘夫人》开首即言：“帝子降兮北渚”，意思是：公主下降啊在北边滩上。而《湘君》在接近篇末时方指明地点：“夕而弭节兮北渚”，意思是：到了黄昏啊宿停在北滩。尤其是《湘君》和《湘夫人》结尾内容和语意几乎完全相同，即“时不可兮骤（后者为“再”）得，聊逍遥兮容与。”意思是：时光流失不可多得，暂且散散心啊徘徊等待。

《湘君》：

君不行兮夷犹，蹇谁留兮中洲？
美要眇兮宜修，沛吾乘兮桂舟。
令沅湘兮无波，使江水兮安流！

望夫君兮未来，吹参差兮谁思？
驾飞龙兮北征，邅吾道兮洞庭。
薜荔柏兮蕙绸，荪桡兮兰旌。
望涔阳兮极浦，横大江兮扬灵。
扬灵兮未极，女婵媛兮为余太息。
横流涕兮潺湲，隐思君兮陫侧！
桂棹兮兰枻（yì），斫冰兮积雪。
采薜荔兮水中，搴芙蓉兮木末；
心不同兮媒劳，恩不甚兮轻绝。
石濑兮浅浅，飞龙兮翩翩。
交不忠兮怨长，期不信兮告余以不闲。
朝骋骛兮江皋，夕弭节兮北渚。
鸟次兮屋上，水周兮堂下。
捐余玦兮江中，遗余佩兮澧浦。
采芳洲兮杜若，将以遗兮下女。
时不可兮再得，聊逍遥兮容与。①

诗的意思是：湘君啊你为什么犹豫不走，为了谁啊你在水中的沙洲逗留？为你打扮得美丽俊俏，我赶快驾起那桂木舟。下令沅水、湘水风平浪静，还让浩渺江水啊缓缓而流。盼望你来啊还不见来，吹起排箫啊为谁思绪悠悠？划起龙船向北远行，曲曲折折我转道去了洞庭。用薜荔为帘啊蕙草作帐，用香荪为桨木啊香兰作旌。眺望涔阳啊在遥远的水边，大江横渡啊显示精诚的心灵。精诚的心灵啊尚未到来，多情的侍女啊也为我发出叹息声。眼泪纵横如江水而下，暗暗想你啊悱恻神伤。玉桂制成桨啊木兰作舵，划开水波啊浪花似积雪。到水中采摘陆上的薜荔，上树梢把荷花采撷。两心不相同啊媒人难以说合，恩情不深啊便容易断绝。清水在石滩上轻快地流淌，龙船掠过水面如鸟翱翔。不忠诚的交往啊容易使人怨恨深长，不守信啊却骗我说事多太

① 许渊冲 英译，杨逢彬 编注：《楚辞》，湖南出版社 1994 年版，第 32—36 页。

忙。早晨在江边匆匆奔走，黄昏啊把车停靠在北岸。飞鸟啊栖息在屋檐之上，流水啊在堂下回旋。把我的玉环抛向大江之中，把我的佩饰啊留在澧水边。到流芳的岛上啊采摘杜若，将把它赠送给陪侍的女伴。时光流逝啊不能再得，暂且散散心啊盘桓等待。

据此，徐悲鸿创作了国画《屈原九歌·湘君》（图 110），图绘一婷婷女子独立水边之背影，正极目望向江中遥远的沙洲，似在发问："君不行兮夷犹，蹇谁留兮中洲？"由于湘君"令沅湘兮无波，使江水兮安流！"所以徐悲鸿所绘图中的水面也是波浪不兴，江水安流。虽然由于美女背对着我们，无法看到诗中描绘的"美要眇兮宜修"，但是，我们依然能从其颖秀的背影中领略那无限芳华，由于"望夫君兮未来"，她果真如诗里描绘的那样"横流涕兮潺湲，隐思君兮陫侧"吗？尤其是徐悲鸿有意识地将其身材夸张到超长，是欲表现美女那相思的悠远还是漫延的久等呢？画中徐悲鸿用背影的描绘方式和夸张的表达手法，给观众留下了广阔的想象空间，增加了神秘感，这对主题的表达起到了强化作用。事实上，作为祭神歌曲，《湘君》虽然在题目上标明是祭湘君的诗歌，湘君本指湘水男神，但该诗内容主指湘水女神即湘夫人因男神未能如约前来而产生失望、怀疑、哀伤、埋怨的复杂感情。屈原和徐悲鸿分别用不同的艺术语言，描绘出了湘夫人思念湘君时那种临风企盼、怨慕神伤的感情，其产生就是因为久久等候而不见湘君依约前来聚会。

《湘夫人》：

帝子降兮北渚，目眇眇兮愁予。
袅袅兮秋风，洞庭波兮木叶下。
登白薠兮骋望，与佳期兮夕张。
鸟何萃兮蘋中？罾何为兮木上？
沅有芷兮澧有兰，思公子兮未敢言。
荒忽兮远望，观流水兮潺湲。
麋何食兮庭中？蛟何为兮水裔？
朝驰余马兮江皋，夕济兮西澨（shì）。

图 110　《屈原九歌 · 湘君》徐悲鸿 作

40 年代，国画，册页，纸本设色，20×26.5cm，北京徐悲鸿纪念馆藏闻佳人兮召予，将腾驾兮偕逝。
筑室兮水中，葺之兮荷盖；
荪壁兮紫坛，播芳椒兮成堂；
桂栋兮兰橑（lǎo），辛夷楣兮药房；
罔薜荔兮为帷，擗蕙櫋（mián）兮既张；
白玉兮为镇，疏石兰兮为芳；
芷葺兮荷屋，缭之兮杜衡。
合百草兮实庭，建芳馨兮庑门。
九嶷缤兮并迎，灵之来兮如云。
捐余袂兮江中，遗余褋兮澧浦。
搴汀洲兮杜若，将以遗兮远者。
时不可兮骤得，聊逍遥兮容与。[1]

诗的意思是：公主降落到北洲之上，放眼远眺啊使我惆怅。树木轻摇啊秋风初凉，洞庭起波啊落叶飘扬。踩着白薠啊环顾四望，与佳人相约啊黄昏执帐。鸟儿啊为什么聚集在水草边？鱼网为什么挂在树上？沅水里的芷草绿啊澧水边上兰花香，思念你啊却不敢明讲。神思恍惚啊向远方观望，但见江水啊迟缓流淌。麋鹿觅食为什么到庭院里？蛟龙何以竟在水边游荡？清晨我骑马在江边奔驰，傍晚我渡水啊到江水西旁。听见湘夫人啊在向我召唤，我赶快驾车啊与她同往。要把我们的房屋啊建筑在江中央，还要把荷叶啊编制成屋脊。用荪草装点墙壁啊紫贝铺砌庭院。香椒四撒啊用来装饰中堂。以桂木为栋梁啊木兰作桁椽，用辛夷作门楣啊白芷铺房。编织薜荔啊可以做成帷幕，析开蕙草啊布设幔帐。用白玉啊压席子，各处散放石兰啊一片芳香。在荷叶屋顶上啊覆加芷草，用杜衡啊四周缠绕。各种花草汇集啊摆满庭院，建成芬芳馥郁的门廊和厢房。九嶷山上的众神啊都来欢迎湘夫人，他们簇拥前来啊像云一样。把我的衣袖抛到江中去，我把那汗衣扔在澧水旁。我在小洲上啊采杜若，将拿来赠给远方的朋友。美好的时光飞快啊非常难得，我姑且

① 许渊冲 英译，杨逢彬 编注：《楚辞》，湖南出版社 1994 年版，第 36—38 页。

散散心啊徘徊游逛。

徐悲鸿据此特创作的正向人物画《屈原九歌·湘夫人》（图 111），描绘了一位身材修长、姿态妖娆的女子临风站在滩上，正是诗中开首所描绘的：“帝子降兮北渚”，只见其面目清秀，顾盼之间斜望着远方，她还微转身姿，双手抚扪心胸，唇口微言，额眉稍紧，似有绵绵愁绪在心头，这正是表现出了：“目眇眇兮愁予”的诗意。另外，徐悲鸿又用纯熟的艺术语言描绘出了背景中淼淼的洞庭波涛、萧条的疏枝和随风飘零的树叶，这是对“洞庭波兮木叶下”的描绘，前此那“袅袅兮秋风”的景象也自然水到渠成。诗中“鸟何萃兮苹中？”所述之水鸟，更是画家擅长描绘的拿手好戏，于是在美人左右缀以戏水弄风的禽鸟，不仅使画面更丰富，也更突出了水天的浩淼和湘夫人的凄苦思人之情。而徐悲鸿所作的另一幅背向人物画《屈原九歌·湘夫人》（图 112），只是重点描绘出了湘夫人风姿绰约的背影，虽然还没有画那浩淼的江流湖波，但正是右下那几只似解人意的水鸟的存在，使人们几能想见诗中所描绘的“荒忽兮远望，观流水兮潺湲”的水天景象。

徐悲鸿的另一幅国画《飞天》（图 113）取材于屈原的《楚辞·九歌·云中君》：

> 浴兰汤兮沐芳，华采衣兮若英。
> 灵连蜷兮既留，烂昭昭兮未央。
> 謇（jiǎn）将憺兮寿宫，与日月兮齐光。
> 龙驾兮帝服，聊翱游兮周章。
> 灵皇皇兮既降，猋（biāo）远举兮云中。
> 览冀州兮有余，横四海兮焉穷！
> 思夫君兮太息，极劳心兮忡忡。[1]

诗的意思是说：用兰汤沐浴洗发啊一身芳香，穿着鲜艳多彩的衣服啊像花朵一样。云神盘旋起舞啊流连不去，他身上不断放出的神光啊灿烂无涯。

---

① 许渊冲 英译，杨逢彬 编注：《楚辞》，湖南出版社 1994 年版，第 32 页。

图 111 《屈原九歌 · 湘夫人》 徐悲鸿 作
国画册页，纸本设色，20×26.7cm，北京徐悲鸿纪念馆藏

图 112 《屈原九歌 · 湘夫人》徐悲鸿 作
1943 年，国画，水墨，19.4×26.3cm，北京徐悲鸿纪念馆藏

图 113 《飞天》 徐悲鸿 作
1943 年，国画，20×26cm，北京徐悲鸿纪念馆藏

将你舒适安顿啊住在寿宫神堂，和太阳月亮一样啊齐放光芒。乘着龙驾的车啊身穿天帝般的衣裳，姑且在长空遨游啊观览四方。云神辉煌啊已经降临，忽然间像旋风一样远去啊升入云中。远目其光辉啊已及九州岛之外，遍及四海啊我的踪迹无尽无穷。想念你云神啊我深深叹息，思念之极啊让人忧心忡忡！

徐悲鸿的作品没有直接去描绘云中君形象，而是根据屈原诗而特别描绘出了云中君两位陪伴女巫中的一位，其灵活飞翔的身躯出入云间，神秘显扬，使人想见云中君会更加卓然耀眼。

1943 年夏，徐悲鸿在青城山作了两幅气氛截然不同的人物画，而他们也全部取材于屈原的《九歌》。一幅国画是《山鬼》（图 114），刻画的是幽静山谷之中孤独的女神，另一幅国画是《屈原九歌 · 国殇》（图 115），描绘的是在短兵相接激战中为国捐躯的战士。

屈原的《九歌 · 山鬼》，是表达楚地祭祀山神的颂歌：

若有人兮山之阿，被薜荔兮带女萝。
既含睇兮又宜笑，子慕予兮善窈窕。
乘赤豹兮从文狸，辛夷车兮结桂旗。
被石兰兮带杜衡，折芳馨兮遗所思。
余处幽篁兮终不见天，路险难兮独后来。
表独立兮山之上，云容容兮而在下。
杳冥冥兮羌昼晦，东风飘兮神灵雨。
留灵修兮憺忘归，岁既晏兮孰华予。
采三秀兮于山间，石磊磊兮葛蔓蔓。
怨公子兮怅忘归，君思我兮不得闲。
山中人兮芳杜若，饮石泉兮荫松柏，君思我兮然疑作。
雷填填兮雨冥冥，猨啾啾兮狖（yòu）夜鸣。

图 114　《山鬼》徐悲鸿 作
1943 年，国画，纸本深色，63× 111cm，北京徐悲鸿纪念馆藏

图 115　《国殇》徐悲鸿 作
1943 年，国画，纸本设色，62×107cm，北京徐悲鸿纪念馆藏

风飒飒兮木萧萧，思公子兮徒离忧。[①]

其诗意是：好像有人在那深山里经过，披薜荔的衣裳，系着菟丝带子。微视的眼神含着秋波嫣然浅笑，性情和善姿态苗条。骑着褐色的豹子，后面还跟着斑斓花狸，把开着笔尖状花朵的辛夷作成车，将芬芳的桂枝编为彩旗。身上披着石兰，腰间束带杜衡，折枝鲜花赠给你以表相思之情。我身处幽深竹林里一直不见天日，道路艰险难行我独姗姗来迟。孤身独自伫立高高山巅，云雾溶溶在山下浮动舒卷。白昼亦如同黑夜般昏暗，东风飘零间雨点飞洒。为你流连怡然忘了归去，年华迟暮谁能使我再美似芳花？采撷巫山间益寿的芝草，磊磊岩石崎岖，野葛藤绵绵盘绕。怨恨你啊怅然忘却归去，你想念我吗？难道没有空闲来到此间。山中之人美如芬芳的杜若，渴了就饮水于松柏庇荫下的石泉，你想不想念我？令人心中如此狐疑。振雷滚滚雨势溟蒙，沉沉夜色里猿狖啾鸣。山风飒飒林木叶落萧萧，思念公子徒然满心烦忧。

宋元以前的楚辞家往往定山鬼为“木石之怪”、“魑魅魍魉（chī mèi wǎng liǎng）”，这多半是根据《国语》、《左传》所说而视之为男性山怪。但在元明时期的画家笔下，更多地依据诗中的描摹、将其绘作“窈窕”动人女神的也大有人在。清朝人顾成大作《九歌解》，他首倡山鬼为“巫山神女”之说，再次经过游国恩、郭沫若的阐发之后，“山鬼”当为“女鬼”或“女神”的观点现今已被广泛接受。徐悲鸿的《山鬼》（图 114）无疑采用了这一观点，正如诗中描绘的“若有人兮山之阿，被薜荔兮带女萝”，徐悲鸿画笔下的山鬼是一位隐于山谷间、身上披带着薜荔和菟丝的楚楚动人的女神。只见她情态亲和身姿窈窕，眉目盼顾、面似微笑，正所谓“既含睇兮又宜笑，子慕予兮善窈窕”，尤其是她骑着的紫褐色豹子和侧后跟随的花狸，正符合诗中所描绘的“乘赤豹兮从文狸”。徐悲鸿以其高超的人物画技术，把极富神秘色彩的屈原之诗表现得极为亲切自然而感人肺腑。

徐悲鸿的《屈原九歌·国殇》（图 115）取材于屈原楚辞之《国殇》：

---

① 许渊冲 英译，杨逢彬 编注：《楚辞》，湖南出版社 1994 年版，第 46—48 页。

操吴戈兮被犀甲，车错毂兮短兵接。

旌蔽日兮敌若云，矢交坠兮士争先。

凌余阵兮躐（liè）余行，左骖殪（yì）兮右刃伤。

霾两轮兮絷（zhí）四马，援玉枹兮击鸣鼓。

天时怼（duì）兮威灵怒，严杀尽兮弃原野。

出不入兮往不反，平原忽兮路超远。

带长剑兮挟秦弓，首身离兮心不惩。

诚既勇兮又以武，终刚强兮不可凌。

身既死兮神以灵，魂魄毅兮为鬼雄。[①]

诗的意思是：战士手持吴戈啊身穿犀甲，敌我战车交错啊刀剑相接。旗帜蔽日遮天啊众敌如云，飞箭交坠啊士卒奋勇争先。敌军犯我阵地啊踏我行列，左骖死去啊右骖亦受刀伤。战车两轮深陷啊绊住四马，主帅举起鼓槌啊击响战鼓。杀得天昏地暗啊神灵震怒，全军捐躯啊尸首弃于荒野。将士出征啊一去永不复返，平原迷漫啊路途极其遥远。佩长剑挟强弓啊争战沙场，首身分离啊雄心永不改变。实在勇敢顽强啊更加英武，始终坚毅刚强啊不可凌辱。身虽死亡啊精神终究不泯，您魂魄威武啊乃鬼中英雄！

当时的社会背景是，秦襄王时进行了商鞅变法，使秦国后来居上，对楚国虎视眈眈。楚怀王放弃了合纵联齐，轻信秦国许诺与其交好……自楚怀王十六年（公元前 313）起，楚、秦多次战争，楚皆败，有 15 万以上的将士在血战中横死疆场。楚国人民坚决抵御外侵，国灭后，爱国之情依然不泯，楚地流传“楚虽三户，亡秦必楚”的话。后来，陈胜吴广政权号称张楚，项羽则称西楚，而刘邦前期部队中也多楚人，最终灭亡秦国的正是楚国的力量。然而古代将尚未成年（不足 20 岁）而夭折的人称为殇。按古代葬礼，在战场上“无勇而死”者，照例不能敛以棺柩，葬入墓域，皆成无主之鬼，这也被称为“殇”。所以在秦楚战争中，楚国将士即使战死疆场，也因为是战败

① 许渊冲 英译，杨逢彬 编注：《楚辞》，湖南出版社 1994 年版，第 50—52 页。

者而只能暴尸荒野，无人替这些为国战死者操礼祭祀。楚国“九歌”皆祭奠之歌，放逐中的屈原创作《九歌·国殇》描写楚军抗击暴秦的战争场面，就是为死难的爱国将士祭祀，然而只有屈原独孤一人为战死壮士祭祀吗？非也，两千年后的徐悲鸿步屈原后尘，用人物绘画的形式再次追悼、礼赞和祭祀那无主亡灵，特此创作国画《屈原九歌·国殇》。艺术家在画面中主要描绘的是“旌蔽日兮敌若云，矢交坠兮士争先”的搏杀场面，最终表达的是“诚既勇兮又以武，终刚强兮不可凌。身既死兮神以灵，子魂魄兮为鬼雄”的爱国精神。歌颂将士们生为人杰，死亦鬼雄，气贯长虹，精神永驻。

当然，徐悲鸿也没有忘记为《楚辞》的真正主人公——大诗人屈原造像，由是，他特创作了水墨画《屈原》（图 116），画中屈原头戴高冠，腰携长剑，正如其在《楚辞·九章·涉江》中的自写“带长铗之陆离兮，冠切云之崔嵬”，尤其是屈原双手上举、仰面向天的姿态，坚毅的目光凝视空天，是其欲诗旷世之《天问》吗？张开的口中又似滔滔陈词，是他再次高歌自己的亘古《离骚》？总之徐悲鸿用其简洁的笔墨，形象地描绘出了屈原“路漫漫其修远兮，吾将上下而求索”的《离骚》之精神境界。

徐悲鸿根据屈原及其《楚辞》而创作的国画系列作品《飞天》、《屈原》、《山鬼》、《屈原九歌·东皇太一》、《屈原九歌·国殇》、《屈原九歌·湘君》以及两幅《屈原九歌·湘夫人》等，皆是以人物动态语言来表达诗意和情境，笔墨中蕴含感情。这一切，都是与徐达章为儿子从小打下的丰厚国学文化和坚实人物画基础分不开的。当然了，徐达章是深知《诗经》和《楚辞》作为中国古代文学源流的重要性的，把它们作为重点“科目”教授给儿子徐寿康是顺理成章的事情，《诗经》和《楚辞》皆成为徐悲鸿日后创作的思想源泉亦属必然 。

另外，徐悲鸿从小受教于父亲而熟读《论语》，所以一生崇奉儒教，并且经常以《论语》为题材进行创作，这其中有书法也有绘画，比如其书法作品《敬录论语一则》（图 117 ）“志于道，据于德，依于仁，游于艺。”[①] 出自《论

① 杨逢彬、欧阳祯人 译注:《论语 大学 中庸译注》，华东师范大学出版社 2018 年版，第 62 页。

图 116 《屈原》徐悲鸿 作

40 年代，国画册页，纸本设色，19.2×26.2cm，北京徐悲鸿纪念馆藏

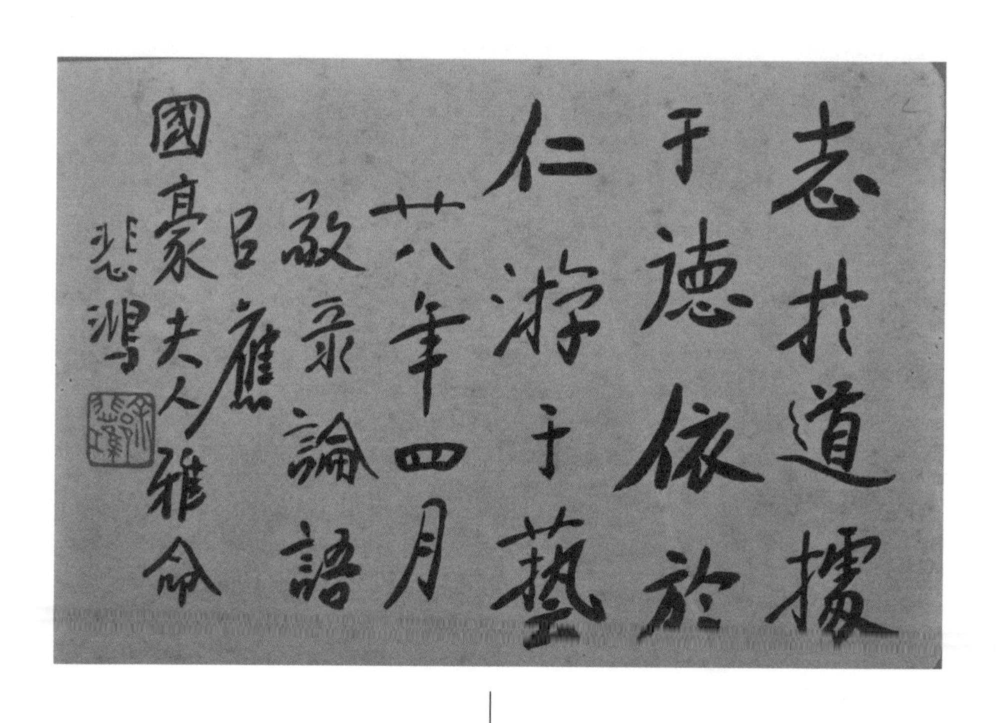

图 117 《敬录论语一则》 徐悲鸿 作

1937 年，书法，纸本水墨，11.5×17.5cm，北京徐悲鸿纪念馆藏语·述而篇第七》，意思是孔子认为：志向在于“道”，根据在于“德”，依靠在于“仁”，而游憩在于礼、乐、射、御、书、数这六艺之中。

按朱熹所说《论语》全书共20篇总计498章，但绝大多数章节篇制短小，唯选自《论语·先进篇》之《子路、曾皙、冉有、公西华侍坐》，在语录体的《论语》中算是难得的长篇了，也是文学性最强的一章。其结构完整，人物形象较为鲜明，神态各异，每个人物语言富有个性，都通过对话表达各不相同的志趣，可以说是魏晋时速写式轶事体小说的滥觞。徐悲鸿对此章也是情有独钟，先后以《孔子讲学》为题创作了多幅国画。徐悲鸿用中西结合的方法生动再现了子路、曾皙、冉有、公西华四位弟子与孔子畅谈理想、与先贤论志的情形。

《子路、曾皙、冉有、公西华侍坐》原文：

子路、曾皙、冉有、公西华侍坐。

子曰：“以吾一日长乎尔，毋吾以也。居则曰：‘不吾知也。’如或知尔，则何以哉？”

子路率尔而对曰：“千乘之国，摄乎大国之间，加之以师旅，因之以饥馑；由也为之，比及三年，可使有勇，且知方也。”

夫子哂（shěn）之。

“求，尔何如？”

对曰：“方六七十，如五六十，求也为之，比及三年，可使足民。如其礼乐，以俟君子。”

“赤，尔何如？”

对曰：“非曰能之，愿学焉。宗庙之事，如会同，端章甫，愿为小相焉。”

“点，尔何如？”

鼓瑟希，铿尔，舍瑟而作，对曰：“异乎三子者之撰。”

子曰：“何伤乎？亦各言其志也！”

曰：“莫春者，春服既成，冠者五六人，童子六七人，浴乎沂，风乎舞雩（yú），咏而归。”

夫子喟然叹曰：“吾与点也。”

三子者出，曾皙后。曾皙曰：“夫三子者之言何如？”

子曰：“亦各言其志也已矣！”

曰：“夫子何哂由也？”

曰：“为国以礼，其言不让，是故哂之。”

“唯求则非邦也？”

“安见方六七十，如五六十而非邦也者？”

“唯赤则非邦也？”

“宗庙会同非诸侯而何？赤也为之小，孰能为之大？”①

《子路、曾皙、冉有、公西华侍坐》的意思是说：子路、曾皙（名点）、冉有、公西华陪孔子而坐。孔子说不要因为自己年龄大些，就不敢讲了，于是问四位学生如果可能，他们会干什么呢？子路首先回答说，他用三年时间，能把一个在大国夹缝中生存的、拥有千辆兵车、常被外国侵犯、甚至连年饥荒的中等国家治理好，使其人民懂得做人的道理，并有保卫国家的勇气。冉有则回答说，自己用三年时间，可治理一个六七十里或者五六十里见方的国家，使老百姓富足。公西华回答说愿意学着做些宗庙祭祀或诸侯会盟及朝见天子的司仪工作。当问到曾皙时，他停下正在漫弹的瑟，说自己的志向是向往暮春和暖，春耕完毕后和五六个成年人以及六七个少年，到沂水里游泳，然后一起在舞雩台上吹风，等尽兴后再一起唱着歌回家。听到此，孔子感叹说：“我与曾点的主张相同啊”。子路、冉有和公西华都出去了，曾皙后走，问孔子其他三位的主张怎么样？孔子说仅各言志向罢了。曾皙又问孔子为什么要笑仲由（字子路）呢？孔子说治理国家该求礼，子路的话却不谦让，所以笑他。（曾皙又问）难道冉求（字子有）所讲的不是国家？孔子说何以见得方圆六七十里或五六十里地不够一个国家？（又问）公西赤（字子华）

---

① 杨逢彬、欧阳祯人 译注：《论语 大学 中庸译注》，华东师范大学出版社 2018 年版，第 106—107 页。

所讲不是国家吗？孔子说既有宗庙又有国际间的盟会，不是国家是什么呢？如果公西赤（十分懂礼，却只愿作个小司仪）只作一个小司仪，谁作大司仪呢？

徐悲鸿根据《论语》之《子路、曾皙、冉有、公西华侍坐》而创作的国画《孔子讲学》（图118）（款识：子路、曾皙、冉有、公西华侍坐一章，癸未长夏，悲鸿敬写，第二次于青城。朱文印：徐悲鸿。）在人物性格的刻画上，对表情、动态、细节、甚至服饰和景色的综合表现，皆达到一个新的高度。有军事政治才能的子路（大胡子者）坦诚有抱负，但是性格鲁莽；冉有（画中最右）谦虚谨慎；公西华（画中最年轻者）娴礼仪，擅辞令，谦恭有礼；曾皙（画中最左）知礼乐，质高雅，卓尔不群。徐悲鸿在画中表现的正是曾皙“舍瑟”并对孔子说“莫春者，春服既成，冠者五六人，童子六七人，浴乎沂，风乎舞雩（yú），咏而归”，曾皙侃侃而谈的形象跃然纸上。当然孔子是人物描绘的中心，尤其是其目光深邃，面貌清和，仪态古雅，体貌雍容……所有人物性格都表现得淋漓尽致。

除了诵读和学习孔子的著作，徐达章和徐悲鸿还特别重视学习孔子的教育理念和方法。从徐达章设塾课徒开始，一直到徐悲鸿的教育大业，俱皆宗法孔子的教育思想，孔子是打破以前统治阶级垄断教育局面的第一人，他将“学在官府”变为“私人讲学”，将传统文化教育的范围扩大到了整个民族，从此使普通老百姓也开始享有教育的权利，所以孔子主张“有教无类”。徐达章正是为穷苦的孩子而开办私塾的，留学归来的徐悲鸿自始至终也以此为教育准则，重志惜才，一生致力于提携穷苦有才的孩子，比如对穷学生韦江凡的帮助；提携有才的青年，如对傅抱石的提携；包括帮助和提携小学生刘勃舒，真正做到了有教无类。孔子还主张“因材施教”，徐达章在教育徐悲鸿的整个过程中，完全践行着“因材施教”的原则。徐悲鸿更是近代教育家中因材施教的典范，据蒋行知整理《徐悲鸿在家乡》所述：“他在宜兴县立初级女子师范讲授第一课的时侯，就画了一幅木兰从军图，画出了木兰手牵一匹高大的骏马，替父从军的飒爽英姿，培养了女学生的自豪感和学画的兴趣。有些女学生一边画一边唱起了木兰从军歌：‘唧唧复唧唧，木兰当户织，不闻机杼声，唯闻女叹息……'"[1]其实，鉴于女子师范里的学员皆女生的特点，徐悲鸿因材施教，不止画了一幅《木兰从军图》，这类歌颂女中豪杰形象的作品，还包括在第一画我们早已提到过的《敬姜》（图 19）、《孟德曜》（图 20）、《勾践夫人》（图 21）和《少妇坐像》（图 22），以上四幅水彩画，皆是徐悲鸿在任教女子师范期间的课堂示范作品，可见他在任教之初就已根据学员的特点而"因材施教"。再后来留欧归来的徐悲鸿更是主持了大学的美术教育教学工作，他如孔子般"因材施教"、"诲人不倦"的教育过程每每是在讲演中、画展中、论文里、课堂上、休息中、行路中、写生中，在随时随地中悄然进行的。其慧眼识才育才的能力，更是为他赢得了"画坛伯乐"的美誉。可见徐达章在教育方面对徐悲鸿的影响也是相当深远的，当然徐达章作为一位传统文化人和教书先生，不可能具备现代的教育理论和方法，所以用现代教育理论去评判他难免会有所偏颇，比如徐焕如在其《徐悲鸿——中国近代美术现实主义的先驱》中所评价的那样："十七岁时（徐悲鸿）就在当时宜兴的三所学校先后教图画课，从教学的角度看，徐悲鸿从徐达章那里除了传统技法、写生以外，在教育思想、教学方法和教学体制等许多方面，还不可能得到科学的系统的知识；只是那旧式的师承关系，师徒相授的方法，却激发他去开拓和建立科学的美术教学体系的强烈愿望 。徐悲鸿从父亲学画，学校教画，在学和教的体验中，产生了内在的动力，同时考虑到我国当时美术教育的现状，决心在西方学习中着力解决这个问题。"[2]但是超越徐焕如评价的具体内容，仅他充分认识到了徐达章的教育对徐悲鸿产生了相当影响的理论高度，已令人十分感佩。

在毕生崇尚孔子和儒教的徐达章和徐悲鸿父子两人的学识和艺术里有一个特殊人物不应缺席，那就是孔子的父亲叔梁纥（公元前 622—公元前 549），子姓，孔氏，名纥，字叔梁，他生于春秋时期宋国栗邑（今河南商

① 中国人民政治协商会议江苏省宜兴县委员会文史资料研究委员会 编：《宜兴文史资料第十二辑》，一九八七年七月，第 12 页。

② 中国人民政治协商会议江苏省宜兴县委员会文史资料研究委员会 编：《宜兴文史资料第十二辑》，一九八七年七月，第 124—125 页。

丘夏邑县城北六公里王公楼村)，是周朝诸侯国宋国君主的后代。他人品出众，博学多才，能文善武，为避战乱，流亡到鲁国昌平陬（zōu）邑（今山东曲阜），曾官至陬邑大夫，年近七十生孔子。《左传》中襄公十年之《晋灭偪阳》中对叔梁纥的英雄事迹有所述及，徐达章不仅熟读之，还“严督”儿子习读，小寿康对《晋灭偪阳》亦烂熟于胸。近三十年后的1931年，徐悲鸿特创作素描作品《叔梁纥》（图119），并在此基础上再创作油画《叔梁纥》。在其素描作品左上部的画外，徐悲鸿还据《左传》而信手题记道：“春秋晋荀罃（yīng）率诸侯之师伐偪（bī）杨，偪杨人启门，师门焉，悬门发，鄹（zōu）人纥抉以出门者。事详左传，悲鸿。”而《左传·晋灭偪阳（襄公十年）》原文为：“晋荀偃、士匄（gài）请求进攻偪阳，而封宋向戌焉。荀罃曰：‘城小而固，胜之不武，弗胜为笑。’固请。丙寅，围之，弗克。孟氏之臣秦堇父辇重如役。偪阳人启门，诸侯之士门焉。县门发，鄹人纥抉以出门者。”[①]徐悲鸿于画中题记部分，自“偪阳人启门”开始往后，除了把“诸侯之士门焉”概括成为“师门焉”外，其余与原文一致，这足见徐悲鸿从小跟随父亲习读《左传》程度之深和记忆之强，以致于几十年后仍能记忆犹新，信手题写。而从画面观赏来看，图中描绘的是公元前563年，晋国荀罃率诸侯联军进攻逼阳国时，逼阳人中途打开城门，诸侯将士乘机攻入，逼阳人突然又放下闸门，危急中陬县长官叔梁纥双手力擎闸门，把已攻入城里的将士解救了出来。《左传》中叙述叔梁纥双手举门，而徐悲鸿出于绘画构图和美学考量，在画中将其改成了双手力拔闸门的情境，这不仅表现出了叔梁纥的气力之巨大，还展示出了其强烈的人体动态，如此一来逃生的空间则更显狭小，只见进攻将士们乘隙而逃，钻爬之状加强了紧张的气氛，画面的一切安排皆服从于画家凸显剧情的需要。通过画面，观众不仅目睹了叔梁纥的力大无比和英勇威武，还可会意，虽然联军最后灭掉偪阳国毫无悬念，但是初攻不克也着实令其一度狼狈不堪，这些都得益于画家独到的艺术表达。另外，也可以说徐悲鸿通过该画，再次抒发了自己小时候随父习读《论语》时对“卞庄子之

① 《左传》，原著（春秋）左丘明，注释 刘兆祥 安中玉，主编 陈才俊，海潮出版社2012年版，第168页。

图 118 《孔子讲学》
徐悲鸿 作
1943 年，国画，109×113cm，
北京徐悲鸿纪念馆藏

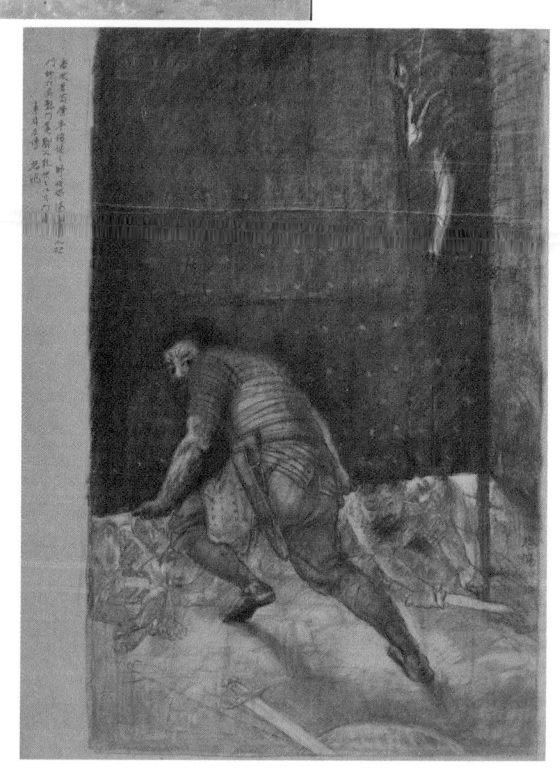

图 119 《叔梁纥》徐悲鸿 作
1931 年，素描，纸张，42×71cm，
北京徐悲鸿纪念馆藏

勇”油然而生的崇敬之情，这正如《左传·晋灭偪阳》在记载叔梁纥举闸门救众人后继言：狄虒（sī）弥建大车之轮而蒙之以甲以为橹，左执之，右拔戟，以成一队。孟献子曰：“《诗》所谓‘有力如虎’者也。”[1]可以说《左传·晋灭偪阳》在此片段中一股脑描写出了著名的“鲁国三虎将”，即孟氏家臣秦堇父、叔梁纥和狄虒弥。除了叔梁纥双手举门外，狄虒弥把战场上的一个大车轮子，蒙上皮甲，左手持之以作大盾牌，右手擎戟，遂单独组对，勇猛冲杀，其力其勇，让人如亲眼目睹。然而前此围功偪阳之初，一时城固难克，是鲁卿孟氏的家臣秦堇父用一己之力将重装备拉到了城前，即前此所述之“孟氏之臣秦堇父辇重如役”者，然后偪阳人才打开了城门……可见文中对三位鲁国名将作了重点描写，三人皆有血有肉、形象显明，尤其是他们皆力大无穷，以致于孟献子亦感慨道：“《诗》所谓‘有力如虎’者也。”可见徐悲鸿之所以对这段《左传》熟记于心，与他从小就崇尚“有力如虎”的卞庄子型英雄形象有很大关系，叔梁纥力举城门的壮举于是成了他最佳的情境选择，虽然并非“刺虎”，却也“勇猛胜于虎”。

在父亲的指导下，徐悲鸿应该还读过《史记》，这从后来徐悲鸿特意创作油画《田横五百士》（图 120）就可以看出来，此画取材《史记·田儋列传》：

> 汉火项籍……田横惧诛，而与其徒属五百余人入海，居岛中。高帝闻之……后恐为乱，乃使使赦田横罪而召之。田横因谢曰：“臣亨陛下之使郦生，今闻其弟郦商为汉将而贤，臣恐惧，不敢奉诏。请为庶人，守海岛中。”使还报，高皇帝乃诏卫尉郦商曰：“齐王田横即至，人马从者敢动摇者致族夷！”乃复使使持节具告以诏商状，曰：“田横来，大者王，小者乃侯耳；不来，且举兵加诛焉。”田横乃与其客二人乘传诣雒阳。
>
> 未至三十里，至尸乡厩置……谓其客曰：“横始与汉王俱南面称孤，今汉王为天子，而横乃为亡虏而北面事之，其耻固已甚矣。且吾亨人之

① 《左传》，原著（春秋）左丘明，注释 刘兆祥 安中玉，主编 陈才俊，海潮出版社 2012 年版，第 168 页。

图 120 《田横五百士》徐悲鸿 作

1928—1930 年，油画，197×349cm。北京徐悲鸿纪念馆藏兄，与其弟并肩而事其主。纵彼畏天子之诏，不敢动我，我独不愧于心乎？且陛下所以欲见我者，不过欲一见吾面貌耳。今陛下在雒阳，今斩吾头，驰三十里间，形容尚未能败，犹可观也。”遂自刭，令客奉其头，从使者驰奏之高帝。高帝曰：“嗟乎，有以也夫！起自布衣，兄弟三人更王，岂不贤乎哉！”为之流涕，而拜其二客为都尉，发卒二千人，以王者礼葬田横。

既葬，二客穿其冢旁孔，皆自刭，下从之。高帝闻之，乃大惊，以田横之客皆贤。“吾闻其余尚五百人在海中。”使使召之。至则闻田横死，亦皆自杀。于是乃知田横兄弟能得士也。

太史公曰：……田横之高节，宾客慕义而从横死，岂非至贤！余因而列焉。不无善画者，莫能图，何哉？[①]

据以上司马迁著述可知，刘邦刚称帝时，田横担心被灭，带五百部卒避逃海岛上，刘邦为防后乱，派使者召田横入朝，田横因为曾烹杀刘邦的使者郦生（郦生之弟郦商时为汉将）而辞谢，自求做一守岛百姓。刘邦于是下诏给郦商说，田横到京后，若敢动他的随从即满门抄斩，接着又派使者将皇帝下诏郦商之事告知田横，并说来京后，大可以封王，小可封为侯，否则将遭诛灭。田横于是带两个门客随使者前往受降。后来田横以沐浴为名止步尸乡（离洛阳三十里），田横对门客说：“我和刘邦都是南面称孤的王，现在他做了天子，我成了亡国奴，还要称臣于他，本已耻辱。再与郦商共朝，他纵然不敢动我，但我却愧对内心。再说皇帝只是想见识一下我的面貌而已，现在割下我的头颅速献皇帝，到洛阳仅三十里，快马送去我的容貌还不会改变”。说完拔剑自刎，门客捧其头随使者飞驰入朝，汉高祖赞其兄弟三人接连为王，即拜田横两门客为都尉，并以诸侯王之礼安葬田横。两门客在安葬完田横后，

① （汉）司马迁 撰，李翰文 主编：《史记全本》，北京联合出版公司 2015 年版，第 1729—1732 页。

原著（春秋）左丘明，注释 刘兆祥 安中玉，主编 陈才俊：《左传》，海潮出版社 2012 年版，第 168 页。

就其墓旁挖洞，皆自刎于洞里，刘邦大惊，更信田横的门客都是贤才，知田横还有五百门客留在岛上，派使欲召。使者到达海岛后，五百门客得知田横已死的消息，全部自杀。可见田横兄弟能得贤士不虚。于是司马迁说：“田横门客都愿意随他而死，难道还不是至为贤能的人吗？所以我据实将其事迹记录在这里。当时并非没有好画师，却都没有把田横及其事迹画下来，这究竟是为什么呢？”

徐悲鸿的油画《田横五百士》以前所未有的巨型画幅，前无古人的色彩写实人物造型，再现了田横与臣民分别时的悲壮情境，令观众如同穿越到了两千年前的秦朝末年，该画正是与司马迁的古今对话……司马迁的《史记·田儋列传》与徐悲鸿的油彩历史画《田横五百士》（图 120），如同屈原的《九歌·国殇》与徐悲鸿的国画《屈原九歌·国殇》（图 115）一样，上下唱和，千年回响，皆成不朽名篇。至此，我们应该首先感谢徐达章对儿子早期的国学教育。

徐悲鸿取材《史记》的作品，除了《田横五百士》外，还有《霸王别姬》（图 121）。据《史记·项羽本纪》之《垓下之战》记载：“项王军壁垓下……夜闻汉军四面皆楚歌……项王则夜起，饮帐中。有美人名虞，常幸从；骏马名骓，常骑之。于是项王乃悲歌慷慨，自为诗曰：‘力拔山兮气盖世，时不利兮骓不逝。骓不逝兮可奈何，虞兮虞兮奈若何！’歌数阕，美人和之，项王泣数行下，左右皆泣，莫能仰视。”[①] 意思是：项王军队筑营垓下……夜晚听到汉军四面唱起楚国家乡的歌……项羽连夜起来，在帐中饮酒。有一位美人名字叫虞姬，经常随从而受到宠幸；有匹骏马名字叫做骓，项羽经常骑着它。于是项羽慷慨悲歌，作诗唱道：“力拔山兮气盖世，时不利兮骓不逝。骓不逝兮可奈何，虞兮虞兮奈若何！”唱过好几遍，虞姬在旁边伴唱，项羽泪下，侍从皆哭泣，不忍心抬头看。

徐悲鸿的素描《霸王别姬》向我们再现了英雄末路的悲壮……

除了《史记》，《尚书》应该也是徐达章教读儿子的内容之一，因为徐悲鸿的另一幅油画巨作《徯我后》（图 122）就取材于《尚书·商书·仲虺（huī）

① 《史记》，（西汉）司马迁 著，李金龙 编著，吉林文史出版社 2018 年版，第 67 页。

图 121 《霸王别姬》徐悲鸿作
纸，素描，1922年，48×62cm，北京徐悲鸿纪念馆藏

图 122 《徯我后》徐悲鸿作
1930—1933年，油画，布，230×318cm，北京徐悲鸿纪念馆藏

之诰》：

东征西夷怨，南征北狄怨，曰："奚独后予？"攸徂之民，室家相庆，曰："徯我后，后来其苏。"民之戴商，厥惟旧哉！[1]

意思是说：您征伐东方，西方的戎族就埋怨，您征伐南方，北方的狄族就埋怨，都说："为什么单单后征伐我们这里呢？"所征伐地方的百姓，皆举家欢庆。都说："等待我们的君王吧，君王来了我们就死而复生了。"民众拥戴商王，已经很久了啊！而《孟子·滕文公下》对此的记录则稍有出入：

东面而征，西夷怨。南面而征，北狄怨。曰："奚为后我？"民之望之，若大旱之望雨也。[2]

在油画《徯我后》中，徐悲鸿用西式绘画风格塑造出了众多的人物形象，通过对人物的面部表情、动态和肢体语言以及干旱枯竭场景的描绘等，形象地表现出了人们于大旱中渴望云雨的迫切情态，以此象征古人对明君的期待和对自由的渴望。《徯我后》与《风雨鸡鸣》（图 105）在精神内涵上有异曲同工之妙，可谓徐悲鸿画作中的姊妹篇，都表现出了人们对光明和自由的渴望和企盼。

在父亲的指导下，徐悲鸿对中国经典的古代寓言故事也极为熟悉，并且据此进行艺术创作，其中最著名的当属其人物画代表作《愚公移山》（图 123），这是徐悲鸿从年轻时期就思考并希望表现的主题，前后酝酿超过 20 年之久，直到 1940 年才最终完成，并且是分别完成了国画和油画两幅《愚公移山》巨作，在完成油画之前，还特作一色彩小稿，所以徐悲鸿的《愚公移山》共计有三幅之多。题材出自《列子·汤问》，一个中国人耳熟能详的古老寓言故事——《愚公移山》：

---

① 《尚书译注》，李民 王健 撰，上海古籍出版社 2012 年版，第 87、88 页。

② （战国）孟子 著，弘丰 译注：《孟子》，中国文联出版社 2016 年版，第 128 页。

太行、王屋二山，方七百里，高万仞；本在冀州之南，河阳之北。

北山愚公者，年且九十，面山而居。惩山北之塞，出入之迂也，聚室而谋，曰："吾与汝毕力平险，指通豫南，达于汉阴，可乎？"杂然相许。其妻献疑曰："以君之力，曾不能损魁父之丘，如太行、王屋何？且焉置土石？"杂曰："投诸渤海之尾，隐土之北。"遂率子孙荷担者三夫，叩石垦壤，箕畚运于渤海之尾。邻人京城氏之孀妻有遗男，始龀（chèn），跳往助之。寒暑易节，始一反焉。

河曲智叟笑而止之，曰："甚矣汝之不惠！以残年余力，曾不能毁山之一毛；其如土石何？"北山愚公长息曰："汝心之固，固不可彻，曾不若孀妻弱子。虽我之死，有子存焉；子又生孙，孙又生子；子又有子，子又有孙；子子孙孙，无穷匮也，而山不加增，何苦而不平？"河曲智叟亡以应。

操蛇之神闻之，惧其不已也，告之于帝。帝感其诚，命夸娥氏二子负二山，一厝（cuò）朔东，一厝雍南。自此，冀之南、汉之阴无陇断焉。[①]

寓言的大意是：太行、王屋两座大山，本来在冀州南，黄河北。北山有个名叫愚公的人，年已九十，面山居住。他集合全家人商量说："我们尽全力铲除大山，使道路通向豫州南部，到达汉水南岸，好吗？"大家赞同。妻子疑问说："你连魁父这座小山也不能削平，能把太行、王屋怎么样呢？再说挖的土石又放在哪里？"众人说："扔到渤海的边上，隐土的北边。"于是愚公率领儿孙上了山，凿石挖土后运到渤海边上。邻居京城氏的孀妻有个遗腹子，刚开始换牙，他也来帮忙。河湾上聪明的老头讥笑愚公说："你太愚蠢了！凭你的力气连山上的草都动不了，又能把土石怎么样呢？"愚公叹说："你思想顽固到了连孤儿寡妇都比不上。即使我死了，还有儿子；儿子又生孙子，孙子又生儿子；子子孙孙无穷无尽，可山不会增高，还怕挖不平吗？"智叟无话可答。手中拿着蛇的山神听说后怕他不停地干下去，于是报

① 《列子》，叶蓓卿 译注，中华书局 2015 年版，第 123 页。

告天帝。天帝被愚公感动，命令大力神夸娥氏的两个儿子背走了两座山。从此冀州的南部直到汉水南岸，再无高山阻隔。

愚公的精神是中国先民勇于同自然抗争的奋斗精神。徐悲鸿的国画巨构《愚公移山》，用坚实有力的人物造型，描绘出愚公为了搬走挡在门前的太行、王屋两座大山，带领子孙家人坚持不懈，挖山不止的生动场面。出自《列子·汤问》的《愚公移山》，作为最能体现中华民族精神的古老寓言，于抗战最为艰难的时期，借助徐悲鸿的画笔，再次成为激励中国人民战胜一切困难的原动力。徐悲鸿的《愚公移山》以其恢宏的巨制、骨骼肌肉强健的人体造型、崇高的品格追求以及不朽的民族精神，成了中国近代美术史上具有里程碑意义的重要人物画作品。徐达章所赋予徐悲鸿的人物画基础正是徐悲鸿《愚公移山》的“灵魂”所在。在此意义上，徐达章之于徐悲鸿诚如画中白发的老者之与挥锄的子孙……

再来看一下徐悲鸿的另一幅巨制——《九方皋相马》（图124）（款识：辛未初冬第七次写此并纪念，廉南湖先生感喟无极，悲鸿时授徒中央大学，居丹凤街。朱文印：江南布衣，白文方印：徐悲鸿。），此取材于《列子·说符》，其原文曰：

秦穆公谓伯乐曰：“子之年长矣，子姓有可使求马者乎？”

伯乐对曰：“良马可形容筋骨相也。天下之马者，若灭若没，若亡若失，若此者绝尘弥辙。臣之子皆下才也，可告以良马，不可告以天下之马也。臣有所与共担纆（mò）薪菜者，曰九方皋，此其于马非臣之下也。请见之。”

穆公见之，使行求马。三月而反报曰：“已得之矣，在沙丘。”穆公曰：“何马也？”对曰：“牝而黄。”使人往取之，牡而骊。穆公不说，召伯乐而谓之曰：“败矣，子所使求马者！色物、牝牡尚弗能知，又何马之能知也？”

伯乐喟（kuì）然太息曰：“一至于此乎！是乃其所以千万臣而无数者也。若皋之所观天机也，得其精而忘其粗，在其内而忘其外；见其

图 123 《愚公移山》徐悲鸿 作，1940 年，国画，纸本设色，144×421cm，北京徐悲鸿纪念馆藏

图 124 《九方皋相马》徐悲鸿 作，1931 年，国画，纸本设色，139×351cm，北京徐悲鸿纪念馆藏

所见，不见其所不见；视其所视，而遗其所不视。若皋之相者，乃有贵乎马者也。”

马至，果天下之马也。[①]

文之大意是：秦穆公问伯乐，您的子侄能不能找到天下最好的马呢？伯乐回答说，一般的良马可从外貌筋骨上观察出来。天下之马难得，是恍恍惚惚无法捉摸，跑起来像飞，且尘土不扬，不留足迹。我的子侄们只能识别一般的良马，不能识别天下之马。有位曾经和我一起担柴挑菜的人，叫九方皋，他识别天下之马的本领不在我之下，请您接见他。秦穆公接见九方皋并派他去寻找好马。三个月后回报说，在沙丘找到一好马，秦穆公问是什么样的马？九方皋说是匹黄色的母马。等把马牵来却是匹纯黑色的公马，秦穆公很不高兴，对伯乐说，九方皋连毛色公母都不知道，怎么能懂马呢？”伯乐叹道，这正是他胜过我无数倍的地方！九方皋观察的是马的内在素质，得其精妙，而忘其粗糙；明察其内部，而忘却其外表；只看见他需要看见的，而看不见他不需要看见的；只观察他需要观察的，而无视他不需要观察的。如此相马，包含着更高的道理！”待试验后，发现此马果然是天下难得的好马。

徐悲鸿1931年创作国画《九方皋相马》亦有其特定的历史背景，时值国民党统治之下，众多人才得不到重用，有识之士内心压抑，徐悲鸿在工作中深感提携和培养人才的艰难，便从传统文化里寻求精神力量，特创作该画以抒发不拘一格发现和发掘人才的渴望。尤其画中千里马所戴缰绳有更深层的含义，因为徐悲鸿笔下的马都是不戴缰绳的野马，而唯独此马例外，是隐晦地说明千里马也是只认真正的主人，愿意为真正的主人驱使。对此徐悲鸿也明言：“马也和人一样，愿为知己者用，不愿为昏庸者制。”然而极具戏剧性的是，徐悲鸿国画《九方皋相马》中的“天下之马”绝非虚名，据邱行湘（国民党少将，曾参加抗战，建国后曾任江苏省政协委员，1996年病逝于南京）在其《追忆徐悲鸿先生》一文中所述：“我一生爱马，尤以贵州老友龙章五旅长赠我的一匹‘菊花青’最为喜爱，这匹马和悲鸿先生在《九方皋

① 《列子》，叶蓓卿 译注，中华书局2015年版，第223—224页。

相马》画中，伯乐所夸的那匹好马一模一样。”[①]可见“菊花青”作为一匹参加过抗日的战马，绝非等闲之辈。如此看来，享有“画坛伯乐”美誉的徐悲鸿，是绝对担当得起“伯乐”二字的，这不仅指他能识别画家之才，事实上他相马也的确是相当“专业”的。

徐悲鸿从小还喜欢在小镇上看戏和听书，“戏中和书中的英雄人物带着鲜明的爱憎，流进悲鸿的胸臆，犹如清澈的泉水，流入贫瘠的大地，滋润着悲鸿稚嫩的心田，强烈地影响着他性格的成长。他常常怀着激动而崇敬的心情，将戏中的英雄人物默画出来，用剪刀剪下，贴在竹竿上，举着它们在镇上跑来跑去。成群的孩子尾随在后面，用羡慕的眼光看着他……悲鸿坚持锻炼身体和意志，幻想有一天能成为路见不平拔刀相助的侠客，就像戏中和书中的英雄人物那样。”[②]受此情节影响，徐悲鸿后来画过许多侠义题材的作品，比如描绘明末忠君报主的女侠杨娥的人物画《女侠杨娥》；描绘隋末唐初三位豪杰虬髯客、李靖和红拂女的《风尘三侠》，其取材出自唐传奇《虬髯客传》；还有取材于清·唐芸洲《七剑十三侠》第36回的素描作品《秦琼卖马》（图125），书文中言：“秦琼卖马，子胥吹箫，自古英雄，也曾困乏。”而其主人公秦琼（？—638），字叔宝，齐州历城（今山东济南市）人，能在万马军中取敌将首级，勇武过人，远近闻名，初为隋朝大将，后来投奔李唐，随李世民南征北战，病逝于贞观十二年（638），谥曰“壮”，追赠为徐州都督、胡国公。生前官至左武卫大将军、翼国公，贞观十七年列入凌烟阁二十四功臣。故事说的是早年秦琼在潞州落难穷困，先典押了兵器金双锏，后卖坐骑黄骠马，可人在倒霉时事事不遂心，马竟然没人要。后来在一位卖柴老者指引下去找单雄信，从此与单雄信成为下莫逆之交……徐悲鸿的《秦琼卖马》用众多的人物组合配以现实的场景，将那历史的一瞬自然地再现。

徐悲鸿还有反映从小所习诵的成语故事的作品，如《画龙点睛》（图126）该画不仅人物刻画生动，还形象地表现出了飞龙腾空而去的磅礴气势，

① 中国人民政治协商会议江苏省宜兴县委员会文史资料研究委员会 编：《宜兴文史资料第十二辑》，一九八七年七月，第23页。

② 廖静文：《徐悲鸿传》，中国青年出版社2010年版，第6—7页。

图 125 《秦琼卖马》徐悲鸿 作

早期，素描，纸本，47.5×62.5cm，北京徐悲鸿纪念馆藏亦是对中国传统龙文化的一次再现。而其中对飞龙和云雾的描绘不无父亲徐达章早年国画作品《飞龙》（图 180）的影响。

以上所述的徐悲鸿众多创作主题，正是徐达章对其实施的国学和传统文化教育的广泛性、深刻性、高效性和基础性的最有力体现。当然，徐悲鸿以传统文化为题材的创作远远不止以上这些，比如还有《负荆请罪》《刘海戏金蟾》《钟馗》《荆十三娘》《少陵诗意》《杜甫诗意图》《紫气东来》《落花人独立》《日暮依修竹》《天寒翠袖薄》《六朝人诗意》《老杜诗意》《九歌龙车》《九歌祭舞蹈》《射日》，还有取自杜甫秦州杂诗二十首的《哀鸣思战斗》《迴立向苍苍》……

徐达章的诗书画印及教育

古书记载，先民们早在只能穴居而野处的上古时代，就懂得结绳而治，开启社会协作的同时，也必定在屯（zhūn）蒙之间开始感悟朴素的工艺之美，后来有包（páo）牺氏仰观俯察，作八卦，不仅是用符号探索宇宙人生的奥秘之始，更是图画美术之滥觞。到神农氏发明耒耨，想必人们在填饱肚子的同时，开始有兴致关注和区分舌尖上的不同感受。待到黄帝、尧舜垂衣裳而天下治，对衣食之美的追求便成为生活的常性。社会继续发展至兴舟乘马之远行、臼杵之济民、弧矢之利威、上栋下宇之安居、棺椁巽说（yuè）之彼岸……先民们的智慧和审美意识从社会进步和生活发展的各个层面得到全面的塑造，直到后来的美食品味、儒释道宗、诗词文赋、建筑雕塑、琴棋书画……中国传统文化和审美艺术，一脉相承，源远流长。中国是名副其实的礼仪之邦，道德之乡，诗的国度，书的海洋……曾几何时，先祖们就仙游于名山大川，高山流水间遇知音，笔墨氤氲里妙发气韵……可以说，我们作为龙的传人，传统文化的基因根植在体内，艺术审美的热血也奔涌于体内。

中华民族的勤劳智慧，在悠久的历史长河中，不仅孕育出了自强不息、愚公移山的伟大精神，更令国人引以为傲的，是与其伴随的源远流长的传统文化和艺术，曾几何时，先民的生活中就充满着审美意识，最终发展成门类

图 126 《画龙点睛》徐悲鸿 作

1922 年，素描，纸本，45×61cm，北京徐悲鸿纪念馆藏齐全蔚为大观的璀璨文化和艺术。完整、系统、深邃的传统美育也就自然成为重要社会任务和活动，尤其是它们与儒、释、道天然地融合，共同构成中华精神的底蕴和民族信仰的核心。至二十世纪初，北京大学校长蔡元培提出了美育代宗教的观点，诚为必然。但是要达到这一目标，非经中国人民世代努力不可，徐悲鸿早年担任北京大学画法研究会导师时，就是美育代宗教的拥护者，后来更成为其中最有力的践行者之一。这从民族传承上讲顺理成章，从徐悲鸿承其家学和汲取族养的事实来看，亦然。

遥想徐悲鸿的祖上，为避免战乱，于元朝末年，迁居宜兴，繁衍生息，世代耕读。宜兴所在的江浙，乃明清经济和文化艺术发展的中心地带，尤其是作为传统文化和哲学载体的中国书画，其文化精神与儒、道、释思想一致，宜兴深厚的人文历史是产生和吸引众多文学及书画名家的重要基础。早在三国时期的东吴，宜兴山水灵气就有所彰显，孙权 15 岁就任阳羡（宜兴）县长。有“江南第一碑”之称的“国山碑”就立于东吴天玺元年（276），碑文为东吴书法家、中郎将苏建所书，其中的关于地震现象的文字，成为我国江南地震的最早记录资料。西晋时，宜兴人周处因抗击西戎而血洒疆场，陆机满腔悲愤，特为其庙写下了《孝侯墓碑铭记》，当时在湖州为官的书圣王羲之亲自为之书丹，此碑现保存在宜兴城周王庙内。唐代中后期，宜兴因偏安江南，多次免遭兵燹之祸，生活稳定，民风淳朴，成为许多文人学士的游历隐居之所。周王庙内的《水因寺贞义女碑》是由唐朝书法家李阳冰和大诗人李白合作完成的，是叔侄二人曾经来宜兴的见证。另外，宰相陆希声、诗人顾况、书家及诗人杜牧等，也先后隐居宜兴，在宜兴留下过珍贵的诗文书画。著名诗人、书法家羊士谔举进士后，曾为宜兴县尉，期间留下《建南镇碣记》（原碑立于宜兴城南，已佚）。至宋代，因慕宜兴山水之秀、人文之盛，苏东坡来此置地，岳飞也曾移师宜兴。黄庭坚、米芾等名贯一时的大家，先后多次到过宜兴，留下许多题咏和墨迹。官至丞相的李纲曾蛰居宜兴善卷寺苦读。元代无锡人倪瓒，少时一直流寓宜兴，中年后结庐宜南芙蓉山下，留下许多诗文墨宝。赵孟頫、张雨、王蒙、陈汝言等名家，多次到宜兴游历访古，分别留下了大量与宜兴有关的书画作品。明清之际，沈周、文征明、唐寅、仇英、张弼、董其昌、王翚、恽寿平、王穉登、陈鸿寿等，皆在此留有墨宝，丰厚着宜兴书画底蕴，并代代传承。因此，明清之际宜兴文化发达、经济繁荣，书画收藏和鉴赏风靡一时，《清明上河图》《富春山居图》《千字文》等传世墨宝一度栖身宜兴。

自晋代周处以后，宜兴本土的文人名士也不断涌现，南北朝时期，书画家康昕，唐代后期画家丁谦，宋代书画家蒋之奇、蒋长源、蒋璨、张驹等。明代画家，有擅画佛道人物的宫廷画家蒋子成，善画山水的吏部尚书吴云，与董其昌齐名的书法家蒋如奇，还有将军书法家卢象升等。清代比较有名的有蒋如奇之子蒋允睿、汪景望父子、笪通祺笪飞石父子、蒋宗琳蒋宗玺兄弟。还有清朝中晚期著名书画理论家吴德旋……

身居宜兴文化之乡，徐氏子弟在传统文化的滋养中成长壮大，贤才辈出，徐达章亦是其中的佼佼者，在族内与其父徐砚耕一起都被尊称“族彦”。徐达章耕读传家，终成当地著名书画家、文人学士以及私塾先生，并培养出一代绘画大师徐悲鸿。

徐达章的曾祖父徐万源公，待人诚实守信。万源公的孙子徐砚耕，性敏而好学，在万源公的督促下，徐砚耕在文化艺术方面表现突出，他很有灵性，且有很强的动手能力，据《砚耕徐公暨配丁吴二孺人合传》记载他“吊偶作玩具，必肖一物。不贻刻鹄类鹜之”[1]，读书习字皆优：“诮读一书必悉书中之旨，而后学书必端楷，未尝潦草，深得颜鲁公笔法”[2]。向徐砚耕索求墨宝者众多，他则“有求书者，则录格言以应，凡门堂书斋，手作屏联亦然。”[3]他尤其喜欢古玩字画，奇石异草之类，“盖有古人铭盘书绅之意焉，若古今名人书画与古玩怪石，则罗列庭前，与名花异卉交相辉映，暇则抚玩之，灌植之。”[4]由此可知，徐砚耕从小聪明好学，喜欢动手制作，在其祖父徐万

① 《计亭徐氏宗谱·卷四》，赵乃宣 撰《砚耕徐公暨配丁吴二孺人合传》。
② 《计亭徐氏宗谱·卷四》，赵乃宣 撰《砚耕徐公暨配丁吴二孺人合传》。
③ 《计亭徐氏宗谱·卷四》，赵乃宣 撰《砚耕徐公暨配丁吴二孺人合传》。
④ 《计亭徐氏宗谱·卷四》，赵乃宣 撰《砚耕徐公暨配丁吴二孺人合传》。

源的督下，读书领悟能力极强，认真学习书法，深得颜真卿的笔法，经常为亲朋好友写格言或者对联，喜欢搜集古人留下的字画铭盘以及怪石，喜欢栽培名花异草。徐砚耕在诗文方面的表现尤其突出，据《砚耕徐公暨配丁吴二孺人合传》记载他“出游胜地见佳楹联，归必手录，虽多记勿诈。好吟诗，择佳者录之成册 。”[①]徐砚耕游览名胜古迹时见到好的名句佳联，必牢记于心，回家后再笔录下来，即使再多也不会出任何差错，可见徐砚耕诗文修养之深和记忆力之强。藉此能力，徐砚耕还曾经为宗祠祠额的补录立下了奇功。原本在徐氏宗祠内，多置有匾额，但是由于战乱而祠毁额失。幸亏徐砚耕翁在儿子徐达章小的时候，曾经随手记录匾额内容并当作教育儿子的教材，所以在宗祠重建后，得以补录祠额，徐达章就是这一传奇的亲证者，于是徐达章为《计亭徐氏宗谱》特撰《补录祠额记》（图 127）：

吾计亭徐氏赖祖宗深仁厚泽，以致簪缨济济，名节昭昭，自圣清雍干之际，创祠以来，举凡恩荣宠锡，德行徽猷，靡不额悬，宗祠以光前启后，迨遭兵燹，毁之一空，而祖功宗德所以垂（chuí）诏不朽者，几乎磨灭，幸先考砚耕公于章少时尝将故祠额言一一记录，以教不肖者，今兹家乘重修新祠未竣，而先考之音容杳矣，所遗之手迹犹存，章即附录诸谱，待日祠宇告成，庶堪恢复旧绪而永彰世德于无穷也，是为记。

光绪岁次丁未长夏之吉　　十八世孙达章谨志并附录[②]

徐达章向宗祠提供了父亲徐砚耕补录的《祠额志》（图 128）为：

“大中大夫”——湖广分守湖北道参政升授陕西提学副使腾蛟立。
“广镇中宪”——广西镇安府兆昱立徐元庠立。
“秉铎昌门”——徽州祁门县教论绪振立。
“贡元”——江苏巡抚部院王秉衡为官至内翰林院徐腾蛟立。

① 《计亭徐氏宗谱・卷四》，赵乃宣 撰《砚耕徐公暨配丁吴二孺人合传》。
② 《计亭徐氏宗谱・卷二》，徐达章 撰《补录祠额记》。

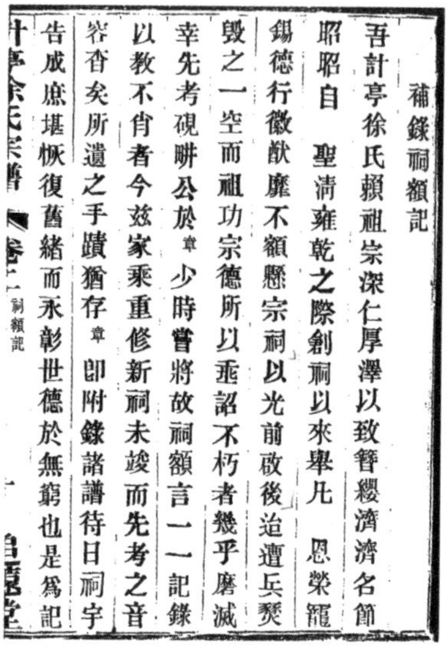

補錄祠額記

吾許亭徐氏賴祖宗深仁厚澤以致簪纓濟濟名節昭昭自　聖清雍乾之際創祠以來舉凡　恩榮寵錫德行徽猷靡不額懸宗祠以光前啟後迨遭兵燹毀之一空而祖功宗德所以垂詔不朽者幾乎磨滅幸先考硯畊公於章少時嘗將故祠額言一一記錄以教不肖者今茲家乘重修新祠未竣而先考之音容杳矣所遺之手蹟猶存章即附錄諸譜待日祠宇告成庶堪恢復舊緒而永彰世德於無窮也是爲記

图 127　《补录祠额记》首页，徐达章撰，1907 年

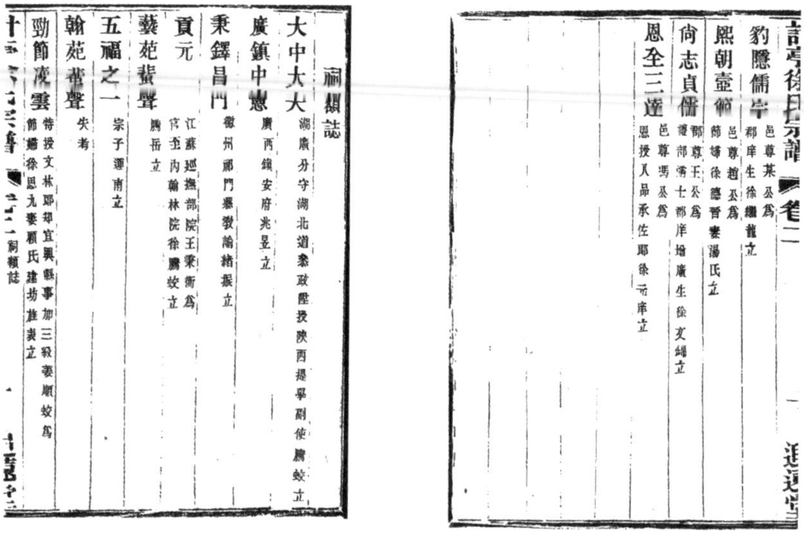

祠額誌

大中大夫　湖廣分守湖北道參政陞授陝西提學副使騰蛟立

廣鎮中憲　廣西鎮安府光昱立

秉鐸昌門　徽州郡門學敎諭緒振立

貢元　江蘇巡撫部院王秉衡爲宮詹內翰林院徐騰蛟立

藝苑蜚聲　騰岳立

五福之一　宗子運南立

翰苑蜚聲　失考

勁節凌雲　特授文林郎知宜興縣事加三級姜順蛟爲節婦徐恩九妻顧氏建坊旌表立

豹隱儒宗　邑尊某公爲郡庠生徐繼龍立

熙朝壼範　邑尊趙公爲節婦徐德晋妻湯氏立

尚志貞儒　郡尊王公爲禮部儒士郡庠增廣生徐文緝立

恩全三達　邑尊馮公爲恩授八品承佐郎徐元庠立

图 128　《祠额志》，徐砚耕 记，徐达章提供

"艺苑蜚声"——腾岳立。

"五福之一"——宗子运南立。

"翰院蜚声"——失考。

"劲节凌云"——特授文林郎知宜兴县事加三级，姜顺蛟为节妇徐思九妻顾氏建坊旌表立。

"豹隐儒宗"——邑尊某公为郡庠生徐继龙立。

"熙朝壶范"——邑尊赵公为节妇徐德晋妻汤氏立。

"尚志贞儒"——郡尊王公为礼部儒士郡庠增广生徐文锦立。

"恩全三达"——邑尊冯公为恩授八品承佐郎徐元庠立。①

徐达章《补录祠额记》中的"幸先考砚耕公于章少时尝将故祠额言一一记录，以教不肖者"告诉我们，徐达章从小受教于父亲，受教内容当然也不止祠额这一点了，肯定包括文化、艺术、道德为人甚至农事等各个方面，这一点从徐达章后来所作诗集《先考砚耕公逸事十章》中亦可看出，因为其中一首这样写道："白云深处乐躬耕，南亩分秧一手匀。犹忆儿时依膝下，课农兼教学为人。"

在父亲的教育下，徐达章诗、书、画、印皆擅长，不仅喜欢吟诗作对辑录佳言，还酷爱书法，尤其擅长绘画，更可贵的是他还致力于儒学，并能设塾课徒，最终在传统教育渐渐被新学取代的情况下，自我转型居家教育自己的儿子，把他的全部所学和审美意识传授给了徐悲鸿。其中徐达章审美教育的核心内容，具体讲就是其诗、书、画、印的传授。以下将逐一详述：

（一）诗词：

1、题画诗

徐达章一生勤奋刻苦，虽然擅长诗词文赋，工书善画，并且有志圣贤儒学，但是他最喜爱的还是绘画，其绘画的最大成就当属人物画。关于他的诗

① 《计亭徐氏宗谱·卷二》，徐达章 撰《祠额志》。

词，题画诗是主要组成部分，下面不妨就从他的一首题画诗开始：

百花开放逐春阳，我到开时气候凉。
只为道人心爱淡，淡花写处乐弥长。

这首诗是徐达章国画《淡花》（图 45）中的七言题句，其淡我自清之态，不亚于周敦颐之“予独爱莲之出淤泥而不染，濯清涟而不妖”的至洁自爱之情。喜欢并深研朱熹的徐达章，宋明理学开山鼻祖、北宋著名哲学家周敦颐的《爱莲说》想必是其必读和必教。周敦颐在其《爱莲说》中还言：“予谓菊，花之隐逸者也……噫！菊之爱，陶后鲜有闻。”徐达章于“淡我斋”中乘兴绘秋花，品淡菊之乐，又把我们导向了陶渊明之：“结庐在人境，而无车马喧。问君何能尔？心远地自偏。采菊东篱下，悠然见南山。山气日夕佳，飞鸟相与还。此中有真意，欲辨已忘言。”徐达章的《淡花》题诗是有意续陶渊明的采菊幽情吗？

徐达章在另一幅秋菊图《晚花》（图 44）中又题有诗句：

平生不肯趋炎热，故向霜中放晚花。

这片段诗句，与华嵒（yán）的题画句“平生不喜趋炎势，故向霜中放晚花”只有一字之差，反映出扬州八怪对他的影响力不仅仅局限于绘画，还包括诗词以及思想精神。事实上扬州八怪对徐达章绘画、书法和诗词的确有全面的影响。华嵒（1682—1756）即新罗山人，虽然生活在以模古为正宗的康乾年间，但是作为一个坚持创新和反对模古的诗人画家，他的开一代新风的花鸟、人物画极大地影响了清代中晚期的画坛，尤其是他的花鸟画最受人喜爱。他的技法和创新精神，甚至启发了海派中的许多名家。作为民间画家的徐达章很难置身事外，他对华嵒飘逸古拙的笔墨、妍艳鲜润的色彩、蕴藉闲逸的韵趣、空灵巧妙的章法，都有很深的体悟和广泛的汲取。从词句的表达上也反映出二人在人格和品味上的相通。这说明他们俩也许都受到清朝桐城派诗人刘大櫆的影响，刘大櫆与他的老师方苞、学生姚鼐一起被尊为“桐城三祖”，起到了承上启下的作用，他一生清心寡欲，才盛德高，教书育人，曾在《赠资治大夫吴府君墓表》中云：“平生不趋走炎热……足迹未尝入官府”。如果说这其中的“炎热”还是在暗示权贵，后面一句却毫不掩饰地直言官府，是挑明了要与官府撇清关系。徐达章就是这样，作为乡间与流俗不同的隐君子，其最大的特点就是不与官府往来，有不向权贵低头的气节。所以，徐达章在《淡花》题菊诗表现出了淡泊自乐的心境上，再到《晚花》之题句，可以说是进一步撇清了和官府及权贵的关系，显示出了高洁的人格。所以，当年宜兴县令万立钧欲来访“淡我斋”时徐达章避而不见，就更好理解了。而这种独立的人格和高尚的操守，可以说在江浙一带的画家和诗人等文人士大夫当中，早就有一定市场，比如扬州八怪的郑板桥、黄慎、华嵒等，都是如此。

除了颂菊，向来文人还喜欢以梅花自喻，咏梅往往也是君子交心的共通语言。隆冬中的宜兴白梅，在积雪凝寒中怒放，更加素洁，在文人的眼里，白梅不仅在孤赏中自芳，更是风骨清绝中的自爱，徐达章彬彬儒君，屺山下的白梅何尝不是他自我照见的一面明镜呢？于是他行笔写就水墨《素梅》（图46）一幅，以绘自我，又题诗直抒胸臆：

原与孤清迥算邻，分甘投老万山深。
任他红紫多颜色，不为繁华易素心。

如同王冕清气满乾坤的《墨梅》一样，《素梅》洁白空灵的心境永驻徐达章的灵府。当然，除了与家乡美景的互照，历代墨客的书香亦对徐达章产生影响。除了南宋著名诗人陆游的《卜算子·咏梅》“驿外断桥边，寂寞开无主。已是黄昏独自愁，更着风和雨。无意苦争春，一任群芳妒。零落成泥碾作尘，只有香如故。”还有南宋末年出身于阳羡世代巨族的杰出词人蒋捷，南宋灭亡后，漂泊江湖，舟行遇雪泊于荆溪，作《梅花引·荆溪阻雪》，以荆溪雪梅抒发诗人的爱恨离仇：“白鸥问我泊孤舟，是身留？是心留？心若留时，何事锁眉头？风拍小帘灯晕舞，对闲影，冷清清，忆旧游。　旧游旧游今在否？花外楼，柳下舟。梦也梦也，梦不到，寒水空流。漠漠黄云，湿透木棉裘。都道无人愁似我，今夜雪，有梅花，似我愁。”[①]虽然徐达章无法与蒋捷谋面，但是作为同乡，他们都曾经深情欣赏过家乡的梅花，怎能不生君子相惜之情呢？然而徐达章的《素梅》题诗最直接的影响却是来自元代散曲名家冯子振（自号怪怪道人）的《西湖梅》：“苏老堤边玉一林，六桥风月是知音。任他桃李争欢赏，不为繁华易素心。”徐达章将冯子振《西湖梅》的“任他桃李争观赏”一句的前两个字保留后，变成了“任他红紫多颜色”，最后一句则与冯氏《西湖梅》的末句完全相同，从中不仅看出徐达章在诗词文学包括元曲在内的广泛涉猎，还可以了解到徐达章与冯氏高洁淡泊精神的相通相惜。

有“花中君子”“王者之香”美誉的兰花，亦是徐达章自我写照的对象。尤其是前世文人的写兰诗文更是他的必读，如屈原《离骚》曰：“予既滋兰之九畹，又树蕙之百亩。”[②]从中可知，屈原时期楚人贱蕙而贵兰。另《孔子家语》：“芝兰生于深林，不以无人而不芳；君子修道立德，不为穷困而改节。”[③]北宋诗人黄庭坚亦在《书幽芳亭记》中言：“兰之香盖一国，则曰国香。……兰甚似乎君子，生于深山薄丛之中，不为无人而不芳；雪霜凌厉而见杀，来岁不改其性也。是所谓‘遁世无闷，不见是而无闷’者也……”倪云林小题诗云：“兰生幽谷中，倒影还自照。无人作妍媸，春风发微笑。”而且兰花不仅仅是历代君子追捧的对象，甚至被写入儿童背诵的读本中，以期从小启蒙教化。比如明代著名思想家，万历二年进士吕坤特作《续小儿语》：“欺世瞒人都易，惟有此心难昧。暗室虽是无人，自身怎见自身？兰芳不厌谷幽，君子不为名修。”[④]

徐达章淡泊文雅，坚贞不渝的人格气质与兰花的纯洁雅怡、风骨韵美最为相宜。于是徐达章特写《幽芳》（图 47）一帧，与先贤唱和，再叙前世文

① 《中国地方志集成·嘉庆增修宜兴县旧志》，江苏古籍出版社 1991 年版，第 488 页。

② 许渊冲 英译，姜胜章 编校：《诗经》，湖南出版社 1993 年版，第 4 页。

③ 《孔子家语》，郎建 主编，中国少年儿童出版社 2015 年版，第 141 页。

④ （明）吕得胜（明）吕坤 著，张庆利 主编：《小儿语 续小儿语》辽宁师范大学出版社 2017 年版，第 92—93 页。

心，并题诗句：

生于幽谷，不以无人而不芳。

徐达章的“不以无人而不芳”与黄庭坚的“不为无人而不芳”只有一字之别，并与倪云林的“兰生幽谷中，倒影还自照”、吕坤的“兰芳不厌谷幽，君子不为名修”一起，尽写天下君子之风。

1902年的山水画《残景雪寒图》（图188）题画诗（图175）：

木杪（miǎo）凄鸦景已残，沙边落雁雪犹寒。
江南江北曾行路，今日山窗借看山。

徐达章的该则题画诗，源自清末画家、收藏鉴赏家吴云的题画诗：“木杪栖鸦景已残，沙边落雁雪犹寒。江南江北曾行路，今日山窗作画看。”吴云，字少甫，号平斋，晚号退楼主人，安徽歙县人，生于嘉庆十六年（1811），卒于光绪九年（1883）。吴云善画山水花鸟，随意点染，超凡脱俗。他还工篆刻，用刀、布局均得古趣，功力深厚。徐达章对他的绘画尤其是篆刻颇有感触，极意汲取，还对他的诗词喜爱有加，吴云游荆溪，曾作七言律《游张公洞》“天开地辟神仙窟，壮观荆溪第一峰。紫府移来知上界，青雨桑麻屋后田。摭（zhí）鹊非关鸠性拙，巢松休怪鹤情偏。传家不用千金积，架上遗书有一篇。”[①] 徐达章在自己的画中并没有完全地挪用吴云的诗句，而是将吴云的“栖鸦”变成了“凄鸦”，最后的“作画看”改成了“借看山”，这样能更有力地表达落寞的凄清，也更贴切于来自马远、夏圭的残山剩水式的构图，同时还反映出画家视角的广阔和思想的豁达。尤其是一个“借”字，使整首诗更加灵动，意境得到了升华，彰显出徐达章的诗词功力。

而同样是1902年所作的山水《亭湾空山图》（图187）题画诗（图174）：

① 《中国地方志集成·嘉庆增修宜兴县旧志》，江苏古籍出版社1991年版，第473—474页。

谁家亭子傍溪湾，高树扶疏出石间。
落叶尽随溪雨去，只留秋色满空山。

此诗完全照搬了元朝黄公望《秋山林木图》中的诗句，可见徐达章的绘画和诗词都曾经受到过黄公望的影响。

徐达章于1905年创作山水画《春到山家》（图193）［款识：旹（shí）光绪三十有一年乙巳仲夏之月（农历5月）小浣（下旬），淡我斋主人达章并题］，并题诗（图171）：

春到山家别有天，万千红紫斗芳妍。
宛然又是桃源境，静对忘言意欲仙。

正如徐悲鸿描述自己的父亲："一宗造物……肆忘于山水之间，宴如也"，该诗也正是徐达章所有自作诗里面最富于喜庆色彩的一首，其中"静""忘"二字极为高明，本来是描写静态的词语，在此反而使画面和诗意极具动感，"静"得让人飘然，"忘"得使人心猿意马，最后的"欲仙"更与此前的"桃源境"相共鸣，由此诗境层层递升，最后达到超出现实的高妙境界——神仙般的自由仙境。并且从中我们可以窥得徐达章神往陶渊明，情系桃源仙境……

我们现今能够看到的徐达章诗词里，有一首最为特殊的四言诗，也是今天我们能读到的他唯一一首采用诗经体的自作诗，这就是其国画《丛竹图》（图192）（款识：成之并题，白文朱印"徐达章""光风霁月"，朱文印"成之金石诗书画"）之题诗（图155）：

丛竹丛竹，清操绝俗。
我心写兮，惟日不足。

虽然短短几句，但是从开首的叠句、全诗的四言、比兴表现手法的运用、音韵之美等方面看，无疑是学习和运用了诗经的写作方法，其开首的“丛竹丛竹”就采用了诗经写作方法的“叠句”。在《诗经》中采用叠句的诗篇比比皆是，如《诗经·小雅·采薇》之：“采薇采薇，薇亦作止。曰归曰归，岁亦莫止……”，就用到了“采薇采薇”和“曰归曰归”。再如《诗经·周颂·有客》中：“有客有客，亦白其马；有萋有且，敦琢其旅……，”就用到了叠句“有客有客”，以及接近叠句的“有萋有且”。另外还有《唐风·采苓》中的“采苓采苓”，《豳（bīn）风·鸱鸮（chī xiāo）》中的“鸱鸮鸱鸮”，《小雅·采菽》中的“采菽采菽”，《小雅·黄鸟》中的“黄鸟黄鸟”，《周颂·有瞽（gǔ）》中的“有瞽有瞽”，《周颂·敬之》中的“敬之敬之”，《鲁颂·有駜（bì）》中的“有駜有駜”，也都采用了叠句。

再就是我们最熟悉的《国风·魏风》中的名篇《硕鼠》：

> 硕鼠硕鼠，无食我黍！三岁贯女，莫我肯顾。逝将去女，适彼乐土；乐土乐土，爰得我所！
>
> 硕鼠硕鼠，无食我麦！三岁贯女，莫我肯德。逝将去女，适彼乐国；乐国乐国，爰得我直！
>
> 硕鼠硕鼠，无食我苗！三岁贯女，莫我肯劳。逝将去女，适彼乐郊；乐郊乐郊，谁之永号？[①]

其每章的开首都用了“硕鼠硕鼠”叠句，后面则分别用了“乐土乐土”“乐国乐国”和“乐郊乐郊”。

然而徐达章《丛竹》诗中的“我心写兮”出自《诗经·小雅·南有嘉鱼之什·蓼萧》、《诗经·小雅·甫田之什·裳裳者华》和《诗经·小雅·甫田之什·车舝》：

① 许渊冲 英译，姜胜章 编校：《诗经》，湖南出版社1993年版，第202—204页。

《蓼萧》言：

蓼彼萧斯，零露湑兮。既见君子，我心写兮。燕笑语兮，是以有誉处兮。

蓼彼萧斯，零露瀼瀼。既见君子，为龙为光。其德不爽，寿考不忘。

蓼彼萧斯，零露泥泥。既见君子，孔燕岂弟。宜兄宜弟，令德寿岂。

蓼彼萧斯，零露浓浓。既见君子，鞗革冲冲。和鸾雍雍，万福攸同。①

《裳裳者华》言：

裳裳者华，其叶湑（xū）兮。我觏（gòu）之子，我心写兮。我心写兮，是以有誉处兮。

裳裳者华，芸其黄矣。我觏之子，维其有章矣。维其有章矣，是以有庆矣。

裳裳者华，或黄或白。我觏之子，乘其四骆。乘其四骆，六辔（pèi）沃若。

左之左之，君子宜之。右之右之，君子有之。维其有之，是以似之。②

《车舝》言：

间关车之舝（xiá）兮，思娈季女逝兮。匪饥匪渴，德音来括。虽无好友，式燕且喜。

依彼平林，有集维鷮（jiāo）。辰彼硕女，令德来教。式燕且誉，好尔无射。

虽无旨酒，式饮庶几。虽无嘉肴，式食庶几。虽无德与女，式歌且舞。

陟彼高冈，析其柞薪；析其柞薪，其叶湑兮。鲜我觏（gòu）尔，

① 许渊冲 英译，姜胜章 编校：《诗经》，湖南出版社 1993 年版，第 336—338 页。

② 许渊冲 英译，姜胜章 编校：《诗经》，湖南出版社 1993 年版，第 476—478 页。

我心写兮。

高山仰止，景行行止。四牡騑騑，六辔如琴。覯尔新昏，以慰我心。[1]

在以上三诗中，“我心写兮”都是“我心舒畅”的意思，徐达章在其《丛竹》之题诗中的“我心写兮”亦是取此含意。

徐达章诗中的最后一句“惟日不足”则来自《诗经·小雅·鹿鸣之什·天保》：

天保定尔，亦孔之固。俾尔单厚，何福不除。俾尔多益，以莫不庶。

天保定尔，俾尔戬（jiǎn）谷。罄无不宜，受天百禄。降尔遐福，维日不足。

天保定尔，以莫不兴。如山如阜，如冈如陵。如川之方至，以莫不增。

吉蠲（juān）为饎（chì），是用孝享。禴（yuè）祠烝尝，于公先王。君曰卜尔，万寿无疆。

神之吊矣，诒尔多福。民之质矣，日用饮食。群黎百姓，遍为尔德。

如月之恒；如日之升；如南山之寿，不骞不崩。如松柏之茂，无不尔或承。[2]

“维日不足”的意思是“天天怕不足”，徐达章题词中将诗经中的“维”写作了“惟”字，其意义是一样的。

徐达章不仅自己研习国学经典，还开办私塾教授生徒们读国学经典，尤其是还要教儿子读，所以他本人自然是对诗经耳熟能详，在画面上用诗经文体作诗题款也是顺理成章的事情。

所以徐达章虽然淡泊隐逸，一生贫困，但并非我们想象中的痛苦。他心中有诗和远方，当然自得其乐。他在诗的国度里，君子同道比比皆是，他怎么会孤独呢？中华民族自古君子不绝，只要精神相通，则千古同心。徐达章

① 许渊冲 英译，姜胜章 编校：《诗经》，湖南出版社 1993 年版，第 484—488 页。

② 许渊冲 英译，姜胜章 编校：《诗经》，湖南出版社 1993 年版，第 312—316 页。

隐逸之心，纯洁之情，每每显示于诗书画印间，颂菊咏梅，洁兰贞竹，徐达章以此遣性表志，也极富儒、释、道之文化精神。

2、与先祖唱和诗

徐达章作为徐氏望族的第十八世孙，他还特别留意诵读和学习祖上贤达者留下的诗词文赋，从中感受祖德，追其才华。其中最主要的当属十世祖徐腾蛟（字德飞，号默庵），他是徐达章直系十世祖徐腾岳之胞兄，曾经官至大参，世称“大参公”，他的祖父徐维祯学业有成，进身礼部儒士。礼部儒士在古时指以“通经”有文为特征的良民，必须通过朝廷的考试确认后方可授予，但不一定有官职，属于文职散官。维祯公次子逢亨公（腾蛟之父），字汝嘉，由于父亲的显贵而获貤（yì）（重复）赠七品散官“文林郎大中大夫”。逢亨公共生七个儿子，其中四个儿子分别在郡县学校求学，大参公是逢亨公次子，“生五岁就外传授尚书，七岁读毛诗，歌风咏雅，声彻四壁……初为童子试辄拔前茅。崇祯辛未二十二岁，补弟子员学使（学政）者。”[①]……清朝顺治八年（1651），徐腾蛟时年四十二岁，经地方举荐诏选鸿儒，初次入都……至四十五岁时，又逢天子选博艺之士允翰苑中书，徐腾蛟再次被选中并“受中书才（caí）匜”[②]……丁酉年徐腾蛟四十八，他又被加级从师参赞军务，跟从满洲罗大将军征湖南，“既平，又从三省经略，故进士洪公征贵州云南，叙军功，始署分守湖北道事奉，敕授湖广湖北道布政使司参议，兼管抚苗事务。先生居辰州常德靖州，俭勤抚字，辑兵卫民，士民戴之如父母焉。”[③]算上大参公之曾祖父效忠公自幼喜欢读书，至大参公已是四世书香之家，徐腾蛟终于结成硕果。《中国地方志集成·嘉庆增修宜兴县旧志·艺文志五言长律》录其《游南岳废园》：“游南岳废园　国朝　徐腾蛟　出郭寻春去，携舠（dāo）得自由。晴天新语燕，暖水恣浮鸥。深浅时花见，嶙峋古木稠。行行峰渐矗，潺潺壑初流。渗雪前村李，凝烟别径湫。几年成贼窟，山鸟怪人游。淡日空携扇，清寒早脱裘。柴车声远近，槿户影绸缪。松鼠偷

① 《计亭徐氏宗谱·卷四》，徐时俊 撰《大参公传》。

② 《计亭徐氏宗谱·卷四》，徐时俊 撰《大参公传》。

③ 《计亭徐氏宗谱·卷四》，徐时俊 撰《大参公传》。

花健，山鸡啄蝶遒。谷鸣樵斧落，鹂语客筇（qióng）留。蛰笋惊雷拨，茶苗沐雨抽。小庵寻憩息，老树回无俦。荫亩擎青盖（gài），参霄动绛虬。良村遭浩劫，拙匠肆处刘。断梗犹鳞甲，横躯若卧彪。百年餐雨露，一斧废春秋。过客含长叹，村而昧远谋。倚藤聊渡涧，入竹渐忘丘。遭火悲惨榭，迎风想旧楼。玉兰存朽蘖，金橘作新樔（yǒu/chǎo）。菌乳供僧饭，椿芽倩仆收。枕流淌汗湿，拂面觉风柔。山犬早归户，林狙（jū）晚聚俦。泉声频送屐，野老待传瓯。倦足逢村憩，香醪（liáo）喜客酬。松涛担下过，麦浪榻前浮。薄暮应防虎，连阴欲怒鸠。胜游天亦妒，高兴雨为仇。暝麓趋农笠，烟田唤渡舟。城门惊早闭，秉烛乐归休。洗足舒长啸，含毫散宿愁。兹游殊草草，吾意已悠悠。”①

又据《计亭徐氏宗谱》记载，大参公曾经自言七岁能诗，八岁能文。但是其早期诗文都已散佚，无从查考，有纪年的诗从辛卯年（1651）开始，始作《江阴周子石瓶歌》，壬辰（1652）作有《北游道中五首》及《堕马伤足》。《计亭徐氏宗谱·卷八》特载《默庵公诗集》，录其诗词文赋共计59首（篇）。以下略录几首再窥其一二：

壬辰作五言诗《北游道中五首》：

其一：抵暮逢村落，蓬蒿人影稀。出林烟气淡，吠客犬声饥。粟酒微醺面，沙风深入衣。故园兄弟好，此日共炉围。

其二：晓霜那得壁，装促待晨鸡。江曙鸿初散，天寒马不嘶。干糇（干粮）资老仆，旧褐感山妻。病骨难为客，前途望正迷。②

另有五言诗《堕马伤足》：

悔孰驱吾出，长途备苦辛，蹒跚遭客笑，偃蹇任奴□。北马雄金勒，

① 《中国地方志集成·嘉庆增修宜兴县旧志》，江苏古籍出版社1991年版，第479—480页。

② 《计亭徐氏宗谱·卷八》，《默菴公诗》。

西风侮葛巾，始知游子贱，骨肉语皆真。[①]

七言诗《病起》：

今朝抖擞筋骸健，检取医方付赤熛。留得双眸知更冷，皤然此腹岂徒枵（xiāo），未酬心事文千轴，无限经纶酒一瓢。不死依然高兴在，由他苍鬓日萧萧。[②]

又有七言诗《龚芝麓晋司寇》：

蛟也今之嵇阮俦，先生与古王谢侔（móu）。倾倒一尊忘措大，文章千载并风流。掌中铁管苍生命，头上霜花社稷忧。诗书有用应如此，愧我糟糠老一邱。[③]

这振聋发聩的“掌中铁管苍生命，头上霜花社稷忧”之绝句尽显大参公之不朽。

由于仰慕大参公的才华横溢，徐达章特作七言诗与其唱和，这就是光绪三十三年（1907）清和月（农历4月）特为宗谱所作的七言诗《题默庵公诗集后》（图129）：

沉吟诗稿黯销魂，精爽留遗万古春。
九世卿云瞻小子，百年謦（qǐng）欬（kài）仰公神。
白眉昔已推京国，黄卷今犹迪后人。
浩劫不磨豪气在，独留天壤补天钧。[④]

---

① 《计亭徐氏宗谱·卷八》，《默菴公诗》。
② 《计亭徐氏宗谱·卷八》，《默菴公诗》。
③ 《计亭徐氏宗谱·卷八》，《默菴公诗》。
④ 《计亭徐氏宗谱·卷八》，徐达章作《题默庵公诗集后》。

徐腾蛟乃十世祖，徐达章则是十八世孙，前后相隔九世，故谓九世祥瑞之喜气瞻顾着他这个后生，百年来谈笑间敬仰着他的神采，感佩祖上之心系苍生的大爱精神。

据宜兴县志所载大参公行谊所言：“徐腾蛟，字德蜚，博学工诗，得少陵气，格文亦古，峭有奇致，以戊子恩贡廷试上卷授内阁中书。时魏栢卿刘安邱倡兴诗会，腾蛟诗一出，共推白眉，声噪都下。以随征湖南，功题授辰沅守道，因忤直指使，罢官归。着混茫篇，纪年笺诸集行世”[1] 徐达章诗中的“白眉昔已推京国”即指县志所载徐腾蛟在京城时。魏栢卿刘安邱倡兴诗会，“腾蛟诗一出，共推白眉，声噪都下”[2]之状。另据宗谱《大参公传》载：“……辛卯章黄帝御极之八年，腾蛟四十二岁，经地方举荐诏选鸿儒，初入都……姜侍御首举诗社，座有山阴鲁生口吟曰‘满目风尘孤客泪’，腾蛟立即对曰‘数声砧杵故园情’……”[3]，在坐儒者皆惊叹不已，遂以诗名著闻京师。

在徐氏宗谱中，除了大参公录有诗集外，原本还录有《丹山公诗集序》及其诗赋一首，但是后来其内容遗失，仅在目录里出现而已。于是徐达章抱着深切的遗憾，在光绪三十三年（1907）丁未清和月（农历 4 月）特作《丹山公诗集失于兵燹题以志憾》（图 130）以纪念：

干戈扰攘几经秋，磨灭斯文憾莫酬。
世事固难无缺陷，人情奚忍没先猷（yǒu）。
韵遗秋月乾坤净，气挹高风道义优。
故牒仅存空目在，千秋何处觅贻谋？[4]

是年仲夏（农历 5 月），徐达章在为计亭徐氏宗谱所撰《九修宗谱后序》

① 《计亭徐氏宗谱 · 卷二》，《据县志所载大参公行谊》。
② 《计亭徐氏宗谱 · 卷二》，《据县志所载大参公行谊》。
③ 《计亭徐氏宗谱 · 卷四》，徐时俊 撰《大参公传》。
④ 《计亭徐氏宗谱 · 卷八》，徐达章 作《丹山公诗集失于兵燹题以志憾》。

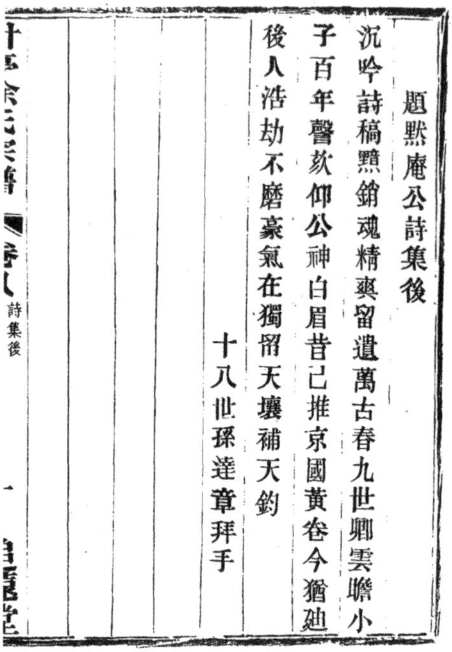

题默庵公诗集后

沉吟詩稿黯銷魂精爽留遺萬古春九世卿雲瞻小
子百年謦欬仰公神白眉昔已推京國黄卷今猶廸
後人浩劫不磨豪氣在獨留天壤補天鈞

十八世孫達章拜手

图 129 《题默庵公诗集后》，徐达章 作
1907 年

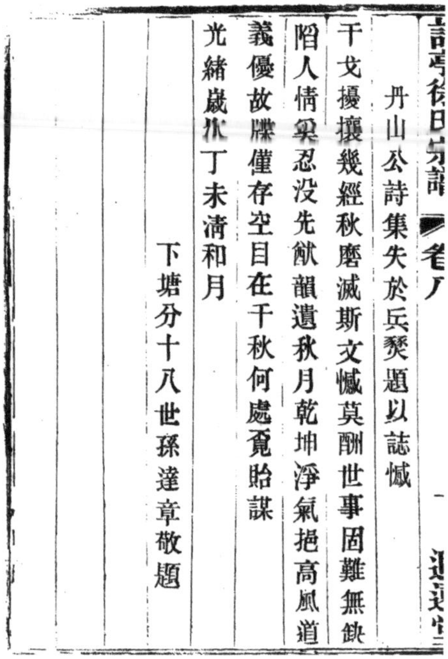

丹山公詩集失於兵燹題以誌憾

干戈擾攘幾經秋磨滅斯文憾莫酬世事固難無缺
陷人情奚忍没先猷韻遺秋月乾坤淨氣挹高風道
義優故牒僅存空目在千秋何處覔貽謀

光緒歲次丁未清和月

下塘分十八世孫達章敬題

图 130 《丹山公诗集失于兵燹题以志憾》，徐达章 作
1907 年

中再提及："吾计亭徐氏宗谱……重修于光绪之戊寅焉，粤稽古谱目，尚有丹山公诗集序并秋月赋，与诗词竟磨灭焉，而无存矣。可胜惜哉？其余幸为美备，并无遗失…… "①

在徐氏宗谱中，共辑录五人诗作，有大参公所作《默庵公诗集》，有丹山公《秋月赋》，宗子运南自赋五言诗《纯嘏（gǔ）词》，徐达章好友赵乃宣所撰《屺山高赠徐君成之五言古诗》，再有就是徐达章的《题默庵公诗集后》《丹山公诗集失于兵燹题以志憾》以及他极为重要的思父诗《先考砚耕公逸事十章》。

3、徐达章思父诗

徐达章的父亲，名徐聚金，字鸿魁，号砚耕。道光十一年（1831）辛卯四月初十日申时出生，本是徐恒泰的长子，出嗣与徐同茂。据《砚耕徐公暨配丁吴二孺人合传》记载，徐砚耕"身居市厘之间，不尚纷华，不罔市利，惟知食旧德，服先畴，于谨简朴之中优游涵养，得性天之乐趣，此其所以号为砚耕者也。"② 徐砚耕命运多舛，屡遭变故，原配是上倖里丁应珍长女，丁氏与徐砚耕同生于道光十一年，丁氏生于该年五月十六日子时。赵乃宣在其所撰《砚耕徐公暨配丁吴二孺人合传》中描述丁氏"秉性贤淑，于归时即能得舅姑与太舅姑欢，相夫子，和妯娌，顺从无违，克勤克俭。"③ 但在太平军初到宜兴之际，徐砚耕一度被太平军俘获至姑苏城，丁氏请求邻里帮助她各处寻找丈夫，两个多月没有找到，几乎崩溃之际，徐砚耕突然自己回返家中，这令丁氏喜出望外。然而没过多久，徐砚耕再次被太平军虏获，丁氏"扶姑避难，百苦倍尝，遂成疾而逝"④，时在同治二年癸亥五月二十六日，得年三十有三，安葬于砚耕公茔墓左侧，当时尚未生育子女。万幸的是，后来徐砚耕得以二次从太平军内逃脱，待其娶吴志安女为继配之时，已经是太平军败退之后的事情了，然而"时屋宇被毁，土地荒芜，孺人操井臼，勤纺

① 《计亭徐氏宗谱·卷一》，徐达章 撰《九修宗谱后序》。
② 《计亭徐氏宗谱·卷四》，赵乃宣 撰《砚耕徐公暨配丁吴二孺人合传》。
③ 《计亭徐氏宗谱·卷四》，赵乃宣 撰《砚耕徐公暨配丁吴二孺人合传》。
④ 《计亭徐氏宗谱·卷四》，赵乃宣 撰《砚耕徐公暨配丁吴二孺人合传》。

织，有亡黾（mǐn）勉，力相不逮，卒能光照旧业，孺人与有力焉。气体凝重，秉性温和，约己裕人，施与弗吝，故里党戚属，咸颂其德弗衰。”[1] 所以在吴氏的鼎力支持下，徐砚耕“卒能重整门楣，垂裕后昆，皆其谨勤敦笃，安分乐天，有以致也。晚年蔗境甘回，义方教子，含饴弄孙，而坐对家人及亲朋聚首，尤好谈因果事，津津不倦，谦和逊顺，咸乐亲近，盖年弥高而德弥劭矣……”[2]

徐砚耕还两次捐金资助宗族建设祠堂，由此获得宗祠配享，又由于其德高望重，晚年又蒙受皇帝恩赐登仕郎，赏给九品顶戴。清光绪二十六年，庚子（1900）年十一月初十子时，徐砚耕去世，享年七十岁，“葬于宗祠前三分扇子田内，辛山乙向兼卯酉三分，立有碑铭。”[3] 此时徐达章三十二岁，父亲的去世使他悲戚万分，时过六年，于清光绪三十一年（1905）乙巳孟冬之月（农历 10 月），吉旦之日（初一），已三十七岁的徐达章仍旧思父心切，父亲的言行举止，音容笑貌，依然历历在目，其伤情不减，在“淡我斋”中作诗十首，即《先考砚耕公逸事十章》[4]，以排遣思念父亲之悲情，首诗即云：

哀哀先考去悠悠，忠厚精诚气尚留。
慨想当年行动止，音容宛似在心头。

回想父亲砚耕公一生勤于耕种，手和脚都磨出了厚厚的老茧，每每早出晚归，凡是能种植的地方都种上了桑麻菜蔬，没有一块地是空闲的。他恭顺而简朴，衣服虽然破旧几经缝补，但是始终保持干净利落，鞋子即使穿透了，也必须端正平齐，父亲虽然是一介布衣，但是却爱读书并擅长艺术鉴赏，所以徐达章赋诗云：

① 《计亭徐氏宗谱·卷四》，赵乃宣 撰《砚耕徐公暨配丁吴二孺人合传》。
② 《计亭徐氏宗谱·卷四》，赵乃宣 撰《砚耕徐公暨配丁吴二孺人合传》。
③ 《计亭徐氏宗谱·卷三》，《下塘分世表》。
④ 《计亭徐氏宗谱·卷四》，徐达章 作《先考砚耕公逸事十章》。

勤俭持家半读耕，布衣潇洒乐平生。
闲来洒扫尘氛净，古画名书陶性情。

徐砚耕喜欢收集名人书画，喜欢种植和灌溉奇花异草，经常在花香之中读经治学，还每每将收集来的古玩怪石罗列在庭院里，敬它们劲骨云心，如同君子般有高风气度。徐达章笃爱奇石这一特点与称石为兄的米芾（字元章）性情相同，于是徐达章作诗二首以赞：

罗将怪石作良朋，直与元章癖性同。
山骨云根心赏处，爱他贞劲仰高风。

又诗：

名花灌溉日殷勤，浅白深红萃一庭。
尽日清斋无个事，天香深处课遗经。

徐砚耕早年遭难，但是晚年子孙满堂，尽享天伦之乐，每次与家人及亲朋好友聚首聊天，都会津津有味地谈论世事的因缘际会，他极其谦和亲近，达观高德，从来不涉赌场，徐达章作诗云：

一团和气蔼春风，贫富周旋一体同。
言论不谈闺闲事，纲常名教话从容。

徐砚耕还好书法，他诚意学习楷书，端庄整饬，从不潦草，尤其对颜鲁公笔法颇有心得。当有亲朋好友向他求书时，不论是门堂、书斋，还是屏风对联，他总是手书格言相送。每次外出游览，于各胜地，只要见到有好的佳对楹联，回家后一定会笔录下来。他还喜好吟诗，经常选择上佳的诗词录制成册。徐达章作诗赞道：

楷法生平善学颜，神如秋水气如山。
淋漓泼墨挥毫处，善行嘉言落纸间。

徐砚耕天性豁达乐观，谨勤敦笃，气质轩昂，有很强的亲和力，于是徐达章又赞父亲道：

日长从未昼高眠，志状神清气若仙。
事事精勤惟刻苦，先忧后乐性中天。

又诗云：

襟怀淡泊出芳尘，问舍求田匪思存。
安分听天延岁月，独将佳趣领乾坤。

在徐达章儿时的记忆中，父亲不仅仅勤读乐耕，尤擅插秧，另外对自己很是疼爱并从小就教他为人及农事，使他永远不能忘怀，于是诗云：

白云深处乐躬耕，南亩分秧一手匀。
犹忆儿时依膝下，课农兼教学为人。

百善孝为先，徐达章对父亲孝敬诚笃，自从父亲去世，徐达章常常思念爱父，往事历历在目，自父亲于1900年去世至作诗的1905年，时间已过去六年了，思念父亲的伤痛依然不减，于是诗云：

恨抱终天已六年，情伤爱日痛难绵。
而今追溯生平事，和泪题诗奕世传。

4、松荫课子诗

根据徐达章在《松荫课子图》（图 1）中题写的创作时间是光绪三十一年(1905)中秋之月(农历8月),也就是徐达章创作《先考砚耕公逸事十章》(乙巳孟冬之月,即该年农历10月)的两个月之前,他就已经创作完成了人物画《松荫课子图》，该画最终成为了他的绘画代表作，其画中题诗（图 170）亦是他诗词的代表作，其诗曰：

荏苒青春卅七年，平安两字谢苍天。
无才济世怀惭甚，书画徒将砚作田。
平生淡泊是天真，木石同居养性情。
切愿康儿勤学问，读书务本励躬行。
求人莫如求诸己，自画松荫课子图。
落落襟怀难写处，光风霁月学胡涂。
白云留住出山心，水秀峰青卧此身。
琴剑自娱还自砺，寸心千古永怀真。

这首诗与以往诗作的广征博引有所不同，只在个别地方对先哲有所引用，比如“光风霁月学胡涂”一句，其中“光风霁月”就出自宋朝黄庭坚在《豫章集·濂溪诗》序中赞许周敦颐之句：“舂陵周茂叔，人品甚高，胸怀洒落如光风霁月，”其本意是指雨过天晴明朗洁净的景象，在黄庭坚文里和徐达章的诗里都被用来比喻人的胸怀坦荡开朗，徐达章还曾经为此另篆刻“光风霁月”图章一枚（图 215），以言胸臆，这在其《丛竹图》（图 192）上有此钤印。另外，徐悲鸿亦曾经于 1939 年作书法“光风霁月之楼”（图 131）。再就是徐达章的“学胡涂”明显是借用郑板桥的“难得糊涂”。除此之外，全诗几乎都是徐达章自己的生命总结，有对自己天真淡泊的描述，又有对儿子学习的殷切期望，有对人生坎坷的感慨，也有对自己志趣的自励等。全诗跌宕起伏，深邃厚重，感人肺腑。尤其是“读书务本励躬行”是后来徐悲鸿定下的家训，至今激励着后代。1995 年 7 月 21 日《扬子晚报》刊载《寻访

图 131 《光风霁月之楼》，徐悲鸿 作

书法，水墨纸本，1939 年，33×105cm，北京韵洪艺术收藏，左白文方印：江南徐悲鸿，右朱文方印：古风阁藏

悲鸿故居》一文，署名（南京）远山的作者说他在向导的带领下，到了徐悲鸿的堂侄徐孟冲老先生家，作者说："（徐孟冲）在我的采访本上题了一行诗句：'布衣暖，菜根香，诗书图画滋味长'，说这是悲鸿父亲达章先生留给子侄辈的家训。"[①] 可见诗书对徐达章本人及其后辈的重要意义。

5、"辋川"为号，师尊"诗佛"？

从部分绘画作品的题名（图 44、图 46）和"成之号曰亭桥"（图 200）的印章中，我们已经知道徐达章有一个艺号"亭桥"，但是从徐氏宗谱中（图 231）我们知道徐达章还有另一个号——"辋川"。他在作品中用得最多的落款题名是"成之"，偶尔也用"亭桥"，但尚没有看到有题名"辋川"的作品。

辋川，本为水名，即辋谷水，因诸水会合如车辋环凑而得名。在陕西省蓝田县南，源出秦岭北麓，北流至县南入灞水。唐朝诗人、画家王维曾经置别业于此，故成为唐、宋以来艳称千古的圣境，"辋川"也成为了王维的代称。王维（701—761），字摩诘，唐朝人，开元九年（721）进士，虽然王维诗书画皆擅长，但是他作为唐代山水田园派诗人的代表，诗的成就显然是最大的，二十首辋川山水诗集合为《辋川集》。又因其精通佛学，因此其诗中禅意浓郁，外号"诗佛"。徐达章自号"辋川"是崇拜王维的诗学和禅境而以其为师吗？虽然徐达章一生酷爱书法，但绘画实属其最爱，其人物画亦是其最高的艺术成就。他还好吟咏，所以在诗词上也是用功很深的，崇拜王维并以其为师亦是情理之中的事，故他自号"辋川"，徐达章在诗词上不辞艰辛，亦有可圈可点之处。

比如其《丛竹图》（图 192）之题款诗（图 155）：

丛竹丛竹，清操绝俗。
我心写兮，惟日不足。

其中"丛竹丛竹，清操绝俗"一句，既表现出了自己的人格品质，也体

① 远山：《寻访徐悲鸿故居》，载《扬子晚报》1995 年 7 月 21 日，第十版。

现着画家本我与自然界高度和谐而达“天人合一”的至高境界。“我心写兮，惟日不足”虽然引自《诗经》，但亦有往来千古、叩问生命蕴含的哲思光辉。该诗短小清绝，直入命理，洗尽凡俗。

比如其《残景雪寒图》（图 188）题款诗（图 175）：

木杪（miǎo）凄鸦景已残，沙边落雁雪犹寒。
江南江北曾行路，今日山窗借看山。

虽然是引用了吴云的诗句“木杪栖鸦景已残，沙边落雁雪犹寒。江南江北曾行路，今日山窗作画看。”然而徐达章的几处改动却尤见其诗词功力，他先将吴云的“栖鸦”改成“凄鸭”，一个“凄”字虽然读音未变，但是与画面“残雪”之主题更加贴合，也更具情态性。尤其是将吴云最后的“作画看”改成“借看山”后，不仅一个“借”字更加灵动，而且徐达章的“看山”比吴云的“看画”更令人视野开阔，心胸旷达，随着透过“山窗”的眼光一览无余，使凄残之情达到浩渺无涯、一发不可收拾的禅境。

再看其《春到山家》（图 193）题款诗（图 171）：

春到山家别有天，万千红紫斗芳妍。
宛然又是桃源境，静对忘言意欲仙。

全诗由春山之体、红紫之辉而起，再由“严然”而承入“桃源”之幻境，藉此却勾起徐达章“欲仙”的精神追求，徐达章用“忘言”二字就成功地描述了其精神中的“仙”境，“静”却是其本质，由此也反映出画家亦具有禅释的一面。徐达章这位淡泊儒生，常以“有裨世道人心”自励，却也是好友心目中的隐君，所以他志在无为，宴如山水，心向深林。然而《春到山家》的题诗却让我们得窥其禅静的一面，该诗是徐达章冥冥中向“诗佛”上交的一份作业吗？徐达章自号“辋川”必在此也。

也许是曾经受到父亲的影响，禅在徐悲鸿的艺术里自然也不会缺席，据

《上海老年报》2010年7月13日刊载署名朱少伟的文章《徐悲鸿曾把“禅”运用于绘画》中说：“1939年冬，徐悲鸿应印度‘诗圣’泰戈尔等邀请西行，潜心研究瑜伽学说。在大乘佛教瑜伽行派中，瑜伽指通过‘现观’意即通过禅定，不经语言或概念作中介，运用佛教的智慧使真理直接呈现于面前。泰戈尔也是一位佛学家，通晓法典，写过100多首赞佛诗和佛教故事诗，对瑜伽学说极为精通，他给了徐悲鸿不少帮助，两人很快成为莫逆之交。在逗留印度的一年多时间里，徐悲鸿认真阅读瑜伽经典，每日早晚进行修炼，从不间断。此外，徐悲鸿还结合自己的钻研，多次与学者谭云山等一起讨论佛教各宗派的特点。1940年暑假，徐悲鸿前往大吉岭写生，在风光无限的山巅，练习禅定吐纳妙法，吐尽由于国难所形成的心中郁闷；同时，他觉得‘禅’是超越凡人智慧的，能激发创作灵感，使自己努力攀登一生中艺术的最高峰”。

6、好友赞颂徐达章五言诗

徐达章好吟咏，能诗文，自然有诗友相和，这在徐氏宗谱中亦有体现，这就是光绪二十七年（1901）其好友赵乃宣所撰并辑录于宗谱卷四中的《屺山高赠徐君成之五言古诗》（图42）：

屺山高千尺，崔巍占一隅。虽比华岳小，云兴偏寰区。

我友山之西，矢愿与道俱。䚡䚡刚直士，落落大丈夫。

昔年蒙枉顾，不恤路回迂。初无半面识，一见两相孚。

开口道人善，指掌启我愚。但求理所安，何计众所迂。

尤羡淡我斋，静谧绝尘污。白水盟肝胆，青山证故吾。

谁知淡泊中，偏饶道味腴。推已并及人，立达志不渝。

捐资成人美，尽心课生徒。见义期必为，成败所弗图。

书画称双绝，偶好不甚愉。谓特一艺长，须为君子儒。

仰止尼山孔，景行考亭朱。纵兹励德业，吾道赖翼扶。

愧余仆遬（sù）姿，诗书徒自娱。终歉刚者刚，未能趋亦趋。

思君勖（xù）我语，何敢忘斯须。兹德视屺山，心手常追摩。

时维

光绪二十七年辛丑春

世弟赵乃宣可亭拜稿。[1]

该诗将徐达章的文化境界和人格品质展现无遗。

7、徐达章诗词对徐悲鸿的影响

受父亲熏陶，徐悲鸿亦对诗词情有独钟，记得小时候有一次随父亲坐船由宜兴到溧阳，途中即景生情，偶得一首小诗（图 132）：

春水绿弥漫，春山秀色含；

一帆风信好，舟过万重峦。

该诗描写生动，清新简洁，表现了观察生活的敏锐，初步显露出艺术上的才华，徐悲鸿此时年仅 10 岁。后来大概在 1940 年，齐白石曾经为此诗特作山水画一幅（图 133），这幅画后来被重新装裱时徐悲鸿为其附一纸，后亲自书此小诗并续言："本世纪初，余方苕龄，先君达章公载余赴溧阳，过陶趾祥先生家，舟经宜兴东西氿，写景咏此，将五十年犹能记忆。此画上虚一纸为识此事，白石翁画约在 1940 之际，越二十余年重装 ，悲鸿。"

成名后的徐悲鸿，将作画和收藏视如生命，作诗和挥毫书法亦是须臾不离左右，无论作画还是触物，往往比兴感怀，辞由诸己，才思泉涌。从以下几首徐悲鸿的题画诗作可窥一斑。

1934 年题《鱼鹰》：

口腹累人物亦是，壮怀高举总成灰。

怪他空负凌云翮，日日生涯在水湄。

[1] 《计亭徐氏宗谱 · 卷四》，赵乃宣 撰《屺山高赠徐君成之五言古诗》。

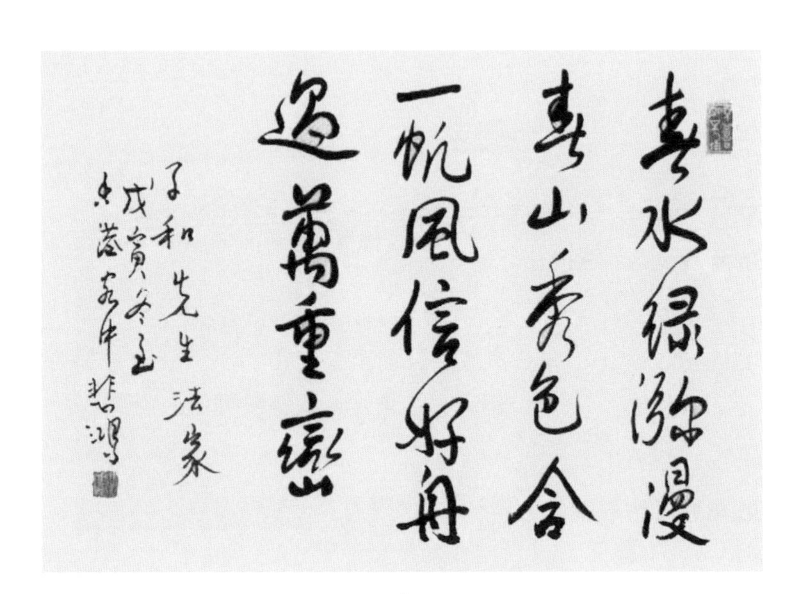

图 132 《春水绿弥漫》，徐悲鸿 作

书法

图 133 《山水》齐白石 作

约 1940 年，国画 48×82cm，纸，北京徐悲鸿纪念馆藏

1935 年题《雄狮图》：

当日声威在，高步遍崇山。
如何英雄长，亦嗟行路难。

1938 年题《竹石双雀》：

岂止留深荫，相期耐岁寒。
莫同闲草木，只为热中看。

1938 年赠友诗：

少年颇亦薄汤武，不薄秦皇与汉皇。
试想英雄垂暮日，温柔不住住何乡。

1943 年题《九方皋》：

便能飞去也徒劳，其力还称其德高。
暂止离娄非分想，平生爱写九方皋。

1949 年题沈周册页诗：

不必闭门拒豺虎，最宜入夜听秋声。
太平才是真仙境，安得追寻上世人。

1944 年，题书画册诗《西马腊亚山中行》：

孤抱欣有托，沉吟到日斜。

云行大车在，顷刻见升华。

1944 年，题书画册诗《洱海》：

月明洱海我无家，每挹清光感岁华。

想到征人征妇泪，一时魂梦落天涯。

（二）书法：

1907 年徐达章好友童斐在《赠成之徐君序》中说："成之徐君，吾乡之隐君子也。余初见书法，遒逸有神采……"[①] 童斐，字伯章，宜兴人，光绪二十九年（1903）癸卯举人。当时宜兴县归常州府管辖，童斐是常州近代学校最早的一批教书先生，"常州府中学堂"（省常中的前身）于光绪三十三年（1907）成立，他被聘为国文教员，辛亥革命后，他又接任该校校长，是清末民初常州教育界的风云人物。童斐擅长音律和书法，其书法（图 74）笔力险峻，楷隶融合，法度谨严。他对徐达章书法的评价是中肯的，"遒逸"说明其书法功力深厚，"有神采"道出了其书法极具个性。但要研究徐达章的书法恐怕还要从他的父亲徐砚耕说起。

徐达章的父亲徐砚耕，乃一介布衣，但是他边耕种田地，边读经诵文，除了极为注重文化修养之外，他还喜欢搜罗古画名书以陶冶性情。他还特别擅长书法，每有向其求字者，他总欣书善行佳言相赠，淋漓泼墨间敦睦族宜邻里。徐达章在《先考砚耕公逸事十章》中曾怀想父亲道"楷法生平善学颜，神如秋水气如山"。砚耕翁还有个与米芾相同的性情，就是喜欢怪石异趣，所以在欣赏山骨云根之间，他在书法上也不期然汲取着米芾书法的贞劲高风。很自然，徐达章在书法上承其家学，在父亲徐砚耕的督导和影响下，自幼酷爱书法，徐达章在其《仑源公铭并序》中也自言："余酷嗜书法，于汉晋唐宋以来真行篆隶诸金石碑文，无不极意临摹，而尤喜于颜鲁公家庙碑铭，其

① 《计亭徐氏宗谱·卷四》，童斐 撰《赠成之徐君序》。

词曰昔孔悝有夷鼎之铭，陆机有祠堂之颂。”[①] 可见徐达章的书法在父亲的基础上，涉猎更加广泛，研究也更加深入了，由于受父亲砚耕翁“生平善学颜”的影响，他亦偏爱“颜鲁公家庙碑铭”，极意临摹用功尤深，使其书法笔运坚实，势力中聚，体气安然。藉此功底，徐达章也特别擅长和喜欢写大字榜书，徐悲鸿曾经在《悲鸿自述》中形容父亲“榜书雄古有力”[②]，由以上对颜鲁公家庙碑铭的用功来看，此言不虚。因为写大字并非将小字放大这么简单，写大字首先重在气势，颜真卿的楷书结构宏大，笔画壮阔，具有篆籀气息，笔力沉雄，气势磅礴，极适合大字榜书。

徐悲鸿在 1936 年曾作书法四条屏（图 134），其文中记叙正是父亲为人榜书之事：

宜兴漕桥有一位年高德劭、受乡人尊重的赵西雍老先生，他非常倾慕徐达章的才艺，所以两人成为朋友，徐达章每到漕桥必往其家，一日正在老先生家里做客，正值乡里水利工程“水龙宫”完成，有人来请求赵先生榜书题词，老先生说《左传》有救灾恤邻之道，行道有福是水龙的责任，问徐达章题写“行道有福”可以吗？徐达章则说没有什么不可以，但考虑到有备无患不如备而不用，如果题写“无为而治”会更好一点，赵先生听后击节赞赏，于是即刻请徐达章亲题榜书“无为而治”。

王震在其《徐悲鸿年谱长编》中也记载宜兴“当地的寺、观、庙、庵匾额上的大字，多出自他的手笔。宜兴城内沄园所悬‘逸兴遄飞’四个大字匾额，即是达章先生所书，书法挺秀，游人均举目欣赏不已。”[③]

另据徐悲鸿的外甥潘楠生在其《我的父亲潘祥元》一文中所述，徐达章“写得一手好字，宜兴境内有名的庵观寺庙如屺亭城隍庙、和桥化成寺、高塍西塍寺、铜清寺、赋村金铭寺、宜兴法堂寺、茗岭龙池、湖父磬山、海慧等寺庙的大殿两边庭柱上的对联和匾额，都出自他的手笔。”[④]

① 《计亭徐氏宗谱·卷七下》，徐达章 撰《仑源公铭并序》。

② 《徐悲鸿艺术文集》，王震 徐伯阳 编，宁夏人民出版社 1994 年版，第 120 页。

③ 王震 编著：《徐悲鸿年谱长编》，上海画报出版社 2006 年版，第 3 页。

④ 潘楠生：《我的父亲潘祥元》。

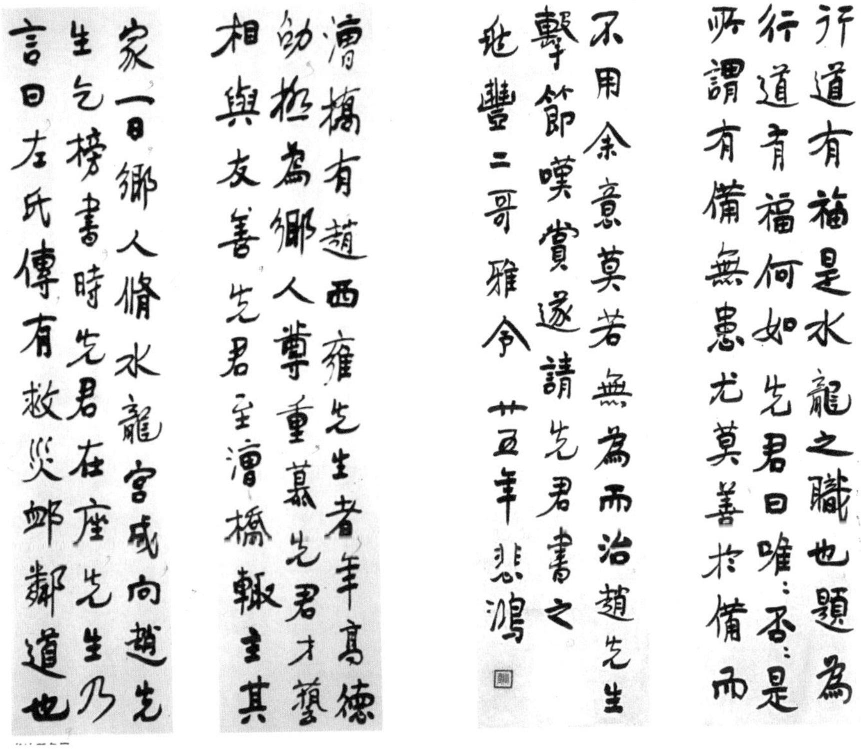

图 134 《书法四条屏》，徐悲鸿 作

1936 年，26.5×112cm，宜兴徐悲鸿纪念馆藏然而徐达章酷嗜书法，却并非仅仅局限于颜真卿，正如他自己所说的，于汉、晋、唐、宋以来真行篆隶诸金石碑文，皆极意临摹。从徐达章现存题画墨迹看，他的书法基本呈现出了三大特征，即其二王帖学传统功力深厚，广益多师博采众长，始终兼顾个性表达。徐达章书法经过长期的不断积累和探索，个性风貌初具。

首先，看徐达章深厚的二王帖学的功力。尤其是其《可以为文》中的蝇头小字（图 67），显示出了其与二王的渊源。比如其中多个“为”（图 135）字的写法，与王羲之《十七帖·谯（qiáo）周帖》里的“为”（图 136）有渊源关系；徐达章的“从”（图 137）字也是从《十七帖·诸从帖》中的“从”（图 138）字稍事变化而来；徐达章的“来”（图 139）字的结构是部分借鉴《十七帖·瞻近帖》里的“来”（图 140）字而得；徐达章的“情”（图 141）字的用笔与《十七帖·都邑帖》里的“情”（图 142）字用笔接近，尤其是左边的“忄”旁。单独就“忄”这个偏旁的笔势来说，则更接近于《十七帖·服食帖》里的“惆”（图 143）字；徐达章的“谥”（图 144）字的用笔与《十七帖·朱处仁帖》里的“答”（图 145）字以及《十七帖·胡桃帖》里的“喜” （图 146）字相对照，虽然字不相同，但是它们的用笔特征却极其相似。另外徐达章《可以为文》整篇的书写节奏，尤其是字与字之间的承续转换与王羲之的《十七帖》也极其类似，虽然已经变化，但是字与字之间尾首转承极其精致到位且连续而自然。比如徐达章的“易名之典可昭于后”（图 147）与《十七帖·诸从帖》的“所云皆尽事势吾”（图 148）一样，每个字的最后一笔的处理无论从力量、节奏、形态等方面看都精练而畅达，形分而力韵归一，美自中生，尤其是其中“可”字的最后一笔与《诸从帖》中“事”的最后一笔，其用笔和势态简直是如出一辙；当然字与字也不是全部分开的，偶尔也有连笔的时候，比如“如僎者”“过情”“家臣”（图 149）等，这与《十七帖》也会不时出现连笔的情况是一样的，比如《十七帖·虞安吉帖》里的“以年老甚”（图 150）亦字字相连。对比中可以看出，徐达章书写时，其连笔处的笔划起承形态以及力量节奏等皆和谐通畅，这都表现出他对《十七帖》有相当的学习和领会。不过就《可以为文》的通篇来讲，一般情况下字与字是分离的，但是即使是分离的，它们首尾笔划形态上的顾盼相向、气韵上的连绵融洽、力量上的致达力聚，终使整个书写机枢同宗，蔚然一体……再就是，徐达章的《可以为文》作为行书，必然与《王羲之圣教序》脱不了干系，比如在结体上，徐达章的“贤”“大”“业”“有”（图 151）等字于结体上对《圣教序》中的“贤”“大”“业”“有”（图 152）不无借鉴；当然除了以上单字方面的表现外，徐达章的《可以为文》也表现出笔法精妙、骨力竣整、笔势遒劲、灵动多变的整体特征，不难看出亦是对王羲之《圣教序》的整体把握、理解和吸收的结果。还有一点值得一提的是，徐达章在自由书写过程中，偶达激情高涨之时也会闪现出一抹王羲之《兰亭序》筋劲连绵、洒脱飘逸的灵光，比如其“钟鸣鼎食”和“猥琐龌龊”（图 153），就书写得极其飘逸潇洒，尤其是其中的纤丝映带，使我们很容易就联想到了王羲之的《兰亭序》。

除了文论，从徐达章的一些绘画作品的落款和题词当中，我们同样也可以从中看到他的王羲之帖学的扎实基础和深厚学养。比如其花鸟画《晚花》（图 44）的题款诗句之书法（图 154）：“平生不肯趋炎热，故向霜中放晚花”，以及《丛竹图》（图 192）的题款诗句之书法（图 155），都体现着来自二王的扎实的帖学基础，在此坚实的基础之上，徐达章书法又进一步广纳博取。在父亲的传授下，这二王帖学基础当然也形成了徐悲鸿的书法根基，此亦情理之中。

其次，徐达章书法不拘泥于个别书家，而是广益多师博采众长，在二王之外，影响徐达章的书家首推颜真卿，当然这与他的家传有直接的关系，因为徐达章的父亲徐砚耕“楷法生平善学颜，神如秋水气如山”，颜书对徐达章的意义自然是不言而喻。然而徐达章并没有就此止步，而是在继承父亲徐砚耕擅长颜书的基础上，进一步远涉汉魏碑铭，比如《荆溪十景图》之一“阳羡茶泉”等题名（图 156），主要来自《乙瑛碑》的方圆兼备和《曹全碑》的圆融遒美。徐达章当然也指导了儿子的隶书练习，这在徐悲鸿早期的部分绘画中亦有所表现，比如其水彩人物画《勾践夫人》（图 21）的题名就是隶书（图 157）。徐达章书法广益多师最重要的体现在于他还曾经受到宋代朱

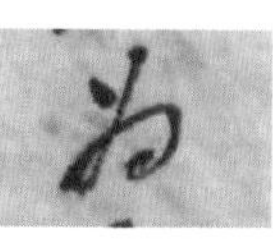

图 135 “为”——徐达章书法（用字）

图 136 “为”——（东晋）王羲之《十七帖·谯周帖》（用字）

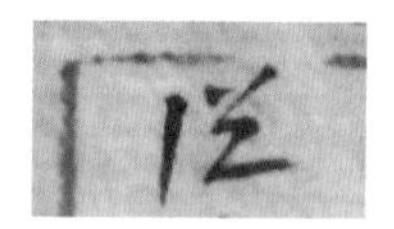

图 137 “从”——徐达章书法（用字）

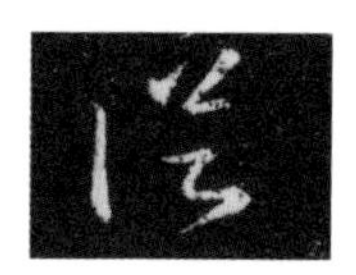

图 138 “从”——（东晋）王羲之《十七帖·诸从帖》（用字）

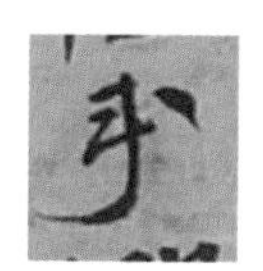

图 139 “来”——徐达章书法（用字）

图 140 “来”——（东晋）王羲之《十七帖·瞻近帖》（用字）

图 141 “情”——徐达章书法（用字）

图 142 “情”——（东晋）王羲之《十七帖·都邑帖》（用字）

图 143 “惆”——（东晋）王羲之《十七帖·服食帖》（用字）

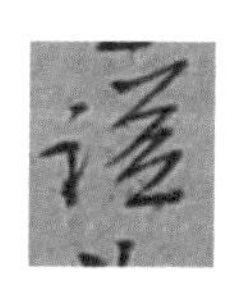

图 144 “谥”——徐达章书法（用字）

图 145 “答”——（东晋）王羲之《十七帖·朱处仁帖》（用字）

图 146 “喜”——（东晋）王羲之《十七帖·胡桃帖》（用字）

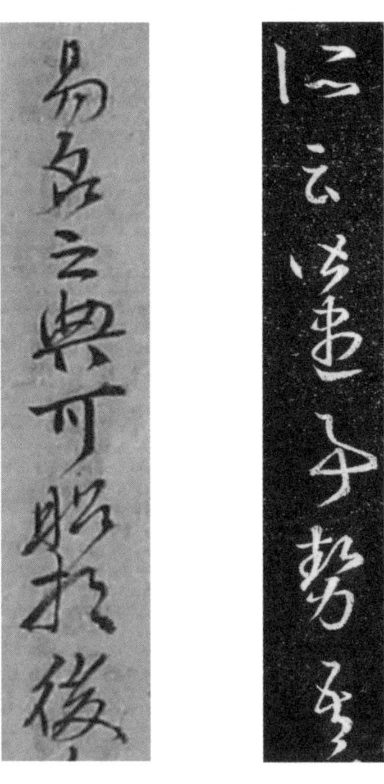

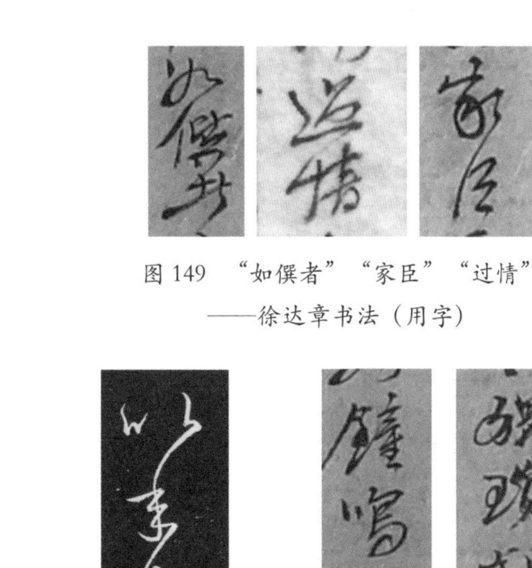

图 149 “如僎者”“家臣”“过情”——徐达章书法（用字）

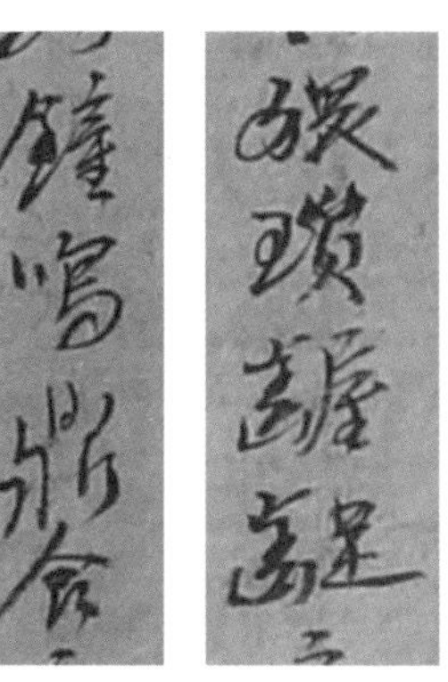

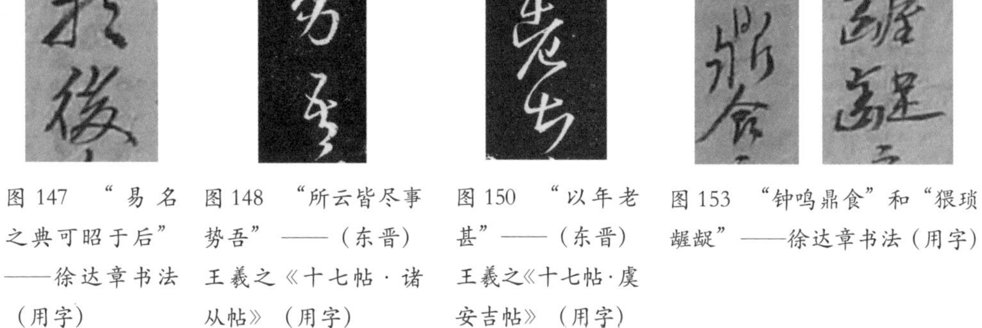

图 147 “易名之典可昭于后”——徐达章书法（用字）

图 148 “所云皆尽事势吾”——（东晋）王羲之《十七帖·诸从帖》（用字）

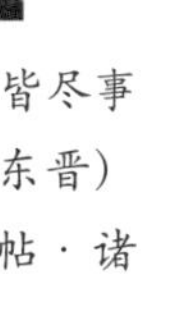

图 150 “以年老甚”——（东晋）王羲之《十七帖·虞安吉帖》（用字）

图 153 “钟鸣鼎食”和“猥琐龌龊”——徐达章书法（用字）

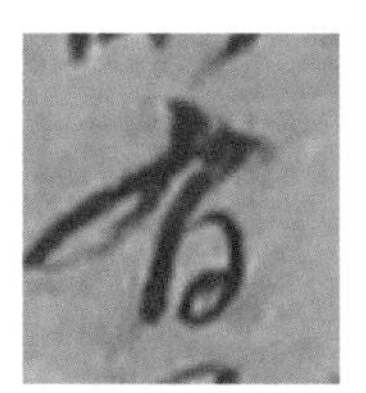

图 151 “贤”“大”“业”“有”——徐达章书法（用字）

图 152 “贤”“大”“业”“有”——（东晋）王羲之《圣教序》（用字）

熹和米芾、元代黄公望、明代文征明和张瑞图、清代郑板桥等人的深刻影响。

从徐达章的早期书法上看，他一度十分关注和吸收朱熹的书法技巧，尤其是受其《城南唱和诗》（图 158）的影响最为显著。如果考虑到徐达章有志圣贤之学，敬仰孔子，并且以朱熹作为自己言行的榜样，正如其好友赵乃宣所言徐达章“仰止尼山孔，景行考亭朱”。[①]那么爱屋及乌，书法上偏爱朱熹并受其影响，就一点也不奇怪了。朱熹（1130—1200）是宋代理学的集大成者，不仅精于哲学、经学、史学、文学、诗歌、乐律，同时还擅长书画，其书法以二王、颜柳为宗，笔精墨妙，多创意而自成一格，古淡平和，萧散简远，被世人称誉为“汉魏风骨”“韵度润逸”，能对徐达章的书法产生影响亦属自然。通过对比不难看出，徐达章早期作品《飞龙》款识题字（图 159）明显受到朱熹《城南唱和诗》的强烈影响，吸收了朱熹书法中润逸的行墨特质，韵度妙雅。当然，里面还掺有一定的《智永千字文》（图 160）的影响，甚或也有《急就章》（图 161）的成分……后来徐达章把这一系列的影响又传给了儿子，比如徐悲鸿的《卧狮图》（图 183）背面题词（图 162），明显也受到了朱熹《城南唱和诗》甚至《智永千字文》的巨大影响，单从其丰润的行墨来看，甚至比父亲徐达章有过之而无不及。另外从徐悲鸿少时所写的告贷书（图 163）来看，其与《朱熹书翰文稿》（图 164）关系尤为密切。以上说明，徐悲鸿青少年时期的书法特征佐证了朱熹对徐达章书法的影响之巨之深。随着徐达章后来对书法更加深广的涉猎，朱熹的影响才逐渐淡去。

也许是由于地域和时代俱皆“毗邻”的原因，徐达章的绘画和书法在比较长的一段时期内受到了扬州八怪的强烈影响，尤其在书法上受郑板桥的影响既深且久，从我们已知徐达章最早的作品，1896 年的《飞龙》款识中看出，最后一个“作”（图 165）字明显由王羲之《十七帖·逸民帖》的“作”（图 166）字转化而来，其他的字除吸取了唐楷以及朱熹的用笔技巧外，已初步显露郑板桥重墨且拙的异趣。再比如 1898 年创作的《素梅》（图 46），在款识题句（图 167）中表现出了显著的郑板桥书风，在二王基础上自然揉进

① 《计亭徐氏宗谱·卷四》，赵乃宣 撰《屺山高赠徐君成之五言古诗》。

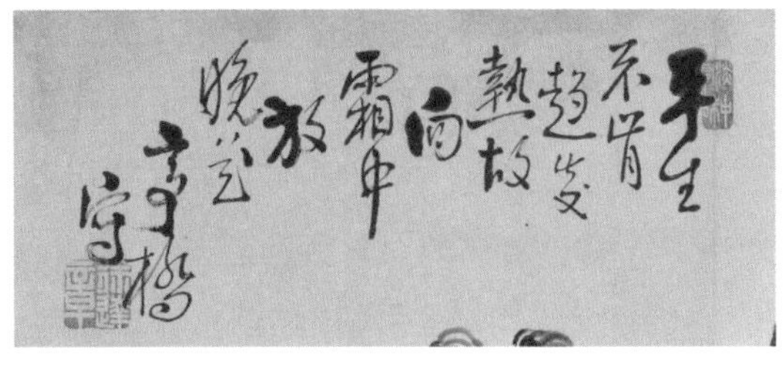

图 154　《晚花》题款书法，徐达章作

图 155　《丛竹图》题款书法，徐达章作

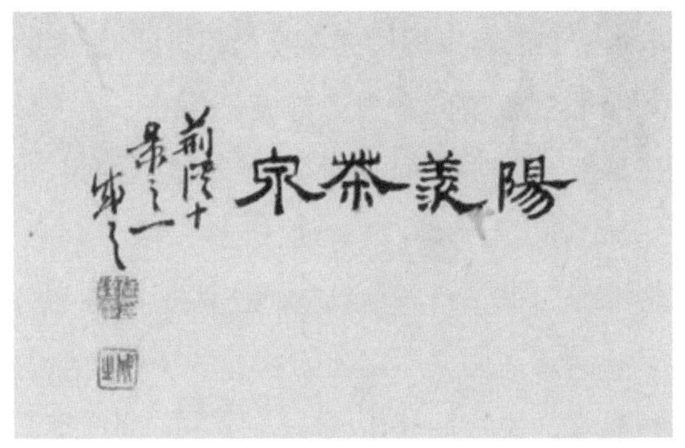

图 156　《荆溪十景之一·阳羡茶泉》题名、款书法，徐达章作

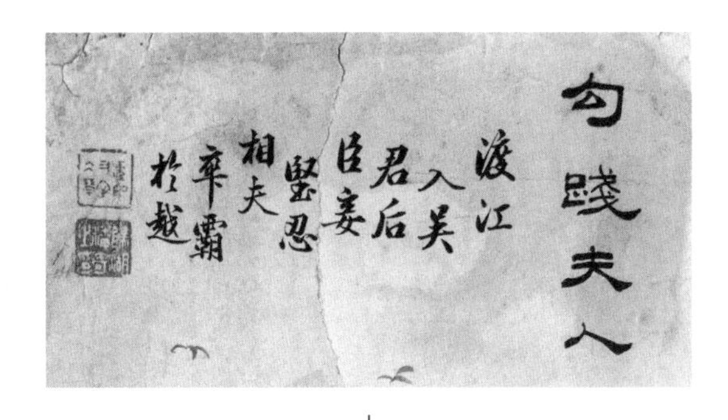

图 157　《勾践夫人》题名、款书法，徐悲鸿作

了篆、隶、楷、行的结体和用笔。当然郑板桥的书法中还有草法的融入，徐达章虽然没有参与草法，但在篆、隶、楷、行的融合上，与郑板桥是一致的。特别是其中的篆意，用笔雄厚中实，点划圆融滋美，再配以隶书的波折开张，使整幅作品既古拙质朴，又清迈飘逸。尤其是署名的“亭桥” 二字，简直就是下面“成之号曰亭桥”朱文圆印中呈方形的“亭桥”二字的稍事变化而成，可见其篆意不仅仅体现在用笔上，此二字在形体上亦篆意浓厚，突然改用方形字体，与周围其他字形对比明显，但是在其篆意用笔的调和之下与整幅作品的面貌又高度融合，自然贴切，显示出徐达章强烈的创新意识和开拓精神。再有就是徐达章的字形偏长且基本划一，没有郑板桥的多变风格，即便如此，《素梅》（图 46）题款已是徐达章吸收郑板桥因素表现得最显著的作品了。徐达章另一幅作品《丛竹图》（图 192），根据用章的类同、盖章位置的相仿、书法风格的接近等因素综合分析，基本确定与《素梅》是属于同一时期（1898）的作品，尤其是《丛竹图》的题款书法（图 155）有竹叶画法用笔的参与，这明显是对郑板桥以写兰笔意入字的活学活用，所以《素梅》和《丛竹图》题款受郑板桥的影响皆比较突出和显著，说它们属于同一个创作时期的推断也是可信的。另外《晚花》（图 44）中款识的书法（图 154）亦有写菊和浓淡干湿画法之笔意，这与郑板桥的以写兰笔意入字亦有异曲同工之妙。再后来的作品，1900 年的《坚贞图》（图 48-1）题款书法（图 168）、1901 年的《太师少师图》（图 182），此两者之题款书法（图 169）已经开始作减法，郑板桥的因素逐渐褪去，更多的是画家对自己个性的探求。比如《坚贞图》中“庚子中秋，应守诚贤契”几个字，仅在形体上极力追求异趣与郑板桥相似，除此外基本再无其他。然而这些追求在《太师少师图》题词书法中的表现也几乎褪尽了，只剩下异趣自然的和谐表达了。

至此，郑板桥对徐达章书法的影响本应该是尾声了，然而事实上并非如此，1905 年徐达章创作的，也是他现存最重要的作品《松荫课子图》（图1）落款题诗书法（图 170）中，却再次让我们看到了郑板桥的影响，当然此时字形、用笔等外表的雷同已经不怎么明显了，更多的是恣意跌宕、率意朴实、稚拙天真等精神上的相同，虽然它们没有郑板桥那种将兰竹画法肆意掺

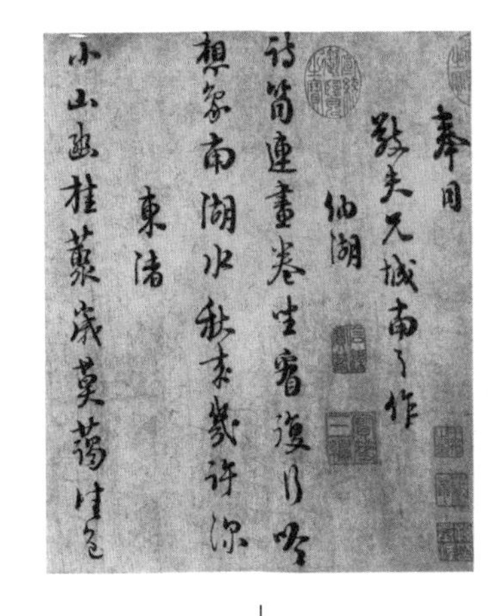

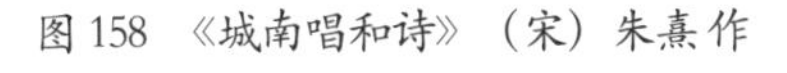

图 158 《城南唱和诗》（宋）朱熹作

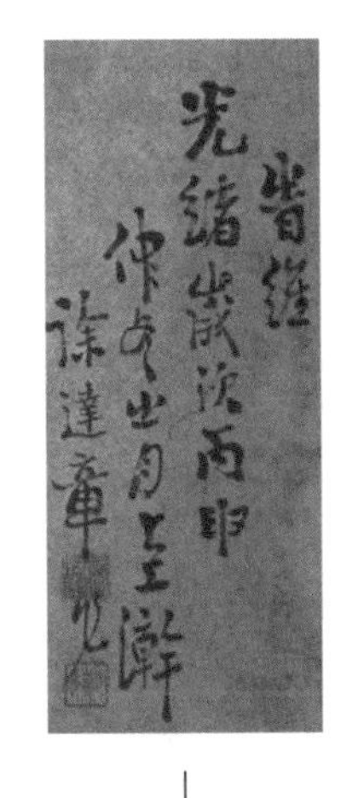

图 159 《飞龙》题款书法，徐达章作，1896 年

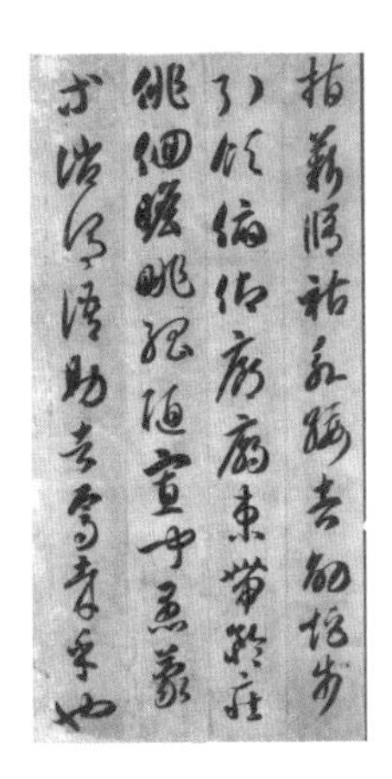

图 160 《智永千字文》（南朝、隋朝）智永作

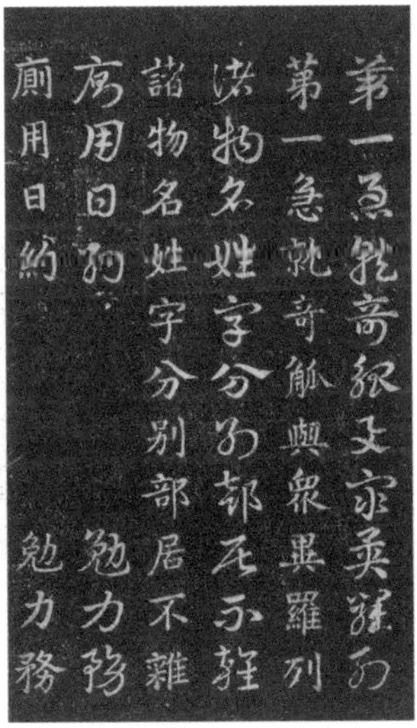

图 161 《急就章》（松江本局部），皇象（传）吴

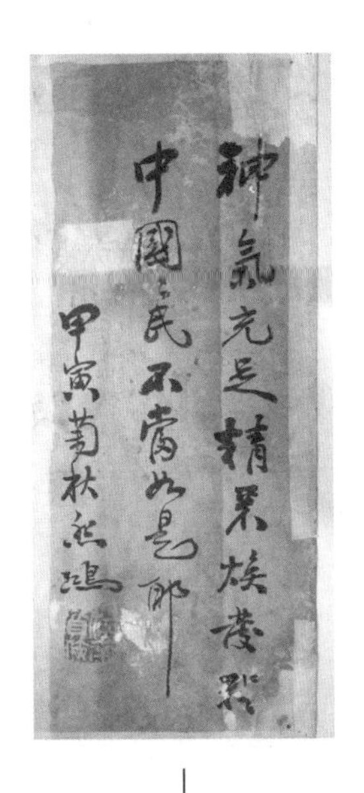

图 162 《卧狮图》背面题句，徐悲鸿作，1914 年

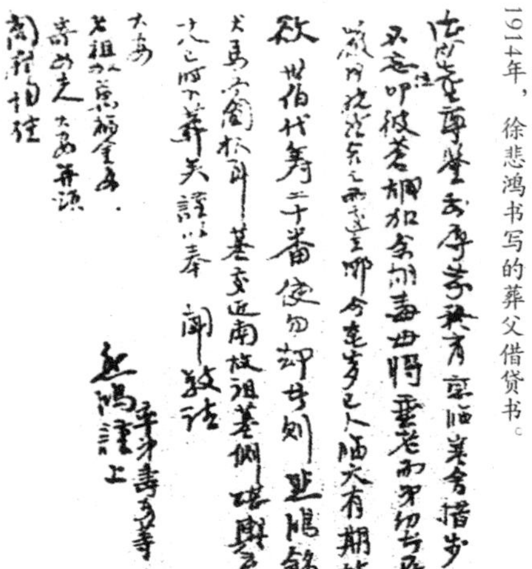

1914年，徐悲鸿书写的葬父借贷书。

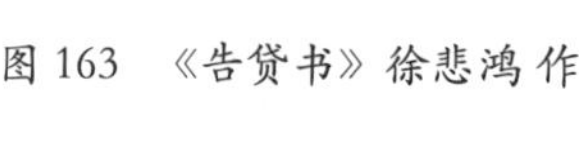

图 163 《告贷书》徐悲鸿 作

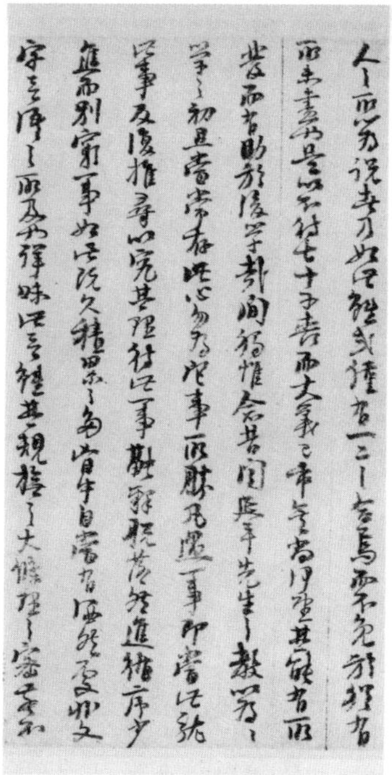

图 164 《朱熹书翰文稿》（宋）朱熹 作

图 165 “作”
——徐达章书法（用字）

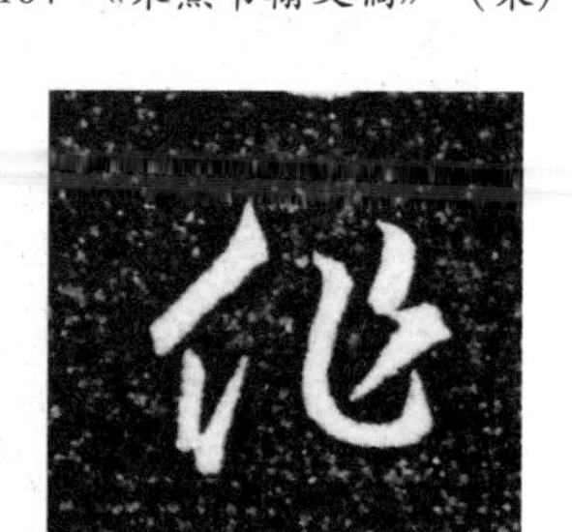

图 166 “作”——（东晋）王羲之《十七帖·逸民帖》（用字）

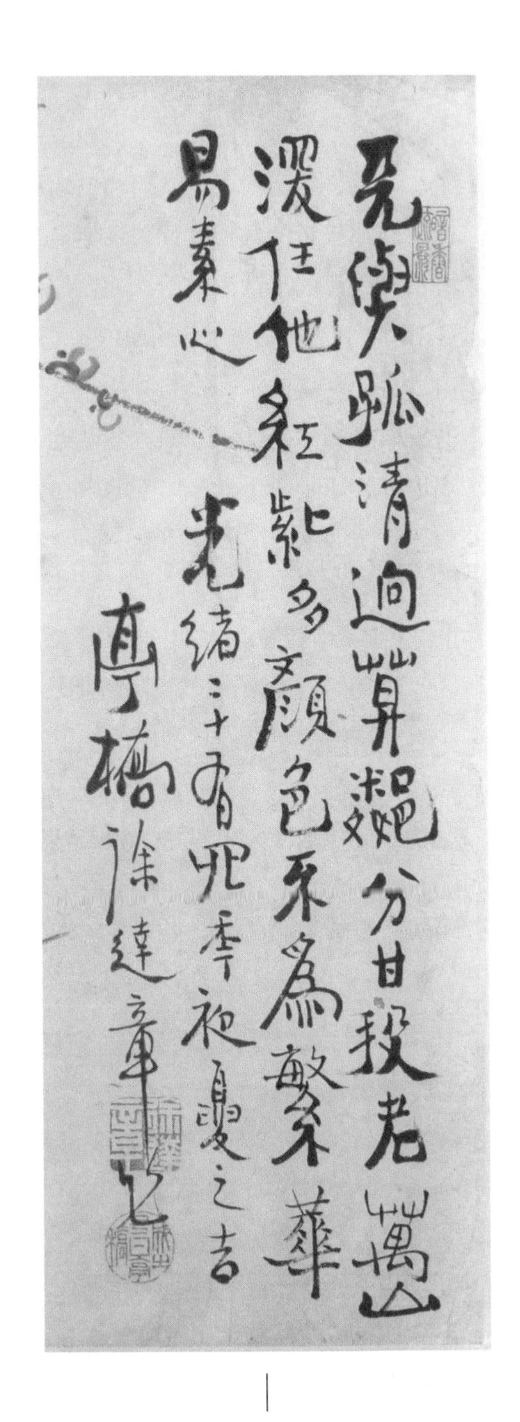

图 167 《素梅》题诗，徐达章 作
1898 年

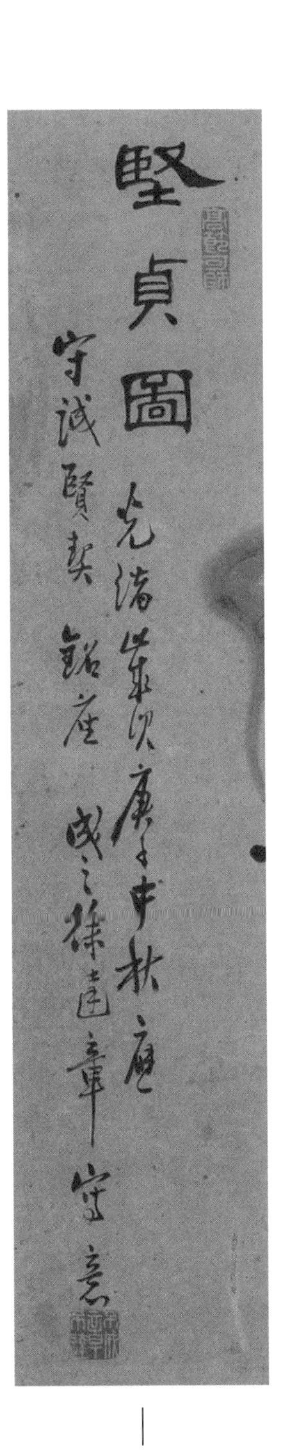

图 168 《坚贞图》题款书法，徐达章 作
1900 年

入书法的形态，但是其点划之间仍旧不乏许多笔法掺入了松针、间或也有些许竹叶之态，当我们站在课子图前，临诗而咏时，似乎有阵阵松涛向我们涌来，且杂有竹叶魅影摇曳松间的奇妙感觉。可见，在书法中自然而和谐地掺入绘法从而达到书画的天然融合，是徐达章和郑板桥的共通之处。我们追寻着徐达章书法艺术发展脉络至此，突然最不可思议的事情出现了，就在他创作《松荫课子图》之前的几个月，他还创作完成了墨彩山水《春到山家》（图193），其画面右上题款诗之书法（图 171）特征却指向了一个与以往完全不同的方向，看来他以往对扬州八怪风格的汲取更多的是性情上的自然贴近，但是徐达章无论是由于父亲徐砚耕的影响也好，还是由于自己修养的内在要求也好，他还是把目光再次放到了宋人和二王帖学上，《春到山家》的款识之书，是在二王基础上，主要吸收了宋法，其中来自米芾的影响尤为显著，字体开始展现倾斜之姿，似米芾以斜取正的结体（图 172），用笔的快意一展跌宕飞扬之气，痛快淋漓，雄健清新。此前我们已经知道，徐达章的父亲徐砚耕与米芾“癖性同”，皆笃喜奇石，所以我们猜想徐砚耕的书法除了主攻颜书外，亦吸收米芾，并进一步影响儿子徐达章，这是合理的推测。然而，越是后来，徐达章的书法中宋人书法意趣的蕴含越显浓厚，比如其《葛岭品泉》中的题句书法（图 173）其率意的用笔和超迈的结形体，尤其是其结形体的方势、用笔的重折而轻转、点划的“糙杂”、笔道的冲撞、不拒尖笔侧缝而尽显笔利墨快等特征，使其书风似突生异变，只见字字笔力强溢，气势跌宕，不无苏轼、黄庭坚、米芾等宋家旨趣，其中米芾《蜀素帖》（图 172）对他的影响最为显著。如同其儒学受宋人（尤其是朱熹）的影响巨大一样，徐达章的书法受宋人的影响亦不在小，这是自然的。其实此事还没完，《葛岭品泉》题词诚然极受宋人影响，但仍旧不如说它更接近于明人张瑞图，挥洒间显露的狂放彰显出其特立独行和自信坚定，使我们在其为人熟知的儒雅君子的外表之下，窥见了一个内蕴豪气、洒脱不羁、充满浪漫气质的不同的徐达章，也许是明人的狂态终于唤起了他内心难泯的壮怀。徐达章此一深蕴的气质与后来徐悲鸿水墨大写意奔马的“超脱不羁”似有千丝万缕的联系。

徐达章还有更广的书法涉猎，比如早在 1902 年创作的《亭湾空山图》（图

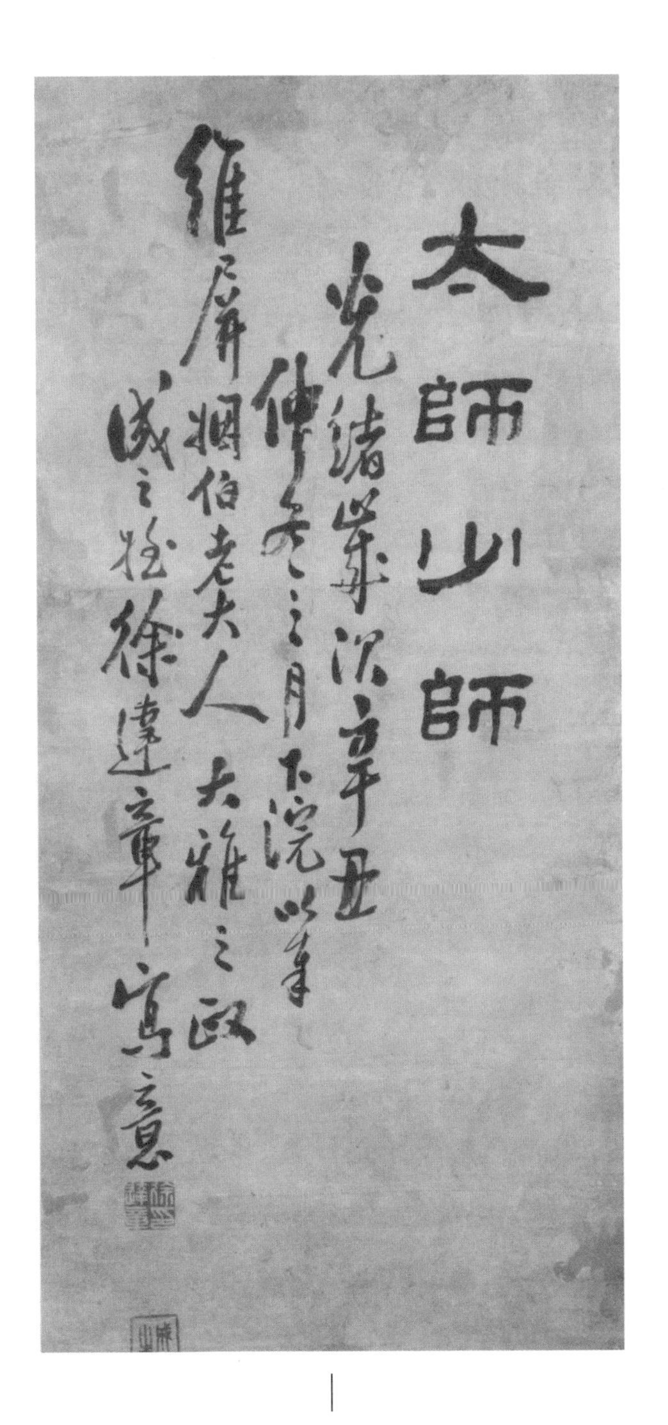

图 169 《太师少师》题款书法，徐达章 作 1901 年

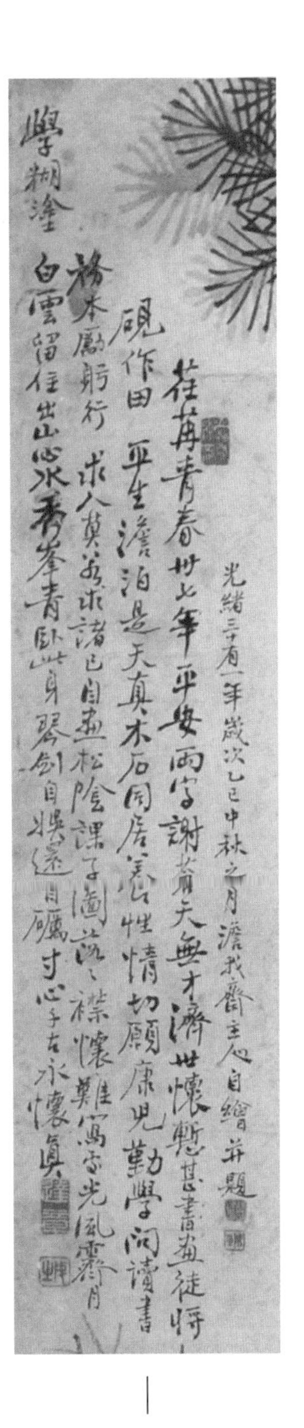

图 170 《松荫课子图》题款书法，徐达章 作 1905 年

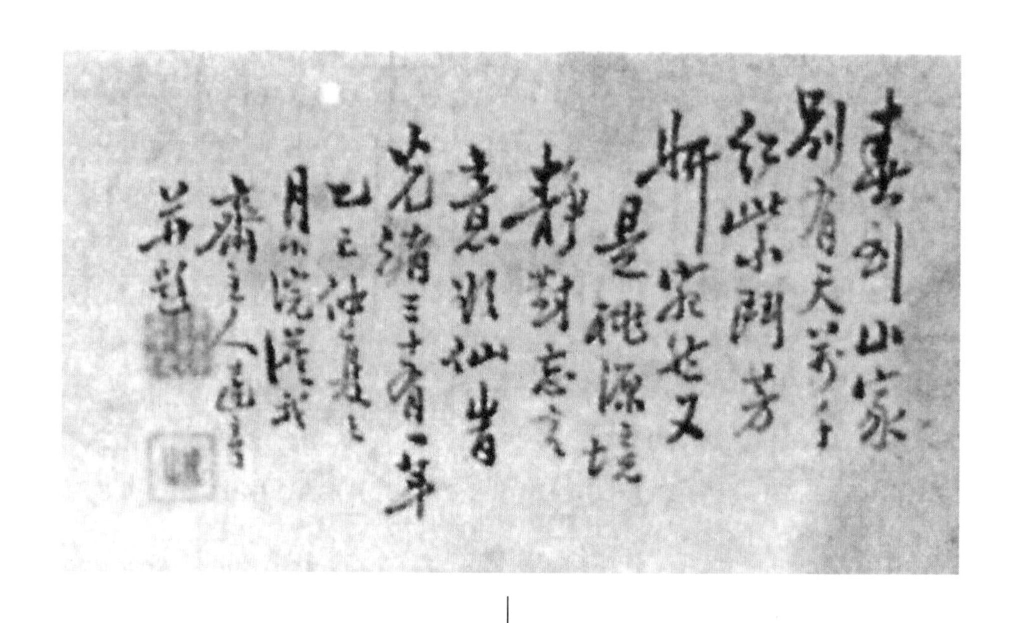

图 171 《春到山家》题款诗，徐达章 作
1905 年

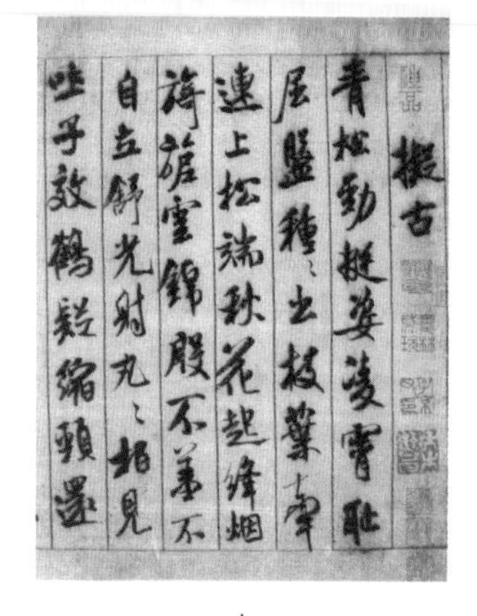

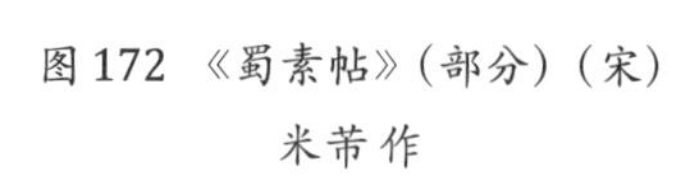

图 172 《蜀素帖》（部分）（宋）
米芾 作

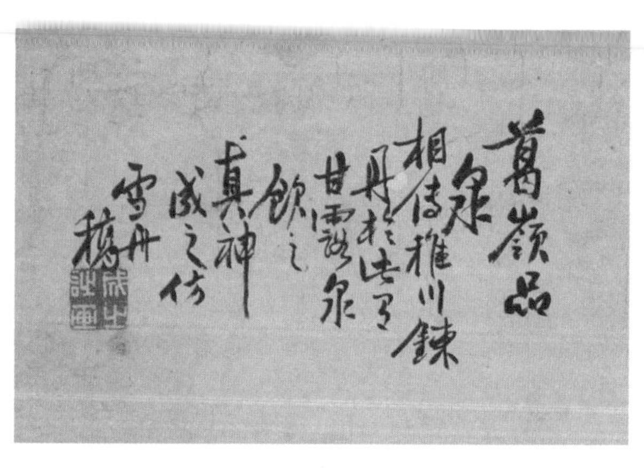

图 173 《葛岭品泉》题款诗，徐达章 作

187）和《残景雪寒图》（图 188）的题画之书法中（图 174）（图 175），他似乎就已经在广泛涉猎欧阳询和张猛龙碑，其碑帖融合的气魄，也体现出了徐达章书法功力最强劲的一面。然而其中亦有元朝黄公望的影响，黄公望（1269—1355），字子久，号大痴道人，又号一峰、井西老人，江苏常熟人，是元代著名的画家、书法家，元四家之一，其书法受到赵孟頫的影响。徐达章的《亭湾空山图》之题画诗，从书法角度看，具有华滋遒劲、骨架劲挺、行运安展、势倾中稳的特点，这与黄公望相仿，且都有赵孟頫的形意结合的内质。

可见，徐达章的书法首重传统，由唐楷上溯二王，基础扎实，功力深厚；在二王基础上他又遍学篆、隶、楷、行、草各体，博采乙瑛碑、曹全碑、张猛龙碑以及南朝智永、唐朝颜真卿、宋四家之米芾、朱熹、元四家之黄公望、明人文征明和张瑞图、扬州八怪之郑板桥等众碑帖及各书法家之众长。

最后，无论徐达章书法如何广泛汲取众家之长，其在博采众长基础上始终注重个性表达才是最主要的。即使是在受郑板桥影响最大的作品如《素梅》（图 46）之题诗书法（图 167）中，也有自己的特点，并非机械模仿，而是重在融合篆、隶、行、楷基础上和郑板桥保持书画互融之美学精神上的一致。他的《淡花》（图 45）题诗：“白花开放逐春阳，找到开时气候凉。只为道人心爱淡，淡花写处乐弥长。”（图 176）由于该画右下角，盖有一方印章“淡我道人成之四十以后作”（图 204）所以断定该画的创作年代为 1908 年，因为 1908 年末徐达章曾经带徐悲鸿谋食江湖，后又染病卧床，直至去世，所以 1908 年之后很难再有机会进行悉心创作。可见《淡花》题诗之书法（图 176）体现的应该是其四十岁时的特征，该题画诗的书法具体表现为字体多偏瘦长，笔运畅达，个性使然，除了首字浓烈外，全篇终归波澜不惊，笔墨无奇。这也贴切了其清心淡然的心境。自此徐达章书法似乎更入自抒性情的书写之境。

更重要的是，徐达章除了自己受郑板桥影响的书风外，几乎每个时期，他各具特征的书法都先后影响过徐悲鸿，他重视和强调个性表现的美学观点，对徐悲鸿影响尤其深远，徐悲鸿早期书法造诣正是按照父亲的规划一步步成长起来的。1900年徐达章开始教育徐悲鸿的时候，首先教的是读国学经典，其次就是书法，即从1901年起，在继续读经的基础上，徐悲鸿在父亲的悉心指导下开始执笔学书，至1904年“年底，已能替同村农家写春联，如‘时和世泰’、‘人寿年丰’之类。”[①]可见四年的时间徐悲鸿在书法上已有小成。期间徐达章主要还是从“颜鲁公家庙碑铭”开始，然后再溯源至二王及魏碑，重在给徐悲鸿打造传统书法功底，当有一定基础后，又教授其智永千字文等，这一切都为徐悲鸿打下了坚实的传统书法基础，也正是在父亲所传书法基础上的不断探索，才会有后来的徐悲鸿书体。

从徐悲鸿现存最早的作品题款中看，不难发现其少年时期书法受父亲影响之巨大。其早期的水彩画《卧狮图》（图183），背面题字（图162）“神气充足，精神焕发，我中国国民不当如是耶。甲寅菊秋悲鸿。”与父亲徐达章早期作品《飞龙》（图180）中的题字（图159）如出一辙，可以看出他们都受到了朱熹《城南唱和诗》的巨大影响。同一时期的徐悲鸿另一幅水彩画《双马图》（图184）的背面题字（图177）：“海天寥阔”，笔法遒劲，碑意显明，广受二王、颜真卿甚至张猛龙碑的影响，或与《急就章》亦不无关系。而右侧的草书及“悲鸿”二字的题名，则受《智永千字文》和朱熹《城南唱和诗》的影响甚大。徐悲鸿早期书法的表现显然都是来自父亲的严格教习。

徐达章碑帖互鉴的书学精神对徐悲鸿形成最初的影响，所以徐悲鸿从小也有碑帖两方面的营养，在帖学为主的前提下，注重吸收碑学的雄古势钧。后来当他在上海遇到康有为后，则在碑学上得到了更系统、完整、深入的研究和提升。在“尊碑”“尚碑”大家康有为的帮助下，他精心临摹研究了《经石峪》《爨龙颜碑》《张猛龙碑》《石门铭》等名碑，这和他内心的崇高品性、博大豪气、冲和端正、刚正不阿的坚毅性格产生共鸣，以至于徐悲鸿的书法很快实现了升华，终于形成其最著名的碑体书风，对后世影响深巨。

后来徐悲鸿也向自己的孩子传授书法，就像徐达章教授六岁的徐悲鸿执笔学书一样，在儿子徐庆平五岁、女儿徐芳芳四岁的时候，徐悲鸿开始正式

---

① 王震 编著：《徐悲鸿年谱长编》，上海画报出版社2006年版，第4页。

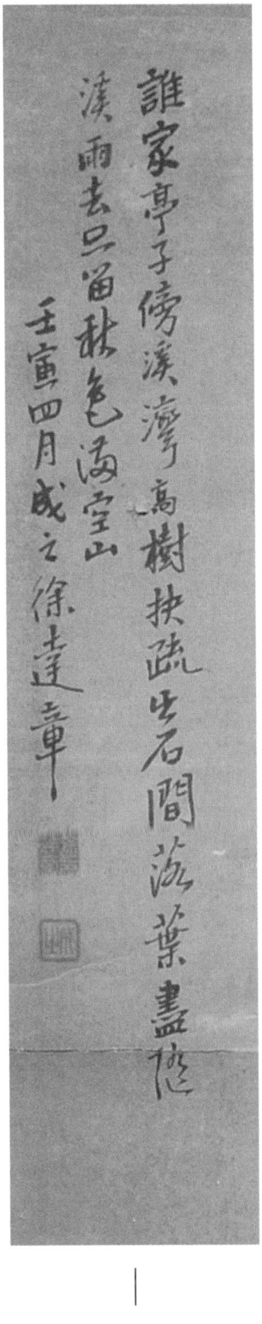

图 174 《亭湾空山图》题款诗，徐达章 作 1902 年

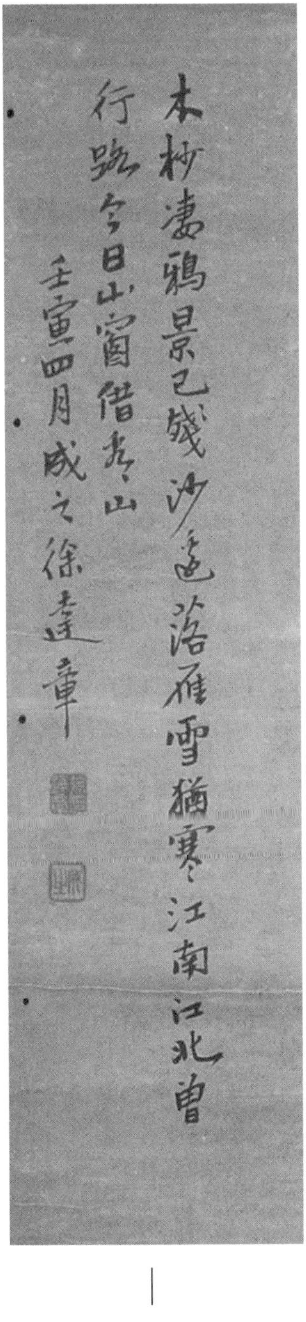

图 175 《残景雪寒图》题款诗，徐达章 作 1902 年

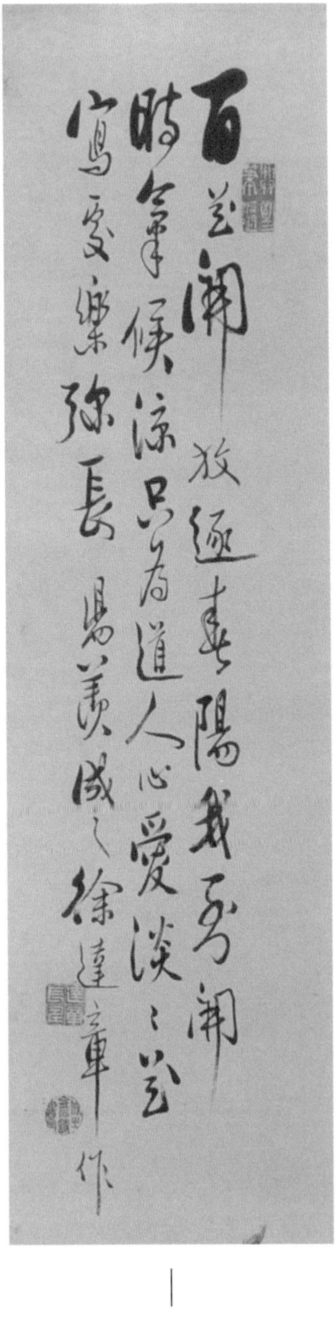

图 176 《淡花》题款诗，徐达章 作 1908 年

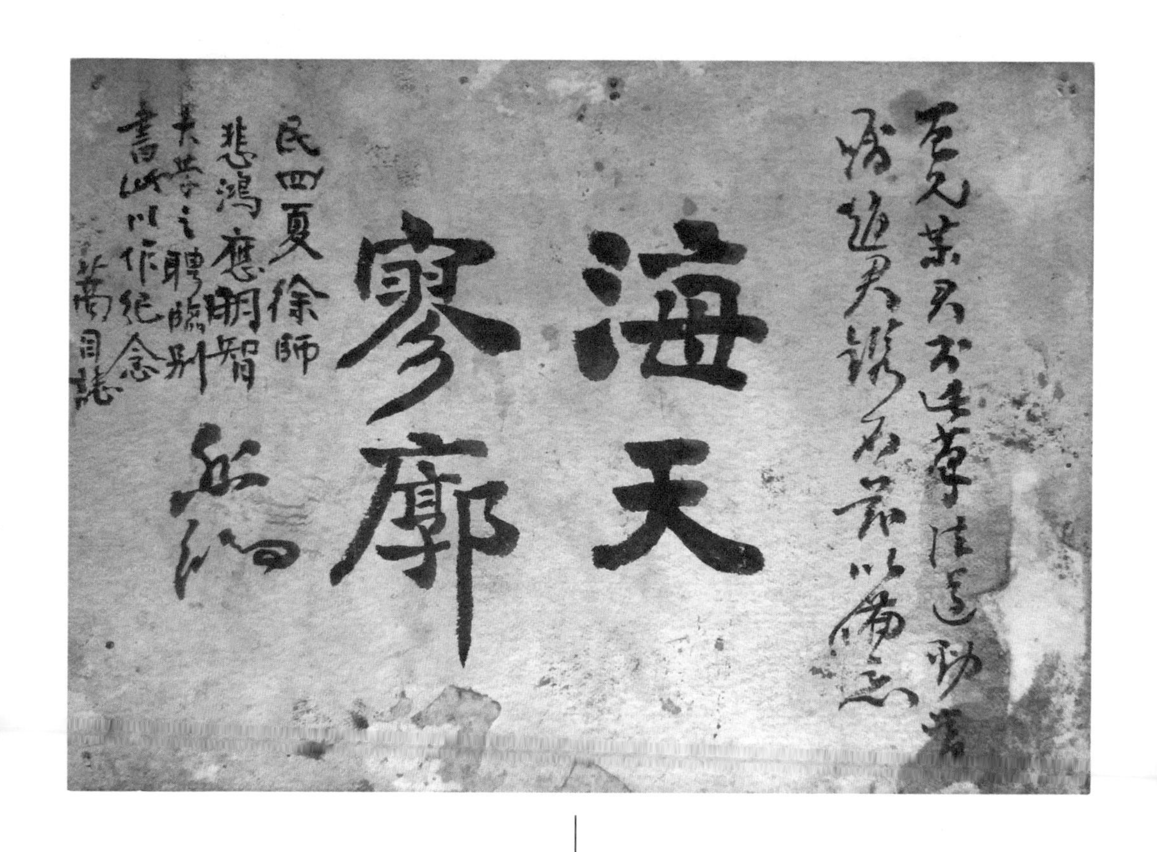

图 177 《双马图》背面题句，徐悲鸿 作
1914 年

教授他们学习书法。首要是从张猛龙碑入手，意在从一开始就给孩子们施加雄奇的审美影响，其中最有成就的当属徐庆平，其书法于遒劲妍美中，不无奇肆旷博的气势，这与徐悲鸿对他一开始就施予的碑学教育不无关系。后来徐庆平回忆说父亲开始教写毛笔字时，特意到琉璃厂去给他和妹妹徐芳芳各买了一本《张猛龙碑集联》，并且在字帖的扉页上写下了“拔山盖世之气，长河大海为辞”的字句，他后来理解父亲的意思是说这个碑有拔山盖世的气概。那时候徐庆平的个子还赶不上桌子高，就开始每天写两页九宫格的书法。父亲很忙，但每天都会抽出时间来认真批改他和妹妹的书法作业。

从书法的角度看，自徐砚耕开始，到徐达章、徐悲鸿、徐庆平，至今已家传四世，可见传统文化的强大生命力。书法也正是徐悲鸿文化自信的根源所在，这在徐悲鸿的素描甚至油画中都有表现，徐悲鸿的油画既有国画的工与写，又有国画的实与意。这在他前期的油画作品中，尚属隐含的品质，但其后期的作品表现愈加显明。这与西方的过多强调技术有所区别，从中国美学因素上讲，就是以“写”的精神融汇其中，这一个“写”字，囊括了书法、笔墨、提按、顿挫、翻转、点擦、意境、人格、意趣、修养、情怀、格局、学识等，这正是徐悲鸿油画及素描不同于西画的最独特处，书法对徐悲鸿的意义极其重大。设若没有徐达章对儿子早期的书法教育，徐悲鸿后来的书法甚至一切都将无法想象。

（三）绘画：

徐达章一生治学、笔耕、绘事无有间断，尤其创作大量美绘佳构，可惜无论是其文论笔迹还是画作真品，存世的却极少。目前各馆藏及私人藏家所拥有的徐达章画作和文论册集等，可谓件件稀奇，弥足珍贵。就其画作而言，北京徐悲鸿纪念馆所藏徐达章作品数量为最多，其次当属宜兴市档案馆、宜兴市美术馆和宜兴徐悲鸿纪念馆，即便如此，北京徐悲鸿纪念馆也仅收藏 13 幅画作，宜兴档案馆收藏徐达章山水组画册页一件（《荆溪十景图》一组共计 10 幅），宜兴市美术馆（宜兴徐悲鸿纪念馆）收藏 2 幅（《太师少师》《群仙图》）。1946 年《海风（上海 1945）》第十期第十页上就曾刊出专文《徐悲鸿念父求遗作》（图 178），可见现今北京徐悲鸿纪念馆的藏品大都应该

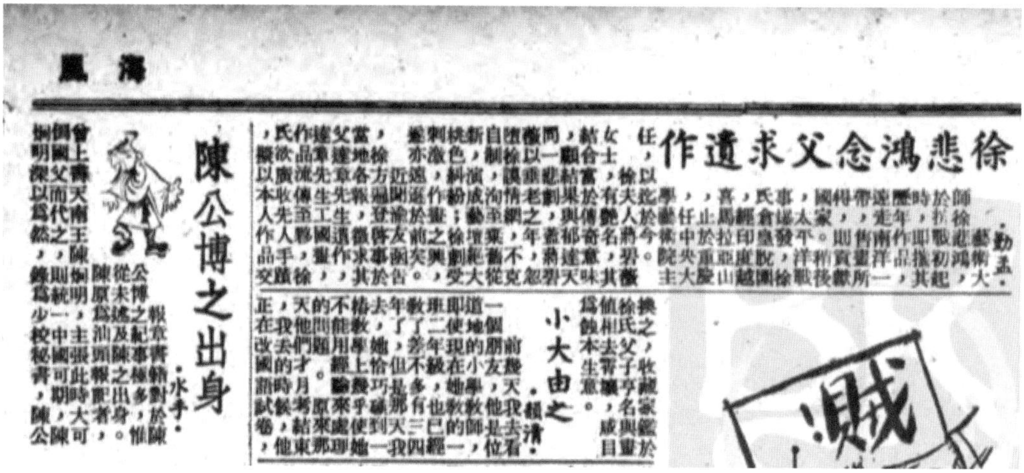

海風

陳公博之出身

·水手·

徐悲鴻念父求遺作

·孟勤·

小大由之

·楊清·

图 178　1946 年《海风（上海 1945）》第十期第十页

是徐悲鸿当年从市面上不惜重金收购的。就整体而言，现存徐达章的全部作品主要包含以下几类。

首先难能可贵的是，徐达章有齐全的四君子图传世，菊花有《晚花》（图44）和《淡花》（图45）两幅，竹子有《坚贞图》（图48）和《丛竹图》（图192）两幅；兰和梅各一幅，其中兰花有《幽芳》（图47）、梅花有《素梅》（图46）。

其次是徐达章现存数量最多的山水画，其风格亦呈多样化。1902年创作的两幅山水画分别是《亭湾空山图》（图187）和《残景雪寒图》（图188）。另有雪景图《白乐天隐居香山》（图31）。还有其极具特色的，诗意描绘宜兴十大景色的著名册页组画——《荆溪十景图》（图49），该系列册页组画既具写生性真意，还掺有界画特征，尤其是细腻的诗意之美，是该组画的特色所在，这与徐达章在诗词文学上的深厚底蕴不无关系。徐悲鸿曾说父亲“寄情山水，宴如也……”这也是徐悲鸿认为的中国山水画之所以领先西方风景画的原因所在，西方17世纪时风景还不能在画面上独立存在，即使画风景，其中也必须有（宗教）人物活动，哪怕其中人物很小显得微不足道。与西方不同的是，中国人历来尊山水为上师，心绘佳境作已照，从王维时山水画就以独立的绘画形式而存在。徐达章的山水画延续的亦是传统山水画精神，除了重视学习和继承传统绘画的笔墨和意境外，他还重视观察和写生，其山水画不仅具有一定的写真性，还直接影响到儿子，致使徐悲鸿从一开始就建立起了重视观察和师法自然的艺术原则，其艺术一直表现出强烈的创造性。所以与禁锢严重的八股教育不同，徐达章家教开明，以“宴如山水”和“师法造化”的优秀美学传统教化儿子，这也是徐悲鸿最终能够成功的根本原因。

再次除了以上的山水画，北京徐悲鸿纪念馆还藏有徐达章的三幅以模仿为主的风景画，是仿雪舟风格的山水画（图189、图190、图191）。

最后徐达章现在存世的人物画有两幅，分别是《松荫课子图》（图1）和《群仙图》（图12）；还有两幅动物画分别为《太师少师图》（图182）和《飞龙》（图180）。

徐达章的作品虽然流传下来的极少，但是从族人及宜兴当地老者口中，还能对其众多绘画作品有一个更多和更全面的了解。除了在第一画之淡泊人生中已提及的《眉叺（yǐ）尺》外，据说在徐达章许多好友及族人的家里，当时都有他的作品，族人或好友家里凡逢喜事，他都会送画以示祝贺。大家平时也都很喜欢欣赏和收藏他的作品。据蒋祖德回忆，他居住于竹观门村的太外公邵逸根与徐达章的父亲徐砚耕友善，他们两个都福厚寿高，在族内皆德高望重，都是九品寿官。“寿官”是德行著闻乡里的老人，经地方官府奏报朝庭后，皇帝钦赐冠带匾额，享以品级待遇，俾以荣耀。徐达章也仰邵逸根高德，作为晚辈特作扇面《红梅》相赠，首题“邵逸根夫子”，扇尾题“学生徐达章”并钤印。另外蒋祖德还记得，小时候他家箱子底就藏有未经装裱的徐达章作品两大卷，记得其中有一幅工笔墨彩的猫，尺寸大概是 40×120 厘米，另外还有鹰、菊花以及很多山水。

我们早已知晓，徐达章向来擅长人物画，一生人物画创作众多，可惜的是流传下来的却极少，除了北京徐悲鸿纪念馆收藏的《松荫课子图》以及宜兴市美术馆（宜兴徐悲鸿纪念馆）收藏的《群仙图》外，记载中尚有《寿星骑鹿》《钟馗》《和合》《岳母刺字》《和合双喜》《天官赐福》《八仙过海》《桃源渔父图》等，如今只有很少的几个老一辈族人尚能描述徐达章的几幅人物画。

据蒋祖德回忆，曾经见过徐达章所画《蒋英辉祖父像》，大概是 1902 年间所作，工笔墨彩，4 尺整张，卷轴。画中“祖父”穿着带有紫色的官服官帽，正坐，面容整肃，家人视其为神哲。蒋祖德还见过徐达章画的《王洪大父亲肖像》，也是正面端坐，构图形制与《蒋英辉祖父像》类同。1995 年 7 月 21 日《扬子晚报》登载一篇短文《寻访悲鸿故居》，署名（南京）远山的作者在其文章中曾经提到过该画：“得悉邻居一农家存有悲鸿画的人物，我忙前去寻访。主人王洪大是位年近八旬的老农，他家留存的并非悲鸿的手迹，而是达章先生为其先祖画的一幅‘神轴’，虽是传统手法的肖像画，却极传神。几年前曾有画商想高价收购，王洪大却斩钉截铁拒绝说：‘达章先生是徐悲鸿的父亲，他的画是我家的传世之宝，钱再多也休想买走！’”[1]
徐达章正式教徐悲鸿学画时就是从人物画开始的，所以徐悲鸿早期的肖像画实际上是徐达章肖像画的沿袭，可以说能看到徐悲鸿早期的肖像画就等同于看到了徐达章的肖像画。幸好北京徐悲鸿纪念馆现在仍藏有一幅徐悲鸿早期的人像画《祖先像》（图 11），通过观赏这幅画，我们完全可以想象徐达章《蒋英辉祖父像》和《王洪大父亲肖像》的基本形制、绘画技法以及艺术特色。

另据宜兴徐氏宗亲徐兴尧讲述，在他父亲结婚时，徐达章曾送上人物画《和合二仙》祝贺，两仙童打着荷叶，尺寸大约为 60×100 厘米。而当他叔父结婚时，徐达章又特送彩墨人物画《寿星对弈图》（彩墨，轴，约80×120cm）以示祝贺，画中两个坐在石凳上精神矍铄的白胡子老人正在树下石台上对弈，两个老人容貌祥和，兴致勃勃……该画从前一直保藏在徐兴尧叔父家，每年大年夜挂出来，初六撤下收藏，极为珍贵。

另据徐悲鸿二弟徐寿安的儿子徐翼阳回忆，他家里曾经收藏有徐达章的多幅绘画，其中就包括两类特殊体制的绘画。首先是其“三重罗置组画”共四幅，分别名为《春》《夏》《秋》《冬》，都为卷轴，墨彩。每幅虽然总尺幅不小于竖垂的整张报纸，但其上却是上下等距罗置的三个横幅小画，画心尺幅大约 8 开纸张大小。自上至下罗置的三幅小画，依次绘有风景、花卉等内容，都是季节题材的，画面底子呈现浅古铜色，如浅茶水一般，虽然发暗，但是绘制的四季景色和四季花卉都清晰雅致，耐人寻味。徐翼阳记忆中另有一幅特殊的卷轴《老寿星》图，墨彩，尺寸也是有整张报纸大小，创作年代不详。虽然叫老寿星，却不是传统意义上的人物画，绘的是具有人物形象特征的“寿”字。该画在白底子上绘一耄耋老人的形象，但其形体同时又是一个明显的“寿”字，人像与汉字结合的特别恰当和谐。“寿”字的顶部与老寿星的脸面有机结合，再下依次是脖颈、肩膀和手臂，尤其是“フ“这一笔，正好是刻画老寿星那坚实胳膊肘的不二之选，非常的贴切和形象，“寸”部最下面的钩无可非议地被刻画成了老寿星的脚，唯一与汉字不同的就是老寿星的另一手里持一特征鲜明的拐棍，使画面构图更加完整，形象更加丰富，

① 远山：《寻访徐悲鸿故居》，载《扬子晚报》，1995 年 7 月 21 日，第十版。

色彩更加和谐，同时加强了画面主题，与整幅画面一起表达出了画家对快乐幸福的向往、对美好生活的追求和对人生平安长寿的良好祝愿。可以感受到画家虽然持家不易，但其精神充实，秉持着乐观向上的生活态度。同时还说明其对人物画造型的倾心及追求的深入骨髓。与此类似的作品还有他的《梅寿图》，不同点在于，这是用梅花的图式而绘成的“寿”字。

另外，徐悲鸿的屺亭堂侄徐焕如对叔公徐达章艺术和作品的描绘亦极具价值。他在《我的叔父徐悲鸿》一文中描述他记忆中徐悲鸿祖屋里的布置时说：“堂屋和书房经常挂着达章叔公的书画。记得堂屋里挂的是‘和合双喜’‘天官赐福’等画，两边是达章公潇洒的书法；书房里挂的是中堂画‘钟馗’……他是当时民间很著名的画师，擅长人物画、肖像画、山水和花鸟画……我青少年时期在故乡曾看到不少达章叔公的作品，当时我们家里有他的四扇屏山水和中堂画《八仙过海》；在徐氏宗祠的厅堂上方就挂着达章叔公的《岳母刺字》，这幅画画着岳飞赤膊跪在案前，一旁站着岳飞的妻子，岳母一手拿着钢针凝视着岳飞背上已经刺好了的‘精忠报国’四个字，形象十分动人。当时徐氏祠堂已办了完全小学，我在学校里上学，这幅张挂在礼堂上方的画幅，在我年轻的心灵中留下了深刻的印象。”[①] 徐达章人物画中之所以有岳飞的形象，除了岳飞是国人心目中的民族英雄之外，岳飞与宜兴独特的渊源和影响也是个中原因之一。南宋建炎年间，岳飞至宜兴，听闻同朝官宦张完居此，前往拜访并赋诗《过张溪赠张完》：“无心买酒谒青春，对镜空嗟白发新。花下少年应笑我，垂垂羸马访高人。”[②] 不料张完已离世，其侄子张大年遂和诗一首《答岳鹏举》：“相逢相别不记春，眼前非旧也非新。声求色相皆虚妄，莫认无疑是昔人。”[③] 建炎三年（1129）三月，岳飞进驻宜兴，屯于张渚镇，行馆（指挥部）设在镇北门张大年宅院中。据《桃溪客语》载：“（此前）建康失守，诸将溃去，多行剽掠，惟飞屯宜兴，不扰居民，晋陵

---

① 《徐悲鸿》，纪念徐悲鸿先生逝世三十周年，中国人民政治协商会议全国委员会文史资料研究委员会 编，文史资料出版社 1983 年版，第 208—209 页。

② 《中国地方志集成·嘉庆增修宜兴县旧志》，江苏古籍出版社 1991 年版，第 483 页。

③ 《中国地方志集成·嘉庆增修宜兴县旧志》，江苏古籍出版社 1991 年版，第 483 页。

士大夫避寇者，俱赖以保全。”[①] 此后，岳飞又经建康之战大胜后，于六月十五日再回宜兴，在张大年家屏上题词：“近中原板荡，金贼长驱，如入无人之境，将帅无能，不及长城之壮；余发愤河朔，起自相台，总发从军，小大历二百余战，虽未及远涉夷荒，讨荡巢穴，亦且快国仇之万一。今又提一垒孤军，振起宜兴，建康之城，一举而复。贼拥入江，仓皇宵遁，所恨不能匹马不回耳。今且休兵养卒，蓄锐待敌，如或朝廷见念，赐予器甲，使之完备，颁降功赏，使人蒙恩，即当深入虏庭，缚贼主，喋血马前，尽屠夷种，迎二圣复还京师，取故地再上版籍。他时过此，勒功金石，岂不快哉！此心一发，天地知之，知我者知之！建炎四年六月望日，河朔岳飞书。”[②] 而后，岳飞又领军过金沙寺作《提兵过金沙寺书壁》：“予驻大兵荆溪，沿干王事陪僧寮谒金仙，徘徊少憩，遂拥铁骑千余长驱而逝，异日复三关，迎二圣，使我宋中兴得勒金石，重过此岂不快哉！”[③] 如此拳拳报国之心，其枕戈击檝、匡复志切，岳武穆（岳飞谥号武穆、忠武）已是鲜活在徐达章及宜兴人民心中。

另据宜兴籍台湾画家任竹章在其《悼徐悲鸿大师》一文中，对徐达章的绘画作品亦有述及：“1931 年间，徐大师在南京中央大学艺术系任教，与时任军政部铨叙厅厅长钱卓伦（宜兴人士）常有过从。因在钱府客厅看到悬挂着毕笠渔画作，观后感佈不已，谓其父徐达章公最喜欢毕画，但毕卒于清同治初，因无能得识；又见藏有‘桃源渔父图’，盖为达章公遗作也。”[④]

至此我们可以对徐达章绘画艺术有一个大体的把握，简要概括出其绘画艺术的基本特征有以下几点：

1、显著的传统绘画和传统文化特征：

徐达章的许多绘画作品，直接表现出了对宋法的严守，比如《飞龙》（图 180）有宋代画龙高手陈容的影响。《亭湾空山图》（图 187）和《残景雪寒图》

① 吴骞 撰，王云五 主编：《桃溪客语》，商务印书馆发行，中华民国二十八年十二月初版，第二五页。

② 《云麓漫钞》，（宋）赵彦卫 撰，张国星 校点，辽宁教育出版社 1998 年版，第 9 页。

③ 《中国地方志集成・嘉庆增修宜兴县旧志》，江苏古籍出版社 1991 年版，第 444 页。

④ 《徐悲鸿——纪念徐悲鸿诞辰一百一十周年专辑》，宜兴文史资料第三十二辑，宜兴市政协学习和文史文员会 北京徐悲鸿纪念馆 编，《徐悲鸿》编辑文员会，2005 年 6 月，第 83 页。

（图 188）两幅山水画则尤其注重表达马远、夏圭的意境。直抒胸臆、意境深邃的雪景《白乐天隐居香山》（图 31）富含中国山水画之传统写意精神。《晚花》（图 44）、《淡花》（图 45）、《坚贞图》（图 48）、《丛竹图》（图 192）、《幽芳》（图 47）、《素梅》（图 46）等四君子图，受扬州八怪的影响显著，皆反映出中国传统文人画特质，表现出画家的淡泊精神和高洁品格。

徐达章绘画除了对传统绘画的继承，还从题材的选取和作品思想上体现着浓厚的传统文化内涵。

我们今天还能从徐悲鸿众多的“钟馗”作品中，体会到端午节这一民族传统文化的深蕴。徐悲鸿的这一文化情节直接来源于父亲的影响，徐达章当年每逢端午节必画钟馗，以祈求太平。除了其中的文化内涵，当然也与徐达章对人物画的喜爱和深入研究有关。徐达章对扬州八怪之一的新罗山人也不无借鉴和吸收，新罗山人也爱画钟馗，曾在其《钟馗啖鬼图》中题诗云：“老髯袒巨腹， 啖兴何其豪。 欲尽世间鬼， 行路无腥臊。”他们二人有共同的端午节文化情节。新罗山人除了擅长花鸟以外，也是当时少有的人物画能手，徐达章除了与新罗山人情志相通外，技术上也多有汲取。徐悲鸿后来的钟馗作品，与父亲及新罗山人都是脱不了干系的。

徐达章还创作有众多与传统民间祝寿有关的作品。除了以上提到的徐黄阳记忆中呈人物造型的“寿”字图《老寿星》外，据徐兴尧回忆，宜兴徐氏宗亲徐志复（或者岳村）家还曾经藏有《梅寿图》是用图绘红梅的形式而“写”就的“寿”字。另外，徐达章还篆刻印章“达章长寿”（图 202），人皆向往长寿，徐达章当然也不例外。不仅如此，他还篆刻有印章“同治己巳生”（图 201），可见徐达章对生命的关注。徐悲鸿受父亲的影响，也创作过为老人祝寿的作品，只是他没有用梅花，也没有图绘成“寿”字，而是画寓意长寿的松柏，比如其 1918 年所绘《西山古松柏》（图 179）（款识：“西山古松柏，戊午七月敬为陈太夫人寿，世侄徐悲鸿拜绘奉”白文方印：徐悲鸿印。）

徐达章还常常画传统的龙、狮等题材。1895 年 5 月 26 日子时，就在“淡我斋”，徐达章喜得贵子，取名徐寿康。时年徐达章 27 岁，小寿康的祖父

图 179 《西山古松柏》徐悲鸿作，国画，1918 年，水墨设色，纸本立轴，51×85cm，北京徐悲鸿纪念馆藏

和祖母俱皆在堂，祖父徐砚耕65岁，祖母62岁，祖孙三代，其乐融融。1896年，即小寿康出生的第二年，徐达章在喜得龙子的幸福中创作国画《飞龙》（图180）[款识：昔维，光绪岁次丙申仲冬（农历十一月）之月上上澣（上上旬），徐达章作。钤印，白文“不成章不达”，朱文印“成之画印”。]其望子成龙的慈父之心也是不言而喻的。俗话说“望子成龙，望女成凤”。中国古籍经典《周易》中就蕴含深厚的中国古老智慧，其开首第一卦“乾卦”就几乎通篇言“龙”，借以强调自强不息的民族精神。“乾”为“龙”，乾卦的六个爻其实描述的都是龙的表现。第一爻叫初九，其爻辞曰：“潜龙勿用。”[①]第二爻九二曰：“见龙在田，利见大人。”[②]第三爻九三曰：“君子终日乾乾，夕惕若厉，无咎。”[③]第四爻九四曰：“或跃在渊，无咎。”[④]第五爻九五曰：“飞龙在天，利见大人。”[⑤]第六爻也是最后一爻，叫上九，其爻辞曰：“亢龙有悔”[⑥]外加用九，辞曰：“见群龙无首，吉。”[⑦]孔子为乾卦所作《象》开首即曰：“天行健，君子以自强不息。”[⑧]道出了我们最为博大的民族精神。徐达章的《飞龙》既是对望子成龙的殷切表达，也是对自强不息之中国传统龙精神的反映，龙代表着力量、成功和希望。除了传统文化内涵外，徐达章的《飞龙》当然还有其艺术技巧及审美方面的具体表现，虽然该画不无对宋代画龙高手陈容的吸收，但其不同于宋画传统的极力刻画翻腾扭动的身姿、绵密逼肖的鳞片、刚劲锐利的指爪……而是在貌似满纸云腾龙跃的画面上，仅仅稍事刻画了虬龙探出云外的几个局部——龙首、四小段龙体和两只龙爪而已，所谓冰山一角。并且两个龙爪也仅仅局限于露出云外的六个利趾，这正是惜墨如金的表现。然而露出云外的龙的各个局部，被

---

① 李新路 主编：《周易》，郑州大学出版社 2014 年版，第 1 页。

② 李新路 主编：《周易》，郑州大学出版社 2014 年版，第 1 页。

③ 李新路 主编：《周易》，郑州大学出版社 2014 年版，第 1 页。

④ 李新路 主编：《周易》，郑州大学出版社 2014 年版，第 1 页。

⑤ 李新路 主编：《周易》，郑州大学出版社 2014 年版，第 2 页。

⑥ 李新路 主编：《周易》，郑州大学出版社 2014 年版，第 2 页。

⑦ 李新路 主编：《周易》，郑州大学出版社 2014 年版，第 2 页。

⑧ 李新路 主编：《周易》，郑州大学出版社 2014 年版，第 2 页。

图 180　《飞龙》（清）徐达章 作，1896 年，国画，水墨，轴纸，75×141.5cm，装裱尺寸 91×278cm，北京徐悲鸿纪念馆藏

错落有致地安排在画面的中上部，以示居高临下。画面其余各部即便全是翻卷中的浓云，但让人们领会到的却是飞龙那蜿蜒长躯的悠游。龙首的圆中带方与几段龙体的弧线相映成趣。龙爪不仅左右分布，更是上下错落，两只龙足各绘三利爪，其排列上也分别呈直线和折线。最让人感到意外的是在画面左下大片原本属于云雾的区域，大胆留出呈长扇弧形的空白，以示神龙吐纳之焰，这片左弯的长而阔的扇形与对面右弧的短而隐的龙躯呈现互补和对应，形成一明一晦的灰白关系，使画面倍感丰饶和奇趣。龙首的枝角和左右长须的波折、利爪的尖锥与眼鼻的弧圆以及左下角些许薄雾间的题词和钤印共谱了构图上的绝响。龙体造型上工写互渗，虚实有度，用笔于朴实多变中别显意趣，晕染中水墨浑成，五色丰饶而气韵生动。1945年冬天，徐悲鸿在磐溪曾经创作十二生肖图，其中的龙（图181）可以说受到了父亲《飞龙》的直接影响，尤其是龙首及其口中的“白焰”……

徐达章除了画龙，还有狮子题材的绘画传世。其实中国并无狮子，徐达章也从来没有见过真正的狮子，但随着佛教传入中国，被佛教推崇的狮子和麒麟最终都成为了中国文化里的灵兽，狮子和老虎一样，也成为了威武勇猛的象征，受到人们的喜爱。又和舞龙一样，逐步发展出舞狮的民俗活动，是对神崇拜的反映。徐达章也出于对狮子的崇敬之情，而特绘《太师少师图》（图182）［款识：光绪岁次辛丑仲冬之月（阴历十一月）下浣（下旬）以奉，维屏姻伯老大人大雅之政，成之侄徐达章写意］，虽然其作品中狮子的貌相不无舞狮的影子，但是他并没有从舞狮的夸张造型出发来塑造，而是于想象中极其努力地从写真的角度来描绘和表现狮子，所以这幅离现实中的狮子尚有距离的狮子图，除了反映出徐达章传统文化精神外，更是他崇尚自然和注重写实的艺术观的体现。其知难而为的精神，最为可嘉。

徐悲鸿一生喜欢画动物，首先是马，其次就是狮子，这不无父亲的影响。虽然徐悲鸿后来有机会见到了真正的狮子，并且还曾经大量写生，对狮子的描绘也更写实和逼真，然而其文化精神方面还是受到了父亲长期的影响，比如，在父亲创作完成《太师少师图》13年后，徐悲鸿于1914年创作的《卧狮图》（图183）（背面题记：甲寅菊秋悲鸿”，白文印“江南贫侠”）除了形象

图 181 《十二生肖 · 龙》徐悲鸿 作
1945 年

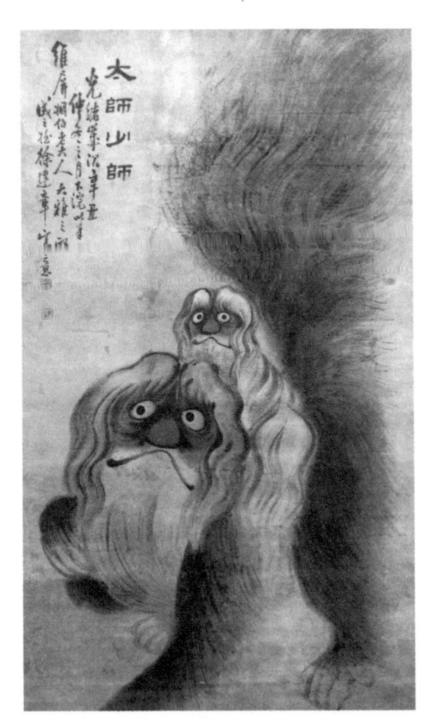

图 182 《太师少师图》 徐达章 作
1901 年，国画，纸本，宜兴徐悲鸿纪念馆藏

逼真，造型坚实，表现出了狮子的威严外，徐悲鸿在画的背面题款中特论道：“神气充足，精神焕发，我中国国民不当如是耶”。其对狮子神气和精神的内涵及文化诠释，可以说亦是继承父亲的精神。后来，尤其是抗战期间，徐悲鸿画了更多的狮子题材，比如《新生命活跃起来》《侧目》《负伤之狮》《会师东京》等，虽然都出自对抗战的支持，其中亦不乏对传统文化精神的继续传承和表达。当然1914年徐悲鸿还画过《双马》（图184）（背面题记：曾见某君书此，笔法遒劲，当嘱赵君镌石兹以备忘。海天寥廓，悲鸿。民四夏，徐师悲鸿应明智大学之聘，临别书此以作纪念，蒿目誌）。与《雄狮图》风格相同，二图可谓此时期的姊妹篇。徐悲鸿不仅最喜欢马，也一生画马不辍，更重要的是马也是中国传统文化精神的载体，往往和龙一起并称“龙马精神”，激励着人们奋发图强。事实上，中国人无论男女老幼，鲜有不喜欢千里驰骋之“骏马”形象的，这亦是中国传统文化内涵和民族精神的核心所在。

2、表现生活、注重写生的特点：

徐悲鸿曾经在《悲鸿自述》中说：“先君讳达章……观察精微，会心造物……独喜描写所见，如鸡、犬、牛、羊、村、树、猫、花。尤为好写人物，自由父母、姊妹（先君无兄弟），至于邻佣、乞丐，皆曲意刻画，纵其拟仿。时吾宜有名画师毕臣周者，先君幼时所慕，不谓曰后其艺突过之也，先君无所师承，一宗造物。故其所作，鲜有 Conrontion 而特多真气，守术儒严范，取去不苟，性情恬淡。”[1]徐悲鸿以上所述对父亲绘画直面生活、注重写生特点的描述，尤为中肯。

所以，徐达章的作品多贴近生活，有真感，有灵气并容易引起观众的共鸣，这主要得益于其师法造化和注重写生的艺术原则。徐悲鸿正是在这一点上很好地继承和贯彻了父亲的艺术主张，打下了坚实的造型基础，日后也藉此终于在上海打开了局面，渐渐立稳了脚跟，并得到康有为的肯定。尤其是1917年，徐悲鸿在即将游学东京之际，康有为特题词祝行就是最好的证明，上书“写生入神”四个大字，并注“悲鸿仁弟于画天才也，写此送其行，康有为”（图185）。

① 王震、徐伯阳 编：《徐悲鸿艺术文集》，宁夏人民出版社1994年版，第119—120页。

图 183 《卧狮图》 徐悲鸿 作

1914 年，水彩画，纸本，45×59.5cm，宜兴徐悲鸿纪念馆藏。

图 184 《双马图》 徐悲鸿 作

1914 年，水彩画，10.2×14.8cm，宜兴徐悲鸿纪念馆藏

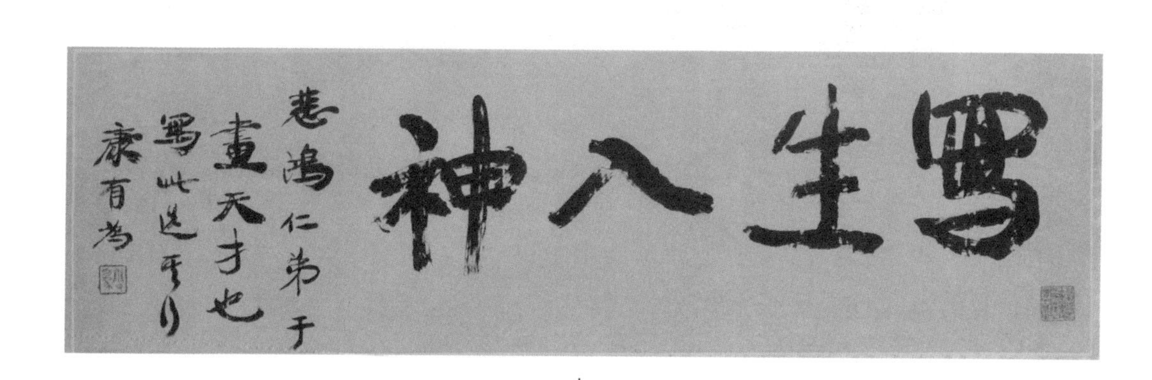

图 185 《写生入神》康有为 作

1917 年，书法，北京徐悲鸿纪念馆藏

其实早在1916年，还在上海打拼的21岁的徐悲鸿就曾对好友盛成说：“我宁可到野外去写生，完全地拜大自然做老师，也绝不愿抄袭前人不变的章法。”[①] 更早的努力尤为功不可没，徐悲鸿小时候，在父亲的指导下，一直就注重写生，经过长期的艰苦练习，练就了这一使其受益终身的本领。遥想当年，徐寿康在劳动之余，“就拿起画笔，描绘所见所感，一幅幅田园风光千姿百态；冬天，他冒着寒风画残冬的树木，村舍，他还喜欢描绘父母、弟妹、邻人和乞丐。他用笔在纸上画，用石笔在石板上画，用树枝在地上画，长年累月画个不停。”[②] 曾几何时，屺亭桥镇到处都留下了小画家徐寿康写生的身影，流传着他刻苦写生的佳话：

有一次，村民石根宝的耕牛被徐悲鸿私自牵到村外一棵大树下，旋即投入对牛的写生中而不自知。石根宝在村里找来找去，怎么也找不到自家的牛，很生气。当他最后在村外找到徐寿康写生地点的时候，把小寿康吓哭了，石根宝故意平和地问道：“你是徐达章的儿子吗？”徐寿康很害怕地回答说：“是”。石根宝不仅没有再责备他，还很客气地说：“没事，你接着画吧”。小寿康于是接着写生，等完成后就将画送给了石根宝。后来，徐悲鸿留学法国八年，成长为举世闻名的大画家，在他刚回国后不久，宜兴城东庙巷有位吴姓收藏家，闻风而动，即刻寻到石根宝家，把其当年收藏的小寿康画的牛高价买走了。

毕臣周的儿子毕少臣与徐达章交厚，有一次到徐达章家里，欲找私塾老师唐俊祥，当时唐俊祥在徐悲鸿家里教私塾，正巧唐俊祥和徐达章都外出，只有徐寿康一人在家，等了一会毕少臣就走了。唐俊祥回来时，朋友已去，就问徐悲鸿是否有人来找过他，小寿康说有，但是不知道对方的名字，待唐俊祥正要责备他的时候，小寿康即刻出示自己的拇指，唐俊祥看后，脱口说出了毕少臣的名字。原来谈话间，小寿康早已顺手拿起旁边父亲写蝇头小字的细毛笔，用游丝般简洁的线条，把毕少臣的形象“写”在了自己的拇指肚上。

---

① 王震 编著：《徐悲鸿年谱长编》，上海画报出版社2006年版，第15页。

② 中国人民政治协商会议江苏省宜兴县委员会文史资料研究委员会 编：《宜兴文史资料第十二辑》，1987年7月，第9页。

徐寿康家边的塘河是水运要道，航运异常繁忙，渡船经常在屺亭桥附近拥堵停驶，小寿康哪能放过这写生的难得机会呢？于是人们经常看到他站在塘河边上画船工。尤其是一艘从无锡到张渚的“新裕福”号轮船及其船工，是小寿康经常描绘的对象，有一次“新裕福”号再次堵在屺亭桥头，船工刘阿宝看到小寿康坐在岸上正在画自己，画得很投入，就对徐寿康说：“好好画啊，画得好，等从张渚返回时一定给你买油面筋吃”。后来，刘阿宝果然从张渚给小寿康带来了油面筋。

……

可见，写生在徐悲鸿的绘画艺术中极具核心意义，从中我们也可以看出徐达章绘画注重写生的基本特征。

3、集美众长、不斥外来的特点：

虽然徐悲鸿在其自述中说“先君无所师承，一宗造物。”但这并不说明徐达章就只能闭门造车，只是说明徐达章绘画从不拘泥于某家某派而已，认为他一点也不受其他画家的影响是不现实的。而事实也是如此，徐达章眼界开阔，他的绘画涉猎广泛，擅长汲取众家之所长，尤其受他在圣贤之学上深耕理学的影响，爱屋及乌，不仅在理学和书法两个方面受到朱熹的深刻而广泛的影响，对宋人绘画也是极为关注，和书法一样，其绘画也受到宋画的深远影响。比如他 1896 年所作，亦是其现存最早的作品《飞龙》（图 180），其中就有对宋朝画家陈容的消化吸收，比如从陈容的《云龙图》（图 186）中吸收营养。“陈容，字公储，号所翁，福唐（福建福清县）人，南宋理宗端平二年（1235）进士，曾任福建莆田太守，是当时一位画龙高手”[①]据史料记载，陈容画龙变化莫测，水墨交融，云雾缭绕，无论画龙的全部身躯，还是仅画一臂一首，皆得其妙，隐约升腾不可名状。徐达章的《飞龙》在画云的泼墨法、龙体的勾染成形、叱咤翻腾的磅礴气势上不乏对陈容的借鉴。当然徐达章在学习和借鉴陈容之外，自己的个人特点也是显而易见的。首先是主次分明，徐达章重点刻画的是龙首，其次是龙爪，然后是几段翻卷的龙体在云雾中时隐时现。即使龙首也是有主次之分的，尤其是眼睛刻画的最为

① 《中国美术全集·两宋绘画（下）》，人民美术出版社 2015 年版，第 71 页。

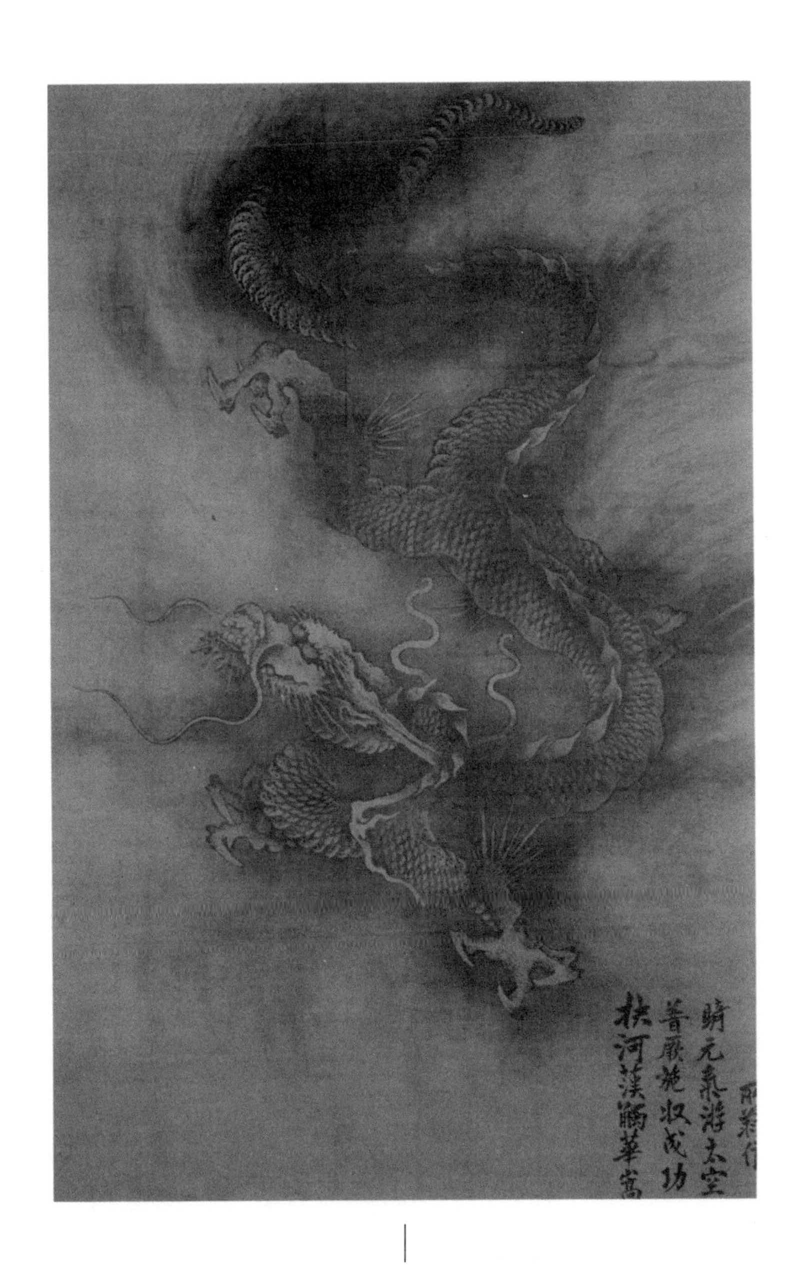

图 186 《云龙图》（宋）陈容 作

精细，也是全画最亮的部位，可谓“画龙点睛”。全图最大胆的描写是龙的吐纳之状，只见一泓白光从龙口喷薄而下，似气、似水、亦似火，不仅在构图上丰富了画面，更加强了飞龙的磅礴气势，并使画面富含神秘色彩。

徐达章完成《飞龙》六年后的1902年，他又创作两幅山水《亭湾空山图》（图187）和《残景雪寒图》（图188），在构图上《亭湾空山图》景物稍满一些，而《残景雪寒图》景物则较为荒疏，但是从整体上看两幅画都与五代以来雄壮宏伟、大山大水的全景式图构不同，表现的都是残山剩水，属于边角之景，是典型的南宋画家马远、夏圭的构图方式和荒寒、幽远的意境。只是《亭湾空山图》较接近马远，而《残景雪寒图》则更似夏圭。但是在皴法上两幅画作都借鉴了董源更贴合江南山质特征的“披麻皴”，间或米芾的“米点皴”，用墨上则兼具夏圭的苍老雄放和淋漓滋润。《残景雪寒图》笔墨运用并不复杂，简洁而萧疏，灵秀而清和。尤其是该画半边构图的简约、空间的旷远、视角的集中、近远的实虚、以及心胸的寥廓清淡，与夏圭的精神极其吻合。另外《亭湾空山图》还显现出了元四家之首黄公望对其的影响，首先是该画的立意就是直接来自黄公望的题画诗：“谁家亭子傍溪湾，高树扶疏出石间。落叶尽随溪雨去，只留秋色满空山”。当然除了诗词上的直接引用外，在造型和笔墨上也有所学习和借鉴，亦是理所当然的。所以徐达章的《亭湾空山图》和《残景雪寒图》在树木及山势的造型方法上不无黄公望的影子，山体的皴法也不无借鉴，其用笔的简淡深厚并非独创，实乃对董源、黄公望以来的平淡天真之自然风貌的承续。

徐达章绘画在上追宋画的同时，不可避免地还受到了扬州八怪的影响，原因也很简单，一是宜兴距离扬州近在咫尺，二是扬州八怪去时未久，且影响深远。徐达章受扬州八怪影响主要体现在花鸟画上，其《素梅》不仅从题款书法上有明显的郑板桥特征，在梅的表现上，尤其是花瓣的勾勒和花蕊的用笔上亦有对金农的借鉴。而梅的枝干则多自出枢机，由干到枝再到树梢的粗细变化皆自然贴切，尤其是枝条的坚实，更显性格的刚正。《坚贞图》（图48）、《丛竹图》（图192）两幅表现竹子的作品亦不可避免会受到扬州八怪的影响，其《坚贞图》中一怪石兀立，挺竹倚立于侧，是李方膺常用的构

誰家亭子傍溪灣
高樹扶疏出石間

图 187　《亭湾空山图》（清）徐达章 作，1902 年，国画，水墨，轴纸，33×146cm。私人收藏

木杪凄鴉景已殘
沙邊落雁雪猶寒
江南江北曾行路
今日山窗借看山
壬寅四月
成之 徐達章

图 188　《残景雪寒图》（清）徐达章 作，1902 年，国画，水墨，轴纸，33×146cm。私人收藏

图方式，其竹子的瘦挺亦有郑板桥的精神特质。尤其《丛竹图》的题款书法，是在行楷的基础上，掺入了竹叶画法的笔意，极具创意，这是对郑板桥书法掺入兰竹画意的直接模仿和继承。甚至《晚花》（图 44）的笔墨也有来自郑板桥的影响。《幽芳》（图 47）则有文征明、徐渭和陈淳的痕迹。《白乐天隐居香山》（图 31）则更显传统笔墨功力之深厚，其受明朝董其昌的影响也是明显的。尤其可贵的是，徐达章博采众长没有门户之见，只要有可取之处，不论何家何派，也不论门第出身，他一概汲取。比如从他的《葛岭品泉——仿雪舟稿》（图 189）（款识：葛岭品泉，相传稚川炼丹于此，有甘露泉饮之，真神，成之仿雪舟稿。白文朱印成之志画）可知，徐达章曾经专门临摹和学习过雪舟的山水画风格。我们也许会据此认为雪舟是当时的一位著名画家，然而事实并非如此，所谓雪舟，指的是僧人释际慧（1723—1799），俗姓陈氏，字静生，号雪舟，吴门（今江苏苏州）人，母亲梁氏信奉佛教，常常教儿子斋戒礼佛，待雪舟成人后命之披剃于法华寺，后来雪舟一度主持无锡南禅寺。雪舟除礼佛外，还工杂画，最擅长墨菊。雪舟在画史上并没有名气，在《历代画史汇传及补编》中仅有片言记载“雪舟，广东僧，曾云游京沪，山水笔力苍劲。”[①] 徐达章也正是喜欢雪舟的山水画。而且徐达章传世的仅仅十几幅画作中，其仿雪舟的山水图稿竟然有三幅之多。（图 190）（图 191）

其实徐达章对西方造型也是有所吸收的，尤其是《松阴课子图》中父亲的造型，表现出了完整和深入的造型特征。虽然主要体现的是他的观察力、模仿现实和感悟生活的能力，但是在徐达章所处的年代，尤其在临近上海的太湖流域，想完全杜绝西方造型的影响，也是不现实的。

以上几点足见徐达章对艺术的集合众美、不斥外来的特点。

4、竖式构图的突破、色彩等其他特征：

徐达章绘画艺术除了以上的几大特征外，从其存世作品来看，他较早期的绘画在体制上尤其喜欢用长长的竖式构图，比如其山水画《白乐天隐居香山》（图 31）横 48.5 厘米，而纵长达到 168 厘米，《春到山家》（图 193）

① （清）彭蕴璨 编，吴心穀 补编：《历代画史汇传及补编》，广陵书社 2015 年版，第 1172 页。

图 189　《葛岭品泉——仿雪舟稿》（清）徐达章 作

国画，纸本墨彩，32.5×42.5cm，装裱尺寸，43×58.5cm，北京徐悲鸿纪念馆藏

图 190　《仿雪舟稿之二》（清）徐达章 作

北京徐悲鸿纪念馆藏

图 191　《仿雪舟稿之三》（清）徐达章 作

北京徐悲鸿纪念馆藏

横 54 厘米，纵长达到 171 厘米。这两幅山水在构图上也都是饱满缜密，气象丰盈。然而《亭湾空山图》（图 187）和《残景雪寒图》（图 188）两幅山水虽然广取宋法，尤其是内容上表现空山的边角和残雪的一隅，更是对马远、夏圭意境的再造。但除此，两幅画在构图和意境两方面均有所突破，有其独到之处。首先其构图与马远、夏圭构图多偏向扁方甚至横幅不同，徐达章反其道而行之，大胆地采用了竖长的构图，并且其竖长几乎达到了极致，此两幅作品的横宽都是 33 厘米，而纵长皆达到了空前的 146 厘米，其长度几乎是其宽度的五倍，这是徐达章艺术表现在构图上的大胆尝试和创新，也是其淡泊恬静、心向高远的人格在审美上自然流露的结果。可以说，徐达章在表达马远、夏圭式残山剩水意境时，大胆开创超长竖式构图，并取得成功。然而徐达章不求名利，一心高远，正是这已至极限的竖高超长构图，助益画面塑造出高旷且平远的视觉效果，这无疑是在以往中国传统审美的基础上实现了在构图及意境上的新拓展。

徐达章的竖式构图除了以上在山水画中的极致表现外，其在花鸟画上的竖式长构图亦有不同寻常的表现，花鸟画在历史上采取竖式长构图的也大有人在，比如徐达章所追慕的任伯年多竖长构图之花鸟画，徐达章在花鸟画上，将文人画的竖式构图几乎发展到了极致。其《淡花》（图 45）横 39 厘米，纵长达到了 164.5 厘米，在如此竖长的构图中，画家简淡的寥寥笔墨居然也能使画面奇崛而饱满，足见画家审美上的不俗。另一幅文人画《丛竹图》（图 192）横 40 厘米，纵长 149 厘米，其构图更是不同凡响，图中三枝粗竹虽然缺头无尾，但是由于皆取斜入画面之式，而收到极度饱满的构图效果。右下的两株更粗、斜势也更大的竹竿，起到稳定画面重心的作用。画面左上的一枝嫩竹是唯一直立的枝叶，亦是画面的中轴和中心所在，体量虽小，但是起到了四两拨千斤的作用，与之呼应的是最下面两株呈直立状的笋尖，使整个画面重归中正。最后加上题款的萧畅笔意和印章的方圆素赤，共同打造出徐达章作品中此一空前佳构。然而，提到竹子和竹笋，要借此强调一下，徐悲鸿从小就喜欢家乡的竹海及其盛产的鲜嫩竹笋。此外，产于邵家村附近工文桥一带的“工文瓜”是盛夏酷暑时徐悲鸿的最爱，“工文瓜皮薄、白瓤，瓜子似蝴蝶，晶莹发亮，汁甜似糖，据说骤雨响雷都能把瓜皮震碎。”[①]另外，徐悲鸿从小还特别喜欢吃桃子，他曾经在屺亭桥老宅里亲自种植两颗桃树，每逢盛产季节，既大又圆的桃子挂满枝头，口感脆嫩，甜润可口……

从现存作品综合分析看，徐达章绘画在色彩上亦有上乘表现。前期主要以水墨为主，不论是龙、狮等动物画，还是梅、兰、竹、菊四君子图，以及包括效法宋画的山水画，皆笔精墨妙，氤氲生发，其对传统墨分五色规律的掌握十分娴熟到位。而且后来徐达章表现出对色彩越来越浓厚的兴趣，其山水画《春到山家》（图 193），人物画《松荫课子图》《荆溪十景图》等皆是墨彩画，并且延续了其水墨画淡雅的审美特征，此画设色从来不求艳丽，但求雅丽清和。关于徐达章的《荆溪十景图》，在此需要重新强调一下的是，此画方形构图与他常用和擅长的竖式长构图形成了鲜明对照，这不仅说明他在构图上的探索与拓展，也说明他对大众正常视角和观看习惯的尊重和回归，亦不无现实主义的艺术理念寓于其中。

5、徐达章绘画对徐悲鸿的意义

1903 年在父亲的督学下，徐寿康读完了《左传》，年仅 8 岁其国学基础已丰厚坚实。是年徐达章正式教授徐悲鸿绘画，每天午饭后临摹吴友如的《点石斋画报》石印界画人物一张，并逐渐学习着色。“吴友如是清朝末年著名的插图画家，能在尺幅之中描绘亭台楼阁、虫鱼鸟兽、奇花异卉，以至千军万马。徐悲鸿把他作为启蒙老师。但父亲更着意让徐悲鸿写生，画父母、兄弟、邻人、乞丐……”[②]课余徐寿康同邦庆临摹不辍，被誉为小画家。1904 年徐达章继续教儿子画画，徐寿康经常帮助父亲渲染画面上某些次要部位的色彩，成为父亲的小助手。1905 年徐寿康继续跟父亲学习画画，是年他已能任意挥写自然景物，或摹写鸡、犬、村舍等。“在寂寞的、缺少玩具的少年时代，徐悲鸿悄悄地爱上了周围的许多动物，并且仔细观察和描绘它们，如温顺的牛、奔驰的马、嘎嘎鸣叫的白鹅、浮游于水面的群鸭、倦卧在墙角或戏于树

---

① 中国人民政治协商会议江苏省宜兴县委员会文史资料研究委员会 编：《宜兴文史资料第十二辑》，1987 年 7 月，第 18 页。

② 任甫孟 著：《一代画圣徐悲鸿传》，天工书局 1999 年版，第 16 页。

图193《春到山家》（清）徐达章作，1905年，国画，墨彩，轴纸，54×171cm，装裱尺寸68×256cm，北京徐悲鸿纪念馆藏

图192《丛竹图》（清）徐达章作，国画，水墨，轴纸，40□×149cm，装裱尺寸，47×190cm，北京徐悲鸿纪念馆藏

上的花猫……”[1]

所以，徐达章从小就为儿子打下了中国传统绘画的根基，使其深谙传统美学的内涵。这不仅是徐悲鸿日后去上海、东京，乃至留学欧洲时吸收西方绘画营养的前提和基础，亦是后来徐悲鸿喜爱并擅长鉴定的凭藉。每逢填表时，徐悲鸿总是在“专长”一栏内填上“能鉴别中外古今艺术之优劣”。这正是拜父亲所学、所授，使徐悲鸿从小就具有了各方面的修养和眼力……由是才有了徐悲鸿日后为国家和民族而收藏的壮举，才有了《八十七神仙卷》的一波三折……

在绘画上徐悲鸿最根本的传承不仅仅在于传统绘画造型和色彩，更重要的是其绘画中传统国学的文化基因，先书后画的书画一脉相通，写生求真的诸己立场。徐悲鸿最终树立起了追求真善美的艺术方向，回归“师法造化、中得心源”的民族艺术精神。

（四）篆刻

除了儒学和书画闻名乡里外，徐达章还精于篆刻制印，并且其篆刻之学与书法、绘画落款也是有相互渗透和影响的，比如《飞龙》落款中“……仲冬之月……”的“之”（图 194）字，就是直接采用了篆刻中的“之”。徐达章还经常为亲朋好友制作精美印章，据蒋祖德回忆，小时候祖母曾经给他看过一方印章，是徐达章专门为其祖父蒋一文（字逢宾）及祖父之弟蒋一武所刻，是用隶书篆刻的“士斌”二字，“斌”字刚好含“文”和“武”二字，显示徐达章艺术构思之巧妙。

徐达章的篆刻虽然不无对前人的学习和借鉴，比如对擅长篆刻的清朝画家吴云必定有所借鉴，但也在与当时文人朋友的交流中获得提高，比如他与擅长书法并懂篆刻的癸卯举人童斐是有所交流的。但最直接的影响还是来自父亲徐砚耕的爱好和修养，尤其是父亲“性敏而好学，虽偶作玩具，必肖一物，不贻刻鹄类骛之”[2]的特点，使徐达章从小就形成了爱动手、能制作、善规划、勤思考的好习惯，进而喜欢上了刻制印章，最终熟练掌握了篆刻技术，积累

① 徐悲鸿纪念馆 编：《艺坛巨匠徐悲鸿》，中国和平出版社出版 1995 年版，第 6 页。

② 《计亭徐氏宗谱・卷四》，赵乃宣 撰《砚耕徐公暨配丁吴二孺人合传》。

了相当多的印学知识，丰富和深化了自己的传统美学修养。当然徐达章的篆刻，与其诗词文赋、书法、绘画一样，最主要的还是其理智的思考、独立的观察和辛勤的训练。正如徐悲鸿所说："先君……观察精微，会心造物……无所师承，一宗造物……耽咏吟，榜书雄古有力，亦精篆刻，超然自立于诸家之外。"①

虽然徐达章的篆刻实物已经俱皆遗失，但是我们还是可以从他流传下来的绘画作品中的钤印等窥其状貌。比如他的名号章有白文方印"徐达章"（图195）、白文长印"达章"（图196）、白文方印"徐达章印"（图197）、白文方印"臣达章印"（图198）等，而朱文"成之"（图199）有多方，尤其是从其朱文圆印"成之号曰亭桥"（图200）中，我们知晓他在从事书画创作时还有一个艺用名号"亭桥"。

从徐达章的制印中我们不仅可以欣赏其篆刻之美，还可以了解到他的生活、思想品德和心志情怀。比如记述其出生年代的"同治己巳生"（图201），祝福自己健康长寿的"达章长寿"（图202）、"徐氏达章长寿"（图203），还有信息量巨大的"淡我道人成之四十以后作"（图204），其"淡我"指明了自己"淡泊名利"的心志，"道人"意在强调其精擅"儒道"之学，"四十"指出了刻印时的年龄，"以后作"说明了该印章的应用范围，即只能用在1908年（时年徐达章40岁）以后创作的作品中，然而鉴于徐达章自1908年家乡发洪水后就携儿子谋食江湖，所以继续进行集中创作的条件严重不足，1909年底又染上疫病被迫返家并常年卧床直至病逝，这一切都注定了该印被用的机会稀少。事实也是如此，我们发现该印仅在《淡花》中有一次应用，由此我们得以断定《淡花》的创作年代，最有可能的应该是在1908年家乡发洪水之前。另外隐喻自己"儒道"之学的印章还有"不成章不达"（图205），其思想直接来源于《孟子·尽心章句（上）》之语："流水之为物也，不盈科不行；君子之志于道也，不成章不达。"②

徐达章的篆刻作品中，还有标识其书斋和绘画作品的印章，如"阳羡成

① 王震、徐伯阳 编：《徐悲鸿艺术文集》，宁夏人民出版社1994年版，第119—120页。

② （战国）孟子 著，弘丰 译注：《孟子》，中国文联出版社2016年版，第316页。

之诗书画印”（图 206）“成之金石诗书画”（图 226）、“成之画印”（图 207）、 “成之诗画”（图 208）。

还有表君子情怀和独特审美的印章，如“飞花” （图 209） 、为赞美竹子气节所刻之“高节可师”（图 210）、专门为兰花而作的“王者之香”（图 211）、《素梅》图中的“铁石心肠”（图 212）、具有雅逸独特审美意境的“淡中有味”（图 213）、“兴到笔随”（图 214）、“光风霁月”（图 215）、“暗香疏影” （图 216） 、“山水有清音” （图 217）等。

文字记载中还有见情现志的印章，比如“半耕半读半渔樵”就显露出他对亦隐亦读生活的向往。而“读书声里是吾家”是对自己好吟咏的最好注解。还有“天地吾庐”和“唯吾知足”[①] 亦彰显其情怀。尤其是“闲来写幅丹青卖，不用人间造孳钱”出自明代唐寅《言志》诗：

> 不炼金丹不坐禅，不为商贾不耕田。
> 闲来写就青山卖，不使人间造孽钱。

徐达章与唐寅产生共鸣，自篆闲章亦云“闲来写幅丹青卖，不用人间造孳钱”，这与唐寅诗虽然在个别用字上有所差别，但在其诗词特征和内涵表达上却是完全借鉴于唐寅的，同时可以看出徐达章在诗词方面涉猎之广泛。因此，徐达章在绘画上亦受唐寅的影响，实在情理之中。

徐达章既然喜好诗词歌咏，那在他的精神世界里怎么能缺少唐朝大诗人李白呢？果然，他曾特篆一方印章 “天生我材必有用”（图 218），就是出自李白的名篇之一《乐府·将进酒》之“人生得意须尽欢，莫使金樽空对月。天生我材必有用，千金散尽还复来。”后一句意指上天生下我，一定有能够用到我的地方，金钱花完了如同散失的东西一样以后定会再来，这充分体现了李白不仅看透人生，并且高度乐观。另外，徐达章还篆刻过一枚“诗酒生涯”的印章（图 219），意指与人和诗饮酒为乐，这与他的“天生我材必有用”

---

① *Xu Beihong in Nanyang*，Publiehed by Singapore Art Museum，First edition published in April 2008， Second edition published in July 2008，p157.

图 194 “之”——徐达章题画用字

图 195 “徐达章”——徐达章篆刻

图 196 “达章”——徐达章篆刻

图 197 “徐达章印”——徐达章篆刻

图 198 “臣达章印”——徐达章篆刻

图 200 “成之号曰亭桥”——徐达章篆刻

图 201 “同治己巳生”——徐达章篆刻

图 202 “达章长寿”——徐达章篆刻

图 199 “成之”——徐达章篆刻

图 203 “徐氏达章长寿”——徐达章篆刻

图 204 “淡我道人成之四十以后作”——徐达章篆刻

图 205 “不成章不达”——徐达章篆刻

图 206 “阳羡成之诗书画印”——徐达章篆刻

图 207 “成之画印”——徐达章篆刻

图 208 “成之诗画”——徐达章篆刻

图 209 “飞花”——徐达章篆刻

图 210 “高节可师”——徐达章篆刻

一起说明了徐达章（包括徐悲鸿）虽然身为儒雅君子，但内心也不乏激情和豪气。而且从他的另一方“儿女心肠、英雄肝胆”的印章里则更进一步表现出了他的侠义思想。在现实生活中，徐达章父子俩也是同情劳苦大众，嫉恶如仇。记得当年徐达章带着徐悲鸿在无锡流浪的时候，一次在回旅店的途中，路见一个年轻妇女坐在台阶上哭，从围观人们的议论中得知，她新近死了丈夫，又被夺了佃，在城门附近搭了一个窝篷卖茶维持生活，不料被一家茶馆老板的儿子带人焚烧一空。此时这位妇女一边啜泣，一边用手掌抹着眼泪，她怀抱中的婴儿不懂世间凶恶，睁着明亮的大眼睛看着围观的众人，不时伸出小手抓弄母亲蓬乱的头发。顿感强烈不平的徐悲鸿“几乎是冲动地走进了这家茶馆，达章公也跟了进去。他们想劝说茶馆老板发发善心，给予赔偿。肥头大耳、油光满面的老板最初是眯细眼睛瞧着他们，貌似听着，继而狞笑起来，最后破口大骂，抓起一只茶杯朝悲鸿扔过来。茶杯打在悲鸿头上，鲜血从浓密的黑发里涌出来……”[1]徐悲鸿后来也自刻印章“江南贫侠”（图 220，江南贫侠 白文方印 徐悲鸿刻，北京徐悲鸿纪念馆藏），期盼着自己能像一个侠客一样，为民除害。可见徐达章对儿子间或实施的篆刻指导也开始结出硕果了，当然后来徐悲鸿还刻过其他的印章，比如“好德”（图 221）“精爽”。

徐悲鸿还有一方重要印章“东海王孙”（图 222 东海王孙，北京徐悲鸿纪念馆藏），虽然是他日后请浙江寿石工（1885—1950 年，浙江绍兴人，篆刻家，工书，能词。妻宋君方，亦善篆刻）的夫人宋君方特为刻制的。但这“东海王孙”的内涵却与父亲早年参与辑谱以及他从小受父亲所教不无关联，鉴于徐达章对徐氏宗谱的嗜好和深究，料定他会将宗谱所载徐氏祖上的源流脉络给徐悲鸿作过讲授：徐氏都是伯益的后裔，伯益的先祖颛顼，是黄帝的后人……伯益的次子若木曾经辅佐大禹治水有功，获封于徐地（今江苏宿迁市泗洪县，与徐州接壤），于是建立徐国，若木的长子调又生子，名琮，袭祖上职位，夏朝仲康十二年升为东海侯……后世斅（xiào）有功于王室，夏朝履癸元年获封，以兖州郯城之地称东海侯国，号曰郯……自夏商以来，徐氏子孙累世袭侯爵，待到诞时，他曾经奉命伐逆有功，因此获得进爵为偃

① 廖静文：《徐悲鸿传》，中国青年出版社 2010 年版，第 12 页。

图 211 “王者之香”——徐达章篆刻

图 212 “铁石心肠”——徐达章篆刻

图 213 “淡中有味”——徐达章篆刻

图 214 “兴到笔随”——徐达章篆刻

图 215 “光风霁月”——徐达章篆刻

图 216 “暗香疏影”——徐达章篆刻

图 217 “山水有清音”——徐达章篆刻

图 218 “天生我材必有用”——徐达章篆刻

图 219 “诗酒生涯”——徐达章篆刻

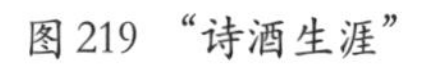

图 220 “江南贫侠”——徐悲鸿篆刻

图 221 “好德”——徐悲鸿篆刻

图 222 “东海王孙”——徐悲鸿用印（宋君方篆刻）

王，即徐偃王（凡是诸侯称作王的正是从徐偃王始），他特受恩准可以享用天子车驾、服装和仪銮，并获得可以独自兴兵征伐的权力。后趁周穆王西游忘返之际，四邻各诸侯国皆归附徐偃王，一时间竟然达三十六国之众，周穆王得悉后感到害怕，于是兴兵讨伐徐偃王，其长子战死了，偃王为免族人受难，不忍与之战，和二儿子仲谟于夜色中避走武源山，其百姓皆跟从而往，周穆王知道后惧怕其威望，于是诏徐偃王三儿子叔谟袭其爵位，并封为监国，但是去掉了王号，后来偃王去世，已居彭城的二儿子仲谟的子孙后代思慕祖德，讳厥偃王，即以徐为姓，散处江右浙西等地，隐居不仕，立庙祀诞……然而徐偃王三儿子叔谟的后人恕，就是徐君，沿袭侯爵，周景王二年时，徐君聘吴国，途中恰遇吴国公子札聘列国，看到札的佩剑便喜欢上了，吴公子许诺等返回时就将佩剑赠送徐君，但是徐君到吴中后就去世了，吴侯命人将他安葬在了东郭外……后来吴国公子回来，见前往徐君之墓祭拜，并将自己的佩剑挂在徐君墓上，周围居民于是在徐君墓侧挖掘一深井将剑埋藏里面，取名叫做剑井，以示其千古高节……徐君生有三个儿子，大儿子叫衡，因袭了爵位，二儿子叫卫，三儿子叫衜（xìn/xiān），卫衜来冢见徐君墓碑心生哀伤，看到剑井后感叹不已，于是就居留此地，以徐为姓，讳君为名，兄弟二人于是世世代代守护着徐君之墓，繁衍子孙，凡是江左的徐氏大都是发端于此……后来吴王吞并了徐国，衡的儿子章禹断发携同全家隐居于楚，楚以遂城夷地居之，其后子孙同样以国为姓，散处淮扬、徐泗、荆襄间，章禹后代瑾谓其子孙曰："我宗徐氏有为偃王之后者，有为恕君之后者，有为章禹之后者，有为庶兄亲弟之别于诸侯而亦以国为姓之后者，支分派别散处汉阳、豫章、东平、甘泉、茂陵、河南、武陵、广陵、荥阳……琅琊……武德、北海姑幕、东海等郡，几及万殊，而追溯源流，无非一本，故今之凡为徐氏者，郡名画一于东海，予祖咸归于伯益。盖以伯益为昆仑之巅而万山共脊，东海为星汉之源，而万派归宗，试溯初生自一体流出，岂有分形尔？曹凡遇同姓人，勿以为不宗者，有失亲亲之义也……"徐氏后代直至友孙（字复古），为避乱来宜兴，隐居邵墅之石桥里，后世子孙"淡斋公"再徙居计亭……[1]

① 参考自《计亭徐氏宗谱·卷二》，《源流考》。

据此徐悲鸿对自己的出身从儿时就已经有了一个定位，特篆刻此印章“东海王孙”，其意义正在于徐氏从若木受封开创徐国，至“敦”时于夏朝履癸元年再获封，以兖州郯城之地称东海侯国，其子孙世袭侯爵，传至“诞”的时候，因其伐逆有功而进爵为偃王，也就是徐偃王，即西周时期徐国国君，并建都泗水。徐偃王生活在公元前1000年左右，徐国疆域一度扩大到江苏、安徽长江以北，直至山东南部的广大地区，由于徐偃王对下属以仁义相待，鼎盛时期有36个诸侯向他朝贡臣服。这令周穆王十分惧怕，命造父联合楚军进攻徐国，徐偃王仁义爱民不肯战，遂夜避武源山中，数万百姓感召其仁义而跟随入山。徐偃王遂成为后世“徐文化”的代表人物和徐州文明史的奠基和领袖人物，甚至成为了中国神话人物之一，在当代中国神话学大师袁珂编著的《中国神话传说词典》中就有“徐偃王”一条，据此得知，在《荀子·非相》中就有关于徐偃王的记载：“徐偃王之状，目可瞻焉（‘焉’原作‘马’，据梁启雄《荀子柬释》改，云‘焉’乃‘颜’之借字，额也）”[①]此外，本条目中还提及《尸子》卷下、西晋张华的《博物志·异闻》中之《徐偃王志》、三国蜀谯周《古史考》中皆有对徐偃王传说的记载。而事实上，后来徐偃王曾率部分徐国人经海路南下到达宁波一带，为今日浙江徐氏之肇始。徐国在周代为东夷中最为强大者，此后逐渐衰落，春秋时败于楚国，公元前512年终被吴国所消灭。徐悲鸿据此以追先祖，刻“东海王孙”章以示出身，亦显示追思远祖之情。另外，小时候的徐寿康还经常在父亲教读的《诗经》中读到有关古徐国衰落后屡遭征讨的内容，比如《诗经·大雅·常武》即赞美周宣王亲征徐国而获重大胜利。《常武》一诗神完气足，叙事虚写与实写巧妙结合，极具特色，朱熹亦对其多有嘉评并与《诗经·江汉》作了比较（《诗集传》）。在《常武》中，诗人满怀激情，除了谈及“徐土”“徐国”，更是反复言及“徐方”：“……省此徐土……徐方绎骚，震惊徐方……徐方震惊……濯征徐国……徐方既来。徐方既同……徐方来庭。徐方不回，王曰还归。”[②]因为在周朝时期，徐为淮夷大国，屡抗朝廷，经周宣王亲征后，

① 袁珂 编著：《中国神话传说词典》（修订版），北京联合出版公司2013年版，第266页。

② 许渊冲 英译，姜胜章 编校：《诗经》，湖南出版社1993年版，第664—666页。

徐国降服来朝，此次胜利意义重大，故作诗以贺；《诗经》中另有《鲁颂·泮水》言：“思乐泮水，薄采其芹……淮夷攸服……既克淮夷……淮夷卒获……憬彼淮夷，来献其琛……”[①]其中多次提及的“淮夷”亦主指徐国，言其被鲁国征讨，不得不向其臣服纳贡的情形。

而作为《诗经》三百篇中最长一篇的《诗经·鲁颂·閟（bì）宫》中亦有提及徐国之处：“閟宫有侐，实实枚枚……泰山岩岩，鲁邦所詹。奄有龟蒙，遂荒大东，至于海邦淮夷来同……遂荒徐宅至于海邦，淮夷蛮貊（mò）。及彼南夷，莫不率从……”[②]。此诗先述周的发生、壮大，再对鲁国辉煌的历史进行讴歌，叙述鲁公军队的战绩。诗中自“泰山岩岩”句以下，写鲁国疆域广大，辖有泰山、龟山、蒙山，极东直到大海还不算，如今连徐国也前来与之同盟，即“淮夷来同”所指，又述“遂荒徐宅”，是指统辖了徐戎的旧宅，又述“至于海邦，淮夷蛮貊。及彼南夷，莫不率从。”是进一步强调鲁国势力直抵近海之邦，不仅淮夷（徐国），连蛮貊和南夷皆来进谒。公元前512年徐国最终被吴国所灭时，时章禹为国君。

然而，亦有文章记述：“在父亲的耐心教导下，悲鸿书画进步很快，每到过年总要为乡亲们书写大量春联。内容大都是‘东海功勋第，南荆礼乐家’，横批是‘东海王孙’。上联意指初唐大将徐懋功封为东海郡公，下联指宜兴荆溪之南为徐氏宗族生息繁衍之地，为礼乐之家。东海指现在的连云港。徐姓在宜兴是大姓。悲鸿后来还刻有‘东海王孙’的印章，表示自己是东海徐氏的后裔。这既有对祖宗功勋门第的自豪，也有青年时生活艰难，含有对高贵门第的一种自嘲。”[③]不管徐悲鸿是出于自豪还是自嘲，其印章“东海王孙”主指其远祖于夏朝时受封东海侯国以及中国历史上第一个被周朝封王的徐偃王，应该更为确切。其实，对徐达章甚或徐悲鸿来说，徐偃王“好行仁义”的文化意义更为重要，因为徐偃王的“行仁义”，不仅教化了子民，稳定了社会，发展了生产，增强了国力，其声名还在诸侯间广为传播，以至于“诸

① 许渊冲 英译，姜胜章 编校：《诗经》，湖南出版社1993年版，第726—732页。

② 许渊冲 英译，姜胜章 编校：《诗经》，湖南出版社1993年版，第732—742页。

③ 王泽庆 编著：《徐悲鸿评传》，人民美术出版社1995年版，第82页。

侯三十六国尽服矣”。虽然后来徐国败亡，但徐偃王的“仁义之举得到了孔子的高度赞誉，后来因为孔子的推崇而开始流传。孔子不仅津津乐道，还将仁义吸纳进儒学作为核心，并将它在中华大地上发扬光大。”[1]可见徐达章所继承孔子的“仁”之儒学核心，其来源正是自己的徐氏先祖徐偃王。总之，无论是远古的伯益、若木，还是夏、周时期的敦、诞（徐偃王），直至唐朝大将徐懋功、元末明初的计亭徐氏鼻祖徐友孙（复古公）以及明末清初的十世祖上徐腾蛟（大参公），徐氏祖先可谓贤才辈出，彰显着宗族历史的厚重，尤其是徐氏远祖所建的古徐国绵延长达一千多年的辉煌历史，更令后人引以为傲。对徐达章来说，这一切亦是他教育儿子的绝好教材。

另外，由于徐达章的传承和影响，徐悲鸿一生中无时不在关注着篆刻，痴迷着篆刻，每当有上好的刻石，他总是收藏好，等有机会了就请当时名刻家为他制印。他还经常为篆刻之事撰文或发声，比如 1939 年 9 月，徐悲鸿除了在《百扇斋主手拓悲鸿用印》中收录了徐达章的“放怀今古”（图 223）、“飞花入砚池”（图 224）两方白文印章外，还在扉页自言：“中国晚近，虽文物衰落，但金石文字皆藉印刷术而广布，治印一门遂造成空前之瑰丽时代。如此册之作家皆往古罕有之人物也，吾幸生与并世，且与友好，因得偿吾无厌之求，沉湎之嗜，谓非幸福乎？……”[2]此文中徐悲鸿深刻表露出了自己对篆刻的笃爱和美学修养，这也是徐达章从小就对他施加教育和影响的结果。另外王震编著的《徐悲鸿年谱长编》亦记载，1942 年 11 月 3 日，宜兴书法篆刻家潘稚亮去世，引起了徐悲鸿的极大关注，并亲撰挽联：“三山求学怀先觉，一代宗师悲故人。”并致悼词云：“稚亮先生工书、于篆宗峄山、隶法华山，真行学麓山，曾刻‘三山旧学’朱文印，迷其所自。”[3]可见徐悲鸿对篆刻艺术关注之深，感情之强，以及其印学专业知识之深广。

需要格外强调的是，《松荫课子图》虽然是徐达章人物画的代表作，但该画对印章的应用是其艺术创作的又一大特色，不仅形态多样，并且其钤印

① 徐清义 编著：《中华徐氏文史通鉴》（第二卷），中国文化出版社 2015 年版，第 61 页。

② 纪经中 穆寅生 编：《百扇斋主手拓悲鸿用印》，人民美术出版社 2003 年版，扉页。

③ 王震 编著：《徐悲鸿年谱长编》，上海画报出版社 2006 年版，第 250 页。

数量共有八方，在他现存的所有作品中是用印最多的一幅，这也足见他对该画的重视和喜爱。其中白文印章“小隐屺亭桥畔”（图 33）呈五边形，可谓不拘一格，极具创意，并显露出其隐逸思想。还有白文长印“达章”、朱文方印“成之”大小各一方、白文不规则印章“同治己巳生”、白文长印“山水有清音”、白文方印“徐达章印”。最有特色的是画面最左上角的“云淡风轻”（图 225），从布局、用笔用刀、结构，都极具创新，尤其外观形态，不同凡响。关键是除了印章显现出的创造性和人物造型这个中心以外，《松荫课子图》中所绘琴套的图案之精美、色泽之雅丽，剑柄的刻画之工，藤椅造型之奇崛苍古等，都显露出了徐达章继承父亲徐砚耕的文化修养和艺术品味。正如徐达章在其《先考砚耕公逸事十章》中所述其父“闲来洒扫尘氛净，古画名书陶性情”“名花灌溉日殷勤，浅白深红萃一庭”“罗将怪石作良朋，直与元章癖性同”“楷法生平善学颜，神如秋水气如山”，从中可以知悉徐砚耕的艺术追求和美学修养，并在徐达章的《松荫课子图》中亦有所隐含是必然的。从而可见文化和艺术之家传的重要性。

综上可知，正如《砚耕徐公暨配丁吴二孺人合传》所记载：“继配志安公女吴孺人……生丈夫子[illegible]，女二，男名达章，工诗善画，精书法篆刻，有志圣贤之学……”[①] 这诗、画、书法、篆刻、乃至圣贤之学，正是徐达章对儿子的教育中有关文化、美育和儒教学问的主要内容所在。这“工诗善画，精书法篆刻，有志圣贤之学”之言可谓字字珠玑。妙在徐达章的朱文圆印“成之金石诗书画”（图 226），正是他用篆刻艺术的形式所作的自我总结，除了“诗书画”之外，其中“金石”并非仅指“篆刻”，还有更加广泛的内涵和审美意义，当然这也是受了他的父亲徐砚耕的直接影响的结果。《砚耕徐公暨配丁吴二孺人合传》中就有记载徐砚耕“虽偶作玩具，必肖一物。不贻刻鹄类骛之”[②]，以及他喜赏古玩字画、奇石异草等，“盖有古人铭盘书绅之意焉，若古今名人书画与古玩怪石则罗列庭前，与名花异卉交相辉映，暇则抚玩之，

① 《计亭徐氏宗谱·卷四》，赵乃宣 撰《砚耕徐公暨配丁吴二孺人合传》。

② 《计亭徐氏宗谱·卷四》，赵乃宣 撰《砚耕徐公暨配丁吴二孺人合传》。

灌植之。”[1]从这些文字记载中可以看出徐砚耕对金石之学的嗜好和良好修养，对徐达章产生直接影响则是情理之中的事情。

另外，当代画家徐焕如在他的《徐悲鸿——中国近代美术现实主义的先驱》中说：“徐达章是当时宜兴知名的画师，在中国画、书法、金石以及旧体文学等诸方面有较全面的功力和造诣，在宜兴及附近数县的一些个人、学校、寺庙、宗祠等地留有他书写的不少匾额、对联以及历史人物画和绣像画。”[2]这无疑既是作者作为画家、又作为徐氏本家族族人对徐达章作出的全面总结和描绘，十分令人信服。然而，徐达章的白文长印“挥毫落纸如云烟”（图227）不正是他本人对其艺术生涯的自我咏怀吗？

早教的优势

徐达章对徐悲鸿实施的教育之所以成就巨大，还和其早教性质不无关系。早教并非现代的什么新鲜事物，甚至胎教中国亦古已有之。《增广贤文》就有关于胎教和早教的记述：“训子须从胎教始，端蒙必自小学初。”清代著名教育家、理学家陈弘谋，也曾经在其编辑的《五种遗规》的序言中强调儿童教育的意义：“天下有真教术，斯有真人材。教术之端自闾巷始，人材之成自儿童始。《大易》以山下出泉，其象为蒙，而君子之所以果行育德者，于是乎在。故蒙以养正，是为圣功，义至深矣。”[3]

中国已知最早胎教是周文王的母亲太任，据记载：“太任之性，端一诚庄，维德之行。及其娠文王，目不视恶色，耳不听淫声，口不出敖言。生文王而明圣，太任教之一而识百，卒为周宗。君子谓太任为能胎教。”[4]也就是说，周文王的母亲在怀他的时候，乱七八糟的场景不看，粗鄙浅陋的话语不听，

① 《计亭徐氏宗谱·卷四》，赵乃宣 撰《砚耕徐公暨配丁吴二孺人合传》。

② 中国人民政治协商会议江苏省宜兴县委员会文史资料研究委员会 编：《宜兴文史资料第十二辑》，1987年7月，第124页。

③ 《五种遗规》，（清）陈弘谋 撰，苏丽娟 点校，凤凰出版社2016年版，第3页。

④ 《童蒙须知·小学·朱子治家格言》，（南宋）朱熹、（清）朱柏庐 著，杨博 注，北京联合出版公司2017年版，第78—79页。

图 223 “放怀今古”
——徐达章篆刻

图 224 “飞花入砚池”
——徐达章篆刻

图 225 “云淡风轻”
——徐达章篆刻

图 226 “成之金石诗书画”
——徐达章篆刻

图 227 “挥毫落纸如云烟”
——徐达章篆刻

傲慢自大的言语不讲……不止于此，记载中更甚至包括了站、坐、睡相必须端正，食物切不规整、味道不纯正不吃，席子摆放不正不坐等。于是姬昌生来就比别的孩子聪明知礼，母亲教一他却能知百，学习时接受速度之快、领悟之深可见一斑。姬昌最终成为周朝之宗。巧合的是徐悲鸿少年时曾经创作人物画《少妇坐像》（图 22）并题词“我仪文母，诚一端庄。生子明圣，周家之光”。这幅画中的少妇正是文王的母亲太任，只见她安然坐在桌子旁边，仪态端庄平和，似作胎教。即使用今天的眼光看，古人要求孕妇不看丑恶的东西，不听刺耳的声音，不吃杂乱的食物，不到嘈闹的地方，都是有科学道理的。

徐悲鸿的母亲有没有给他做过胎教已经无从查考，但是徐悲鸿自从出生就受到父母的倍加呵护，父母的一言一行都启迪着他的心智是肯定的。徐悲鸿从小就感受到母亲的善良和助困济贫的美德，记得小时候“隔壁的那位老奶奶，常常因为没有米下锅而流泪，而母亲便从自己所剩无几的米箩里舀些米给她……”[①] 母亲还经常给他讲动听的故事“有时，在豆棚瓜架下，他依偎在母亲的怀里，听着那些在长辈口中永远也说不完的民间传说和神话故事……”[②] 母亲的善行和故事对徐悲鸿品德的形成和心智的发展都有很大影响。但与此同时，徐悲鸿从出生起就耳濡目染父亲的德行和艺术创作活动，对徐悲鸿起到潜移默化的教育作用。1900 年徐达章教徐悲鸿读国学，是对徐悲鸿系统教育的正式开始。然而“和母亲的温存相反，父亲永远是最严格的教师。不论盛夏隆冬，他每天都严格地监督悲鸿读书、写字、作画，即使在农忙季节，也从未稍懈。”[③]

从广义上讲，从出生到小学之前阶段的教育即属早教范畴，父母天然就是孩子最伟大的启蒙老师，父母的起点决定着孩子初受教育的高度。徐悲鸿 1895 年 6 月出生， 1900 年徐悲鸿仅 5 周岁，严格地讲，徐悲鸿该年的实际年龄是在 4 岁半到 5 岁半之间，从此由父亲正式教读国学经典，是年读了《百

① 廖静文：《徐悲鸿传》，中国青年出版社 2010 年版，第 8 页。
② 廖静文：《徐悲鸿传》，中国青年出版社 2010 年版，第 8 页。
③ 廖静文：《徐悲鸿传》，中国青年出版社 2010 年版，第 9 页。

家姓》《千字文》《三字经》。1901年徐悲鸿6周岁，这期间读了《论语》《大学》《中庸》等，并且开始执笔学书。这个安排是合理的，并且效果是加强和互进的。从后来徐悲鸿书札中繁体字和异体字充斥其间的情况就可以看出来，从小练就的童子功对一个人的影响何其深远且意义重大。徐悲鸿弱冠之时，已经处于运用传统国学文化知识的阶段了，如果换作他去上海寻求生活出路和深造机会的时间段里，那时的他既要忙于作画谋生，又要吸收西洋新画法，还需学习法文，后来到日本考察，甚至留学欧洲8年专事西方传统绘画的学习，是不可能系统深入且旷日持久地学习经典文化、甚至是繁体或异体文字的，这一切既无从学起，更谈不上运用。

从徐达章实施的早教内容上看，国学位列首要，其中心就是儒学，并不是绘画，也不是书法。徐悲鸿受这一安排的影响也是最深远的，由此看出徐达章把徐悲鸿首先培养成了大贤君子。清代著名教育家、理学家陈弘谋，编辑《五种遗规》，其中《养正遗规》卷上第三《朱子童蒙须知》中有言："能读圣贤之书，恢大此心，进德修业，入于大贤君子之域，无不可者。汝曹宜勉之。"[①] 明确指出教育的目标在于培育大贤君子，并且从童蒙教育开始。徐达章的安排正好切合了这一教育要求，但实际上这在倡导新学的1900年已是不太符合潮流了。由于是早教，并且是始教、首教，这就极早地奠定了徐悲鸿的国学基础，尤其是儒学思想和精神，以至他一生的思想、行为、艺术活动无不具有浓郁的儒学文化底色，甚至在被问及宗教信仰时，徐悲鸿都会毫不犹豫地说信仰儒教。徐悲鸿的文化底色保持始终，即便是留学欧洲时都未曾改变。留学期间的徐悲鸿还顺理成章地担当起了传播儒教的文化使命，起到了促进中西文化交流的桥梁作用。早期孔子儒家思想传入欧洲，主要是在16、17世纪，通过来华的耶稣会传教士逐渐传入西方各国。最早来中国的是意大利传教士，之后是葡萄牙、法国、德国、英国等国的传教士。他们有意无意地向欧洲介绍中国，介绍各种思想流派，特别是儒家思想。1687年，巴黎出版了拉丁文译本的国学经典《大学》《中庸》《论语》，孔子儒家学

① 《童蒙须知·小学·朱子治家格言》，（南宋）朱熹、（清）朱柏庐 著，杨博 注，北京联合出版公司2017年版，第20页。

说于是正式传入西方。受孔子儒家思想影响最大的欧洲国家是法国，孔子儒学思想对 18 世纪神学统治下的法国起到了振聋发聩的作用 。以孔子儒家为代表的中国文化，为高举理性旗帜的启蒙思想家们展示了一个崭新的世界，在经历了近代的曲折之后，面对社会问题，人类依旧不会停止对美好世界的憧憬和向往，西方人把希望的目光投向了东方，寻求孔子的智慧。

然而，徐悲鸿所处的 19 世纪末和 20 世纪初，东西方在经济、政治、科学和文化等方面的平衡已经被打破，中国作为东方的代表严重处于劣势一方，无论国家、地方、甚至个人，一时间向西方学习的热潮风起云涌。在艺术上的形势亦然，向西方学习乃大势所趋，就连刚过弱冠之年且传统文化根基深厚的徐悲鸿也冲在了向西方学习的第一线，经过多方努力，他成为中国第一位官方公派欧洲学习艺术的留学生。在欧洲期间，在处于劣势的前提下，徐悲鸿始终保持了文化上的自信和中国传统绘画上的自主。并且，他承父教而积淀的深厚儒学，再次以法国为中心，推动了中西文化的交流，这是他最了不起的地方。当然徐悲鸿留学欧洲的目的是学习西方艺术和文化，经过八年鏖战，终于掌握了西方绘画的精髓和西方文化的内涵，并成功地将其运用到中国绘画创作和美术教育中。后来于 1933 年以举办展览的形式，向西方传播了以儒教为底色的中国文化和艺术，徐悲鸿不愧为中西文化的使者。而其背后的最大支持者正是父亲徐达章通过早教所授予的国学文化精神。

徐达章在临终之际，仍不忘谆谆教导徐寿康，对其未来忧心忡忡，虽然他早就从文化底色、绘画功底、审美修养等各个方面，为徐悲鸿的将来打造好了远征的基础。事后徐悲鸿坎坷多难，但是成功亦在情理之中。徐悲鸿闯上海时凭借画笔进入哈同花园，结识康有为，得以遍览其丰富的国学及艺术收藏。康有为曾经长期旅居欧洲，路行万里，见多识广，单就对西方油画的造型以及西方文化的了解方面讲，当时肯定远远在徐悲鸿之上，他之所以如此看好徐悲鸿，是因为通过徐悲鸿早年的作品，首先看到了这个年轻人超常的艺术表现能力和无限的潜力。然而在后来两人的交往甚至论道当中，徐悲鸿无论从书法上、国学上，还是艺术审美、深厚绘画理论等方面，也是不遑多让。康有为“鄙薄四王，推崇宋法”以及倡导西洋画等思想与徐悲鸿产生了共鸣，尤其是两个人都崇拜孔子，都是儒教主义者，可谓英雄相惜。两人论道每每能激发出文化精神的绚丽火花，这也让康有为感受到了久违的艺术素养以及某种可期的博大精神和辉煌文化，如此看来，“淡我斋”中诵读经典的早教功劳着实不可或缺。事实也是如此，后来徐悲鸿果然成为一代绘画大师和文化巨人。

徐达章对徐悲鸿的早教与后续教育直接接轨，可谓一气呵成，于是徐悲鸿 8 岁读完《左传》并正式学画，9 岁作父亲的绘画助手且能书法，尤其是徐达章本着塑造徐悲鸿观察生活、体验生活、师法造化、艺术诸己的能力和精神而施教。徐悲鸿也不负厚望，10 岁能赋诗，还能用画笔任意挥写自然景物，或摹写家人，或写鸡、犬、村舍等。按照国学、书法、绘画的先后顺序系统而完整地依次进行，徐悲鸿无疑从儿童时期就成功地开发了智力，拥有了各个方面的能力，比如观察能力、书法和绘画能力、独立思考能力、创造能力等。

徐达章按照既定的目标督导儿子学习直到其 12 岁，此时突然被不可抗拒的外力所干扰。所谓天有不测风云，1908 年，宜兴遭遇大雨，“达章公用祈求的目光仰视苍穹，希望老天爷不要再下雨了。但天空却像裂开了无数缝隙，大雨昼夜不停地倾泻着，河水涨得满满的，眼看就要溢出河岸。人们都在摇头叹息，纷纷冒雨去寺庙里祈祷。然而，奔腾而混浊的河水终于冲出了河岸，像发怒似的涌到墙角边，窗户上、屋檐上，屺亭桥镇被淹没在一片汪洋大水中，人们扶老携幼地逃奔到远方去。当洪水退去，人们再回到屺亭桥镇时，饥饿和寒冷又在威胁着他们。达章公想在镇上鬻字卖画是完全不可能了，他决定携带悲鸿去外地谋生。这一年，悲鸿刚满十三岁，便和父亲开始了流浪江湖的卖画生涯。”①

这不仅是对生存的考验，在一定意义上也是对徐达章在儿子教育问题上的重大挑战。尤其是在遭受暴雨之前不久，徐悲鸿曾在其自述中描述道：“方吾年十三四时，乡之富人皆遣子弟入学校，余慕之。有周先生者，劝吾父命遣入学优笃，先君以力之不继为言。周先生曰：‘画师乃吃空心饭也。乌足

① 廖静文：《徐悲鸿传》，中国青年出版社 2010 年版，第 10 页。

持。’顾此时实无奈，仅得埋首读死书，谋食江湖。”[1] 所以洪水袭来，当时的情境对徐悲鸿的教育来说真是霜上加雪，他不仅无法像富家子弟一样入学，就连父亲的家教也要面临中断了。试想在生存都成问题的情况下，在没有任何教学环境和条件的当下，谁还会有能力继续教学或者学习呢？一般人甚至连这份心情都荡然无存了。

然而徐达章不愧圣贤君子，着实担当得起好友赵乃宣对他“仰止尼山孔，景行考亭朱”[2] 的评价，他的确是孔子的好学生，他把谋食江湖作成了徐悲鸿的社会大学，并且进行得有声有色，丰富多彩。如同当年孔子教游天下般，他也因地制宜，因材施教，继续对徐悲鸿实施有效的教育，并且是更深、更高和更广泛的教育，所以“江湖卖艺，流浪各地码头的岁月，并没有影响他们父子追求艺术的壮志。徐悲鸿在漂泊中仍每天为父亲磨墨铺纸，看父亲挥笔作画，听父亲孜孜不倦地谈古论今。父亲侃侃而谈，介绍中国传统的绘画理论。在这些日子里，他从父亲那里，潜移默化学到不少绘画理论，同时也成为父亲的好帮手。”[3]

另外“徐悲鸿对自然主义的兴趣源起于早年其父对他的教诲，徐达章教导他要师法自然，绘画其所见。他随父亲浪游卖画，第一次接触到自然主义。他搜集的图片、月历牌上的画、西洋画书籍及复制品，皆吸引他对自然主义及光线效果作进一步的探索”[4]

“那时他喜欢罗致搜藏强盗牌香烟壳里的香烟牌子（画片），研究绘制动物的表现方法。后来，又弄到了东洋的博物样本，他从中逐渐认识到猛兽的真形，心摹手追，怡然自乐。此时，他还见到欧洲十九世纪绘画大师作品的复制品。这些精美的复制品，以严谨的造型，绚丽的色彩，抒情的韵律，强烈地震撼着徐悲鸿的心灵。那时他就产生了去欧洲学习美术的朦胧愿望。”[5]

尤其是在徐悲鸿目睹了社会上的种种不公后，“在这些残酷而痛苦的

---

① 王震、徐伯阳 编：《徐悲鸿艺术文集》，宁夏人民出版社 1994 年版，第 120—121 页。

② 《计亭徐氏宗谱・卷四》，赵乃宣 撰《屺山高赠徐君成之五言古诗》。

③ 任甫孟：《一代画圣徐悲鸿传》，天工书局 1999 年版，第 19—20 页。

④ 《徐悲鸿的艺术》香港市政局北京徐悲鸿纪念馆联合主办，第 34 页。

⑤ 任甫孟《一代画圣徐悲鸿传》，天工书局 1999 年版，第 20 页。

现实面前，他逐渐显得成熟起来，不仅了解和同情许多民间的苦难，而且使他懂得了许多国家大事。辛亥革命曾激动过他的心，随之而来的是以帝国主义为后台的军阀混战，战祸连绵，民不聊生，他开始关心国家大事，忧国忧民；在他自己描绘的画面上常署名‘神州少年’，并盖上一方‘江南贫侠’的印章。”[1]

总之，在随父流浪期间，徐悲鸿跟随父亲跑遍了常州、无锡、溧阳等邻县的村镇，继续随父亲学习绘画。尤其是给人画像对父子俩都是极大的考验，也是进一步提高肖像画水平的机会，这对培养徐悲鸿的观察和造型能力起到了在“实战”中检验和提升的巨大作用，另外还能随时听父亲讲解绘画理论知识，并有机会广泛接触和吸收西方画的外来营养。这一切都是在校园里和书本上学不到的，尤其是对社会世态炎凉的感受，使徐悲鸿对人生和社会有了更深刻的了解，对其人生观和世界观的形成都起了很大作用。

虽然飘零江湖，过着风餐露宿的落拓生活，但是徐悲鸿对“社会大学”的教学也是配合得相当默契，这和他长期以来作为家里的老大必须要承担家里各项劳动有关，他尤其喜欢放牛，因为每当放牛的时候，他总会有比较充裕的时间观察大自然，并且还经常手拿木棍在地面上画画，尤其是画各种动物，总是画啥像啥，好不快乐。徐悲鸿早已受过种种磨炼，能够适应各种严酷的学习环境和条件。所以在流浪中，徐悲鸿在父亲的指导下，学习一刻也没有间断，流浪生活和学习完全融为了一体，还和父亲共同劳动，给人画肖像、山水、花卉、动物条屏，刻印章、写春联等。虽然生活无着落，但是在亲情上是幸福的。徐达章与儿子朝夕相处，相依为命，并无时无刻不在悉心地培育儿子的文化、艺术以及做人。

徐氏宗谱的裨益

徐达章在《仓源公铭并序》中自言：“向者章于课读书画之暇，恒喜读家乘，而于祖功宗德之传序铭赞，诗词歌赋，靡不刻意警心以推较，而则效

① 任甫孟：《一代画圣徐悲鸿传》，天工书局1999年版，第19页。

之常致欷歔慨叹，歌泣咏号而不自知者。既及上塘分所传诸公孺人之孝友贞节，咸历历可数……”[①]所以徐达章平时喜欢读徐氏宗谱，不仅仅从中了解徐氏宗族的发展史，学习先辈们的功德仁行、孝友贞节、诗词歌赋，甚至它还像个丰富的文化宝库，徐达章能从中挖掘到更多的知识、智慧、思想以及精神方面的宝藏。

从读徐氏宗谱中徐达章可以找到和他一样被称为“隐君子”的同道先辈，比如淡斋公的孙子徐朝正，即六世祖西桥公“有高谊，时称隐君子”[②]；也有同样具有隐逸思想的十世闻远公“秉性高介，诗赋自娱……砚田衣食，名士交游，盖隐居求志者也”[③]；还有和自己一样具有高古风范的十世祖青蕃公“其好学笃行，心性不凡，有古君子之风”[④]，徐达章与其可谓同道；最难得的是宗谱记载中还有擅长绘画的先辈十五世近南公“好读书，阅历经史，能多艺，尤笃画工，或绘山水之胜，共说名家。或传人物之真，群夸绝技。或寄情花鸟，随在理趣……”[⑤]

尤其是宗谱“务读书”的宗训，以及历代先祖在勤读和督学上的思想行为，对徐达章的影响极为深远，是他效行的榜样，从中吸收了无穷的营养并以之哺育儿子亦属必然。

而徐氏宗谱宗训第四“务读书”言：“非师长无以明道，惟诗礼可以传家，耘史锄经，宣必身登科第，指牛读马，堪羞目不识丁。古云后生才性过人者，不足畏，惟读书寻思推究者为可畏。延名师，亲益友，痛自刻，责在甲，第联芳，固代称，阀阅即，青衿步武，亦世美书香。故大启后人，端赖读书，无谓赢余，胜于积学，究竟力穑，不如读书。所谓三更灯火，五更鸡，正是男儿立志时也。”[⑥]在此宗训的感召下，族内世代学风浓厚，文化蓄积，好学儒子代不乏人，比如：

---

① 《计亭徐氏宗谱·卷七下》，徐达章 撰《仑源公铭并序》。

② 《计亭徐氏宗谱·卷四》，江顾智 撰《竞三公暨配黄淑人行状》。

③ 《计亭徐氏宗谱·卷四》，徐大韶 撰《闻远公行略》。

④ 《计亭徐氏宗谱·卷四》，年家弟杨湛露燕侯氏 撰《青蕃公传》。

⑤ 《计亭徐氏宗谱·卷四》，眷晚生堵诏昂云逵氏拜 撰《近南徐公暨配余氏孺人合传》。

⑥ 《计亭徐氏宗谱·卷二》，《宗训》。

“为来生读”的行中公就一生读书不辍，“年逾八十，犹喜诵诗学易及诸子百家，咿唔之声昕夕彻四壁。”当邻居来劝止其读书时，他说：“吾为来生读也”[1]，可见其务读精神的笃实。

而计贤公和省吾公二位先辈俱多才多艺，皆“以洪笔为锄耒，以纸扎为良田，以玄默为稼穑，以礼义为丰年，以谈论为英华，以忠恕为珍宝，着文章为锦绣，蕴五经为绘帛，坐谦虚为席蘼，张义让为帏幔。行仁义为屋宇，修道德为广宅。奕世不磨之人也……”[2]可见两位先祖五经道德、礼仪文章、忠恕仁义之儒学英华。

兢三公则深信“宝学有进，足以资身，读有得可以启后，庶儒脉有所开，书香为可振，诗书不误人。”[3]不失为治学明言。

而“尤喜读书”的德升公（普珍公子也）“尝谓耕商系生财之道，固不可不讲，然经书更不可不读，读书即未成名，究竟人品高雅，门庭生色”，所以他“以尊师隆礼，教督诸子，而身亦喜与儒士交游。”[4]可见族内凡是爱读书的先辈也都能督学子孙，以期家兴。然而，在这一点上可行公（讳天中，又曾公之次子）实在是有过之而无不及，他自己“以读书著文为兢兢”，其问学之志年老而不衰，他说：“人生世上，为人与为文，两大端而已”[5]。关键是他勉励后辈读书向学，“恒教诲子弟，勤勤恳恳，至老不倦”[6]，尤其是他“年届七旬尚率子侄同赴澄江”[7]，他之所以七十多岁还带领后辈“同赴澄江”，是出自他“谓不得之于身，必将得之于子孙”[8]的坚定信念。

徐钦亦耕读不辍，虽然未列宫墙，亦满腹经纶，其父亲倬云公一再告诫他说：“男儿当有大志，岂仅灌园治产已哉？……士君子立身处世，当纸为田，

---

① 《计亭徐氏宗谱·卷六》，《行中公行略》。

② 《计亭徐氏宗谱·卷六》，徐大韶 撰《计贤公省吾公合传》。

③ 《计亭徐氏宗谱·卷四》，《兢三公自叙》。

④ 《计亭徐氏宗谱·卷六》，周泽仁 撰《德升公传》。

⑤ 《计亭徐氏宗谱·卷六》，范泰 撰《徐太亲台可行公传》。

⑥ 《计亭徐氏宗谱·卷六》，范泰 撰《徐太亲台可行公传》。

⑦ 《计亭徐氏宗谱·卷六》，范泰 撰《徐太亲台可行公传》。

⑧ 《计亭徐氏宗谱·卷六》，范泰 撰《徐太亲台可行公传》。

而墨为稼，经为耘，而史为锄，安可不自振拔而长为农夫？”[1]并鼓励他说“子无以家事累心，宜专志于学”。父亲的教导谆谆在耳，然而最让他刻骨铭心的却是早已过世的母亲吴氏，记得他16岁的时候，母亲既感念于丈夫倬云公的敬孝仁德及其“面壁攻书，无间寒暑”的务读精神、和对儿子的劝学情笃，又慨憾于自己即将不能再尽“相夫教子”的职责，于在病危之际特谆谆教导儿子说：“业毋荒于嬉，必精于勤。行毋毁于随，必成于思。三更灯火五更鸡，吾儿力学当惜此时。此予为母之心，欲望吾儿慰汝父之志也。但为母德薄，不能亲见汝曹之成，且事我翁于半路，别汝父于中途，有抱恨无穷耳”[2]，母亲说完此话后就进入昏迷状态，不久就去世了。可见族人督学子孙并非父亲的专利，很多母亲“谆谆课子”之心有过之而无不及。

则古公（父慕岩，子渊如）的妻子孔氏望子成龙的迫切也是此心可鉴，其临终时遗训曰：“吾子若读书学好，若齏（jī）粥薄棺亦自甘心。若不读书学好，虽死九泉之下亦不能瞑目。”[3]而则古公亦是“生平手不释卷，往往有忠孝之言，谆谆告诫诸子不敢浪置。临终时犹有讲论不辍。”[4]为父母的对儿孙的督学之情可谓终生不渝。

徐达章亦承家风而学，尤其是自己的父亲徐砚耕也是深受祖辈万源公的严格督教，“循循规矩，即能终身奉其（祖）训而不违”[5]，徐达章继而将家学又传及徐悲鸿。尤其是徐达章重视家乘、喜爱读谱的习惯，使他深刻体悟到徐氏宗族世代“尊学务读”优良传统的可贵，他既敬佩先辈行中公“吾为来生读也”的不朽嘉言，又崇尚“以读书著文为兢兢”的可行公年届七旬还带领子侄“同赴澄江”的懿行，并欣赏可行公的“谓不得之于身，必将得之于子孙”的睿智深远。所以即使徐达章自己并无心仕途，但也深知其学“必将得之于子孙”的道理，只不过他对徐悲鸿的殷切期望并不在“登科取士”上，而是在于成就他们父子俩共同的艺术大业，盼望

① 《计亭徐氏宗谱·卷六》，徐钦 撰《皇考倬云公暨皇妣吴孺人遗训》。
② 《计亭徐氏宗谱·卷六》，徐钦 撰《皇考倬云公暨皇妣吴孺人遗训》。
③ 《计亭徐氏宗谱·卷六》，周施襄 撰《则古公暨孔孺人行略》。
④ 《计亭徐氏宗谱·卷六》，周施襄 撰《则古公暨孔孺人行略》。
⑤ 《计亭徐氏宗谱·卷四》，赵乃宣 撰《砚耕徐公暨配丁吴二孺人合传》。

儿子成长为能够超越前辈的画家。

文化定力

近代中国，随着外国的侵入，社会的各个方面包括每个人都经历着大变迁，徐达章也难以置身其外。除了经济上的一步步走向破产，作为传统读书人和塾师的徐达章，亦经受了前所未有的时代洗礼。

自1840年鸦片战争、1856—1860年第二次鸦片战争、1894年中日甲午战争、1900年八国联军进攻北京并火烧圆明园以来，大清朝首先是军事上遭遇失败，只能屈膝求和，接着就是国家主权受到侵蚀，经济利益重新分配，这些都是必须承担的政治后果。然而在民族文化领域，在人民的心理和精神领域，一个更加深广和漫长的西方入侵过程也在进行中。在朝野当中，尤其是在读书人当中，千年来骨子里的"中国为天下中心"的观念开始动摇，"朝贡体系"开始瓦解，西方风俗、文化观念开始影响国人，国人第一次面对"全球""地球""万国""世界"，以及洋枪洋炮、机器制造等新事物、新观念和新词汇。随着西方列强侵略的进一步加强，对外抗战的屡屡失败，中国社会半封建半殖民地性质一步步加深。国家领土、经济命脉等主权和利益则承受着巨大损失。中国生产力落后，物质实力薄弱，在各个领域都无以阻挡外国资本和势力的涌入，架电线、修铁路、建教堂、开矿办学，与此相伴随的是西方文化亦如洪水一般强势侵入，势不可挡，大量的"报译""译录"与"外论"密集覆盖国人，广大国人在好奇、愤怒、自卑、崇拜、敬畏、渴望进步、憧憬发展、爱恨交加的复杂心态下"开眼看世界"。曾经的"天朝上国"和"世界文化中心"不复存在……

从传统国学文化及其教育的角度看，千百年来，作为文化之根、民族之魂的国学，是中国传统文化核心价值和民族精神之所在，中华民族优秀传统文化的传承自然存在于同国学一脉相承的圣贤教育。鸦片战争后，随着时代变迁，西方文化开始大举传入，传统国学教育面临危机。以洋务派为代表的改革派，提出中国传统文化之"中学"与先进科技文化之"西学"融合的"中体西用”的教育改革策略，是在传统国学教育的基础上参合西方教育的改良，开启了中国教育近代化历程。而清末政府更是厉行“新政”，加大教育改革的力度，尝试以西学教育模式改革传统国学教育，直至1905年完全废除科举制度，将教育的近代化改革扩展到基础教育层面，建构包括中小学在内的近代学制，实行中小学分科教育，一直采用综合教育模式的传统国学教育首次被课程化，被分为修身、读经讲经、中国文字、历史、地理等不同的科目。直到民国，传统读经讲经的修身教育，最终演变为传授国文、国语的公民教育。教育形式也以讲读背诵为主的教师灌入式，转变为体现“儿童本位”的形象化教育。形式大变，但国学教育内容还是通过不同的国学教育科目而有所传继。此一方面，我们现今可以参考一下与宜兴紧邻之溧阳县的情况，据《溧阳县志》记载：“光绪二十九年（1903）……一月十六日，改平陵书院为县立高等小学堂，学制三年……光绪三十二年（1906），创办私立女子小学堂，沈宗部任堂长。后改为县立女子小学校……光绪三十三年（1907），创办县立第一女子学堂，民国元年（1912）改为县立第一女子小学校。校长沈宗璜对校务力主改革，提倡新文化有力，曾获教育厅三次传令嘉奖。”

从传统读书人的角度看，甲午战争后，随着新书报等文化网络、以及读书人交流和眼界的不断扩大，在新的“世界”观念影响下，读书人心目中的传统天下观念开始大幅转型。读书人的文化使命由原来的儒生“教化天下”渐变为全力以赴“竞雄于世界”，向西方学习，寻求“富强救国”之道成为当务之急，清末读书人面对的新世界已是“道出于二”，“新道”基于文明、公理、公法的世界观，一定程度上代替了往日的儒学之道。但是传统文化的“教化天下”仍并行其道。新书报、新言论鼓荡天下儒生之心。

一小部分基层读书人，比如黄炎培等，趋新成功，成为地方乃至全国精英。他们从科举时代里突围而出，有功名，是清廷进士、举人、秀才，有旧学基础，能做八股策论文章。到日本，往欧美，阅历很广，曾经举办新政或提倡革命等趋新事业。在清末至民国各种新政变换的时局中仍能把握机会，不断晋升，有的甚至在教育界以及政治界握有最高权柄，直至共和国时期依然屹立不倒。但他们毕竟是少数。

大部分地方传统的读书人，有感于时代变迁，求新图变。但是随着年龄的增长，向上追寻的资费、门径等社会资源有限等原因，并无法脱离自己本土以兴学、慈善、词讼、税揽等为中心的各种地方“权势”社会范畴，大都没有途径和能力掌握新的社会知识和社会资源，终生与科学无缘，学业难成，求生于社会夹缝之中，逐渐被社会大潮所淹没。

上海依托其政治经济地位，亦是新文化中心，通过新书报等传媒激起的新文化、新思想浪潮鼓荡着太湖，很快就波及到荆溪大地，它携带的新文化因子，以各种形式影响着地方权势的消长和社会生活。宜兴的趋新读书人，开始广泛接触上海的新书报和新学，这使他们扩充了知识，开阔了眼界，以至成为个人在当地社会地位上升的关键因素。尤其是20世纪最初的十年，清廷在地方大幅推进新政，地方权势处于重组甚或动荡之中，趋新读书人有一定的借势爬升机会。具体来说，此时此刻，大多数人不但自己寻找新机以图升迁，更是终结传统的延师聘教，纷纷送子女进入新学堂，以期后代能紧追新潮，不落时代。“宜兴素称文化荟萃之地，教育比较发达，自从戊戌变法以后，各地书院均改为学校。”[①]传统的延师聘教在地方上自发终结还不算，光绪三十年（1904），清廷直接下诏宣布将于1905年永停科举，督各级学校皆改办新式学堂。科举制度作为千百年来读书人晋身的唯一途径，至此走到了尽头。这样一来，传统上升通道阻断，读书人纷纷自谋出路，尤其是包括宜兴在内的太湖周边各地方，在从上海辐射来的新文化因子的影响下，形成新学社群网络，后科举时代的地方新旧“儒生”只有借助新学方可进入这一新的网络，通过吸收新学结交有力人士，才能获得更多在当地立足的机会。

此时徐达章正值而立之年，大潮来袭，他是弄潮试水呢？还是独自沉沦呢？我们先看看其父徐砚耕，当年于太平天国运动后返乡，在面对地方绅权不断扩大的趋势下，他采取的是不与之同流的态度。所以由父亲的淡泊名利、不事权贵的处世之道，及其“优游遵晦，隐忍自立”[②]之言就可大致知道徐

① 《宜兴文史资料》第五辑，中国人民政治协商会议江苏省宜兴县委员会文史资料研究委员会 编，第81页。

② 《计亭徐氏宗谱・卷四》，周泽仁 撰《赠徐砚耕翁七十寿序》。

达章在世纪之交的大变局中会采取什么态度了。

果然不出所料，曾经饱读诗书、与当地乡贤往来密切、以书画双绝闻名乡里并曾得到天性爱才的宜兴县令万立钧赏识的徐达章仍旧不失初心，淡泊之志无改。徐悲鸿曾在自述中说，在 1907、1908 年间，宜兴乡里富裕人家纷纷送自家孩子入新学堂上学，他非常羡慕，曾经有一位姓周的乡亲力劝徐达章送徐寿康入校上学，徐达章仍以“力之不继”塞言。经济拮据当然是一个原因，但并非全部，徐达章作过私塾先生，对教育的意义是极其清楚的，徐悲鸿是家里的长子，是自己甚至整个家庭的未来，他不但不会让徐悲鸿“失学”，而且甘愿为徐悲鸿的教育付出最大的努力甚或任何代价。想必不用等到私塾停办、科举废止，单单从“淡我斋”私塾课桌空位的增加上，徐达章就已感受到即将发生的变化，甚至在戊戌变法之前与徐致靖的交流中，就应知晓将来至少在教育领域会发生什么，即所谓“春江水暖鸭先知”。他原本是最能及时为自己和儿子做转型规划的，然而他几乎没有做任何努力，只是把教育对象改了一下，从 1900 年开始，将教读同乡人家的孩子改为全力教读自己的儿子，就这么简单。这并非是对失学的儿子的权宜之计，而是系统且深入的长远教育规划的开始。

徐达章虽然以务农为本，但是在教育上，他作为具有深厚传统文化的儒生，书画双绝的地方画家，徐悲鸿的教育问题对他绝对是非同小可，值得他殚精竭虑地去设计和执行。虽然徐达章没有制订过什么教育目标、教育方针、教学规划，也没有写过任何教案，但是在他脑海里是有一幅宏大教育蓝图的，首先教育的目标是明确的——培养儿子成为优秀画家。其次，在道德、审美、绘画理论等之外，具体的基本教育内容也相对固定，即绘画、书法、诗词、国学经典、以及篆刻等。教育的次序更是精心安排不容颠倒：传统文化的圣贤君子教育，也就是教读国学经典占据首位；绘画技术没能居其次，而是书法占据第二；绘画只能屈居第三；至于识字、绘画理论以及审美等，是在进行主要教学内容时所附带和融合的。在不同的时期教育重点是灵活调整的，从 1900 年读“上大人、孔乙己”开始，到 1903 年读完《左传》的四年间，教学重点是教读国学经典，同时进行人格品德教育；1901 年开始增加书法教育，至 1904 年底能为乡亲写春联的四年间，徐悲鸿的书法也有小成；从 1903 年徐悲鸿跟随父亲正式开始学画，至 1907 年的五年间，教学重点开始稳步转移到绘画上来。1900 年至 1907 年，徐悲鸿从五周岁到十二周岁的八年里，在父亲的严格督导下，系统完整地完成了从国学到艺术的基础教育，艺术包括绘画、书法，更包括国学文化和诗词文赋。然而特殊情况发生了，1908 年徐悲鸿随父亲谋生于江湖，离开了“淡我斋”，生活更艰苦了，但是教育却更深入了，尤其是与生活更加贴近了，不仅绘画技法继续长进，徐达章对他的美术理论教育也在悄然进行，甚至得到接触和学习西洋绘画的机会，尤其是增加了“社会实践”的内容。虽然这期间的具体教学是随机实施的，但徐悲鸿从思想、人格、人文关怀、以及绘画实践和应用等方面的收获绝对是其他教育方式难以替代的……现在看来，一介布衣文人徐达章，还是有相当的文化自信和定力的，对徐悲鸿的教育可谓大手笔，徐达章在教育上的成就最终远远超越了自己的绘画。设想如果徐达章简单地认为儒教已经落伍、是糟粕，向西方学习的新教育才是将来的一切，对本民族的文化和精神没有信心，或者有信心但是自己目不识丁，怎么能处心积虑地如此安排徐悲鸿的教育呢？即便是想安排也怎么能安排的了？关键是徐达章对儿子的教育一以贯之，直到生命终止。然而其教育对徐悲鸿的影响却永远不会终止，尤其是徐悲鸿手中的“毛锥”从未停止书写和绘画，此皆由其父所赐，受用终生……徐悲鸿留学时曾经在他早期的一幅男人体素描上题写道：“后天困阨坚吾愿，贫病技荒力不穷。仗汝毛锥颖锐利，千年来观此哀鸿。”徐悲鸿可谓豪言壮语，他的底气何在呢？这并非徐悲鸿练习西方素描偶感突破和进步时的兴奋之语，而是其民族自信心的彰显，深层原因是徐悲鸿从小接受父亲徐达章完整而系统的教育，深得中国传统艺术和文化的精髓。他明确地说自己依仗的是颖锐的“毛锥（毛笔）”，这不正是中国传统文化的象征吗？所以他对西方艺术的学习和吸收，首先是站在坚实的传统文化基础之上的。自从徐悲鸿出生后，他身体的成长靠的是母亲胡氏的母乳，然而精神和思想文化上的“母乳”则是由父亲徐达章传授的。没有“淡我斋”的传统教育，就没有后来徐悲鸿的辉煌，在画素描时让他感到强大的就应该是他手中的碳条，而不再是对自己颖锐的“毛锥”的自信。徐悲鸿始终保持了对中国文化的自信，在留学期间也是如此，直至终生。

然而所谓世事难料，在徐达章重病卧床的最后几年里，徐悲鸿最终还是与新学结缘了。但他不是入校学习，而是教书，做图画教员。“当时他绘画的名声已传遍四乡，宜兴县的初级女子师范、始齐小学、彭城中学都来聘请他担任图画教师。悲鸿同时接受了三个学校的聘书。”[①] 其中彭城中学还是当地的第一所新式中学，在宜兴“辛亥革命前后，各地兴办的学校更加雨后春笋，但大都是小学。我县最早创办的中学为私立彭城中学，创办人为金晓湘和钱镜海两人，当时以金晓湘的祖籍彭城郡而命名，时间在一九一一年，地点在和桥下塘……学制为四年，后又增设师范专修科，学习年限为一年。”[②] 其实徐悲鸿教书生涯的开端绝非一帆风顺，“其先，经和桥著名中医金晓香先生介绍去彭城中学授课时，因徐悲鸿没有文凭学历，怕他难以胜任。而徐悲鸿到校后，先了解学生的画画基础和要求，教出了水平。校长请他挥毫重新书写了彭城中学的校牌，从此原来的种种非议也就云消烟散了。”[③] 虽然教学相长，徐悲鸿在早期的从教当中，可以对以往所学进行检验，但是要进一步提升则面临困难，但在这个和文化联系相对密切的新环境里，他还是更快更直接地接触了西学，接受了新思想的洗礼，尤其是来自上海的文化思潮和讯息，这对他日后的进一步发展是不无裨益的。在从教过程中对少年徐悲鸿产生直接影响的有三个人，一个是彭城中学的器乐老师朱了洲（字重明，1886 年生于宜兴），他是同盟会会员，曾经得到孙中山的资助前往日本学习器乐，回国后以器乐救国为己任；另一个也是同盟会会员，号称宜兴十大才子的卢如九（其国画《醒狮图》曾获巴拿马国际博览会大奖），他主张教育救国，一度在始齐小学任教。朱了洲和卢如九与徐悲鸿是志同道合的，他们也都十分敬重徐达章，尤其是卢如九家住张渚，他从家里出发，经过计亭再

① 廖静文：《徐悲鸿传》，中国青年出版社 2010 年版，第 14 页。

② 中国人民政治协商会议江苏省宜兴县委员会文史资料研究委员会 编：《宜兴文史资料》第五辑，第 81 页。

③ 中国人民政治协商会议江苏省宜兴县委员会文史资料研究委员会 编：《宜兴文史资料第十二辑》，一九八七年七月，第 12 页。

到始齐小学授课，有时会顺便去徐悲鸿家里拜望尚在病中的徐达章。第三个就是宜兴女子师范学校的国文教员张祖分，徐悲鸿在校期间，独蒙张之青睐，尤其是徐悲鸿在1915年6月辞教职欲往上海之际，张祖芬特向徐悲鸿道珍重："吾等为赡家计，以舌耕升斗，至老死，亦既定矣。君盛年英锐，岂宜居此？曩（nǎng）察君负荷綦重，不能勖君行，而乱君意。今君毅然去，他日所跻，正未可量也。"又曰："人不可无傲骨，但不可有傲气。愿受鄙言，敬与君别。"[①] 徐悲鸿很感动，张祖芬是他平生第一次所遇知己。

当然徐悲鸿后来把毕生的精力都投入到了国家的美术教育上，于家教上没能像父亲那样专心致志，但是徐达章的"读书务本励躬行"仍为其家教传统，徐达章的家学精神还是得到绵延承续。徐悲鸿在对子女的教育上，除了继续秉承徐达章重视文化底蕴和审美的传统文脉外，毕竟由于时代的变迁，对学校开设的各门文化课都给予相当的重视，尤其是对科学一直保持着尊崇之心。他早年曾经在去欧洲的船上参观船内设施，感叹科学和技术的无所不包。他一向鼓励学生钻研科学，尤其是对他的美术学生强调要学好文化课。在对子女的教育上既施加自己的文化影响，也尊重孩子们的独立选择，比如对丽丽的教育就是如此：

徐悲鸿的大女儿徐静斐（图228（藤椅上为丽丽）），幼名丽丽，在五六岁的时候，徐悲鸿就在茶余饭后教她诵读唐诗，当时能熟练背诵的就有上百首之多，比如她最熟悉的一首是唐朝崔护的《题都城南庄》：

去年今日此门中，人面桃花相映红。
人面不知何处去，桃花依旧笑春风。

在重庆期间，每当日本飞机轰炸的时候，丽丽就和妈妈蒋碧薇躲到防空洞里，此时妈妈就教她学习法语。从小学6年级到高中，徐悲鸿都要求丽丽和哥哥伯阳练习毛笔字，写完毛笔字后要拿给爸爸看，丽丽经常临摹爸爸的字（诗词创作）。不仅如此，徐悲鸿还要求丽丽在写信的时候必须用毛笔写，

① 王震、徐伯阳 编：《徐悲鸿艺术文集》，宁夏人民出版社1994年版，第121页。

不能用钢笔，并且必须要竖写。徐静斐小学时成绩一般，但是等到上初中、高中成绩从来都是前几名的，高中毕业时，她顺利考取了南京金陵女子大学。大一期间她由于在墙报上写文章骂张道藩，所以回不了家了，在同班同学曹婉和上海地下党的帮助下到了解放区，先到巢湖，后到合肥，加入刘邓大军。先参加了三野先遣纵队独立大队，一参军就是排级干部，后转到二野。部队打回南京后又参加接管南京的工作，做南京军管会秘书。后来又回安徽参加接管安徽大学的工作，并经历了安徽大学由安庆搬到芜湖的变迁。1951 年徐悲鸿生病期间，她往北京探视，爸爸教导女儿说：“你从小学习就好，不考大学就可惜了，你应该学习一门专业，你现在还年轻，应该考大学学习一门专业。”徐静斐向来听爸爸的话，于是她 1954 年放弃芜湖市人民政府秘书的工作，以调干生的身份报考大学，5—6 月份带孕参加考试，8 月份女儿黎枫出世，9 月她以第一名的成绩进入安徽农业大学学习，当时女儿尚未满月。两年后，毕业留校当助教，文化大革命后，已经做了 20 年讲师的徐静斐升副教授，然后升教授。她的性格像爸爸，一生朴实无华，从小破衣烂衫也不讲究，心直口快，做事低调，对群众关心有加，乐善好施，资助贫困，但是对权贵却从来不理睬，从不溜须拍马。向来对艺术和专业毫不马虎，在学问上，有韧劲。无论是爱好还是专业，比如科研、绘画、书法等，都能达到很高的水平，尤其是专业科研方面，先是蚕桑，然后转水稻研究方面，皆成就巨大。她为安徽农业大学教学科研工作作出了重要贡献，多次被评为安徽省优秀教师、农业科技先进工作者、优秀共产党员和劳动模范。1986 年还获得全国总公会颁发的“五一”劳动奖章，并参加全国英模报告团。她主持的水稻科研项目获得农牧渔业部技术进步一等奖和国家科技进步二等奖。她知识渊博，治学严谨，先后培养了几十位研究生。另外她精通统计学、遗传学、专业英语等共十一门课。加之她的板书、逻辑思维等方面也极其出色，所以学生的反映特别好，她每次上课，学生都是济济一堂，都爱听她的课。另外她在遗传学方面也取得突出成就，曾经于 1983 年到印度参加国际遗传学会年会。徐悲鸿希望儿女学习好，由于丽丽学习好，特别是读高中时从来都是前三名，所以徐悲鸿就特别喜欢丽丽。

图 228 《两孩像》徐悲鸿作中期，布面，油画，46×68cm，北京徐悲鸿纪念馆藏

然而，徐悲鸿去世早，此时小儿子徐庆平、小女儿徐芳芳分别为6岁和5岁，徐悲鸿对他们才刚刚进行了一年的书法教育，国学文化和绘画艺术等都还没有来得及开展，这是他的夫人廖静文终生遗憾的地方，也是儿女们的遗憾。遥想当年徐达章对儿子实施教育的时候，虽然首重传统国学教育，但最终的教育目标是欲将儿子培养成有作为的画家，这一点是明确的。然而徐悲鸿后来对自己的孩子是否必须学画则持谨慎的态度，最终他还是更多地尊重子女们的个人意愿。结果徐伯阳选择的是音乐，徐静斐最终成为农业科学家，小女儿徐芳芳成长为钢琴演奏家和作家，曾在国外出版专著 Galloping Horses。唯一继承父业而学画的是徐庆平，他循着父亲的足迹，也到巴黎国立美术学院留学，最终获得美术学博士学位。回国后亦投身美术教育事业，先后任中央美术学院教授，中国人民大学徐悲鸿艺术学院院长及博士研究生导师，中国人民大学徐悲鸿艺术研究院院长，北京徐悲鸿纪念馆馆长等教学和领导职务。然而这也并非来自父亲徐悲鸿的特意安排，而是徐庆平自己的选择，但这一选择却也了却了父亲生前对他的心愿。原来在徐庆平刚刚出生的时候，徐悲鸿就特意请齐白石为儿子刻了一方印章（图229），齐白石除精心刻制了“徐庆平”三个字外，还在印章侧面专门刻上了水草和青蛙等精美的图案，妙趣横生，把自己早年作木工时练就的刻工也表现得淋漓尽致。可见徐悲鸿内心寄予让小儿子承其绘画家学的厚望，然而他深知学习绘画的辛苦，出于对儿子的疼爱，一度对妻子廖静文说：“将来对这个孩子如果溺爱一点的话，就不要让他学习美术”。徐悲鸿去世后，廖静文在抚养一双儿女的同时，一直深藏着这枚印章，等儿子长大自己选择了美术专业后，才利用一次特殊机会从柜底里取出这枚印章交给儿子，在那一刻徐庆平深深体会到了父亲寄望于他能够接续其艺术大业的殷切期望和良苦用心。

徐达章对儿子的艺术期望在孙子的身上亦得以传承……

图229 徐庆平印，齐白石刻，私人收藏。
左为印章侧面观，右为印章正面。

“爱”的伟力

徐达章对徐悲鸿实施的成功教育，虽然 属于个例，而且普及和推广确有相当难度，但也并非毫无共性可言。徐达章的教育与爱迪生的母亲南希的教育有着异曲同工之妙，他们对当代教育仍旧不乏重要启示。

发明家爱迪生，有一个伟大的母亲叫南希，同时也是他的老师。他上小学仅三个月就退学了，且有听力障碍，每天晚上，睡在旁边的妈妈，一本一本地读名著给他听，教他学习算数、英语、文学、理科、社会……不强制他，而是和他一起享受思考的快乐。母亲不拘泥于教科书，在母亲的眼里，活的教材遍地都是，她信手拈取身边发生的事用到教育上，把儿子的成长植根于现实生活。从现实生活中自我发现，母亲也从现实生活中引导，在 9 岁时，爱迪生就能独立做蔬菜的上门配送工作。母子两个人更像朋友一样，一起探讨着有关风、花、鱼等许许多多的知识，重要的是这在学校里是学不到的。母亲不仅教会孩子如何学习，而且教会孩子如何坚强。母亲给爱迪生培养起了读书的习惯，读书对爱迪生来说像呼吸一样自然顺畅，他也以爱读书和快读书闻名于世。

南希给孩子培养了各种能力，比如学习能力、思考能力、创新能力，但最重要的是母亲的爱为其树立起强大精神支撑力，是他战胜一切困难的最坚实后盾。徐达章给徐悲鸿树立的首先是大人君子的文化思想，是仁智勇的儒学精神，是达则兼济天下的家国情怀，在艺术上则是培养儿子独立观察、思考和表达的能力，以及师法自然、笔笔诸己的美学理念。所以，徐达章教育的目标既非功名亦非学历，纯粹在于立德树人，是孔孟的君子仁德，世道人心，处世为人。其技艺也是为“裨益世道人心”，在各个方面培养儿子事事诸己的能力和担当。

南希的教育和徐达章的教育除了培养孩子的独立性外，还有一个极其关键的共同点，就是亲情教育，体现出了父母之爱在教育中的巨大作用。

我们现在已经愈来愈认识到家庭教育的重要性，如果缺了良好家庭教育这一块，教育结果就如同没有底的桶，任我们如何努力地去装，也总是装不满，甚至会漏得一干二净。一种教育无论多正确和优越，缺乏良好的家教都难以承载。在学校里老师给予的教育像普降人间的一场雨，孩子从中能够承载多少，最终还是取决于父母和家庭给了他多大的容量。家庭和父母在教育孩子时给予其无私的爱，用无条件的爱来包容孩子的一切，孩子的心灵就会得到支撑，父母之爱是塑造和支撑孩子自信心、安全、心智的基石，它的作用最牢固、最高效的，这样的支撑将成为孩子终身的心灵的珍宝。爱迪生的成长就是一个极好的例子，对爱迪生来说，南希既是妈妈，又是老师，也是朋友，与母亲的交流对爱迪生的人格形成起着决定性的作用。妈妈的爱根植在爱迪生内心深处，是其力量的源泉、是无价之宝，支撑着他一生的心灵。无论何时何地，妈妈的宽容、温情和鼓励永远和他同在。爱迪生在日记里说："无论发生什么事，都有母亲为我支撑着，所以才会有我的今天。无论在什么样的情况下，母亲体谅我任性。无论在多么痛苦的时候，我都能坚持下来，努力想让母亲高兴。这都是托母亲的福。"同理徐悲鸿在初闯上海的艰难岁月里，在欲投黄浦江自尽的当口，想起了父亲的教导，正是从父爱里，他重新获得战胜困难的信心和力量。

如果说爱迪生的成功是伟大母爱滋润下的硕果，徐悲鸿的成功则是崇高父爱呵护下的结晶。他们都属于世界上成功的个案教育。徐达章存世最重要的作品《松荫课子图》（图 1）正是对徐悲鸿亲情教育的最好例证，该画正是徐达章无私父爱的独白。

父亲去世后，徐悲鸿没有停下艺术脚步，继续吸收各方面艺术营养，经过多次求职失败后，在朋友的帮助下，凭借自己人物画和动物画的不俗表现，终于立足上海，认识康有为，拜会周厢，访问东京，继赴北平。适逢 1918 年 3 月，北京大学校长蔡元培为了培养学生对美术的兴趣，提高学生们的绘画技艺和美学修养，议成立北京大学画法研究会。蔡元培请刚到北平的徐悲鸿担任画法研究会导师，让这位年仅 23 岁的青年画家，指导学员中国人物画和西洋水彩画画法，并每月讲评一二次，有时还需举行一些观摩和实地写生。1918年4月10日，徐悲鸿带领三十余人前往苏联使馆参观旧俄时代的油画作品展，并逐一讲解。1918年5月4日，北方暮春之季，北京城南崇效寺里牡丹盛开，画法研究会在此举行雅集活动，“担任北京大学画法研究会导师的青年画家徐悲鸿，面对着绚丽多姿的珍贵牡丹‘佛头青’‘雪塔’，正在聚精会神地给会员作示范写生。他的作品逼真传神，使大家赞叹不已。”[①]崇效寺雅集的次日，徐悲鸿、贺履之、冯汉叔三位导师共同率领二十三名会员到故宫文华殿参观古代书画。徐悲鸿就二十多幅古代名家作品详加评价，其中包括徐熙《九鹑卷》、黄荃《鹰逐画眉》立轴、苏汉臣《婴戏图》等，分析精辟，见解独到，开拓了会员们的眼界，扩展了他们的知识。“1918年的暑假时间，北京大学组织一部分学生到香山度假，徐悲鸿应校长蔡元培之约，于7月下旬起每星期一、星期三、星期五的下午，从其碧云寺住处来香山讲授画法，每次讲课2小时。徐悲鸿在画法研究会不但讲授画法，而且有时还阐述绘画的理论，1918年5月14日，他在该会讲演，讲题是《中国画改良之方法》……他针对当时画坛泥古仿古风气盛行，痛说：‘中国画学之颓败至今日已极矣’……而中国画的物质材料逊于西方：‘西方之物质可尽术尽艺，中国之物质不能尽术尽艺’，也要改进。并说生纸最难尽色，是绘画进步一大障碍，矿色不易分明暗，容易流于平淡无味，似可先写暗处以矿色敷明处较能尽形……蔡元培亲自听了徐悲鸿这一演讲，大为赞赏，立刻通知《北京大学日刊》的主编徐宝璜教授，把他的讲演稿很快就发表在《日刊》上（见1918年5月23日、24日、25日）在一次画法研究会修业式上，徐悲鸿在蔡元培致训词之后，发表了演说，他着重强调写生的重要性，他指出：‘可先用石膏模型练习描写，然后再至野外写生，亦是由简趋繁之道，但画本亦宜多备，常常浏览，取法既广，资财丰富，临画时庶免穷窘失措之患。’1918年10月，以宣传反帝爱国为宗旨的国民杂志社成立了。经蔡元培的介绍，国民杂志社的负责人许德珩请徐悲鸿为《国民》设计封面，徐悲鸿慨然答应，设计了以祖国大好河山为背景，其中站着一位身穿学生装的大学生在沉思，意味着知识分子在忧国忧民。这个封面自1919年1月《国民》

① 《中国画》编委会：《中国画》（总第28期），北京出版社1983年版，第64页。

创刊，至4月第四期为止，连续刊用了四期。”[1]

……

可见，留法前的徐悲鸿，终于集国画、水彩、书法、诗词、国学文化、艺术理论、美学修养之大成，成为当时举足轻重的艺术大家之一。尤其是创作的《天女散花图》，使徐悲鸿铸成为中国人物画史上的一座新峰。此时徐悲鸿也只不过是一个刚过弱冠之年的青年而已，为什么父亲去世后短短的几年，就取得如此成就？是因为他自励吗？因为他认识了康有为、蔡元培吗？实际上答案就在徐达章崇高的父爱及其对徐悲鸿实施的早教上，是父亲早年给他打下的坚实基础起了决定性作用，教会了徐悲鸿绘画技法、色彩表现、观察方法、师法自然的艺术理念、丰富的美术理论，甚至流浪生涯造就他悲天悯人的思想品质，尤其是通过国学经典的学习，培养他成为圣贤君子，造就了他奋发向上、自强不息的民族精神。

孤独的回应

如果认为徐达章的教育思想和教育实践是他独自的个人行为，这并非绝对严谨和客观，别说全国范围内不乏与其道同者，据徐氏宗谱记载，在宜兴本族内就有一位在教育上与其所见略同者。这个同族、同道者名叫徐涵如，他求学人生的甘苦、教学的波折经过等都在他的文章中作了详细的阐述，此文章就是他写于自己的“一榻书室”并已载入徐氏宗谱的《涵如自序》（图230）：

> 士君子生当世治，际会风云。出则取青紫，登廊庙，文章黼黻，润色国家。即不幸而不得志于时，则布衣讲学，矜式乡里。敦诗说礼，陶然自乐。盖身为盛世之编氓，轩冕非荣，韦布非辱，此吾慨想郅治之不再。乃有黄农已没，而兴我安适归之叹也。惟至不幸者，当世事之凌夷。值人心之变幻，道已坠地，文欲丧天，而又满地干戈，世无净土，江山

① 《中国画》编委会：《中国画》（总第28期），北京出版社1983年版，第64页。

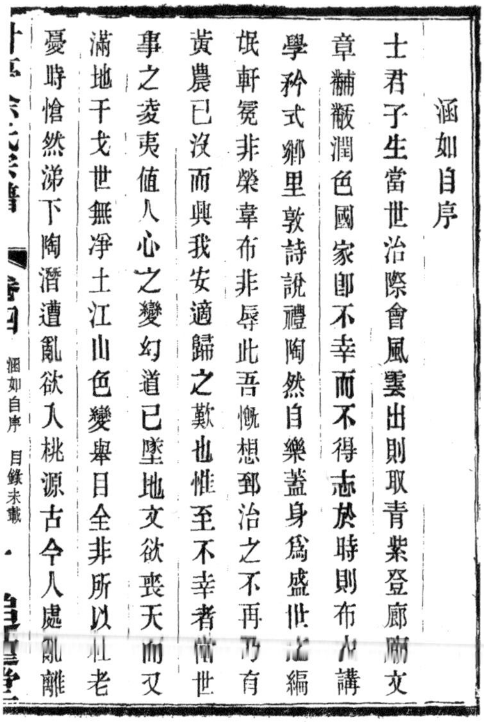

涵如自序

士君子生當世治際會風雲出則取青紫登廊廟文章黼黻潤色國家即不幸而不得志於時則布衣講學矜式鄉里敦詩説禮陶然自樂蓋身爲盛世之編氓軒冕非榮韋布非辱此吾慨想郅治之不再乃有黄農已沒而與我安適歸之歎也惟至不幸者當世事之夌夷值人心之變幻道已墜地文欲喪天而又滿地干戈世無淨土江山色變舉目全非所以杜老憂時愴然涕下陶潛遭亂欲入桃源古今人處亂離

涵如自序　目錄未載

图 230 《涵如自序》徐涵如撰，1928 年

色变，举目全非，所以杜老忧时怆然涕下，陶潜遭乱欲入桃园。古今人处乱离之秋，其悲悯之心遽不相及耶。予生也晚，虽出自田间，素娴礼教。稍长习举子业，两赴童子试，几得而复失。然再接再厉，进取之心未尝已也。适值时变，废科举，立学校。予怦然心动，以取士法今已更张，非入学校无以为进身之阶，奈格于家庭阻力不果。行噫予既不获博科第以伸其志。若故或靳之仅一矜亦不可得。欲入校，复事与愿违。向隅抱憾吾身已矣。长为乡人以没世矣。而沧桑之变不自我先，不自我后，叹天之位置于吾者，何其巧也。而相待竟如此之数奇者，又何其酷也。嗣市立第十二校，予勉徇乡人之请，承廖县长之委，主持校务。任事以来，常以敦品立形，勖（xù）子弟指教鞭者几十年。心潮澎湃，举国若狂，世风日下，文品亦日劣。俚语俗谚变为弦诵，有如白香山所谓山歌村笛，呕哑哲呖，难为听矣。若犹恋栈不去，非特非吾意之所愿。而吾嘉惠后进之本心不大相刺谬耶。故决然辞去，设塾为童子师，所读者四子书，所语者孝弟礼义。人弃我取，独行其是，人言奚恤，但行吾心之所安而已。夫吾之所为人，未有不笑，为迂人拙人者也。如吾之不适时俗，覆瓿（bù）之物，上珍视之。则世之迂人拙人者，诚莫吾若然，世之有新知识，所称为非迂人非拙人者，吾避之若恐不及。故迂人拙人之名，宁乐受之而不辞。且以吾之迂人拙人，欲使人学吾之迂人拙人。如好鸟之求其类，此吾所以为世之唯一迂人拙人也。呜呼我生不辰，谁怜无命。精卫之衔石抱恨无穷，鲁阳之挥戈力回乏术。欲拔剑以斫地，乃搔首而问天，狂歌当哭，如吟太白之诗，莫挽狂澜空慨昌黎。不作爰缀，无词聊志。往迹濡毫，及此不知是悲、是愤、是墨、是泪也云尔。

民国十七年孟秋序于一榻书室[1]

从文中我们知道，徐涵如接受了传统的圣贤教育，在有志进取举子学业的当口，同样面临徐达章所遇到的废科举、兴新学的社会大变局，他原本和大众一样欲入新学，但是未能实现。然而终究因为其学问高深，而在民意的

① 《计亭徐氏宗谱·卷四》，徐涵如 撰《涵如自序》。

拥护之下，被县长委以市立第十二校校长之职，虽然一干就是几十年，但是终究还是服从了自己内心的召唤，决意辞职，重新设立私塾而甘愿作童子师，所教读的仍然是传统的“四子书”，对学生口中所讲的也仍旧是“孝弟礼义”，徐涵如说自己正是“人弃我取，独行其是”，并进一步解释说他之所以这么做，只是求得自己内心“之所安而已”。然而事实上，他的所作所为成为时人的笑柄，他被人们笑为“迂人拙人”，然而他对此却欣然接受，并说自己不仅仅是“迂人拙人”，还要让别人学习他的迂和拙。相反，那些有“新知识”的所谓不迂不拙的人，他却“避之若恐不及”。他矢志不渝地甘做“世之唯一迂人拙人”。如果徐达章不是患病早逝的话，徐涵如就不会那么孤独而无人理解了。因为据《屺山高赠徐君成之五言古诗》所述，徐达章亦“但求理所安，何计众所迂”，可见徐达章与徐涵如都有甘作世人所认为的“迂人”而不改初心的个性，他们共同追求的不过是良心有“所安”而已。然而即使他们有着相当的共同语言，他们还是有所差别的，徐涵如最终被淹没在了社会大潮中，所以他在自序最后还是感愧“力回乏术”，如今唯有他的《涵如自序》百年来孤独地躲在族谱的角落里自“悲”、自“愤”、自“墨”、自“泪”而已。而徐达章则在社会变革的夹缝里独自闯出了一条成功之路，既对儿子实施了成功的传统教育，又助其顺利地适应并成功地融入到了新的文化和社会体系当中，造就出了一代绘画大师和文化巨人，为国家艺术发展和美术教育事业作出了不可磨灭的贡献……

尾　声

斯人已逝，徐达章淡泊一生，却执着于画事，至死勉励儿子勇于探索，渴望其成为超越前人的大画家，真正是爱父课子情深。徐达章去世后，18 岁的儿子徐寿康痛失父爱，同时也失去了画业老师，故改名悲鸿，决然地沿着父亲的方向继续前行。待他从欧洲留学归来，仍回忆说：“先君亡后，遂无问业之师，”直至“漫游欧洲之二年，乃识达仰先生……但北面而为弟子……先后凡八年。”[①] 思父心切的徐悲鸿，藉爱父及达仰二师之画功，诸心默念父亲蔼容，特绘油彩《徐达章像》（图 95）。画中父亲朴实、憨厚、与世无争，表达的纯粹是徐悲鸿悲悯之情中的父亲。与此对比，徐达章《松荫课子图》中的“自画像”则更显儒雅、肃穆，虽身居陋室，却充满着文化自信，尤其是对儿子的未来，憧憬无限。然而家谱正言却更像一幅徐达章的肖像速写，将其定格为：

> 达章，幼名望铨，字成之，号辋川，聚金子，性淡泊怡静，爱山水，好吟咏，工小画，邑志有传。生于同治八年己巳十一月初六日辰时，卒于民国二年癸丑二月十七日巳时，得年四十有五岁……[②]（图 231）

---

① 徐悲鸿：《中西笔墨：徐悲鸿随笔》，北京大学出版社 2010 年版，第 138—139 页。

② 《计亭徐氏宗谱・卷三》，《下塘分世表》。

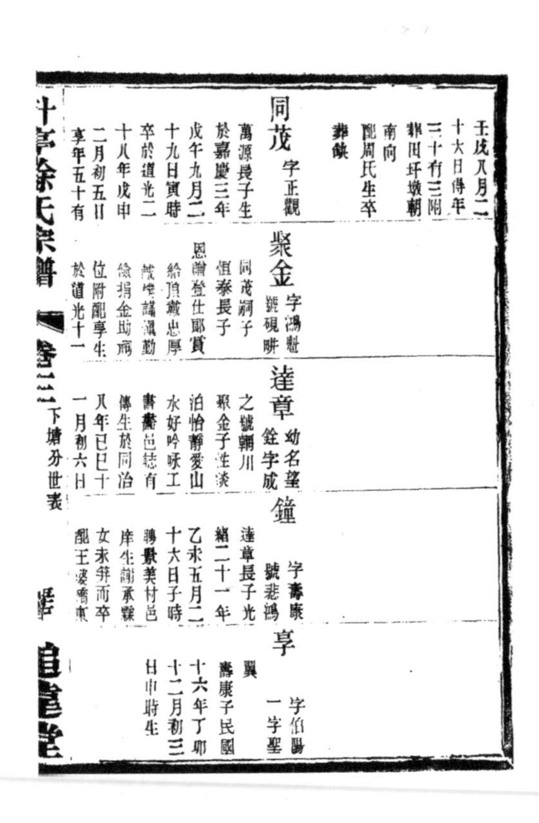

十亭徐氏宗譜 卷三 下塘分世表

壬戌八月二十六日得年三十有三附葬田圩墩朝南向配周氏生卒葬缺

同茂 字正觀

萬源長子生於嘉慶三年戊午九月二十九日寅時卒於道光二十八年戊申二月初五日享年五十有

聚金 字鴻魁 號硯畊

同茂嗣子恒泰長子恩賞登仕郎貲給頂戴忠厚誠樸謙讓勤儉捐金助廟位附配享生於道光十一

達章 幼名望銓 字成

之號輞川聚金子性淡泊恬靜愛山水好吟咏工書畫邑誌有傳生於同治八年己巳十一月初六日

鐘 字壽康 號悲鴻

達章長子光緒二十一年乙未五月二十六日子時生聘縣美村邑庠生謝承槑女未婚而卒配王[illegible]齊東

亨 字伯陽 一字聖

翼壽康子民國十六年丁卯十二月初三日申時生

图 231 《下塘分世表》，含徐达章首页

徐达章年谱

1869年（清同治八年 己巳）一岁

十一月初六日辰时，徐达章出生在宜兴县屺亭桥，兼嗣叔徐聚银（号鸿仓）。

1870年（清同治九年 庚午）二岁

1871年（清同治十年 辛未）三岁

1872年（清同治十一年 壬申）四岁

大塍上鲁正祥长女（徐达章妻子鲁氏）于二月二十三日子时生，卒于民国廿六年（1937），享年65岁。

1873年（清同治十二年 癸酉）五岁

1874年（清同治十三年 甲戌）六岁

1875年（清光绪元年 乙亥）七岁

1876年（清光绪二年 丙子）八岁

1877年（清光绪三年 丁丑）九岁

1878年（清光绪四年 戊寅）十岁

张廷赞（邑庠生）撰写《万源公传》，赞徐达章曾祖父徐大川（字万源）的德行，及夫人蒋孺人事略。

1879年（清光绪五年 己卯）十一岁

1880年（清光绪六年 庚辰）十二岁

1881年（清光绪七年 辛巳）十三岁

1882年（清光绪八年 壬午）十四岁

1883年（清光绪九年 癸未）十五岁

1884年（清光绪十年 甲申）十六岁

1885年（清光绪十一年 乙酉）十七岁

1886年（清光绪十二年 丙戌）十八岁

1887年（清光绪十三年 丁亥）十九岁

1888年（清光绪十四年 戊子）二十岁

1889年（清光绪十五年 己丑）二十一岁

1890年（清光绪十六年 庚寅）二十二岁

1891年（清光绪十七年 辛卯）二十三岁

1892年（清光绪十八年 壬辰）二十四岁

1893 年（清光绪十九 癸巳）二十五岁

王婆桥东蒋巷周炳亨长女（徐悲鸿初配妻子）于九月二十九日未时出生，民国七年（1918）病逝。

镇江府丹徒县清念州十六汇墩子埭（今江苏扬中油坊桥头墩子）潘祥元（徐悲鸿的二妹夫）生于农历八月十一日。

1894 年（清光绪二十年 甲午）二十六岁

1895 年（清光绪二十一年 乙未）二十七岁

五月二十六日子时，徐寿康（徐悲鸿）出生，聘景美村邑庠生谢承霖女，未笄而卒。配王婆桥东蒋巷周炳亨长女，生于光绪十九年癸巳九月二十九日未时，卒于民国七年戊午十一月二十七日，存年二十六岁，葬皂北归字号二千二百零二号六分头田内，朝北向，子一，吉生，殇。继配宜兴城蒋梅笙次女，光绪二十五年己亥二月二十九日丑时生，1978 年 12 月 16 日病逝于台北，享年 79 岁，子一，徐伯阳（1927 年 12 月 26 日生，2019 年 1 月 18 日在北京去世，享年 92 岁）字圣翼，女一，徐静斐（1929 年 11 月生，2019 年 11 月 26 日在合肥去世，享年 90 岁）。妻丁廖静文，1923 年 4 月生，2015 年 6 月 16 日在北京逝世，享年 92 岁，子一，徐庆平，女一，徐芳芳。

1896 年（清光绪二十二年 丙申）二十八岁

正月十四日戌时，母亲吴氏去世，享寿六十三岁，葬于夫茔之右。母亲乃徐砚耕继配，黄沙渎吴志安女，生于道光十四年甲午九月十一日申时，子一，达章，兼嗣叔鸿仓。女二，长适周店里邵德昌，次适高塍陈大里陈德宝，俱无出。

仲冬之月（农历十一月）上上澣（上上旬）创作国画《飞龙》（图 180）

1897（清光绪二十三年 丁酉）二十九

1898（清光绪二十四年 戊戌）三十岁

夜夏之吉，创作国画《素梅》（图 46）。

1899（清光绪二十五年 己亥）三十一岁

长女爱娥生，适井碑上谢丙甲，1962 年卒，享年 63 岁。生子一，谢纪生。

宜兴城蒋梅笙次女蒋碧薇（徐悲鸿继配）于二月二十九日丑时生。

1900 年（清光绪二十六年 庚子）三十二岁

在家教读徐寿康，初读“上大人、孔乙己”，继读《百家姓》《三字经》《千字文》等。

仲春（农历二月），好友周泽仁撰写《佑观公传》，记述徐砚耕生父徐恒泰（字佑观）事略，生子二，长子名聚金即砚耕翁，次子名聚银，皆取其心性坚洁如金银云。生女二，长适六庄蒋兆坤，次适王墓里周祖林。

仲春之月（农历二月），好友周泽仁撰写《赠徐砚耕翁七十寿序》

中秋（农历八月），应守诚贤契铭座而创作国画《坚贞图》（图 48-1）。

十一月初十日子时，父亲卒，享寿七十岁，葬宗祠前三分扇子田内，辛山乙向兼卯酉三分，有碑。父亲徐聚金，字鸿魁，号砚耕，同茂嗣子，恒泰长子，恩赐登仕郎赏给顶戴，忠厚诚朴，谨慎勤俭，捐金助祠，位附配享，生于道光十一年辛卯四月初十日申时，配上奉里丁应珍长女，生同庚五月十六日子时，卒于同治二年癸亥五月二十六日，得年三十有三，葬并夫茔之左，无出。

1901 年（清光绪二十七年 辛丑）三十三岁

教读徐悲鸿《论语》《大学》《中庸》等，每日诵读数段，并执笔学书。扬州蔡医生及其子邦庆仍居其家。邦庆长徐悲鸿一岁，课余好作画，徐悲鸿羡慕，亦想学作画，父亲不许。

春，好友赵乃宣撰写《屺山高赠徐君成之五言古诗》

1902年（清光绪二十八年 壬寅）三十四岁

继续教读徐悲鸿《孟子》等四子书。

次女爱贞生，卒于民国三十九年（1940），得年39岁。赘镇江府丹徒县清念州十六汇墩子埭潘祥元，光绪十九年（1893）八月十一日（农历）生，卒于1966年，享年73岁。生子二女三，长子潘兰生，次子潘楠生，长女潘秀英，次女潘秀妹，小女潘锡妹。

四月，作山水《亭湾空山图》（图187）、《残景雪寒图》（图188）。

1903年（清光绪二十九年 癸卯）三十五岁

继续教读徐悲鸿经书。是年起，正式教授徐悲鸿绘画，每天中午饭后临摹吴友如的石印界画人物一张，并逐渐学习着色。后来徐悲鸿曾经说："吴友如是我的启蒙老师"。课余同邦庆临摹不辍，被誉为小画家。

1904年（清光绪三十年 甲辰）三十六岁

继续教徐悲鸿画画，徐悲鸿常常帮助父亲渲染画面上某些部位的颜色，成为父亲的小助手。

年底，徐悲鸿已经能替同村农家写春联，如"时和世泰""人寿年丰"之类。

1905年（清光绪三十一年 乙巳）三十七岁

继续教徐悲鸿画画，徐悲鸿已能任意挥写自然景物，或摹写鸡、犬、村舍。

有一次随父亲坐船由宜兴到溧阳，即景生情，吟就一首小诗：春水绿弥漫，春山秀色含；一帆风信好，舟过万重峦。

创作国画人物画《松荫课子图》（图1），图中描绘徐悲鸿坐在松树下课桌前读书，徐达章持扇坐在徐悲鸿身后"严督"，人物逼真，形神兼备，并题诗。

仲夏之月（农历5月）小浣（下旬），创作山水《春到山家》并题诗。（图193）

孟冬之月（农历十月）吉旦（初一），于“淡我斋”百拜敬作七言诗《先考砚耕公逸事十章》。

1906年（清光绪三十二年 丙午）三十八岁

二月初八乡间庙会需要菩萨画轴，因徐达章外出未归，在主事者催促下，徐寿康于庙会来临之际代父完成，并在菩萨的袍角上落款“寿康”，这是他第一次具名的处女作，获得大家一致称赞。

继续教徐悲鸿画画，徐悲鸿农忙时，帮助家里做农活。西瓜成熟季节，和父亲在田里搭一个小窝篷看瓜。

九月十二日巳时，次子徐寿安生，名鼎，字寿安，聚银嗣孙。卒于1959年，享年53岁。配任佑春（《计亭徐氏宗谱》记载：配在城任清授奉政大夫五品衔知州用署理，湖北随州州同民国补烟酒事务署主政附贡生伯遂女，光绪三十一年乙巳二月三十日申时生），生子二女四，长子徐翼阳，次子徐复阳，长女徐咏韶，次女徐咏雪，三女徐咏和，四女徐咏元。

1907年（清光绪三十三年 丁未）三十九岁

继续教授徐悲鸿学画，徐悲鸿课余常到茶馆听人说书，看地方戏，对小说中和戏剧中“替天行道”的英雄非常崇拜。并以“江南贫侠”“神州少年”自喻。每天早晨，提着棍棒围着村边跑步，不论寒暑坚持游泳。

创作《荆溪十景图》山水画册，再现了古城宜兴的旖旎风光。它们依次是：阳羡茶泉、画溪花浪、铜峰迭翠、周侯古词、龙池晓云、玉潭凝碧、蛟桥月夜、张公福地、国山烟寺、洴浰雪蓑。

清河之月（农历四月），为《计亭桥徐氏宗谱》作《仑源公铭并序》。

为徐氏宗谱撰写《题默庵公诗集后》。

清和月（农历四月），为徐氏宗谱作七言诗《丹山公诗集失于兵燹题以志憾》

为《计亭徐氏宗谱》撰《命名誌》

长夏之吉，为徐氏宗谱撰《补录祠额记》。

长夏之吉，为徐氏宗谱撰《宗祠进主规式》。

清和之月（农历四月）下浣，好友赵乃宣撰《砚耕徐公暨配丁吴二孺人合传》。

仲夏（农历五月），为徐氏宗谱撰《九修宗谱后序》。

季夏之月（农历六月）谷旦（良辰吉日），癸卯（光绪二十九年 1903）举人童斐撰写《计亭徐氏续修宗谱叙》，文中提及“族彦达章、殿珍等咸不辞劳瘁……”

1908 年（清光绪三十四年 戊申）四十岁

幼女静贞生，适朱筠荪，卒于 1983 年，享年 75 岁。生子二，女一，长子朱同长，次子朱叔未，女朱瑜。

家乡遭受水灾，田园荒芜，生活无法维持，带着徐悲鸿外出谋生，给人画肖像、山水、花卉、动物条屏，刻印章、写春联等。飘零江湖，过着风餐露宿的落拓生活。

徐悲鸿收藏香烟盒上的动物画片，研究动物画的表现方法。得到一本日本的博物标本画，开始认识猛兽的形状，并经常临摹，对动物画发生兴趣。

徐悲鸿曾经自述：“方吾年十二四时，乡之富人皆遣子弟入学校，余慕之。有周先生者，劝吾父命遣入学优笃，先君以力之不继为言。周先生曰：‘画师乃吃空心饭也，乌足持。’顾此时实无奈，仅得埋首读死书，谋食江湖。”

创作国画《淡花》。（图 45）

1909 年（清宣统元年 己酉）四十一岁

继续携徐悲鸿流落他乡，跑遍了无锡、常州、溧阳等邻县的许多村镇，依靠鬻字卖画为生，有时也为寺庙画神像，接触到下层社会和劳动人民，激发了徐悲鸿爱国忧民的热情。

在溧阳认识了曹铁生，曹是一位落拓不羁的旧知识分子，别号“无棒”（取“穷人无棒被狗欺”之意），并得到曹赠送的欧洲艺术大师绘画复制品。

在飘零生涯中，徐悲鸿一面看父亲落笔挥毫，一面听父亲娓娓不倦地说古论今，从中领受中国传统绘画艺术方法。

是冬，徐达章染上疾病，返回故乡 。

1910 年（清宣统二年 庚戌）四十二岁

仍在病中。

徐悲鸿在家里自修及料理家务。

一次，代表父亲去亲戚家吃喜酒，所穿绸衫，被邻座客人的香烟烧了一个窟窿。从此，发誓不抽香烟，不穿绸衣。

1911（清宣统三年 辛亥）四十三岁

徐悲鸿继续在家自学。

潘勤孟先生曾著文说：徐先生曾负笈入宜兴中学半工半读，课余常为同事、同学、友好、亲属绘中堂、扇面，不索润格。

是年由父母包办，徐悲鸿被迫和王婆桥东蒋巷周炳亨长女结婚。

1912 年（民国元年 壬子）四十四岁

一月六日未时，幼子尊出生，字寿凯，卒于 1971 年，享年 60 岁，配黄瑛琪，生子五，女二，长子徐瑞阳，次子徐腊阳，三子徐三阳，四子徐小阳，五子徐宣阳，长女徐红红，次女徐缘缘。（族谱记载寿凯：配塘渎坞王德勋幼女，民国二年癸丑十月二十一日辰时生。）

吉生（徐悲鸿子）出生。

1913 年（民国二年 癸丑）四十五岁

二月十七日巳时卒，得年 45 岁，葬皂北归字二千二百零五号三分头田内，朝东向。（徐悲鸿早年告贷信，阴历 3 月 24 日，周一，下葬）

后　记

2001 年我入西北师大敦煌艺术学院攻读硕士学位时，研究方向是油画技法，硕士毕业时除了要求创作十幅油画外，还要写三万字的毕业论文，在呼喜江教授的辛勤指导下我完成了硕士论文《〈田横五百士〉与徐悲鸿油画艺术研究》，此即我研究徐悲鸿的蹒跚起步。2004 年我有幸考入中国人民大学攻读博士学位，师从徐悲鸿艺术学院院长徐庆平（徐悲鸿之子）教授，在导师的辛勤指导下我对徐悲鸿的研究开始逐步展开，并最终通过了《徐悲鸿艺术美学品格研究》的博士论文答辩。2007 年我到徐悲鸿纪念馆工作，开始接触徐悲鸿作品的保藏、展览、讲解等更为深广的内容，对徐悲鸿的研究得以继续全面深入，期间出版《徐悲鸿绘画鉴赏》。尤其 2008 年秋季开学伊始，承蒙徐悲鸿纪念馆廖静文馆长器重，委为中央美术学院徐悲鸿画室主任，从此开始了徐悲鸿美术教育事业的实践工作，到 2015 年徐悲鸿画室第 30 届学员毕业为止，通过素描、速写、色彩、石膏几何体、静物、人体、户外写生等一系列课程的设置和教学的实施，通过邀请戴泽、李天祥、赵友萍、邵晶坤、杨红人、卫祖荫、李骏、苏高礼、高潮、潘世勋、陈伟生、温葆等专家（以徐悲鸿的学生为主）来画室授课讲座，使我对徐悲鸿的教育及其艺术有了更加深入和全面的了解与把握。尤其是画室每年必安排一期解剖学课程，请中央美术学院陈伟生教授亲自讲解，基本每周授课一次，每次半天，连续大概两三个月完成一轮（期）授课。解剖课可以说是研究徐悲鸿的必修课，除了工作原因不得不经常离开外，我都尽量随堂听讲，并为有此机会而高兴。我主持徐悲鸿画室之余对儿童素描教学课程设计也颇感兴趣，又据我的儿童美术教学实践而出版专著《少儿快乐造型——趣味素描篇》。

然而最近几年随着对徐悲鸿研究的进一步深入，越来越明晰一个多年来没有触及的重要问题，那就是徐悲鸿的早期教育问题，这就势必联系到徐悲鸿的首任老师，即他的父亲徐达章 。在导师徐庆平教授的辛勤教导和大力支持下，在徐悲鸿的孙子徐冀及其夫人杨静的帮助下，经过了长期的酝酿，我终于从 2019 年 4 月开始先后到上海、合肥、宜兴收集有关徐达章的资料。首到上海，得到徐悲鸿的侄子徐翼阳及其儿子徐敬青和孙子徐兴乐的热情接待和大力支持，翼阳师伯将记忆中爷爷的作品做了尽可能详细的讲述，不胜感激。此后还专门拜会并受到徐悲鸿研究专家王震的指教，亦特此感谢。几周后我又往合肥拜望徐悲鸿的长女徐静斐教授，已九十高龄的老人家精神面貌很好，回答了我很多问题，最后还录了一段简短的视频，并流畅地背诵了她小时候父亲曾经教她的唐诗——崔护的《题都城南庄》：去年今日此门中，人面桃花相映红。人面不知何处去，桃花依旧笑春风。当时她的女儿黎枫老师陪同，告诉我说她妈妈很久没有说过这么多话了，真得非常感激徐静斐老人家及黎枫老师。原本期盼着等书出版后再分别探望徐伯阳和徐静斐二位前辈，并把拙作奉上，以慰怀念之情，无奈二老于 1919 年先后离世，悲憾无限。再下来我四往宜兴，首次拜望了徐悲鸿的外甥潘楠生，后又多次得潘老及其女婿钟思源的指导和帮助，非常感激。期间又受到徐氏宗亲徐岳川、徐兴尧、徐旭、徐东方、徐东恩、徐东寅的热情款待和一再帮助，特此感谢。第二次去宜兴时，徐兴尧和儿子徐胞胞，特别引领我拜会了宜兴徐悲鸿故居陈列馆馆长蒋祖德，蒋老师不仅是徐悲鸿故居重建的发起人，也是宜兴研究徐悲鸿的专家，听其几个小时的讲述，受益尤深，感谢蒋老师不吝赐教。

走访宜兴期间，还得到各文化单位及艺术家朋友的大力支持。衷心感谢宜兴市美术馆、宜兴徐悲鸿纪念馆、宜兴市档案馆、宜兴徐悲鸿艺术馆、宜兴文化园等单位给予的大力支持和帮助。江苏省徐悲鸿研究会副会长、宜兴书画院院长、宜兴徐悲鸿画院院长刘明，特为我安排走访各处，帮助良多，感谢刘院长的热情接待和鼎力支持。很高兴此次走访还认识了许多文化界领导：宜兴市美术馆馆长、宜兴徐悲鸿纪念馆馆长杜雪之，宜兴市档案馆馆长蒋宁鹏，宜兴徐悲鸿艺术馆馆长傅建龙，宜兴市美术馆副馆长吴承融，宜兴文化园院长张雁伟，宜兴市文学艺术界联合会副秘书长蔡力武，大家都在百忙中抽宝贵时间接待并给我以巨大帮助和支持，在此一并诚挚感谢。

另外特别感谢北京徐悲鸿纪念馆保管部主任徐冀及其夫人杨静女士。徐冀在提供徐达章的馆内图片、宜兴走访等各个方面都给予我特别的帮助。感谢徐小阳老师慷慨提供了徐达章珍贵的作品照片和相关指导。感谢中国人民大学艺术学院刘明才副院长的宝贵意见和大力支持。

感谢叶施水、徐运全老师给我提出的各个方面的宝贵意见及大力支持和帮助。还要感谢书法家好友曾令飞，我在读徐氏宗谱和识别徐达章篆刻之时，每遇难识之异体字就向令飞求解，他总能给予详答。

感谢二位博士好友，一位是中国人民大学哲学院的博士同学，现在就职于重庆师大的李长泰教授，再有就是我的山东老乡，现在就职于广州教育学院的王光松教授，感谢二位在中国儒释道等传统文化方面的宝贵指点。还感谢另一位中国人民大学哲学院的博士同学，现在供职于中国青年政治学院的吴学凡教授对我的长期关照和支持。

感谢宜兴新庄镇人武部部长徐亮，其家藏《计亭徐氏宗谱》（图 3）乃徐氏宗谱孤本，其中有关徐达章的信息颇为丰富，是此次徐达章课题研究赖以成书不可或缺的关键一环。

感谢宜兴慈善家徐嘉婵女士。记得第一次到访宜兴时，徐兴尧等宗亲接待我时一直讲宜兴话，说了大半天我也没听懂几句，有时候靠写才能明白一点，直到能说普通话的年轻人徐嘉蝉到场做起了“翻译”，才终于解除了语言障碍。第三次到宜兴时，嘉蝉上班之暇带路去档案馆拜会蒋宁鹏馆长，在蒋馆长的直接安排下，经过一道道规范的流程后，终于将徐达章的《荆溪十景图》请出库房，拜置案上，虽然已历百年沧桑，纸质仍旧完好，色彩亮丽鲜活，弥足珍贵。当时只有我、嘉蝉、丁丁、蒋宁鹏馆长四人，四人共睹佳构，亲和如拜会达章公在上，真乃平生之快事也。

第四次往宜兴时再次拜访蒋祖德老师，他除了向我讲述徐悲鸿的故事并慷慨为我提供资料外，还专门陪同我寻找桃花坟以及南移之后的新坟，原桃花坟如今已经是住宅小区了，南移后的新坟如今也已被修建成了公路，新坟地亦是处在公路之下了（图 232）。此后又走访了新建徐悲鸿故居（图

233），尤其是看到故居门外东北侧由廖静文馆长在河边护栏处题写的“悲鸿故居”（图 234）时，倍感亲切，想起自 2007 年以来馆长在工作和生活上对我关爱的一幕又一幕，不胜感怀。蒋老师旋即又引领我去河对岸，找到当年廖静文馆长拍摄计亭桥的地点，我们以同样的角度再次拍摄（图 235）以作留念，与当年的照片（图 26）比较起来，为了提升航运能力，河道已明显被拓宽数倍，当年的拱桥已被拆除，远处对面岸上的白色房子是重建的徐悲鸿故居，想来当年的徐悲鸿故居老宅应该是处于现在河水的正中央才对。随后蒋老师又指引我拍摄了上塘东街街景（图 236），这里是徐悲鸿小时候经常玩耍的地方，然而整条街上今天仅存一所旧时的矮小住宅，就是相片中那所离观众最近的房子了……在此一并感谢原宜兴市文物管理委员会办公室主任黄兴南，黄主任提供的徐达章重要画作《群仙图》的初始资料，对本书的深入和丰富起到了极大促进作用。

还感慰，在整个写作过程中妻子为我的付出、女儿的快乐陪伴以及所有家人对我写作的信任和支持。

还感谢中国美术家协会党组书记、常务副主席、秘书长徐里，百忙中特为写作序言，感谢对学生的大力支持。

还感谢北京大学蔡元培研究会会长蔡磊砢博士和北京市对外交流合作办顾问胡建芬，蔡会长和胡大姐重视传统文化的民族情怀和提携后进的伯乐精神最令我敬仰。蔡会长和胡大姐对拙作的认可和鼓励，极大增强了我的信心，给予我写作莫大的动力，蔡会长对本书的出版给予鼎力支持，在此特表衷心感谢，学生才疏学浅，日后定用努力学习和不断上进以报抬爱。

还感谢我的导师、徐悲鸿纪念馆馆长和人民大学徐悲鸿艺术研究院院长徐庆平教授，本书从选题的确定、资料的收集、写作中的答疑解惑、稿子的修改、直到出版发行，每一步都是在导师的指导和帮助下完成的，尤其是帮助我到宜兴家乡走访和收集有关徐达章的资料方面给予了大力支持。特别是导师的亲笔推荐信，帮助我顺利得到宜兴档案馆蒋宁鹏馆长的接待，并安排调取徐达章的《荆溪十景图》原作……总之没有导师的帮助，就没有此书的问世。在此特别感谢导师近二十年来对我的关爱和培养，感谢导师对本书自

图 232　宜兴桃花坟南（2019年摄）

图 233　悲鸿故居（2019年摄）

图 234　悲鸿故居外，廖静文题名（2019年摄）

图 235　计亭桥原址照（旧桥已折，河道已拓）（2019 年摄）

图 236　计亭桥上塘东街（2019 年摄）

始至终的支持和指导。另外，徐芳芳特为提供了徐达章宅院结构草图，在此一并感谢。

最后请允许我借此机会向先贤画家徐达章三致敬拜，首敬其人物画之艰卓，再拜其儒学之道“仁”，三致其教育之功伟。

作 者

2020 年 8 月 28 日

图序索引

参考文献

一、中文文献

廖静文：《徐悲鸿传》，中国青年出版社 2010 年版。

王震 编著：《徐悲鸿年谱长编》，上海画报出版社 2006 年版。

王震、徐伯阳 编：《徐悲鸿艺术文集》，宁夏人民出版社 1994 年版。

任甫孟：《一代画圣——徐悲鸿传》，天工书局印行，1999 年版。

《计亭徐氏族谱》，宜兴新庄镇人武部徐亮提供民国版本。

《光绪宜兴・溪县新志・光宣宜荆续志》，江苏古籍出版社 1991 年版。

《中国地方志集成・嘉庆增修宜兴县旧志》，江苏古籍出版社 1991 年版。

徐清义 编著：《中华徐氏文史通鉴》，中国文化出版社 2015 年版。

《中国美术全集》，人民美术出版社 2015 年版。

夏桂楣：《徐悲鸿时代》，北京大学出版社 2020 年版。

（清）彭蕴璨 编，吴心穀 补编：《历代画史汇传及补编》，广陵书社 2015 年版。

中国人民政治协商会议江苏省宜兴县委员会文史资料研究委员会编：《宜兴文史资料第五辑》，1983 年。

中国人民政治协商会议江苏省宜兴县委员会文史资料研究委员会编：《宜兴文史资料第十二辑》1987 年。

宜兴市政协文史资料委员会、江苏省政协文史资料委员会 编:《宜兴十景观止》，江苏文史资料编辑部 1993 年版。

许渊冲 英译，姜胜章 编校：《诗经》，湖南出版社 1993 年版。

许渊冲 英译，杨逢彬 编注，《楚辞》，湖南出版社 1994 年版。

林庚：《中国文学史》，清华大学出版社 2009 年版。

郭味蕖 编：《宋元明清书画家年表》，荣宝斋出版社 2018 年版。

《后汉书》，陈芳 译注，中华书局 2016 年版。

（南朝·宋）范晔：《后汉书》，线装书局 2010 年版。

纪经中、穆寅生 编：《百扇斋主手拓悲鸿用印》，人民美术出版社 2003 年版。

宜兴市文物管理委员会办公室 编：《宜兴徐悲鸿纪念馆馆藏作品集》，南京出版社 2005 年版。

（清）吴友如：《吴友如画宝》，中国言实出版社 2017 年版。

潘楠生：《我的父亲潘祥元》。

艾中信：《徐悲鸿研究》，中国大百科全书出版社 2007 年版。

胡居仁：《胡文敬集》，上海古籍出版社 1987 年版卷 2。

《徐悲鸿的艺术》，香港市政局、北京徐悲鸿纪念馆联合主办，香港艺术馆筹划，1988 年。

徐悲鸿：《中西笔墨：徐悲鸿随笔》，北京大学出版社 2010 年版。

中国人民政治协商会议全国委员会文史资料研究委员会编：《徐悲鸿》纪念徐悲鸿先生逝世三十周年，文史资料出版社 1983 年版。

流沙河：《诗经点醒》，四川文艺出版社 2018 年版。

中华世纪坛世界艺术馆、徐悲鸿纪念馆 编著：《大师与大师——徐悲鸿与法国学院大家作品》，上海文艺大一印刷有限公司印制，2011 年 5 月。

（战国）孟子 著，弘丰 译注：《孟子》，中国文联出版社 2016 年版。

李民、王健 撰：《尚书译注》，上海古籍出版社 2012 年版。

闫林林 译：《尚书》，北京联合出版公司 2015 年版。

杨逢彬、欧阳祯人 译注:《论语 大学 中庸译注》,华东师范大学出版社 2018 年版。

卜耕：《理学宗师朱熹传》，作家出版社 2016 年版。

徐悲鸿纪念馆 编：《艺坛巨匠徐悲鸿》，中国和平出版社 1995 年版。

郭丹 译注：《左传》，中华书局 2016 年版。

（春秋）左丘明著，刘兆祥 安中玉 注释，陈才俊 主编：《左传》，海潮出版社 2012 年版。

郎建 主编：《孔子家语》，中国少年儿童出版社 2015 年版。

（西汉）司马迁 著，李金龙 编著：《史记》，吉林文史出版社 2018 年版。

（西汉）司马迁 撰，李翰文 主编：《史记全本》，北京联合出版公司 2015 年版。

（战国）庄周 著，王丽岩 译注：《庄子》，中国文联出版社 2016 年版。

李新路 主编：《周易》，郑州大学出版社 2014 年版。

叶蓓卿 译注：《列子》，中华书局 2015 年版。

（唐）韩愈 著，蔡晓丽 注：《韩愈文集》，北京联合出版公司 2018 年版。

远山：《寻访悲鸿故居》，载《扬子晚报》1995 年 7 月 21 日。

吴海发：《太湖孕育的艺术巨子——瞻仰徐悲鸿宜兴故居》，载《工人日报》1997 年 7 月 11 日。

汉语大字典编辑委员会：《汉语大字典》，湖北辞书出版社、四川辞书出版社 1992 年版。

《中国画》编委会：《中国画》，（总第 28 期），北京出版社 1983 年版。

（西汉）戴圣 汇编，贾太宏 译注：《礼记》，西苑出版社 2016 年版。

（清）周希陶 著，林润平 主编：《增广贤文》，延边大学出版社 2016 年版。

（明）胡居仁 撰，冯会明 点校：《胡居仁文集》，江西人民出版社 2013 年版。

（南宋）朱熹、（清）朱柏庐 著，杨博 注：《童蒙须知 · 小学 · 朱子治家格言》，北京联合出版公司 2017 年版。

（宋）张洪等：《朱子读书法》，浙江人民美术出版社 2019 年版。

吕立新：《徐悲鸿从画师到大师》，北京出版集团北京出版社 2011 年版。

《徐悲鸿——纪念徐悲鸿诞辰一百一十周年专辑》，宜兴文史资料第三十二辑，宜兴市政协学习和文史文员会 北京徐悲鸿纪念馆 编，《徐悲鸿》编辑文员会，2005 年 6 月。

王泽庆 编著：《徐悲鸿评传》，人民美术出版社 1995 年版。

刘魁立、张旭、程波涛主编：《门神》，中国社会出版社 2010 年版。

无垢道人：《八仙全传》，北方文艺出版社 2013 年版。

袁珂 编著：《中国神话传说词典》（修订版），北京联合出版公司 2013 年版。

袁珂 编著：《中国神话传说词典》，上海辞书出版社 1985 年版。

罗懋登：《三宝太监西洋记》，黑龙江出版集团 黑龙江美术出版社 2016 年版。

（明）罗懋登：《三宝太监西洋记通俗演义》，陆树仑、竺少华 校点，上海古籍出版社 1985 年版。

（清）钱彩：《岳飞传》，开明出版社 2017 年版。

王宜峨：《道教美术史话》，北京燕山出版社 1994 年版。

李信军主编：《龙门祖庭白云观》，华夏出版社 2011 年版。

（明）佚名 编撰，王孺童 点校：《三教源流搜神大全》，中华书局 2019 年版。

（汉）何休 解诂，（唐）陆德明 音义：《宋本春秋公羊经传解诂》，国家图书馆出版社 2020 年版。

黄铭、曾亦 译注：《春秋公羊传》，中华书局 2016 年版。

王天海、杨秀岚 译注：《说苑》，中华书局 2019 年版。

胡怀琛 选注，李作君 校订：《柳宗元文》，长江出版传媒集团、崇文书局 2014 年版。

上官周 绘，胡佩衡 选定：《晚笑堂画传》，人民美术出版社 2016 年版。

（清）陈弘谋 撰，苏丽娟 点校：《五种遗规》，凤凰出版社 2016 年版。

吴骞 撰，王云五 主编：《桃溪客语》，商务印书馆中华民国二十八年版。

（明）吕得胜、（明）吕坤 著：《小儿语 续小儿语》，辽宁师范大学出版社 2017 年版。

（宋）赵彦卫 撰，张国星 校点：《云麓漫钞》，辽宁教育出版社 1998 年版。

（西汉）刘向 著，绿净 译注：《古列女传译注》，北京联合出版公司 2015 年版。

（明）沈敕（明常州府宜兴人，字克寅） 编辑：《荆溪外纪》，二十五卷，明嘉靖二十四年刻本。

瞿骏：《小城镇里的“大都市”——清末上海对江浙地方读书人的文化辐射》，载《社会科学研究》2016 年第 5 期。

张鹏涛 主编：《[东晋草书] 王羲之十七帖》，长江出版传媒、湖北教育出版社 2017 年版。

孙宝文 编：《集字圣教序》，上海世纪出版股份有限公司、上海辞书出版社，2010 年版。

二、外文文献

Xu Beihong in Nanyang, Publiehed by Singapore Art Museum, First edition published in April 2008, Second edition published in July 2008.

Galloping Horses, Xu Fangfang, Beihong Arts Publishing, LLC, Saint Louis, Mo, USA, 2016.